中国区域创新能力评价报告 2021

中国科技发展战略研究小组
中国科学院大学中国创新创业管理研究中心　著

科学技术文献出版社
SCIENTIFIC AND TECHNICAL DOCUMENTATION PRESS
·北京·

图书在版编目（CIP）数据

中国区域创新能力评价报告.2021 / 中国科技发展战略研究小组，中国科学院大学中国创新创业管理研究中心著.—北京：科学技术文献出版社，2021.12
ISBN 978-7-5189-8581-4

Ⅰ.①中⋯　Ⅱ.①中⋯ ②中⋯　Ⅲ.①区域经济发展—研究报告—中国—2021　Ⅳ.①F127

中国版本图书馆 CIP 数据核字（2021）第 226156 号

中国区域创新能力评价报告2021

策划编辑：李　蕊　　责任编辑：赵　斌　　责任校对：文　浩　　责任出版：张志平

出　版　者	科学技术文献出版社
地　　　址	北京市复兴路15号　邮编 100038
编　务　部	（010）58882938，58882087（传真）
发　行　部	（010）58882868，58882870（传真）
邮　购　部	（010）58882873
官　方　网址	www.stdp.com.cn
发　行　者	科学技术文献出版社发行　全国各地新华书店经销
印　刷　者	北京时尚印佳彩色印刷有限公司
版　　　次	2021 年 12 月第 1 版　2021 年 12 月第 1 次印刷
开　　　本	889×1194　1/16
字　　　数	362千
印　　　张	17.75
书　　　号	ISBN 978-7-5189-8581-4
定　　　价	118.00元

《中国区域创新能力评价报告 2021》

编辑委员会

主　　任：柳卸林　高太山

执 笔 人：柳卸林　高太山　杨博旭　杨培培　葛　爽

　　　　　王　曦　王　倩　肖　楠　常馨之　吉晓慧

　　　　　王　宁

中国科技发展战略研究小组成员简介

方　新　中国科学院大学公共政策与管理学院　原院长

柳卸林　中国科学院大学中国创新创业管理研究中心　主任　教授

薛　澜　清华大学苏世民书院　院长　教授

王春法　中国国家博物馆　馆长

胡志坚　中国科学技术发展战略研究院　院长　研究员

穆荣平　中国科学院科技战略咨询研究院　党委书记　研究员

王昌林　中国宏观经济研究院　院长　研究员

游光荣　军事科学院评估论证研究中心　主任　研究员

高世楫　国务院发展研究中心资源与环境政策研究所　所长　研究员

苏　竣　清华大学公共管理学院　教授

肖广岭　清华大学科技与社会研究所　教授

高太山　国务院发展研究中心企业研究所　副研究员

前　言

根据科技部《建立国家创新调查制度工作方案》，《中国区域创新能力评价报告》是国家创新调查制度的重要产出之一，是对各省（区、市）创新能力进行分析比较的评价报告。报告的研究出版得到了科技部领导、战略规划司、政策法规与创新体系建设司的大力资助和支持。

中国科技发展战略研究小组是一个团结、目标一致、工作认真、富有责任感的开放性研究团队，其主要成员来自科技部、中国科学院、国家发展改革委、国务院发展研究中心、清华大学、北京系统工程研究所等单位。从 1999 年起，中国科技发展战略研究小组每年推出一本《中国区域创新能力评价报告》。

《中国区域创新能力评价报告 2021》是以中国区域创新体系建设为主题的综合性、连续性的年度研究报告。本报告以区域创新体系理论为指导，借助中国科技发展战略研究小组多年形成的评价方法，利用大量的统计数据，综合性、客观性及动态地给出了各省（区、市）创新能力的排名与分析，为地方政府了解本地区创新能力提供参考。

《中国区域创新能力评价报告 2021》使用的基本是 2019 年的数据。在综合评价与系统分析的基础上，本年度报告分为三篇：第一篇是 2021 年中国区域创新能力分析；第二篇是区域创新能力分省（区、市）报告；第三篇是附录。

在加快构建以国内大循环为主体、国内国际双循环相互促进的新发展格局的背景下，区域创新格局和发展战略呈现以下特征：

一是加快构建国际科技创新中心和区域性创新高地。《中华人民共和国国民经济和社会发展第十四个五年规划和 2035 年远景目标纲要》提出，支持北京、上海、粤港澳大湾区形成国际科技创新中心，建设北京怀柔、上海张江、大湾区、安徽合肥综合性国家科学中心，支持有条件的地方建设区域科技创新中心。各地区也在加速集聚创新资源，培育创新生态环境，布局建设创新高地，带动区域创新发展。北京积极推动三城一区（中关村科学城、怀柔科学城、昌平未来科技城、北京经济技术开发区）建设，持续加大研发投入，一批关键核心技术实现突破，科技对经济社会的支撑作用显著增强。粤港澳大湾区打造全球科技创新策源地，构建开放型区域协同创新共同体，推进"广州－深圳－香港－澳门"科技创新走廊建设。上海提出分阶段构建全球科技创新中心计划，部署建设上海张江综合性国家科学中心、建设关键共性技术研发和转化平台、实施引领产业发展的重大战略项目和基础工程、推进张江国家自主创新示范区建设，预计 2030 年形成具有全球影响力的科技创新中心核心功能。

二是以城市群和都市圈建设为抓手，促进区域协同创新。随着区域创新能力的不断提升，区域创新协调发展问题也不断突出，以城市群一体化，辐射带动周边城市创新发展；依托都市圈建设，推动区域创新高质量发展。加快推进城市群一体化建设，形成"两横三纵"城镇化战略格局，支持 19 个国家级城市圈建设，全面推进京津冀协同发展、粤港澳大湾区建设、长三角一体化、长江经济带、黄河流域生态保护与高质量发展、海南全面深化改革开放。构建中心城市 1 小时通勤圈，全面提升都市圈协同发展水平。2019 年，国家发展改革委发布《关于培育发展现代化都市圈的指导意见》，正式开启了城市都市圈建设的新篇章。2021 年，国家发展改革委发文支持南京、福州都市圈建设。

三是许多地区推出了自具特色的创新政策。以广东等地区为例。

广东，推动数字产业集聚，探索数字化改革。近年来，广东省持续推动数字经济产业创新集聚，数字经济规模全国第一、服务贸易总额全国第二。2021 年 7 月，广东省印发了《广东省制造业数字化转型实施方案（2021—2025 年）》和《广东省制造业数字化转型若干政策措施》，试图通过创新举措和政策引导，到 2025 年显著提升战略性支柱产业集群和战略性新兴产业集群数字化水平，形成广东省工业互联网国家示范区引领示范效应。其中，广州正在积极申报数字人民币试点城市，探索具有粤港澳大湾区特色的数字人民币应用场景。在数字化改革方面，广东省发布《广东省数字政府改革建设"十四五"规划》，这也是全国首份省级数字政府专项规划，总体目标是到2025年全面建成"智领粤政、善治为民"的"广东数字政府2.0"。2021年7月，广东省出台的《广东省数据要素市场化配置改革行动方案》，是全国首份数据要素市场化配置改革文件，积极探索数据要素市场体制机制改革，以"1+2+3+X"的总体思路，推动数据要素市场化改革。

北京，以"两区""三平台"为抓手，加速构建国际科技创新中心。以更加开放包容、互惠共享的国际科技合作战略，加强科技创新能力开放合作，提升科技创新合作的层次和水平，加强与世界主要创新国家多层次、广领域的科技交流合作。《中共北京市委关于制定北京市国民经济和社会发展第十四个五年规划和二〇三五年远景目标的建议》明确提出"建设北京国际科技创新中心核心区"的目标，主动抢占国际竞争制高点，特别是要在从"0"到"1"的原始创新上实现重大突破，在关键技术自主可控上取得重大作为，在破解"卡脖子"困局上率先探路。

上海，将创新和金融发展深度融合，探索"金融新基建"。2021年7月，上海国际金融科技创新中心正式启用，该中心由央行上海总部、上海市地方金融监督管理局、上海推进科技创新中心建设办公室3家单位联合授牌，秉承打造金融科技产业生态的重要使命，广泛凝聚各方智慧与力量。过去一年来，创新中心在相关管理部门指导下，紧紧依托金融机构丰富资源，充分发挥金融科技企业、科技公司、科研院所、功能性机构等市场多元主体作用，已初步打造形成由前沿技术示范区、行业应用创新区、公共服务平台组成的"两区一平台"整体布局。围绕金融服务实体经济发展等重大战略，创新中心将以"产业级金融创新基础设施（金融新基建）"为发展方向，在拓展区内集聚一批面向数字时代的科技企业、为金融提供服务场景的实业机构及长三角地方产业促进平台，凝聚各方力量，共同推进金融科技高质量发展。

浙江，推动"最多跑一次"改革向科技领域延伸扩面。2019年3月，浙江省科技厅印发《浙江省科技服务领域深化"最多跑一次"改革行动方案》，以"三简三优三支撑"为切入口，着力深化以项目评审、人才评价、机构评估为重点内容的科研管理体制改革，制定《2020年科技厅深化"最多跑一次"改革推进政府数字化转型工作要点》和任务分工表，健全完善机制，加强政务服务管理。建设覆盖全省科技系统的"科技大脑"，零跑率等5项指标领跑全国。实现科技服务事项网上办理100%开通、科技信息孤岛100%打通、科技数据资源100%共享，全面提升科技企业、科技人员和基层科技部门办事的便捷度、舒适度、满意度。

　　山东，积极支持新型研发机构建设，改革绩效评价体制。2020 年 12 月，山东省科技厅联合省委组织部、省发展改革委、省教育厅、省工业和信息化厅、省财政厅、省人力资源社会保障厅、省自然资源厅、省地方金融监管局、山东省税务局会签印发了《关于支持新型研发机构建设发展的若干措施》。为进一步规范和加强山东省新型研发机构建设、运行和管理，提高平台建设质量和水平，省科技厅又研究制定了《山东省新型研发机构绩效评价办法》，为客观、公平、公正地开展绩效评价提供制度保障。

　　安徽，推进实施"六大科技行动" 构建"六大创新体系"。一是实施科技创新主平台建设领航行动，构建国家战略科技力量体系。二是实施贯彻落实国家基础研究十年行动，构建基础研究和应用基础研究创新体系。三是实施关键核心技术攻坚行动，构建产业创新体系。四是实施"政产学研用金"深度融合行动，构建成果转移转化应用体系。五是实施长三角科技创新共同体建设行动，构建开放协同创新体系。六是实施科技人才创新创业环境优化行动，构建人才支撑体系。此外，安徽持续在新兴技术领域发力，2021 年 7 月集中发布《安徽省新能源汽车产业发展行动计划（2021—2023 年）》《支持中国声谷创新发展若干政策》《中国声谷创新发展三年行动计划（2021—2023 年）》《安徽省光伏产业发展行动计划（2021—2023 年）》等政策文件，支持新能源汽车、智能语音及人工智能和信息技术应用创新、光伏等战略性新兴产业高质量发展。

　　从以上省市的科技发展战略看，各地正在针对本地区的特色资源和在全国创新中的地位，推出有特色、适宜本地区的区域创新政策和战略。中国区域创新正在国家创新体系中发挥着越来越重要的作用。

　　《中国区域创新能力评价报告 2021》增加了对 2001—2020 年中国区域创新能力的时空演变分析。2001—2020 年，创新领先格局区域稳定，领先省份基本保持稳定，其中，广东、北京、江苏和上海 4 个省份一直稳定占据全国前 4 位，是中国的创新集聚中心；浙江和山东紧随其后；天津、安徽、辽宁、福建、重庆、吉林、陕西、四川、湖南和湖北等省份也曾在不同年份出现在前 10 位中。与此同时，领先地区的创新领先优势逐渐扩大，区域间创新能力差距趋于收敛。现阶段，我国区域创新能力面临一系列挑战，以京津冀地区为代表的区域性协同创新问题突出，区域创新能力发展不同步、创新能力不平衡问题由"东西"转向"南北"。

需要说明的是，由于资料的限制，本报告没有涉及台湾地区、香港和澳门特别行政区的科技发展情况。

由于本报告是集体完成的，文字风格不尽统一，加之时间紧迫、经验有限，虽数易其稿，但仍有许多不尽如人意之处，欢迎读者批评指正。

本报告得到了科技部战略规划司和国家软科学计划的资助与支持，特此感谢。

中国区域创新能力评价报告课题组

2021 年 7 月 30 日

目录 Contents

第二篇　区域创新能力分省（区、市）报告

第三篇 附 录

中国区域创新能力评价报告2021

第一篇

2021 年中国区域创新能力分析

第一章
全国区域创新能力排名

1.1 总体概述

自 1999 年以来，中国科技发展战略研究小组已经连续 21 年对全国 31 个省（区、市）创新能力进行了评价分析。2021 年，我国区域创新能力分布呈现以下新的特点：

一是整体创新格局有所调整，个别省份进步明显。2021 年，广东区域创新能力排名第 1 位，北京、江苏分列第 2 位和第 3 位，与上年保持一致。从排名变化情况看，2021 年排名上升的地区有 10 个，吉林上升 9 位，进步明显，在东北地区处于领先地位；排名下降的地区有 9 个，宁夏和青海均下降 6 位，西部地区转型依然面临困难。

二是各地区创新能力进步有快有慢，领先地区优势持续扩大。从排名前 10 位地区看，广东继续保持过去 5 年的增长态势，与其他省份创新能力差距不断拉大。北京、上海、江苏和浙江保持平稳发展，继续保持领先优势；山东、湖北和安徽保持平稳，四川进步明显，陕西略有下降。

三是地区间差距日益扩大，协调发展面临挑战。从全国范围来看，东西部地区间差距在缩小，但南北地区间差距在拉大。广东、江苏、浙江、山东等东部沿海省份及北京、上海等特大型城市，依然是创新能力领先地区，但重庆、陕西、四川、贵州等西部地区追赶势头迅猛，创新步伐不断加快。南方地区创新能力提升步伐快于北方，在排名前 10 位地区中，南方省份占 7 席。总体上看，各地区创新能力差距在拉大，区域协调发展有待提升。

四是多中心的区域创新体系基本形成。我国已经基本形成了多个创新集聚区，以北京为中心的京津冀创新集聚区、以上海为中心的长三角创新集聚区、以广东为中心的珠三角创新集聚区，以及以成都、重庆、武汉、西安为中心的区域性创新集聚区。北京拥有大量的科研机构和高校，具备较强的知识创造能力；上海外资经济发达，知识获取水平高，长三角城市群发展基础好，具备强大的制造能力和完善的产业体系；珠三角地区电子信息产业基础雄厚，产业链齐全，产业技术创新能力强；成渝经济带国防科技工业、装备制造业发达，有最密集的人口和活跃的用户群体。上述地区构建了各具特色的区域创新体系，但区域一体化水平有待提高，未来需要在创新基础设施、创新要素、政策环境等方面加强合作。

五是不同省份创新实力、创新潜力和创新效率差异较大。一般来说，创新实力强的省份都是大省大市，2021年广东、江苏、北京、浙江、上海列前5位；天津排名第16位，比上年下降1位，重庆排名第17位，与上年保持一致。在综合效率指标排名中，北京、上海和广东位居三甲，与上年保持一致；江苏、浙江和天津，分别列第4位、第5位和第6位，天津被江苏和浙江超越；安徽超越重庆排名第7位，重庆降至第8位。在综合潜力指标排名中，广东排名第1位，依然保持强劲的创新增长力，贵州和浙江分别列第2位和第3位，陕西排名第4位，比上年上升3位；四川、河北、山西和云南等地也表现出较强的增长速度。

六是部分指标增长明显，创新驱动发展的基础不断增强。2019年[①]，政府研发经费投入总量为4537.31亿元，较上年增长14.04%，有24个地区政府研发投入较上年有所增加，吉林、江西、广东、贵州和宁夏投入增长超过30%。全国规模以上工业企业研发经费投入达到13971.1亿元，较上年增长7.84%；有19个地区规模以上工业企业研发投入增速超过10%，其中，广东、江苏、浙江、山东和河南5个地区企业研发经费投入达7614.92亿元，五地区投入总和占全国的比重超过54.5%。发明专利申请受理数增加的省份有18个，西藏、海南和内蒙古增长超过25%。全国规模以上工业企业新产品销售收入总和为212060.24亿元，较上年增长7.6%，有25个地区增加，9个地区增速超过20%。总体上看，各地区创新能力稳步提升，一些关键性基础指标增长明显，但也有一些地区创新投入及产出有所下滑，创新驱动发展任重道远。

1.2 综合指标排名

2021年，广东区域创新能力依然保持第一，连续5年居全国首位，北京、江苏分列第2位和第3位，与上年保持一致。进入前10位的地区还有上海、浙江、山东、湖北、安徽、四川和陕西（图1-1）。

---

① 2021年报告的基础数据是2019年。

区域创新综合效用值

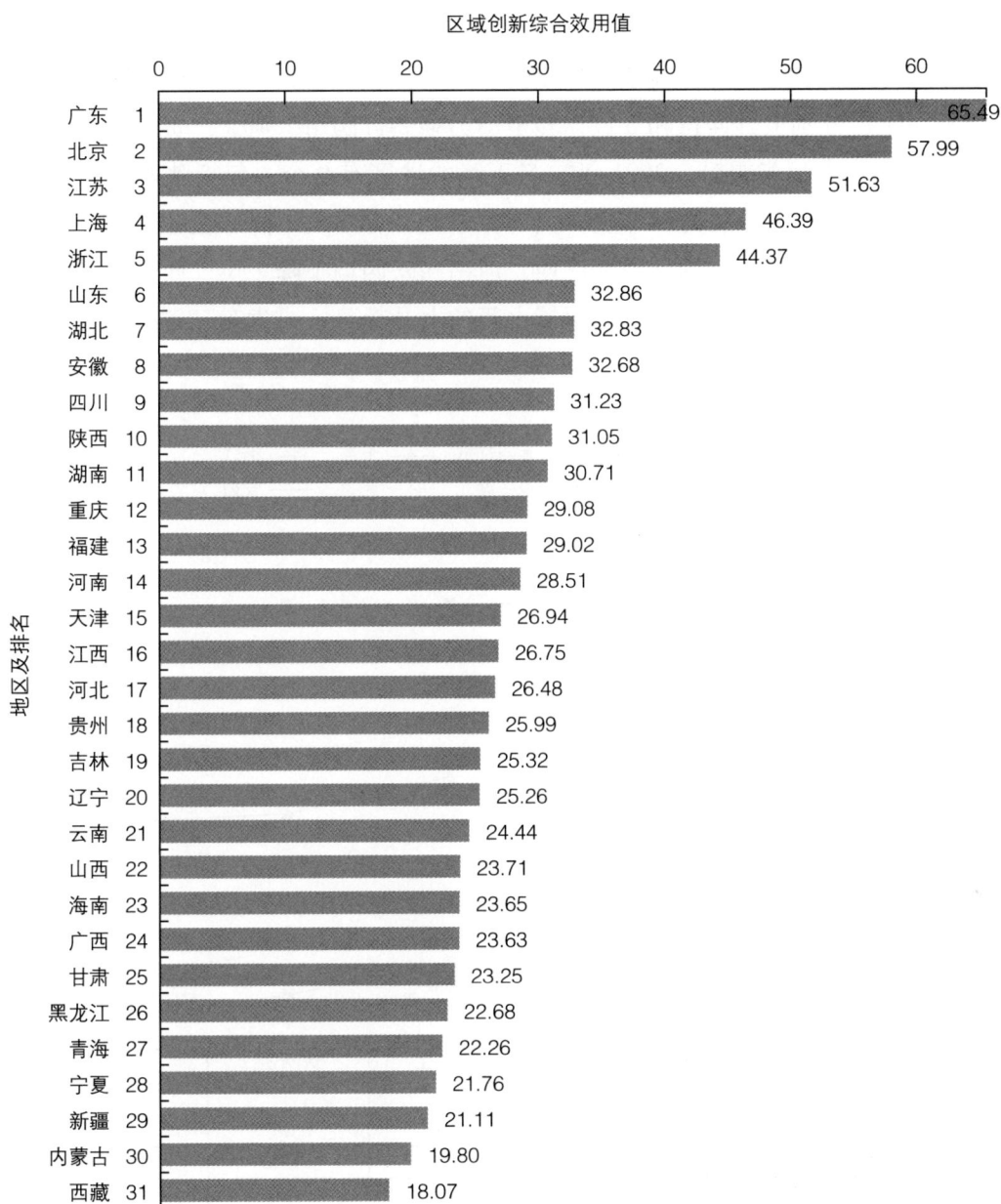

图1-1 2021年我国区域创新能力综合排名

从排名前10位的地区来看，2021年广东、北京、江苏、上海和浙江区域创新能力处于第一梯队，其领先优势持续扩大。山东创新能力提升速度放缓，湖北、安徽和陕西等区域创新能力保持追赶态势（图1-2）。

从排名变化情况看，2021 年排名上升的地区有 10 个，分别是吉林、云南、黑龙江、四川、河北、贵州、山西、甘肃、湖南和福建。其中，吉林上升 9 位，创新驱动转型效果明显；云南和黑龙江分别上升 4 位和 3 位，转型动力强劲；四川、河北、贵州、山西和甘肃均上升 2 位，创新能力稳步提升。2021 年排名下降的地区有 9 个，包括陕西、河南、广西、重庆、辽宁、新疆、海南、青海和宁夏。其中，宁夏和青海均下降 6 位，海南下降 5 位，新疆和辽宁均下降 3 位，重庆下降 2 位，广西、河南和陕西均下降 1 位，西部地区创新驱动发展和转型依然面临巨大挑战；辽宁没能保持上年的上升趋势，成为东三省中唯一下降的省份（表 1-1）。

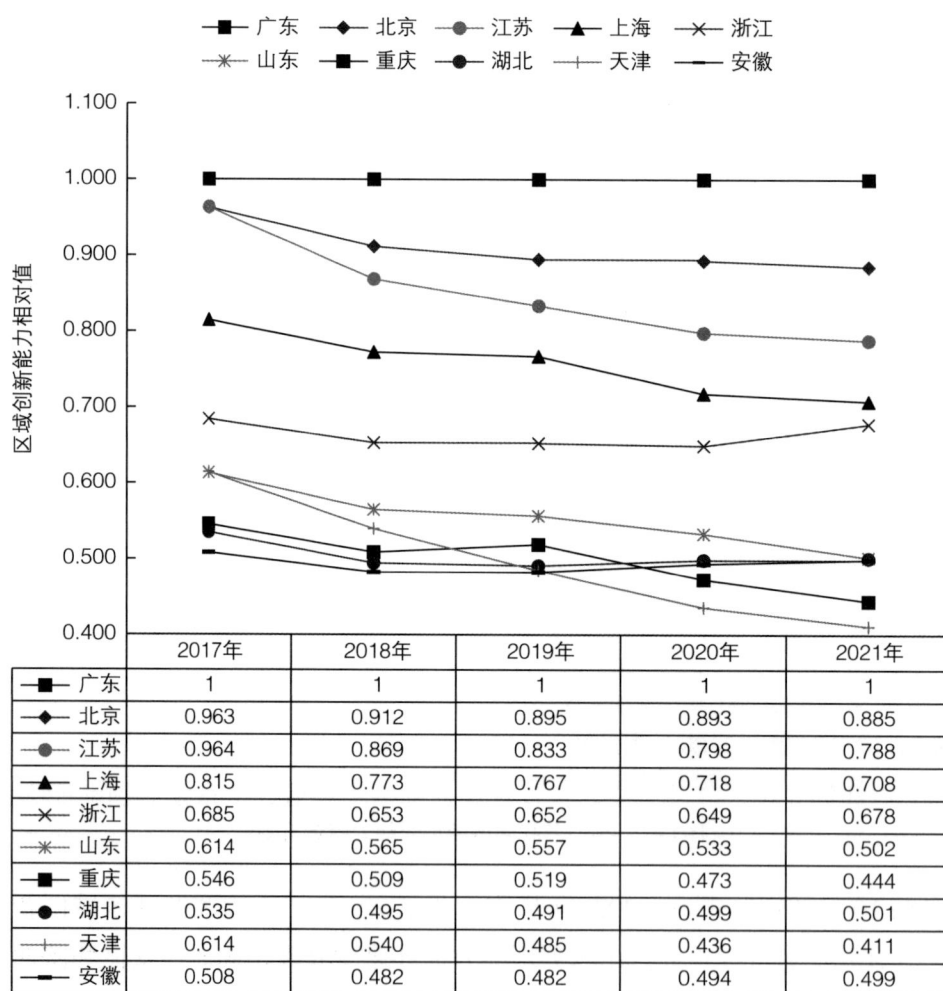

	2017年	2018年	2019年	2020年	2021年
广东	1	1	1	1	1
北京	0.963	0.912	0.895	0.893	0.885
江苏	0.964	0.869	0.833	0.798	0.788
上海	0.815	0.773	0.767	0.718	0.708
浙江	0.685	0.653	0.652	0.649	0.678
山东	0.614	0.565	0.557	0.533	0.502
重庆	0.546	0.509	0.519	0.473	0.444
湖北	0.535	0.495	0.491	0.499	0.501
天津	0.614	0.540	0.485	0.436	0.411
安徽	0.508	0.482	0.482	0.494	0.499

图1-2　2017—2021年区域创新能力变化情况

表1-1　2020—2021年各地区创新能力排名与变化

地区	2021 年	2020 年	排名变化	地区	2021 年	2020 年	排名变化
广东	1	1	0	河北	17	19	2
北京	2	2	0	贵州	18	20	2
江苏	3	3	0	吉林	19	28	9
上海	4	4	0	辽宁	20	17	−3
浙江	5	5	0	云南	21	25	4
山东	6	6	0	山西	22	24	2
湖北	7	7	0	海南	23	18	−5
安徽	8	8	0	广西	24	23	−1
四川	9	11	2	甘肃	25	27	2
陕西	10	9	−1	黑龙江	26	29	3
湖南	11	12	1	青海	27	21	−6
重庆	12	10	−2	宁夏	28	22	−6
福建	13	14	1	新疆	29	26	−3
河南	14	13	−1	内蒙古	30	30	0
天津	15	15	0	西藏	31	31	0
江西	16	16	0				

注：表中排名变化中，正数为排名上升，负数为排名下降。

从一级指标看，2021 年北京知识创造效用值为 85.26，排名全国第 1 位，领先优势明显，广东保持第 2 位，上海超越江苏，排名第 3 位，江苏、浙江、陕西和湖北紧随其后，安徽下降到第 10 位。知识获取综合指标得分最高的依然是上海，效用值为 59.97，广东和北京依次排名第 2 位和第 3 位，江苏、山东、辽宁和吉林紧随其后。广东企业创新能力保持全国排名第 1 位，效用值为 82.23，连续 5 年居全国首位，江苏、浙江、北京紧随其后，上海超越安徽进入前五。广东的创新环境排名超过北京，成为全国第一，效用值为 61.71，北京、江苏、浙江位居其后，上海超越山东进入前五。创新绩效表现最好的省份为广东，效用值为 66.19，北京超越江苏成为全国第二，江苏排名第 3 位，浙江超越上海位列全国第四，上海排名第 5 位。

从排名靠后省份来看，内蒙古的知识创造能力和创新绩效、宁夏的知识获取能力、西藏的企业创新能力、甘肃的创新环境分别排名末位。总体来看，知识获取、创新环境和创新绩效方面的差距要小于知识创造及企业创新方面的差距，其中，知识获取的差距有所缓解（表1-2）。

表1-2 2021年各地区创新能力一级指标排名情况

地区	综合		知识创造		知识获取		企业创新		创新环境		创新绩效	
	效用值	排名	效用值	排名	效用值	排名	效用值	排名	效用值	排名	效用值	排名
权重	1.00		0.15		0.15		0.25		0.25		0.20	
广东	65.49	1	53.08	2	55.36	2	82.23	1	61.71	1	66.19	1
北京	57.99	2	85.26	1	50.89	3	45.41	4	58.93	2	57.40	2
江苏	51.63	3	48.47	4	40.45	4	58.97	2	48.98	3	56.51	3
上海	46.39	4	50.17	3	59.97	1	42.67	5	39.69	5	46.40	5
浙江	44.37	5	44.12	5	28.57	9	52.54	3	43.41	4	47.37	4
山东	32.86	6	29.13	12	34.27	5	32.32	9	34.47	6	33.28	17
湖北	32.83	7	31.92	7	22.18	15	37.69	7	28.36	9	41.03	11
安徽	32.68	8	29.90	10	17.12	26	41.99	6	25.95	15	43.19	8
四川	31.23	9	30.88	9	24.34	10	29.00	11	32.86	7	37.42	13
陕西	31.05	10	42.18	6	23.89	11	26.71	16	31.34	8	33.13	18
湖南	30.71	11	23.29	18	22.49	14	34.69	8	26.52	13	42.68	9
重庆	29.08	12	26.95	14	20.81	18	30.12	10	25.86	16	39.61	12
福建	29.02	13	25.41	15	19.61	20	28.81	12	24.01	22	45.32	6
河南	28.51	14	20.56	22	19.12	21	27.12	15	27.64	10	44.35	7
天津	26.94	15	21.45	19	28.81	8	23.76	22	24.99	21	36.07	14
江西	26.75	16	19.43	25	16.67	27	25.95	19	25.35	19	42.54	10
河北	26.48	17	21.27	20	18.95	22	27.75	14	26.60	12	34.30	15
贵州	25.99	18	24.14	16	23.31	13	23.51	23	25.84	17	32.68	19
吉林	25.32	19	29.22	11	30.55	7	26.56	17	18.16	28	25.89	29
辽宁	25.26	20	27.45	13	33.01	6	23.82	21	21.23	25	24.62	30
云南	24.44	21	18.27	28	17.89	24	26.50	18	25.78	18	29.73	25
山西	23.71	22	19.00	26	18.91	23	24.05	20	23.27	24	30.98	22
海南	23.65	23	23.90	17	21.44	16	14.23	30	27.56	11	32.01	20
广西	23.63	24	20.36	23	17.66	25	21.19	25	26.33	14	30.23	24
甘肃	23.25	25	21.15	21	23.83	12	21.72	24	17.05	31	34.05	16
黑龙江	22.68	26	31.53	8	21.28	17	20.13	27	17.19	30	27.12	28
青海	22.26	27	18.92	27	10.74	30	21.12	26	25.11	20	31.29	21

地区	综合		知识创造		知识获取		企业创新		创新环境		创新绩效	
	效用值	排名	效用值	排名	效用值	排名	效用值	排名	效用值	排名	效用值	排名
宁夏	21.76	28	20.31	24	10.12	31	28.08	13	17.73	29	28.70	26
新疆	21.11	29	15.34	30	20.24	19	20.05	29	20.71	26	27.93	27
内蒙古	19.80	30	12.32	31	15.01	28	20.13	27	23.75	23	23.64	31
西藏	18.07	31	15.82	29	13.02	29	11.59	31	18.82	27	30.71	23

1.3 实力指标排名

本报告将区域创新能力分解为创新的实力、效率和潜力，指标体系相应分为实力指标、效率指标和潜力指标。所谓创新实力是指一个地区拥有和投入的创新资源，包括科技投入水平、科研人员规模、专利数量和新产品数量等；创新效率是指一个地区单位投入所产生的效益，如单位科技人员和研究开发经费投入产生的论文或专利数量；创新潜力是指一个地区创新发展的速度，也就是与上一年相比的增长率水平。通过对指标体系的分解，可以更清晰地看出创新能力的差异性和动态性（表1-3）。

表1-3　2021年区域创新的实力、效率和潜力指标排名

地区	综合			知识创造			知识获取			企业创新			创新环境			创新绩效		
	实力	效率	潜力	实力	效率	潜力	实力	效率	潜力	实力	效率	潜力	实力	效率	潜力	实力	效率	潜力
广东	1	3	1	2	16	1	1	6	14	1	2	1	1	4	4	1	2	21
北京	3	1	22	1	1	2	4	2	21	12	1	23	3	1	26	3	1	16
江苏	2	4	23	3	11	13	3	9	28	2	4	25	2	11	14	2	4	23
上海	5	2	20	5	3	11	2	1	25	6	3	21	6	2	22	5	4	20
浙江	4	5	3	4	6	3	6	11	19	3	6	7	4	6	3	4	6	9
山东	6	14	29	6	20	24	5	15	1	4	11	31	5	19	17	12	14	29
湖北	7	9	14	8	14	14	9	19	20	7	9	5	9	22	11	9	10	14
安徽	9	7	10	10	10	22	17	31	16	5	5	20	12	30	6	10	11	2
四川	8	17	5	7	15	20	8	24	6	11	17	8	7	14	7	14	15	6
陕西	13	10	4	9	4	7	11	18	4	18	16	9	13	8	5	17	17	18
湖南	11	11	14	11	22	25	13	16	13	8	8	18	11	20	18	11	13	1

续表

地区	综合			知识创造			知识获取			企业创新			创新环境			创新绩效		
	实力	效率	潜力	实力	效率	潜力	实力	效率	潜力	实力	效率	潜力	实力	效率	潜力	实力	效率	潜力
重庆	17	8	16	16	18	9	18	17	11	15	7	24	18	13	13	8	8	25
福建	12	20	11	14	25	6	12	21	23	9	21	10	14	24	21	6	7	8
河南	10	21	17	12	27	19	15	29	9	10	23	15	8	27	15	7	5	26
天津	16	6	31	15	8	31	10	3	26	19	10	29	17	5	28	15	9	30
江西	18	16	15	20	31	8	19	23	22	14	15	22	16	10	24	13	12	4
河北	14	28	6	17	29	10	16	27	12	13	14	17	10	28	9	26	18	3
贵州	23	22	2	24	19	4	23	13	2	23	19	11	24	12	10	23	24	5
吉林	19	12	27	19	5	21	14	4	5	17	13	19	25	21	30	22	23	31
辽宁	15	15	29	13	9	23	7	5	7	16	18	26	15	17	31	30	28	28
云南	21	24	8	22	26	17	21	20	17	22	20	3	20	16	8	20	25	17
山西	24	29	7	23	23	18	24	14	15	21	29	2	22	23	12	25	19	10
海南	27	13	24	28	7	16	25	7	24	29	25	30	28	7	2	16	20	19
广西	20	26	18	21	13	29	22	28	8	20	22	27	19	29	1	18	22	24
甘肃	25	19	19	25	12	26	26	10	3	26	24	16	27	26	27	21	16	12
黑龙江	22	18	28	18	2	28	20	8	27	25	26	14	21	31	29	29	27	22
青海	30	23	12	30	21	15	30	30	30	30	30	6	30	3	16	24	30	7
宁夏	29	25	13	29	24	5	29	26	31	27	12	4	29	25	20	28	26	11
新疆	28	27	21	27	17	30	28	12	10	28	27	12	26	18	19	27	29	13
内蒙古	26	30	25	26	30	27	27	25	18	24	28	13	23	9	25	31	31	27
西藏	31	31	26	31	28	12	31	22	29	31	31	28	31	15	23	19	21	15

2021 年，广东综合实力指标保持全国第一，江苏、北京、浙江、上海紧随其后，与上年保持一致；综合实力排名前 10 位的省份还包括山东、湖北、四川、安徽和河南；天津排名第 16 位，较上年下降 1 位；重庆排名第 17 位，较上年保持一致。

在知识创造实力方面，北京、广东和江苏位列前三，与上年保持一致；浙江和上海分别列第 4 位和第 5 位，排名没有变化。排名前 10 位的省份中，安徽被湖北和陕西超越，下降到第 10 位。知识创造实力排名高于综合实力排名的省份主要有陕西（9/13）、黑龙江（18/22）；知识创造实力排名低于综合实力排名的省份主要有河北（17/14）、江西（20/18）、福建（14/12）和河南（12/10）；其余地区知识创造实力排名与综合实力排名差距小于 2 位。

在知识获取实力方面，广东、上海分别排名第 1 位和第 2 位；江苏超越北京，重新回到第 3 位，北京排名第 4 位；山东超越浙江列第 5 位，浙江排名第 6 位；辽宁排名第 7 位，是东三省中开放度最高的省份；安徽依然排名第 17 位，创新开放性转型依然面临挑战。知识获取实力排名高于综合实力排名的省份主要有辽宁（7/15）、天津（10/16）、吉林（14/19）和上海（2/5）；知识获取实力排名低于综合实力排名的省份主要有安徽（17/9）和河南（15/10）；其余地区知识获取实力排名与综合实力排名差距小于 5 位。

在企业创新实力方面，广东、江苏和浙江依然保持前三，山东和安徽紧随其后；北京排名第 12 位，比上年下降 1 位。企业创新实力排名高于综合实力排名的省份主要有安徽（5/9）、江西（14/18）、湖南（8/11）、福建（9/12）和山西（21/24）；企业创新实力排名低于综合实力排名的省份主要有北京（12/3）、山西（18/13）、黑龙江（25/22）、天津（19/16）和四川（11/8）；其余地区企业创新实力排名与综合实力排名差距小于 3 位。

在创新环境实力方面，广东和江苏分别排名第 1 位和第 2 位，北京超越山东和浙江，排名第 3 位；浙江超越山东排名第 4 位；山东排名第 5 位，比上年下降 2 位。排名前 10 位的地区还有上海、四川、河南、湖北和河北，其中四川提升 1 位，创新环境有所改善。创新环境实力排名高于综合实力排名的省份主要有河北（10/14）和内蒙古（23/26）；创新环境实力排名低于综合实力排名的省份主要有吉林（25/19）和安徽（12/9）；其余地区创新环境实力指标排名与综合实力指标排名差距小于 3 位。

在创新绩效实力方面，广东和江苏保持前 2 位，北京超越上海排名第 3 位，浙江超越上海排名第 4 位；上海排名第 5 位，比上年下降 2 位；山东延续下降趋势，比上年下降 3 位，居第 12 位。创新绩效实力排名高于综合实力排名的省份主要有西藏（19/31）、海南（16/27）、重庆（8/17）、福建（6/12）、青海（24/30）、江西（13/18）、甘肃（21/25）和河南（7/10）；创新绩效实力排名低于综合实力排名的省份主要有辽宁（30/15）、河北（26/14）、黑龙江（29/22）、四川（14/8）、山东（12/6）、内蒙古（31/26）、陕西（17/13）和吉林（22/19）；其余地区创新绩效实力指标排名与综合实力排名差距小于 3 位。

1.4 效率指标排名

在综合效率指标排名中，北京、上海和广东位居前三，江苏和浙江紧随其后；天津滑落至第 6 位，比上年下降 2 位；进入前 10 位的地区还有安徽、重庆、湖北和陕西。综合来看，直辖市在人均投入和人均产出方面依然保持优势。综合效率指标排名后 5 位的地区分别是西藏、内蒙古、山西、河北与新疆，山西创新效率下滑明显，比上年下降了 3 位。

在知识创造效率方面，北京排名第 1 位，黑龙江超过上海排名第 2 位，上海排名第 3 位，陕西、吉林紧随其后；安徽排名第 10 位，较上年下滑 5 位。知识创造效率排名高于综合效率排名的地区有 14 个，排名差距较大的地区有黑龙江（2/18）、广西（13/62）、新疆（17/27）、吉林（5/12）、甘肃（12/19）、陕西（4/10）、海南（7/13）、辽宁（9/15）和山西（23/29）；知识创造效率排名低于综合效率排名的地区有 15 个，排名差距较大的地区有江西（31/16）、广东（16/3）、湖南（22/11）、重庆（18/8）、江苏（11/4）、山东（20/14）、河南（27/21）、湖北（14/9）、福建（25/20）和安徽（10/7）；其余地区知识创造效率排名与综合效率排名差距小于 3 位。

在知识获取效率方面，上海、北京和天津位列前三，吉林和辽宁紧随其后；黑龙江排名呈现下降趋势，居第 8 位，较上年下降 3 位。知识获取效率排名高于综合效率排名的地区有 14 个，排名差距较大的地区包括新疆（12/27）、山西（14/29）、辽宁（5/15）、黑龙江（8/18）、甘肃（10/19）、贵州（13/22）、西藏（22/31）、吉林（4/12）、海南（7/13）、内蒙古（25/30）、云南（20/24）和天津（3/6）；知识获取效率排名低于综合效率排名的地区有 17 个，排名差距较大的地区包括安徽（31/7）、湖北（19/9）、重庆（17/8）、陕西（18/10）、河南（29/21）、江西（23/16）、四川（24/17）、青海（30/23）、浙江（11/5）、湖南（16/11）、江苏（9/4）和广东（6/3）；其余地区知识获取效率排名与综合效率排名差距小于 3 位。

在企业创新效率方面，北京、广东和上海位居前三，江苏超越安徽和浙江排名第 4 位，安徽和浙江列第 5 位和第 6 位。企业创新效率排名高于综合效率排名的地区有 12 个，排名差距较大的地区是河北（14/28）、宁夏（12/25）、云南（20/24）、广西（22/26）、湖南（8/11）、山东（11/14）和贵州（19/22）；企业创新效率排名低于综合效率排名的地区有 12 个，排名差距较大的地区是海南（25/13）、黑龙江（26/18）、青海（30/23）、陕西（16/10）、甘肃（24/19）、天津（10/6）和辽宁（18/15）；其余地区企业创新效率排名与综合效率排名差距小于 3 位。

在创新环境效率方面，北京和上海依然位居前二，其他地区排名波动较大；青海和广东分别排名第 3 位和第 4 位，均比上年提高 2 位；天津排名第 5 位，比上年下降 2 位。创新环境效率排名高于综合效率排名的地区有 12 个，排名差距较大的地区有内蒙古（9/30）、青海（3/23）、西藏（15/31）、贵州（12/22）、新疆（18/27）、云南（16/24）、海南（16/24）、江西（10/16）、山西（23/29）和四川（14/17）；创新环境效率排名低于综合效率排名的地区有 15 个，排名差距较大的地区有安徽（30/7）、湖北（22/9）、黑龙江（31/18）、湖南（20/11）、吉林（21/12）、江苏（11/4）、甘肃（26/19）、河南（27/21）、重庆（13/8）、山东（19/15）、福建（24/20）和广西（29/26）；其余地区创新环境效率排名与综合效率排名差距小于 3 位。

在创新绩效效率方面，北京排名第 1 位；广东超越上海和江苏排名第 2 位，比上年提升 2 位；江苏排名第 3 位，上海排名下滑至第 4 位；河南排名第 5 位，比上年上升 2 位；天津延续下降趋势，从第 5 位下降到第 9 位；重庆下降到第 8 位。创新绩效效率排名高于综合效率排名的地区有 11 个，排名差距较大的地区有河南（5/21）、福建（7/20）、河北（18/28）、山西（19/29）、西藏（21/31）、江西（12/16）、广西（22/26）和甘肃（16/19）；创新绩效效率排名低于综合效率排名的地区有 17 个，排名差距较大的地区有辽宁（28/15）、吉林（23/12）、黑龙江（27/18）、陕西（17/10）、海南（20/13）、青海（30/23）、安徽（11/7）和天津（9/6）；其余地区创新绩效效率排名与综合效率排名差距小于 3 位。

1.5 潜力指标排名

在综合潜力指标排名中，广东排名第 1 位，比上年提升了 4 位；贵州排名第 2 位，保持较强发展后劲；浙江排名第 3 位，比上年提高 15 位；陕西、四川和河北紧随其后，其中四川进步明显，从上年的第 17 位上升到 2021 年的第 5 位。

在知识创造潜力方面，前 3 名发生较大变化，广东排名第 1 位，比上年提升 3 位；北京排名第 2 位，比上年提升 18 位；浙江排名第 3 位，比上年提升 9 位；贵州下降到第 4 位，宁夏下降到第 5 位。知识创造潜力排名高于综合潜力排名的地区有 12 个，排名差距较大的地区有北京（2/22）、西藏（12/26）、江苏（13/23）、上海（11/20）、宁夏（5/13）和海南（16/24）；知识创造潜力排名低于综合潜力排名的地区有 15 个，排名差距较大的地区有四川（20/5）、安徽（22/10）、山西（18/7）、湖南（25/14）、广西（29/18）、云南（17/8）和新疆（30/21）。

在知识获取潜力方面，山东排名第 1 位，比上年提高 20 位；贵州排名第 2 位，比上年提升 4 位；甘肃排名第 3 位，比上年下降 1 位；陕西排名第 4 位，比上年提升 12 位；吉林排名第 5 位，比上年下降 1 位。知识获取潜力排名高于综合潜力排名的地区有 13 个，排名差距较大的地区有山东（1/29）、吉林（5/27）、辽宁（7/29）、甘肃（3/19）、新疆（10/21）、广西（8/18）、河南（9/17）；知识获取潜力排名低于综合潜力排名的地区有 15 个，排名差距较大的地区有青海（30/12）、宁夏（31/13）、浙江（19/3）、广东（14/1）、福建（23/11）、湖北（20/9）、云南（17/8）和山西（15/7）。

在企业创新潜力方面，广东排名第 1 位，比上年上升 2 位；山西排名第 2 位，比上年上升 5 位；云南排名第 3 位，比上年上升 9 位；宁夏和湖北紧随其后，其中湖北上升 4 位。企业创新潜力排名高于综合潜力排名的地区有 14 个，排名差距较大的地区包括黑龙江（14/28）、内蒙古（13/25）、宁夏（4/13）、新疆（12/21）、吉林（19/27）和青海（6/12）；企业创新潜力排名低于综合潜力排名的地区有 16 个，排名差距较大的地区有河北（17/6）、安徽（20/10）、贵州（11/2）、广西（26/18）、重庆（24/16）、江西（22/15）和海南（30/24）。

在创新环境潜力方面，广西排名第 1 位，比上年提升 16 位；海南排名第 2 位，与上年保持一致；浙江排名第 3 位，比上年上升 9 位；广东排名第 4 位，比上年上升 5 位；陕西排名第 5 位，比上年上升 5 位。创新环境潜力排名高于综合潜力排名的地区有 10 个，排名差距较大的地区包括海南（2/24）、广西（1/18）和山东（17/29）；创新环境潜力排名低于综合潜力排名的地区有 18 个，排名差距较大的地区有福建（21/11）、江西（24/15）、贵州（10/2）、甘肃（27/19）、宁夏（20/13）和山西（12/7）。

在创新绩效潜力方面，湖南排名第 1 位，比上年上升 10 位；安徽排名第 2 位，比上年上升 2 位；河北排名第 3 位，比上年上升 11 位；江西排名第 4 位，比上年上升 5 位；贵州排名下降至第 5 位。创新绩效潜力排名高于综合潜力排名的地区有 15 个，排名差距较大的地区有湖南（1/14）、江西（4/15）、西藏（15/26）、安徽（2/10）、新疆（13/21）、甘肃（12/19）、北京（16/22）和黑龙江（22/28）；创新绩效潜力排名低于综合潜力排名的地区有 13 个，排名差距较大的地区有广东（21/1）、陕西（18/4）、云南（17/8）、重庆（25/16）、河南（26/17）、浙江（9/3）和广西（24/18）。

1.6 其他重要指标排名

一个地区创新能力的强弱，往往取决于一些基础指标间的差异，为进一步揭示排名变化背后的原因，本报告对一些重要的基础指标进行了深入分析。

1.6.1 各地区政府研发投入排名

2019 年政府研发投入排名前 10 位的地区依次是北京、上海、广东、四川、江苏、陕西、湖北、山东、浙江和辽宁。

从排名变化情况看，广东超越四川，较上年提升 1 位；排名变化较大的是吉林从第 19 位提高到第 13 位，江西从第 23 位提升到第 19 位；天津和黑龙江呈现下降趋势，天津从第 12 位下降到第 17 位，黑龙江从第 18 位下降到第 22 位。从投入增速看，全国有 23 个地区政府研发投入较上年有所增加，吉林、江西、广东、贵州和宁夏 5 个地区投入增长超过 30%；有 8 个地区政府研发投入较上年有所下降，其中天津下降幅度最大，达到 25.12%（表 1-4）。

表1-4　2018—2019年各地区政府研发投入

地区	政府研发投入（亿元）		排名		排名变化	地区	政府研发投入（亿元）		排名		排名变化
	2019年	2018年	2019年	2018年			2019年	2018年	2019年	2018年	
北京	1069.22	920.57	1	1	0	天津	76.55	102.23	17	12	−5
上海	549.02	471.25	2	2	0	河北	67.97	68.16	18	16	−2
广东	397.26	287.68	3	4	1	江西	59.20	38.64	19	23	4
四川	318.11	290.95	4	3	−1	云南	55.53	44.03	20	20	0
江苏	275.01	253.93	5	6	1	甘肃	53.35	41.20	21	22	1
陕西	264.16	266.86	6	5	−1	黑龙江	52.38	53.46	22	18	−4
湖北	179.32	170.18	7	7	0	广西	45.05	42.60	23	21	−2
山东	146.53	136.56	8	8	0	贵州	35.72	26.46	24	25	1
浙江	136.33	113.89	9	9	0	山西	31.41	28.49	25	24	−1
辽宁	134.57	110.98	10	10	0	内蒙古	19.83	20.25	26	26	0
安徽	102.99	104.91	11	11	0	新疆	16.93	18.73	27	27	0
湖南	88.59	83.60	12	13	1	宁夏	13.27	9.86	28	29	1
吉林	85.71	51.86	13	19	6	海南	12.99	13.32	29	28	−1
福建	83.78	68.52	14	15	1	青海	7.39	6.68	30	30	0
河南	78.01	60.40	15	17	2	西藏	3.32	2.65	31	31	0
重庆	77.81	69.73	16	14	−2						

1.6.2　各地区发明专利授权数排名

发明专利代表了一个地区的发明与创新能力。2019年发明专利授权数排名前10位的地区依次是广东、北京、江苏、浙江、上海、山东、安徽、湖北、四川和陕西；其中，湖北超越四川成为第8位，陕西上升1位，其他省份保持不变。

从排名变化幅度看，河南下降2位，其他省份排名变化不超过1位。从授权数总量看，2019年发明专利授权数增加的地区有19个，湖北、北京和广东增长超过12%；下降的地区有12个，广西、宁夏和河南下降超过15%（表1-5）。

表1-5 2018—2019年各地区发明专利授权数

地区	发明专利授权数（件）		排名		排名变化	地区	发明专利授权数（件）		排名		排名变化
	2019 年	2018 年	2019 年	2018 年			2019 年	2018 年	2019 年	2018 年	
广东	59742	53259	1	1	0	天津	5025	5626	17	16	−1
北京	53127	46978	2	2	0	黑龙江	4144	4309	18	19	1
江苏	39681	42019	3	3	0	广西	3413	4330	19	18	−1
浙江	33964	32550	4	4	0	吉林	3006	2868	20	20	0
上海	22735	21331	5	5	0	江西	2744	2524	21	21	0
山东	20652	20338	6	6	0	山西	2300	2284	22	23	1
安徽	14958	14846	7	7	0	云南	2174	2297	23	22	−1
湖北	14178	11393	8	9	1	贵州	1900	2081	24	24	0
四川	12053	11697	9	8	−1	甘肃	1154	1280	25	25	0
陕西	9843	8884	10	11	1	内蒙古	911	864	26	27	1
福建	8963	9858	11	10	−1	新疆	856	923	27	26	−1
湖南	8479	8261	12	13	1	宁夏	598	744	28	28	0
辽宁	7501	7176	13	14	1	海南	530	489	29	29	0
河南	6991	8339	14	12	−2	青海	292	298	30	30	0
重庆	6988	6570	15	15	0	西藏	79	73	31	31	0
河北	5130	5126	16	17	1						

1.6.3 各地区国际论文数排名

国际论文发表数是反映一个地区科学水平的重要指标。2019 年国际论文数排名前 10 位的地区依次是北京、江苏、上海、广东、陕西、湖北、山东、浙江、四川和辽宁；其中，广东上升 1 位，陕西下降 1 位。

除西藏外，其余地区发表的国际论文较上年均有所增加，共发表国际论文 687733 篇，较上年增加 13.7%（表 1–6）。

表1-6 2018—2019年各地区国际论文数

地区	国际论文数（篇）		排名		排名变化	地区	国际论文数（篇）		排名		排名变化
	2019 年	2018 年	2019 年	2018 年			2019 年	2018 年	2019 年	2018 年	
北京	114012	102763	1	1	0	河南	15236	13512	17	17	0
江苏	72312	63029	2	2	0	福建	13323	11812	18	18	0
上海	54368	49142	3	3	0	河北	9041	8782	19	19	0
广东	43748	36061	4	5	1	甘肃	8331	7437	20	20	0
陕西	42318	36347	5	4	−1	江西	7401	6496	21	21	0
湖北	37706	33454	6	6	0	山西	7256	6200	22	22	0
山东	34094	29493	7	7	0	云南	5913	5250	23	23	0
浙江	32093	28417	8	8	0	广西	5143	4476	24	24	0
四川	31281	26466	9	9	0	贵州	2986	2494	25	26	1
辽宁	26269	23586	10	10	0	新疆	2951	2725	26	25	−1
湖南	24761	21038	11	11	0	内蒙古	2288	2046	27	27	0
天津	21933	18857	12	12	0	海南	1367	1155	28	28	0
黑龙江	19954	17901	13	13	0	宁夏	798	599	29	29	0
安徽	18666	16226	14	14	0	青海	640	551	30	30	0
吉林	16090	14487	15	15	0	西藏	63	64	31	31	0
重庆	15391	13843	16	16	0						

1.6.4 各地区规模以上工业企业 R&D 经费内部支出总额排名

企业研发经费支出强度是表征企业对创新重视程度的重要指标。2019 年全国各地区规模以上工业企业 R&D 经费内部支出额总和为 13971.1 亿元，较上年增长 7.84%。排名前 10 位的地区依次是广东、江苏、浙江、山东、河南、福建、湖南、上海、湖北和安徽；其中，浙江超越山东上升 1 位，河南上升 1 位，福建和湖南分别上升 2 位，上海下降 3 位，湖北下降 2 位。

分地区看，全国共有 26 个地区增加投入，增幅最高的是青海，增长 38.4%；安徽、广西、贵州、河南、黑龙江、吉林、江西和云南增幅超过 15%。5 个地区出现下滑，其中西藏、天津和山东下降幅度超过 10%（表 1-7）。

表1-7 2018—2019年规模以上工业企业R&D经费内部支出总额

地区	企业 R&D 经费（亿元）		排名		排名变化	地区	企业 R&D 经费（亿元）		排名		排名变化
	2019 年	2018 年	2019 年	2018 年			2019 年	2018 年	2019 年	2018 年	
广东	2314.86	2107.20	1	1	0	陕西	240.80	216.56	17	18	1
江苏	2206.16	2024.52	2	2	0	天津	213.43	252.88	18	17	-1
浙江	1274.23	1147.39	3	4	1	山西	138.08	131.25	19	19	0
山东	1210.95	1418.50	4	3	-1	云南	129.77	107.02	20	20	0
河南	608.72	528.93	5	6	1	内蒙古	118.36	103.36	21	21	0
福建	598.51	524.94	6	8	2	广西	104.47	89.10	22	22	0
湖南	593.15	516.72	7	9	2	贵州	91.02	76.23	23	23	0
上海	590.65	554.88	8	5	-3	黑龙江	71.49	60.57	24	24	0
湖北	586.51	525.52	9	7	-2	吉林	68.41	57.50	25	25	0
安徽	576.54	497.30	10	10	0	甘肃	50.55	47.62	26	26	0
河北	438.58	381.99	11	11	0	新疆	44.13	44.88	27	27	0
四川	387.86	342.39	12	12	0	宁夏	41.57	36.99	28	28	0
重庆	335.89	299.21	13	14	1	海南	10.82	11.37	29	29	0
江西	320.22	267.77	14	16	2	青海	9.37	6.77	30	30	0
辽宁	310.25	300.60	15	13	-2	西藏	0.56	0.86	31	31	0
北京	285.19	274.01	16	15	-1						

1.6.5 各地区规模以上工业企业新产品销售收入排名

新产品销售收入反映企业的创新绩效。2019 年全国规模以上工业企业新产品销售收入总和为 212060.24 亿元，较上年增长 7.6%，增速有所上升。排名前 10 位的地区依次是广东、江苏、浙江、山东、上海、湖北、安徽、湖南、河南和河北。其中，湖北、湖南分别超越安徽、河南，均上升 1 位；辽宁下降 3 位，居全国第 15 位；吉林上升 3 位，居全国第 18 位；宁夏下降 2 位，居全国第 28 位。

分地区看，全国有 25 个地区新产品销售收入增加，9 个地区增速超过 20%，其中甘肃增速高达 100.89%；6 个地区出现负增长，其中海南、河南和山东降速超过 10%（表 1-8）。

表1-8　2018—2019年各地区规模以上工业企业新产品销售收入

地区	新产品销售收入（亿元）		排名		排名变化	地区	新产品销售收入（亿元）		排名		排名变化
	2019年	2018年	2019年	2018年			2019年	2018年	2019年	2018年	
广东	42970.06	39376.06	1	1	0	天津	3846.62	3855.66	17	16	−1
江苏	30101.94	28425.04	2	2	0	吉林	2627.59	1347.50	18	21	3
浙江	26099.37	23308.16	3	3	0	陕西	2566.04	2033.36	19	18	−1
山东	13480.08	15246.50	4	4	0	山西	1989.26	1941.30	20	19	−1
上海	10140.95	9796.73	5	5	0	广西	1838.24	1833.59	21	20	−1
湖北	9707.67	8862.97	6	7	1	内蒙古	1127.44	1028.26	22	22	0
安徽	9698.55	9532.38	7	6	−1	云南	939.55	928.83	23	23	0
湖南	8105.36	7616.24	8	9	1	贵州	818.83	746.99	24	24	0
河南	6788.35	7688.20	9	8	−1	黑龙江	733.62	561.38	25	25	0
河北	6484.73	5228.87	10	11	1	新疆	557.14	432.86	26	27	1
江西	6328.15	4511.78	11	13	2	甘肃	552.71	275.13	27	28	1
福建	5789.31	5300.90	12	10	−2	宁夏	447.69	482.65	28	26	−2
北京	5220.20	4136.62	13	15	2	青海	123.39	123.27	29	29	0
重庆	4365.41	4216.31	14	14	0	海南	93.55	105.31	30	30	0
辽宁	4283.60	4556.76	15	12	−3	西藏	23.01	18.11	31	31	0
四川	4211.83	3576.34	16	17	1						

1.6.6　各地区教育经费支出排名

教育经费支出是反映地方政府重视创新的基础指标。2019年教育经费支出排名前10位的地区依次是广东、江苏、山东、河南、浙江、四川、河北、湖南、安徽和湖北；其中，安徽超越湖北，上升1位。

从投入绝对值看，31个地区教育经费支出均有不同程度的上升，其中，河南、青海、浙江和新疆等10个地区增速超过10%（表1-9）。

表1-9　2018—2019年各地区教育经费支出

地区	教育经费支出（亿元）		排名		排名变化	地区	教育经费支出（亿元）		排名		排名变化
	2019 年	2018 年	2019 年	2018 年			2019 年	2018 年	2019 年	2018 年	
广东	4268.43	3861.03	1	1	0	福建	1254.80	1139.10	17	17	0
江苏	2827.64	2596.06	2	2	0	陕西	1137.51	1054.59	18	18	0
山东	2634.93	2394.60	3	3	0	重庆	1021.63	948.35	19	20	1
河南	2429.35	2154.67	4	4	0	辽宁	975.94	965.19	20	19	−1
浙江	2400.90	2132.79	5	5	0	新疆	952.26	846.21	21	22	1
四川	2076.80	1927.45	6	6	0	山西	913.42	853.37	22	21	−1
河北	1738.96	1593.85	7	7	0	内蒙古	775.90	760.13	23	23	0
湖南	1630.06	1516.57	8	8	0	黑龙江	761.22	754.54	24	24	0
安徽	1501.18	1382.18	9	10	1	甘肃	740.49	708.75	25	25	0
湖北	1457.83	1375.16	10	9	−1	吉林	686.65	658.67	26	26	0
云南	1454.38	1329.21	11	11	0	天津	635.17	585.06	27	27	0
北京	1352.54	1251.27	12	12	0	海南	377.75	339.03	28	28	0
上海	1341.28	1210.46	13	14	1	青海	264.03	234.35	29	30	1
江西	1315.30	1171.78	14	16	2	西藏	256.30	238.77	30	29	−1
广西	1283.66	1189.18	15	15	0	宁夏	234.70	228.84	31	31	0
贵州	1273.28	1248.80	16	13	−3						

1.6.7　各地区高技术企业数排名

高技术企业数代表了一个地区企业创新的水平和活力程度。2019年全国31个地区高技术企业数排名前10位的地区依次是广东、江苏、浙江、山东、江西、安徽、四川、湖南、湖北和福建。其中，江西超越安徽上升1位；福建上升2位，排名第10位。从总量上看，截至2019年全国共认定高技术企业35833家，较上年增加2260家（表1-10）。

表1-10 2018—2019年各地区高技术企业数

地区	高技术企业数（家）		排名		排名变化	地区	高技术企业数（家）		排名		排名变化
	2019年	2018年	2019年	2018年			2019年	2018年	2019年	2018年	
广东	9542	8525	1	1	0	辽宁	493	456	17	18	1
江苏	5111	4870	2	2	0	天津	491	452	18	19	1
浙江	3150	2785	3	3	0	贵州	428	475	19	17	−2
山东	1564	1978	4	4	0	广西	365	355	20	20	0
江西	1500	1305	5	6	1	吉林	311	346	21	21	0
安徽	1466	1456	6	5	−1	云南	256	254	22	22	0
四川	1422	1283	7	7	0	山西	180	170	23	23	0
湖南	1381	1259	8	8	0	黑龙江	170	156	24	24	0
湖北	1230	1136	9	9	0	甘肃	109	119	25	25	0
福建	1184	1005	10	12	2	内蒙古	99	93	26	26	0
上海	1111	1027	11	11	0	海南	60	56	27	27	0
河南	1106	1123	12	10	−2	新疆	54	52	28	28	0
北京	853	799	13	13	0	宁夏	49	43	29	30	1
重庆	747	696	14	14	0	青海	37	44	30	29	−1
陕西	683	597	15	16	1	西藏	11	8	31	31	0
河北	670	650	16	15	−1						

1.6.8 各地区第三产业增加值占GDP的比例排名

第三产业增加值占GDP的比例反映了一个地区的产业结构，比例的变化代表了该地区产业结构升级的水平。2019年第三产业增加值占GDP的比例排名前10位的地区依次是北京、上海、天津、海南、广东、甘肃、西藏、浙江、吉林和湖南。其中，海南上升1位，浙江下降1位；湖南上升2位，居全国第10位；广东上升3位，居全国第5位；吉林和西藏排名变化较大，分别上升7位和11位，吉林居第9位，西藏居第7位。

从绝对值看，北京是全国唯一一个第三产业增加值占GDP的比例超过80%的地区；有22个地区低于全国平均水平，有5个地区不足50%，转型发展的潜力和空间巨大（表1-11）。

表1-11　2018—2019年各地区第三产业增加值占GDP的比例

地区	第三产业增加值占GDP的比例（%）		排名		排名变化	地区	第三产业增加值占GDP的比例（%）		排名		排名变化
	2019年	2018年	2019年	2018年			2019年	2018年	2019年	2018年	
北京	83.5	80.98	1	1	0	山西	51.4	53.44	17	9	−8
上海	72.7	69.90	2	2	0	河北	51.3	46.19	18	24	6
天津	63.5	58.62	3	3	0	江苏	51.3	50.98	19	14	−5
海南	59.0	56.63	4	5	1	安徽	50.8	45.08	20	29	9
广东	55.5	54.24	5	8	3	广西	50.7	45.50	21	26	5
甘肃	55.1	54.94	6	6	0	青海	50.7	47.12	22	21	−1
西藏	54.4	48.66	7	18	11	贵州	50.3	46.54	23	23	0
浙江	54.0	54.67	8	7	−1	宁夏	50.3	47.91	24	19	−5
吉林	53.8	49.77	9	16	7	黑龙江	50.1	57.10	25	4	−21
湖南	53.2	51.80	10	12	2	湖北	50.0	47.58	26	20	−6
重庆	53.2	52.33	11	11	0	内蒙古	49.6	50.48	27	15	−12
辽宁	53.0	49.53	12	10	−2	河南	48.0	45.22	28	27	−1
山东	53.0	52.37	13	17	4	江西	47.5	44.84	29	30	1
云南	52.6	47.12	14	21	7	陕西	45.8	42.70	30	31	1
四川	52.4	51.40	15	13	−2	福建	45.3	45.22	31	27	−4
新疆	51.6	45.77	16	25	9						

第二章
决定创新能力强弱的因素分析

2.1 领先地区

一般来讲，创新能力领先的地区普遍具有相对落后地区所不具备的创新要素：经济和科技基础较好、教育资源丰富且高等教育发达、市场经济相对成熟、对外开放程度较高、企业创新动力足、研发投入水平较高、创新基础设施完善等。这些要素通过适合当地特点的学习和创新机制，相互促进和加强，共同造就了较强的创新能力。

2.1.1 广东省

2021 年广东创新能力排名全国第 1 位。从指标层次看，实力综合指标排名第 1 位；效率综合指标排名第 3 位；潜力综合指标排名第 1 位，较上年上升 4 位。从指标维度看，知识创造和知识获取均排名第 2 位，分别与上年持平；创新环境排名第 1 位，较上年上升 1 位；企业创新及创新绩效均排名第 1 位。

广东省保持强劲的创新能力是深入贯彻落实创新驱动发展的结果。长期以来，广东高度重视科技创新工作，积极营造良好的创新环境，培育有创新活力的高科技企业，近年来通过建设大科学装置持续完善创新基础设施，着力提升知识创造水平，在研发投入、人才引进、前沿技术攻关等方面采取了一系列有力举措，取得了积极成效，创新潜力和后劲十足。在基础指标上，广东省政府研发投入增长达到 38.09%，国际论文数增长 21.32%，研究与试验发展全时人员当量和每万人平均研究与试验发展全时人员当量分别增长 5.31% 和 3.72%，科技企业孵化器数量增加 51 家。一系列数据表明，广东省注重基础研究，不断加强创新载体建设，创新生态不断优化，为创新能力提升奠定坚实基础。

2.1.2　北京市

2021 年北京创新能力排名全国第 2 位。从指标层次看，实力综合指标排名第 3 位；效率综合指标排名第 1 位；潜力综合指标排名第 22 位，较上年上升 4 位。从指标维度看，知识创造继续居全国第 1 名；知识获取排名第 3 位；企业创新排名第 4 位；创新环境排名第 2 位，较上年下降 1 位；创新绩效排名第 2 位，较上年上升 1 位。

北京积极推动三城一区（中关村科学城、怀柔科学城、昌平未来科技城、北京经济技术开发区）建设，持续加大研发投入，一批关键核心技术实现突破，科技对经济社会的支撑作用显著增强。"十三五"期间，北京研发经费投入强度保持在 6% 左右。其中，基础研究投入占比从 2015 年的 13.8% 提升至 2019 年的 15.9%，累计获得国家科技奖奖项占全国 30% 左右；每万人发明专利拥有量是全国平均水平的 10 倍；百度、京东、小米、美团、滴滴等一批数字经济企业辐射带动作用凸显。未来，北京要把握新一轮科技革命的战略机遇期，在人工智能、区块链、大数据等数字经济领域实现更多突破，做强长板补齐短板，培育更具竞争力的新兴产业集群。

2.1.3　江苏省

2021 年江苏创新能力排名全国第 3 位。从指标层次看，实力综合指标排名第 2 位；效率综合指标排名第 4 位，较上年上升 1 位；潜力综合指标排名下降 1 位，居全国第 23 位。从指标维度看，知识创造排名第 4 位，比去年下降 1 位；知识获取、企业创新和创新环境排名依次为第 4 位、第 2 位和第 3 位，与上年持平；创新绩效排名下降 1 位，居全国第 3 位。

从基础指标看，江苏省的优势体现在总量指标上，少数指标增长明显。例如，政府研发投入增长 8.3%，国际论文数增长 14.73%，规模以上工业企业发明专利申请数增长 2.65%，规模以上工业企业有效发明专利数增长 2.71%，规模以上工业企业就业人员中研发人员比重增长 21.69%。从指标排名看，每亿元研发经费内部支出产生的发明专利授权数排名下降 3 位，每万名研发人员发明专利授权数排名下降 5 位，规模以上工业企业每万名研发人员平均发明专利申请数、规模以上工业企业平均技术改造经费支出、第三产业增加值占 GDP 的比例等指标排名下滑明显。

过去 5 年，江苏全社会研发投入强度达 2.82%，高新技术企业总数超过 3.2 万家，万人发明专利拥有量 36.1 件，战略性新兴产业、高新技术产业产值占规模以上工业企业数比重分别达到 37.8% 和 46.5%，数字经济规模超过 4 万亿元。2020 年，江苏地区生产总值达 10.27 万亿元，比上年增长 3.5%，迈入 10 万亿俱乐部。"十四五"期间，江苏仍需坚持把创新作为第一动力，加快科技自立自强，发挥经济总量优势，加大科研投入，强化区域协调联动，在推进长三角一体化进程中，进一步提升创新能力。

2.1.4　上海市

2021 年上海创新能力排名全国第 4 位。从指标层次看，实力综合指标排名第 5 位；效率综合指标排名第 2 位；潜力综合指标排名第 20 位，较上年上升 4 位。从指标维度看，知识创造、知识获取、企业创新、创新环境和创新绩效排名分别是第 3 位、第 1 位、第 5 位、第 5 位和第 5 位，其中知识创造排名上升 1 位，企业创新排名上升 2 位，创新环境排名上升 1 位，创新绩效排名下降 1 位。

从基础指标看，上海市规模以上工业企业每万名研发人员平均发明专利申请数增长 29.23%，有电子商务交易活动的企业数增长 27.85%，科技服务业从业人员数增长 34.64%，第三产业增加值增长 21.49%；但科技企业孵化器当年获风险投资额、规模以上工业企业平均国内技术成交金额、高技术产业就业人数占总就业人数的比例等指标出现下滑。

"十三五"期间，上海市创新能力持续提升。全社会研发经费投入逐年递增，占全市生产总值的比重由 2015 年的 3.7% 提高到 2020 年的 4.1%，集成电路、生物医药、人工智能等领域一批关键核心技术实现突破；全市战略性产业规模不断壮大，产业增加值由 2015 年的 3746 亿元增长至 2020 年的 7328 亿元，占全市生产总值比重从 15.0% 提高到 18.9%；5G、人工智能、物联网、云计算、大数据、区块链等新一代信息技术产业快速发展，传统业态加速向智能化、数据化、信息化转型发展；创新生态不断完善，全面创新改革试验成效显著，创新引领地位进一步凸显。

"十四五"期间，上海市要全力强化"四大功能"，持续增强城市综合实力和能级，强化科技创新策源功能，突出创新在发展全局中的核心地位，发挥张江综合性国家科学中心的优势，在基础研究、应用基础研究和关键核心技术攻坚上取得新突破，带动产业高端化发展。

2.1.5　浙江省

2021 年浙江创新能力排名全国第 5 位，连续 14 年保持不变。从指标层次看，实力综合指标排名第 4 位；效率综合指标排名第 5 位，较上年上升 1 位；潜力综合指标排名第 3 位，较上年上升 15 位。从指标维度看，知识创造、知识获取、企业创新、创新环境和创新绩效排名分别是第 5 位、第 9 位、第 3 位、第 4 位和第 4 位，其中知识获取排名下降 2 位，创新绩效排名提升 1 位。

从基础指标看，浙江省技术市场交易金额（按流向）增长 55.38%，规模以上工业企业有研发机构的企业数增长 30.89%，规模以上工业企业有效发明专利数增长 21.54%，科技企业孵化器孵化基金总额增长 65.57%，平均每个科技企业孵化器孵化基金额增长 46.41%；但每亿元研发经费内部支出产生的发明专利申请数、每万名研发人员发明专利申请受理数、规模以上工业企业平均国外技术引进金额等指标均出现明显下滑。

浙江省具有典型的"小政府，大市场"特征，民营经济发达，市场活力足，创新创业十分活跃。"十三五"期间，浙江全社会 R&D 经费支出占 GDP 比重从 2015 年的 2.36% 提升到 2020 年的 2.80%，高新技术产业增加值占规上工业的比重从 37.5% 提升到 59.6%。全省 60% 左右的国家和省科技奖、70% 以上的科技企业和科技人才、80% 以上的省级科研攻关项目、90% 以上的重大创新平台，均集聚在"互联网＋"、生命健康、新材料三大科创高地。"十四五"期间，浙江省要围绕三大科创高地等重点领域，构筑高能级创新平台，加大科技攻关力度，强化创新投入，发挥数字经济优势，推动产业高端化发展，持续提升创新能力。

2.1.6 山东省

2021 年山东创新能力排名全国第 6 位。从指标层次看，实力综合指标排名第 6 位；效率综合指标排名第 14 位，较上年上升 1 位；潜力综合指标排名第 29 位，较上年下降 6 位。从指标维度看，知识创造、知识获取、企业创新、创新环境和创新绩效排名分别是第 12 位、第 5 位、第 9 位、第 6 位和第 17 位，其中知识创造排名上升 3 位，知识获取排名上升 4 位，企业创新排名下降 3 位，创新环境排名下降 1 位。

从基础指标看，山东省科技企业孵化器孵化基金总额增长 121.78%，外商投资企业年底注册资金中外资部分增长 110.01%，规模以上工业企业平均国外技术引进金额增长 53.72%，规模以上工业企业平均技术改造经费支出增长 38.64%。然而，规模以上工业企业发明专利申请数下降 29.94%，规模以上工业企业研发经费外部支出下降 29.85%，规模以上工业企业国内技术成交金额下降 26.13%，高技术企业数下降 20.93%。

山东省作为传统工业强省，具有良好的制造业产业基础，近几年不断通过新旧动能转换，释放创新活力。但是总体来看，山东省创新能力与其他先进省份之间依然存在差距，且呈现不断拉大的态势，创新转型压力依然很大。现阶段，人口老龄化和人才成为山东省需要突破的关键问题，如何吸引高端人才，营造良好的创新创业环境，仍然是未来几年需要面对的挑战。

2.1.7 湖北省

2021 年湖北创新能力排名全国第 7 名。从指标层次看，实力综合指标排名第 7 位；效率综合指标排名第 9 位，较上年上升 1 位；潜力综合指标排名第 9 位，较上年下降 3 位。从指标维度看，知识创造、知识获取、企业创新、创新环境和创新绩效排名分别是第 7 位、第 15 位、第 7 位、第 9 位和第 11 位，其中知识创造排名提升 1 位，知识获取排名提升 2 位，企业创新排名上升 2 位，创新环境排名下降 1 位，创新绩效排名下降 2 位。

从基础指标看，高校和科研院所研发经费内部支出额中来自企业的资金增长 54.01%，外商投资企业年底注册资金中外资部分增长 36.09%，规模以上工业企业中有研发机构的企业占总企业数的比例增长 53.37%，高技术产业新产品销售收入提升 15.12%，国际论文数增长 12.71%，政府研发投入增长 5.37%，规模以上工业企业有效发明专利数增长 17.21%；但每亿元研发经费内部支出产生的发明专利申请数、每万名研发人员发明专利申请受理数等基础指标出现下滑。

近年来，湖北省创新能力呈现持续追赶态势，在中部地区处于领先地位。作为中部重要省份，湖北省充分发挥地理优势，依托一批一流大学和科研机构，集聚各种创新要素，加大创新投入力度，培育出光谷等具有世界竞争力的优势产业集群，促进产业结构的持续优化。未来，湖北要进一步发挥科技资源优势，引导创新要素集聚，用好全球的市场、资源、技术和人才，提高产业创新能力，培育更具竞争力的产业集群。

2.2 创新能力与经济发展、居民消费及教育水平的关系

一个地区的创新能力与该地区的经济发展、居民消费及教育水平有着密切关系。从表 2-1 和图 2-1 可以看出，无论是反映经济发展水平的人均国内生产总值和居民消费水平，还是反映教育水平的人口学历指标，创新能力领先的地区一般都要高于相对落后的地区。这是地区历史积累和已有创新的结果，也是今后创新的基础和起点。未来，教育及人力资源投入对区域创新能力的影响将越来越大。

表2-1 2019年分地区经济发展、居民消费及教育水平

地区	人均GDP（元）	居民消费水平（元）	6岁及6岁以上人口中大专以上学历所占的比例（%）
北京	164220	55477	50.49
上海	157279	55832	30.73
江苏	123607	41977	17.56
浙江	107624	35623	16.45
福建	107139	27052	11.21
广东	94172	32494	14.39
天津	90371	40808	28.87
湖北	77387	22748	14.70
重庆	75828	24029	15.42

地区	人均 GDP（元）	居民消费水平（元）	6 岁及 6 岁以上人口中大专以上学历所占的比例（%）
山东	70653	29978	13.40
内蒙古	67852	24928	20.55
陕西	66649	19420	13.71
安徽	58496	17952	12.20
湖南	57540	20373	13.21
辽宁	57191	26097	17.15
海南	56507	22183	14.70
河南	56388	18790	10.74
四川	55774	18815	14.14
新疆	54280	17400	14.88
宁夏	54217	22002	14.14
江西	53164	18167	12.14
青海	48981	18940	13.75
西藏	48902	11435	8.50
云南	47944	16483	11.28
贵州	46433	17034	8.32
河北	46348	16770	11.32
山西	45724	18955	15.15
吉林	43475	15863	12.94
广西	42964	17045	9.46
黑龙江	36183	19769	14.37
甘肃	32995	14826	11.93

数据来源：《中国统计年鉴 2019》。

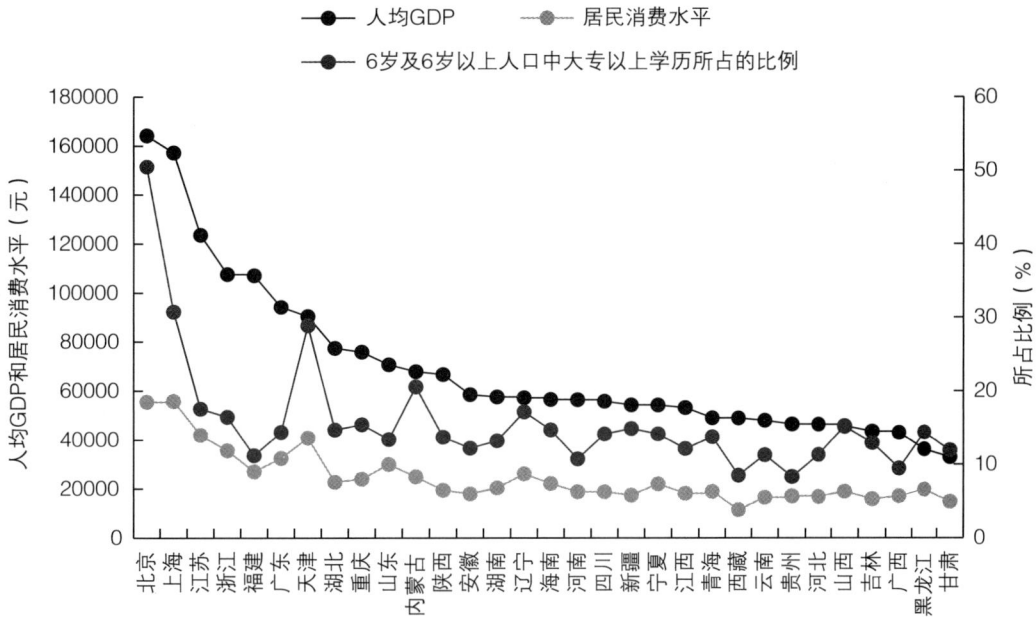

图2-1 2019年各地区经济发展、居民收入及教育水平

2.3 研发投入金额及投入强度

一个地区的研发投入水平与创新能力之间密切相关，但二者之间并非完全线性增长的关系，研发投入总量及来源结构都是重要的影响因素。

2.3.1 研发投入水平与来源结构

2019 年，政府研发经费投入总量为 4537.31 亿元，较上年增长 14.04%。分地区看，北京政府研发投入最高，达 1069.22 亿元，占全国总量的 23.57%，远超其他地区，这与北京地区集中了大量的高校和科研院所有密切关系。从结构分布看，北京、上海、广东、四川和江苏 5 个地区的经费投入总和约占全国投入总量的 57.49%，领先优势明显。

从增速看，吉林投入增速最高，达到 65.27%，江西和广东紧随其后，分别增长了 53.21% 和 38.09%，增速超过 20% 的地区还有贵州、宁夏、甘肃等 8 个地区（表 2-2）。

表2-2 2018—2019年各地区政府研发经费投入情况

地区	政府研发经费投入			政府研发经费投入占全国比重		
	2019年（亿元）	2018年（亿元）	增长率（%）	2019年（%）	2018年（%）	变化（个百分点）
全国	4537.31	3978.63	14.04			
北京	1069.22	920.57	16.15	23.57	23.14	0.43
上海	549.02	471.25	16.50	12.10	11.84	0.26
广东	397.26	287.68	38.09	8.76	7.23	1.53
四川	318.11	290.95	9.33	7.01	7.31	−0.30
江苏	275.01	253.93	8.30	6.06	6.38	−0.32
陕西	264.16	266.86	−1.01	5.82	6.71	−0.89
湖北	179.32	170.18	5.37	3.95	4.28	−0.33
山东	146.53	136.56	7.30	3.23	3.43	−0.20
浙江	136.33	113.89	19.70	3.00	2.86	0.14
辽宁	134.57	110.98	21.26	2.97	2.79	0.18
安徽	102.99	104.91	−1.83	2.27	2.64	−0.37
湖南	88.59	83.60	5.97	1.95	2.10	−0.15
吉林	85.71	51.86	65.27	1.89	1.30	0.59
福建	83.78	68.52	22.27	1.85	1.72	0.13
河南	78.01	60.40	29.16	1.72	1.52	0.20
重庆	77.81	69.73	11.59	1.71	1.75	−0.04
天津	76.55	102.23	−25.12	1.69	2.57	−0.88
河北	67.97	68.16	−0.28	1.50	1.71	−0.21
江西	59.20	38.64	53.21	1.30	0.97	0.33
云南	55.53	44.03	26.12	1.22	1.11	0.11
甘肃	53.35	41.20	29.49	1.18	1.04	0.14
黑龙江	52.38	53.46	−2.02	1.15	1.34	−0.19
广西	45.05	42.60	5.75	0.99	1.07	−0.08
贵州	35.72	26.46	35.00	0.79	0.67	0.12
山西	31.41	28.49	10.25	0.69	0.72	−0.03
内蒙古	19.83	20.25	−2.07	0.44	0.51	−0.07
新疆	16.93	18.73	−9.61	0.37	0.47	−0.10

地区	政府研发经费投入			政府研发经费投入占全国比重		
	2019 年（亿元）	2018 年（亿元）	增长率（%）	2019 年（%）	2018 年（%）	变化（个百分点）
宁夏	13.27	9.86	34.58	0.29	0.25	0.04
海南	12.99	13.32	−2.48	0.29	0.33	−0.04
青海	7.39	6.68	10.63	0.16	0.17	−0.01
西藏	3.32	2.65	25.28	0.07	0.07	0

数据来源：《中国科技统计年鉴2020》《中国统计年鉴2020》。

2019 年，全国企业研发经费投入达到 13971.1 亿元，较上年增长 7.84%。其中，广东企业研发经费投入达 2314.86 亿元，占全国的 16.57%，提升 0.3 个百分点；江苏紧随其后，占全国的 15.79%。从分布情况看，广东、江苏、浙江、山东和河南 5 个地区企业研发经费投入达 7614.92 亿元，五省市投入总和占全国的比重超过 54.5%。

2019 年，全国有 19 个地区企业研发经费投入增速超过 10%。其中，青海和云南增长率超过 20%，分别为 38.40% 和 21.26%（表 2−3）。

表2−3　2018—2019年各地区规模以上工业企业研发经费内部支出情况

地区	企业研发经费投入			企业研发经费投入占全国比重		
	2019 年（亿元）	2018 年（亿元）	增长率（%）	2019 年（%）	2018 年（%）	变化（个百分点）
全国	13971.10	12954.80	7.84			
广东	2314.86	2107.20	9.85	16.57	16.27	0.30
江苏	2206.16	2024.52	8.97	15.79	15.63	0.16
浙江	1274.23	1147.39	11.05	9.12	8.86	0.26
山东	1210.95	1418.50	−14.63	8.67	10.95	−2.28
河南	608.72	528.93	15.09	4.36	4.08	0.28
福建	598.51	524.94	14.01	4.28	4.05	0.23
湖南	593.15	516.72	14.79	4.25	3.99	0.26
上海	590.65	554.88	6.45	4.23	4.28	−0.05
湖北	586.51	525.52	11.61	4.20	4.06	0.14
安徽	576.54	497.30	15.93	4.13	3.84	0.29
河北	438.58	381.99	14.81	3.14	2.95	0.19

续表

地区	企业研发经费投入			企业研发经费投入占全国比重		
	2019 年（亿元）	2018 年（亿元）	增长率（%）	2019 年（%）	2018 年（%）	变化（个百分点）
四川	387.86	342.39	13.28	2.78	2.64	0.14
重庆	335.89	299.21	12.26	2.40	2.31	0.09
江西	320.22	267.77	19.59	2.29	2.07	0.22
辽宁	310.25	300.60	3.21	2.22	2.32	−0.10
北京	285.19	274.01	4.08	2.04	2.12	−0.08
陕西	240.80	216.56	11.19	1.72	1.67	0.05
天津	213.43	252.88	−15.60	1.53	1.95	−0.42
山西	138.08	131.25	5.20	0.99	1.01	−0.02
云南	129.77	107.02	21.26	0.93	0.83	0.10
内蒙古	118.36	103.36	14.51	0.85	0.80	0.05
广西	104.47	89.10	17.25	0.75	0.69	0.06
贵州	91.02	76.23	19.40	0.65	0.59	0.06
黑龙江	71.49	60.57	18.03	0.51	0.47	0.04
吉林	68.41	57.50	18.97	0.49	0.44	0.05
甘肃	50.55	47.62	6.15	0.36	0.37	−0.01
新疆	44.13	44.88	−1.67	0.32	0.35	−0.03
宁夏	41.57	36.99	12.38	0.30	0.29	0.01
海南	10.82	11.37	−4.84	0.08	0.09	−0.01
青海	9.37	6.77	38.40	0.07	0.05	0.02
西藏	0.56	0.86	−34.88	0.00	0.01	−0.01

数据来源：《中国科技统计年鉴 2020》。

　　一个地区的研发投入结构与该地区创新主体的分布结构紧密相关。2019 年，北京、陕西、吉林、甘肃、西藏和海南 6 个地区政府研发经费投入超过企业，其余 25 个地区企业研发经费投入明显高于政府（图 2-2）。具体来看，北京和陕西聚集了较多的高校和科研院所，吉林正通过增加政府投入引导创新发展转型，甘肃、海南和西藏则是由于企业投入过少。不同的研发投入结构，体现出创新驱动来源的差异性。北京、陕西更多的是科学驱动型或兴趣驱动型创新；江苏、广东更多的是技术驱动型或市场驱动型创新。在建设创新型国家过程中，一方面要充分发挥科学驱动型创新的知识溢出效应，科技成果转化需要发挥更大作用；另一方面，也要充分释放技术驱动型创新的辐射带动作用，以技术突破带动产业链的完善，知识产权保护和产业集群优势应发挥更大作用。

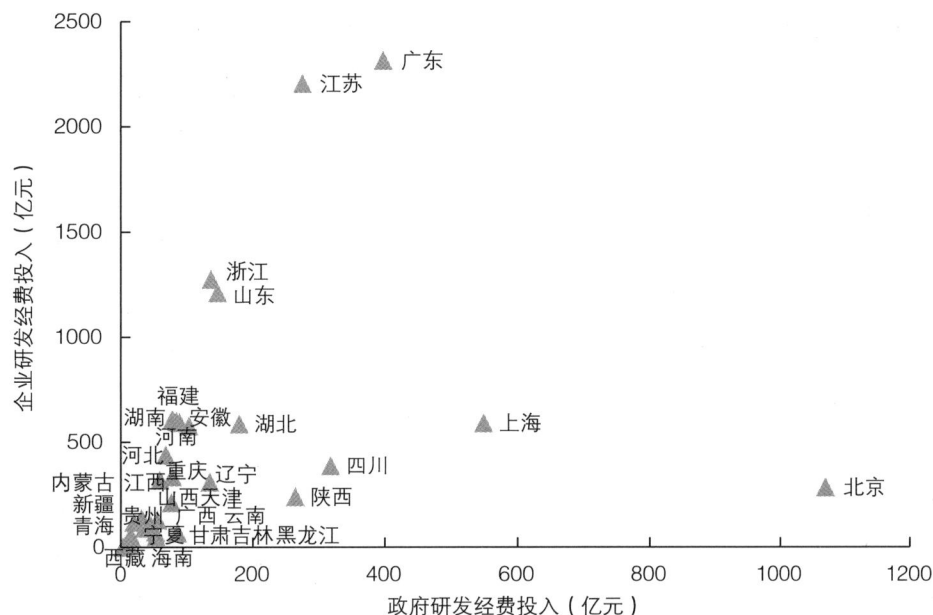

图2-2　2019年各地区研发经费投入水平及来源结构分布

2.3.2　研发投入强度

从政府研发投入占 GDP 的比例（政府研发投入强度）及规模以上工业企业研发活动经费内部支出总额占销售收入的比例（企业研发投入强度）来看，绝大多数地区的研发投入强度较上年有所加大，总体变化幅度较小。

从政府研发投入强度看，2019 年政府研发投入强度上升的地区共有 18 个，下降的地区共有 11 个。其中，上升幅度最大的是吉林，较上年提升了 0.27 个百分点；下降幅度最大的是天津，下降了 0.22 个百分点。

从企业研发投入强度看，2019 年企业研发投入强度增加的地区有 22 个，下降的地区有 9 个。其中，上升幅度最大的是江苏，提高了 0.33 个百分点；下降幅度最大的是天津，下滑了 0.27 个百分点（表 2-4）。

表2-4 2018—2019年地区政府与企业的研发投入强度

地区	政府研发投入占GDP的比例			规模以上工业企业研发活动经费内部支出总额占销售收入的比例		
	2019年（%）	2018年（%）	变化（个百分点）	2019年（%）	2018年（%）	变化（个百分点）
安徽	0.28	0.31	−0.03	1.54	1.24	0.30
北京	3.02	2.78	0.24	1.22	1.25	−0.03
福建	0.20	0.18	0.02	1.04	1.01	0.03
甘肃	0.61	0.51	0.10	0.67	0.53	0.14
广东	0.37	0.29	0.08	1.58	1.53	0.05
广西	0.21	0.22	−0.01	0.60	0.47	0.13
贵州	0.21	0.17	0.04	0.93	0.80	0.13
海南	0.24	0.27	−0.03	0.47	0.51	−0.04
河北	0.19	0.21	−0.02	1.07	0.97	0.10
河南	0.14	0.12	0.02	1.22	1.11	0.11
黑龙江	0.38	0.42	−0.04	0.71	0.65	0.06
湖北	0.39	0.40	−0.01	1.29	1.21	0.08
湖南	0.22	0.23	−0.01	1.56	1.46	0.10
吉林	0.73	0.46	0.27	0.49	0.40	0.09
江苏	0.28	0.27	0.01	1.86	1.53	0.33
江西	0.24	0.17	0.07	0.91	0.83	0.08
辽宁	0.54	0.47	0.07	0.98	1.08	−0.10
内蒙古	0.12	0.13	−0.01	0.70	0.72	−0.02
宁夏	0.35	0.28	0.07	0.84	0.83	0.01
青海	0.25	0.24	0.01	0.39	0.30	0.09
山东	0.21	0.20	0.01	1.46	1.47	−0.01
山西	0.18	0.18	0	0.65	0.66	−0.01
陕西	1.02	1.11	−0.09	0.93	0.92	0.01
上海	1.44	1.31	0.13	1.48	1.39	0.09
四川	0.68	0.68	0	0.88	0.83	0.05
天津	0.54	0.76	−0.22	1.13	1.40	−0.27
西藏	0.20	0.17	0.03	0.19	0.33	−0.14

地区	政府研发投入占 GDP 的比例			规模以上工业企业研发活动经费内部支出总额占销售收入的比例		
	2019 年（%）	2018 年（%）	变化（个百分点）	2019 年（%）	2018 年（%）	变化（个百分点）
新疆	0.12	0.15	−0.03	0.38	0.42	−0.04
云南	0.24	0.21	0.03	0.88	0.78	0.10
浙江	0.22	0.20	0.02	1.68	1.61	0.07
重庆	0.33	0.32	0.01	1.57	1.49	0.08

数据来源：《中国统计年鉴 2020》。

从投入结构看，除北京、上海和陕西外，2019 年其余 28 个地区政府研发投入强度均在 1% 以下。政府研发投入强度在 0.5% ~ 1% 的地区有甘肃、吉林、四川、辽宁和天津，在 0.3% ~ 0.5% 的地区数量是 5 个，其余 18 个地区的政府研发投入强度小于 0.3%。

企业研发投入强度在 1% 以上的地区有 14 个，江苏最高，为 1.86%，浙江和广东紧随其后，分别达 1.68% 和 1.58%；企业研发投入强度在 0.6% ~ 1% 的地区有 12 个；企业研发投入强度低于 0.5% 的地区有 5 个。

除了研发投入强度以外，当地的产业基础、产业结构、高技术人才占比、劳动力资源及制度环境都会影响创新能力。

2.4 各地区研发经费投入使用结构

从研发经费投入使用结构看，2019 年各地区研发经费使用仍然以试验发展为主。除黑龙江、北京、海南和西藏外，全国 27 个地区试验发展经费占比超过 60%，浙江、江西和江苏 3 个地区试验发展经费占比超过 90%，与上年相比，江西占比有所提升，山东占比降低，山东、福建、河南等 14 个地区试验发展经费占比为 80% ~ 90%，云南、四川和上海等 7 个地区试验发展经费占比为 70% ~ 80%。

基础研究是支撑原始创新的重要驱动力。考虑到产业结构的特殊性，剔除西藏和海南后，2019 年全国基础研究经费投入占比超过 10% 的地区有 6 个，有 12 个地区基础研究经费投入占比在 5% ~ 10%，仍然有 11 个地区基础研究经费投入占比未超过 5%。结合创新能力总体排名来看，广东基础研究经费投入占比为 4.58%，北京为 15.89%，江苏、上海分别为 2.73% 和 8.85%，与上年相比均有所提升。目前来看，绝大多数地区基础研究经费投入仍然来自高校和科研院所，企业投入占比仍然偏低（表 2-5 和图 2-3）。

表2-5　2019年各地区政府研发经费投入使用结构

地区	研发投入（亿元）				使用结构（%）		
	总额	基础研究	应用研究	试验发展	基础研究	应用研究	试验发展
北京	2234	355	564	1314	15.89	25.25	58.82
天津	463	25	49	389	5.40	10.58	84.02
河北	567	15	58	494	2.65	10.23	87.13
山西	191	10	19	161	5.24	9.95	84.29
内蒙古	148	5	16	127	3.38	10.81	85.81
辽宁	508	32	98	379	6.30	19.29	74.61
吉林	148	20	31	97	13.51	20.95	65.54
黑龙江	147	26	34	87	17.69	23.13	59.18
上海	1525	135	199	1190	8.85	13.05	78.03
江苏	2780	76	188	2515	2.73	6.76	90.47
浙江	1670	48	92	1530	2.87	5.51	91.62
安徽	754	40	61	654	5.31	8.09	86.74
福建	754	36	51	667	4.77	6.76	88.46
江西	384	15	21	348	3.91	5.47	90.63
山东	1495	57	99	1338	3.81	6.62	89.5
河南	793	19	72	702	2.40	9.08	88.52
湖北	958	43	119	795	4.49	12.42	82.99
湖南	787	32	87	669	4.07	11.05	85.01
广东	3098	142	247	2709	4.58	7.97	87.44
广西	167	15	17	135	8.98	10.18	80.84
海南	30	6	7	17	20	23.33	56.67
重庆	470	28	46	396	5.96	9.79	84.26
四川	871	51	128	691	5.86	14.70	79.33
贵州	145	14	20	110	9.66	13.79	75.86
云南	220	22	24	175	10	10.91	79.55
西藏	4	1	1	2	25	25	50
陕西	585	36	105	443	6.15	17.95	75.73
甘肃	110	19	24	68	17.27	21.82	61.82
青海	21	2	4	14	9.52	19.05	66.67
宁夏	55	4	6	45	7.27	10.91	81.82
新疆	64	7	8	49	10.94	12.50	76.56

注：部分统计数据因四舍五入存在误差。

数据来源：《中国科技统计年鉴2020》。

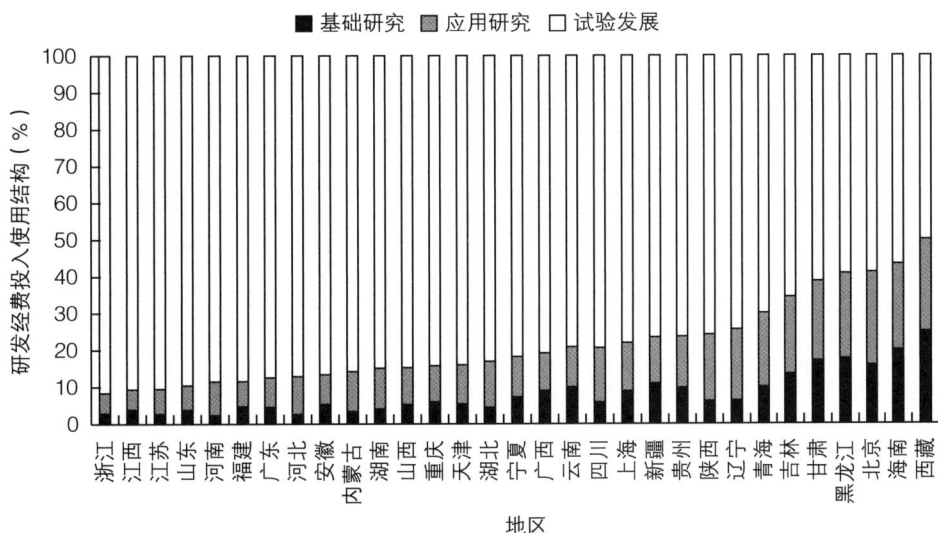

图2-3 2019年各地区研发经费投入使用结构

一般来说，研发经费投入使用结构要和本地区经济发展水平、产业结构特征、资源禀赋优势相适应。总体而言，我国研发经费投入使用结构符合创新发展规律和国际趋势。尤其是来自政府的资金，大多用于有较大外部性的基础研发活动，而非直接用于企业的竞争性产品开发。未来，政策的导向应建立以企业为主体的创新体系，鼓励企业加大研发投入，尤其是对一些基础研究的重视，对核心技术突破至关重要，也是实现创新驱动发展的重要政策议题。

2.5 从专利申请受理情况看创新能力分布

一般来讲，创新能力领先的地区在专利申请数量方面也具有领先优势。2019年广东专利申请受理数达807700件，较上年增长1.75%，占全国专利申请量的19.36%，继续保持全国第一；2019年广东发明专利申请量为203311件，继续保持全国第一，但是绝对数量较上年降低6.08%，占全国发明专利申请量的16.51%。

专利申请量排名前5位的地区依次为广东、江苏、浙江、山东和北京，申请数量总和占到全国总量的55.77%，发明专利申请量占全国的55.88%。

从增速来看，2019年专利申请受理量增速最高的是西藏，提升了56.84%，海南依然保持较高增速，相较上年增长44.19%；安徽和四川下滑明显，分别下降19.55%和14.03%。从变化幅度看，2019年专利申请总量占全国比重提高幅度最大的是山东，提高了0.69个百分点；下降幅度最大的是安徽，下降了1.03个百分点。发明专利申请量占全国比重提高幅度最大的是北京，提高了2.03个百分点；下降幅度最大的是安徽，下降了2.78个百分点（表2-6）。

表2-6　2018—2019年各地区专利申请情况

地区	3种专利						发明专利					
	专利数			占全国比重			专利数			占全国比重		
	2019年（件）	2018年（件）	增长率（%）	2019年（%）	2018年（%）	变化（个百分点）	2019年（件）	2018年（件）	增长率（%）	2019年（%）	2018年（%）	变化（个百分点）
北京	226113	211212	7.05	5.42	5.12	0.30	129930	117664	10.42	10.55	8.52	2.03
天津	96045	99038	-3.02	2.30	2.40	-0.10	24574	26661	-7.83	2.00	1.93	0.07
河北	101274	83785	20.87	2.43	2.03	0.40	20536	18954	8.35	1.67	1.37	0.30
山西	31705	27106	16.97	0.76	0.66	0.10	8424	9395	-10.34	0.68	0.68	0
内蒙古	21069	16426	28.27	0.50	0.40	0.10	4889	3757	30.13	0.40	0.27	0.13
辽宁	69732	65686	6.16	1.67	1.59	0.08	22592	25476	-11.32	1.84	1.85	-0.01
吉林	31052	27034	14.86	0.74	0.66	0.08	11269	10530	7.02	0.92	0.76	0.16
黑龙江	37313	34582	7.90	0.89	0.84	0.05	13125	12017	9.22	1.07	0.87	0.20
上海	173586	150233	15.54	4.16	3.65	0.51	71398	62755	13.77	5.80	4.55	1.25
江苏	594249	600306	-1.01	14.24	14.57	-0.33	172409	198801	-13.28	14.00	14.40	-0.40
浙江	435883	455590	-4.33	10.45	11.05	-0.60	112981	143081	-21.04	9.18	10.36	-1.18
安徽	166871	207428	-19.55	4.00	5.03	-1.03	62743	108782	-42.32	5.10	7.88	-2.78
福建	153133	166610	-8.09	3.67	4.04	-0.37	30019	37252	-19.42	2.44	2.70	-0.26
江西	91474	86001	6.36	2.19	2.09	0.10	14101	14519	-2.88	1.15	1.05	0.10
山东	263211	231585	13.66	6.31	5.62	0.69	69350	72764	-4.69	5.63	5.27	0.36
河南	144010	154381	-6.72	3.45	3.75	-0.30	30260	46868	-35.44	2.46	3.39	-0.93
湖北	141321	124535	13.48	3.39	3.02	0.37	47450	50664	-6.34	3.85	3.67	0.18
湖南	106113	94503	12.29	2.54	2.29	0.25	39104	35414	10.42	3.18	2.56	0.62
广东	807700	793819	1.75	19.36	19.26	0.10	203311	216469	-6.08	16.51	15.68	0.83
广西	41900	44224	-5.26	1.00	1.07	-0.07	12412	20302	-38.86	1.01	1.47	-0.46
海南	9302	6451	44.19	0.22	0.16	0.06	2183	2127	2.63	0.18	0.15	0.03
重庆	67271	72121	-6.72	1.61	1.75	-0.14	20103	22686	-11.39	1.63	1.64	-0.01
四川	131529	152987	-14.03	3.15	3.71	-0.56	39539	53805	-26.51	3.21	3.90	-0.69
贵州	44328	44508	-0.40	1.06	1.08	-0.02	10770	14992	-28.16	0.87	1.09	-0.22
云南	35212	36515	-3.57	0.84	0.89	-0.05	8996	9606	-6.35	0.73	0.70	0.03

地区	3种专利						发明专利					
	专利数			占全国比重			专利数			占全国比重		
	2019年(件)	2018年(件)	增长率(%)	2019年(%)	2018年(%)	变化(个百分点)	2019年(件)	2018年(件)	增长率(%)	2019年(%)	2018年(%)	变化(个百分点)
西藏	2304	1469	56.84	0.06	0.04	0.02	456	453	0.66	0.04	0.03	0.01
陕西	92087	76512	20.36	2.21	1.86	0.35	34812	30888	12.70	2.83	2.24	0.59
甘肃	27637	27882	−0.88	0.66	0.68	−0.02	6056	6035	0.35	0.49	0.44	0.05
青海	5017	4439	13.02	0.12	0.11	0.01	1232	1287	−4.27	0.10	0.09	0.01
宁夏	9275	9860	−5.93	0.22	0.24	−0.02	2525	2999	−15.81	0.21	0.22	−0.01
新疆	14771	14647	0.85	0.35	0.36	−0.01	3544	3665	−3.3	0.29	0.27	0.02

数据来源:《中国科技统计年鉴2020》《中国统计年鉴2020》。

从规模以上工业企业专利申请量来看(表2-7),有7个地区企业专利申请量占比超过25%,分别为广东(33.75%)、安徽(33.27%)、宁夏(31.11%)、江西(30.41%)、江苏(29.6%)、湖南(29.12%)和浙江(26.23%)。规模以上工业企业发明专利占本省发明专利比重普遍较高,有20个地区的占比超过25%,其中,有5个地区的占比超过40%,分别为广东(59.67%)、宁夏(43.05%)、内蒙古(41.93%)、河北(41.05%)和江西(40.90%)。企业发明专利占比较高,表明企业创新主体地位突出。未来在构建区域创新生态系统中,不仅要突出企业在创新中的主体地位,同时也要注重高校和科研院所的作用,积极引导企业、高校和科研院所之间的有效互动。

表2-7 2019年各地区规模以上工业企业专利申请情况

地区	规模以上工业企业			
	数量(件)		占本省全部专利的比重(%)	
	3种专利	发明专利	3种专利	发明专利
北京	22552	11543	9.97	8.88
天津	15634	4676	16.28	19.03
河北	21570	8431	21.30	41.05
山西	6201	2543	19.56	30.19
内蒙古	5064	2050	24.04	41.93
辽宁	13783	4995	19.77	22.11

续表

地区	规模以上工业企业			
	数量（件）		占本省全部专利的比重（%）	
	3 种专利	发明专利	3 种专利	发明专利
吉林	6256	2386	20.15	21.17
黑龙江	4449	2060	11.92	15.70
上海	35326	15239	20.35	21.34
江苏	175906	57429	29.60	33.31
浙江	114326	30914	26.23	27.36
安徽	55520	22975	33.27	36.62
福建	37196	11025	24.29	36.73
江西	27813	5768	30.41	40.90
山东	57339	21948	21.78	31.65
河南	30397	8734	21.11	28.86
湖北	35149	16366	24.87	34.49
湖南	30900	13356	29.12	34.16
广东	272616	121320	33.75	59.67
广西	6373	2634	15.21	21.22
海南	734	269	7.89	12.32
重庆	16650	5565	24.75	27.68
四川	29678	11250	22.56	28.45
贵州	6919	2985	15.61	27.72
云南	7611	2665	21.61	29.62
西藏	51	32	2.21	7.02
陕西	12797	5593	13.90	16.07
甘肃	3393	1292	12.28	21.33
青海	1088	438	21.69	35.55
宁夏	2885	1087	31.11	43.05
新疆	3632	1234	24.59	34.82

数据来源：《中国科技统计年鉴 2020》。

第三章

区域创新能力时空演变分析

3.1 中国区域创新能力格局演变分析

3.1.1 创新领先格局逐渐稳定

为分析中国区域创新能力领先格局的变化，我们分别对排名前10位的地区变化和部分领先地区相对创新能力变化进行了分析。表3-1展示了中国2001—2020年区域创新能力排名前10位的地区。2001—2020年，北京、上海、江苏和广东4个地区轮流占据第1位；2008年之前，北京和上海创新能力优势更明显；2009年以后，广东和江苏创新能力不断提升；近年来，北京创新能力排名重新回到第2位。整体来看，排名领先地区的前7位基本保持稳定，其中，北京、上海、广东和江苏4个地区一直稳定占据全国前4位，是中国创新集聚中心；山东、浙江和天津紧随其后，位列第5位至第7位，但是天津从2019年开始排名下降，在2020年更是跌出前10位。排名第8位至第10位的地区则具有明显的波动，2012年以前，辽宁和福建基本稳定在其中，而2013年以后两省排名开始下滑，重庆和安徽则较为稳定地占据第8位至第10位。此外，吉林、陕西、四川、湖南和湖北等地区也曾在不同年份出现在前10位中。

表3-1 2001—2020年创新能力排名前10位地区

排名	2001年	2002年	2003年	2004年	2005年	2006年	2007年	2008年	2009年	2010年	2011年	2012年	2013年	2014年	2015年	2016年	2017年	2018年	2019年	2020年
1	上海	北京	北京	上海	上海	上海	广东	上海	江苏	江苏	江苏	江苏	江苏	江苏	江苏	江苏	广东	广东	广东	广东
2	北京	上海	上海	北京	北京	北京	上海	广东	广东	广东	广东	广东	广东	广东	广东	广东	江苏	北京	北京	北京
3	广东	广东	广东	广东	广东	广东	北京	北京	北京	北京	北京	北京	北京	北京	北京	北京	江苏	江苏	江苏	江苏
4	江苏	江苏	江苏	江苏	江苏	江苏	江苏	江苏	上海	上海	上海	上海	上海	上海	上海	上海	上海	上海	上海	上海
5	山东	山东	天津	浙江	浙江	天津	浙江	浙江	浙江	浙江	浙江	浙江	浙江	浙江	浙江	浙江	浙江	浙江	浙江	浙江
6	辽宁	浙江	浙江	山东	山东	浙江	山东	山东	山东	山东	山东	山东	山东	山东	山东	山东	山东	山东	山东	山东

续表

排名	2001年	2002年	2003年	2004年	2005年	2006年	2007年	2008年	2009年	2010年	2011年	2012年	2013年	2014年	2015年	2016年	2017年	2018年	2019年	2020年
7	浙江	天津	山东	天津	天津	山东	天津	天津	天津	天津	天津	天津	天津	天津	天津	天津	天津	天津	重庆	湖北
8	天津	辽宁	辽宁	辽宁	辽宁	辽宁	辽宁	辽宁	四川	湖北	辽宁	辽宁	重庆	重庆	重庆	重庆	重庆	重庆	湖北	安徽
9	福建	福建	福建	福建	福建	重庆	四川	湖北	辽宁	四川	四川	安徽	安徽	安徽	安徽	安徽	湖北	湖北	天津	陕西
10	吉林	陕西	湖北	重庆	重庆	陕西	湖北	四川	湖北	重庆	重庆	湖南	福建	湖北	福建	陕西	安徽	安徽	安徽	重庆

3.1.2　领先地区差距增大

为分析领先地区创新能力的变化情况，本报告以广东省为标杆（创新能力记为1），计算了北京、上海、天津和重庆4个直辖市及广东、江苏、浙江和山东4个领先省份区域创新能力的相对变化情况（图3-1）。

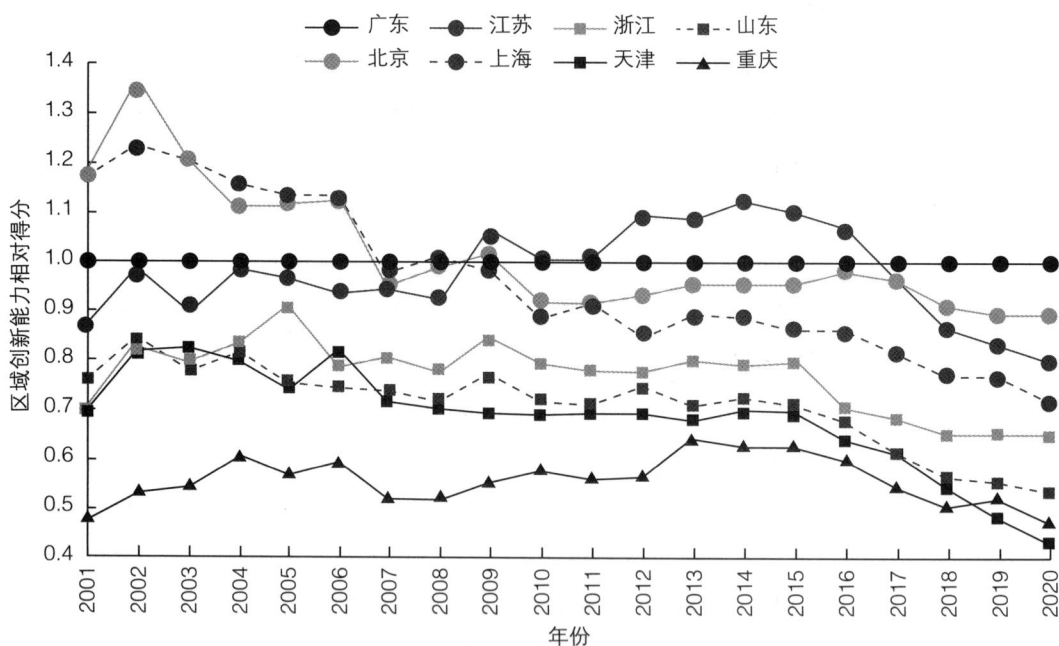

图 3-1　领先地区创新能力相对变化（以广东为标杆）

在2001—2007年，北京和上海具有明显领先优势，创新能力明显高于其他地区，特别是2002年，北京区域创新能力具有明显的领先优势，是广东的1.34倍、重庆的2.53倍。作为政治、文化和科技中心，北京集聚着高校、企业和科研机构等创新主体，而上海则依托其地理优势，通过外资引进带来的技术溢出效应，重工业和高新技术产业得到迅速发展[①]。

---

① 柳卸林. 创新强市持续领跑［N］. 经济日报，2015-03-18（14）.

在2007—2009年，北京、上海、江苏和广东4个地区创新能力并驾齐驱，其中江苏从2009年开始综合创新能力排名第1位，并持续到2016年。江苏创新能力的崛起包括三方面原因：以企业为主体的创新体系构建、特色鲜明的城市圈和产业集群形成及吸引外资带来的知识溢出[①]。2017年，广东创新能力排名第1位，此后持续处于领先地位。主要原因在于，广东从2008年提出"腾笼换鸟"的产业升级战略开始，大力发展电子信息产业，华为、中兴、腾讯等行业领先企业都集聚在广东，此外，广东政府营造良好创新氛围，提高开放度发展外贸经济，引领广东创新转型发展。

浙江、山东和重庆的区域创新能力处于动态稳定状态，虽然近年来与广东的差距开始增加，但是彼此之间并没有出现明显差异。具体来看，山东拥有完善的工业基础体系，以及石油、家电等大型国有或国有控股企业，优越的地理位置使其在引进外资方面也具有一定优势。浙江具有发达的民营经济，苏南模式、温州模式等对于推动当地创新发展具有重要作用。重庆作为四大直辖市之一，是西南地区的经济中心，经济发展以国有企业为主导，早期依托交通运输业实现快速发展，近年来医疗、电子等高新技术产业也得到一定发展，作为最年轻的直辖市，重庆在创新效率和创新潜力方面具有明显优势。天津依托其港口城市的地理优势和作为直辖市的行政优势，创新能力一直在全国保持较高水平，但是从2015年开始出现下滑，与广东的差距逐渐拉大，并在2019年被重庆超越，成为4个直辖市中排名最低的城市。

总体来看，领先地区之间的区域创新能力表现出"扩大—缩小—再扩大"的趋势，2007年以前，北京和上海具有明显优势；2007—2016年，区域间差距保持相对稳定；从2017年开始，广东区域创新能力优势持续提升，与其他地区差距逐渐增大。

3.1.3 区域间创新能力差距趋于收敛

区域收敛来自古典经济学框架，认为不同区域之间的经济发展水平趋于一致[②]，后期经济学家相继提出 σ 收敛、绝对 β 收敛、条件 β 收敛和俱乐部收敛等概念。内生增长理论指出，技术进步和创新是经济增长的内生动力[③]，经济收敛的背后是区域创新能力的收敛4。一般来说[④]，σ 收敛通过计算区域创新能力得分的变异系数，可以较为直观地反映国家和地区经济指标的分散程度[④]，同时，σ 收敛是 β 收敛的充分不必要条件[⑤]。为此，本报告通过

① 中国科技发展战略研究小组.中国区域创新能力评价报告2009 [M].北京：科学出版社，2009.

② MANKIW N G, ROMER D, WEIL D N. A contribution to the empirics of economic growth [J]. The quarterly journal of economics, 1992, 107（2）：407-437.

③ GROSSMAN G M, HELPMAN E. Endogenous innovation in the theory of growth [J]. Journal of economic perspectives, 1994, 8（1）：23-44.

④ 陈向东，王磊.基于专利指标的中国区域创新的俱乐部收敛特征研究 [J].中国软科学，2007（10）：76-85.

⑤ MARTÍN C, GRANADOS C M, SANZ I. Spatial distribution of R&D expenditure and patent applications across EU regions and its impact on economic cohesion [J]. Investigaciones regionales-journal of regional research, 2005（6）：41-61.

计算变异系数来观测地区区域创新能力的 σ 收敛情况。

图 3-2 展示了 2001—2020 年，中国 31 个地区区域创新能力变异系数的变化情况。2001—2012 年，各地区区域创新能力变异系数呈现下降趋势，表明区域间创新能力差异波动下降，但是在 2013 年又开始回升，此后变异系数稳定在（0.36，0.39），区域间创新能力表现出明显的收敛。

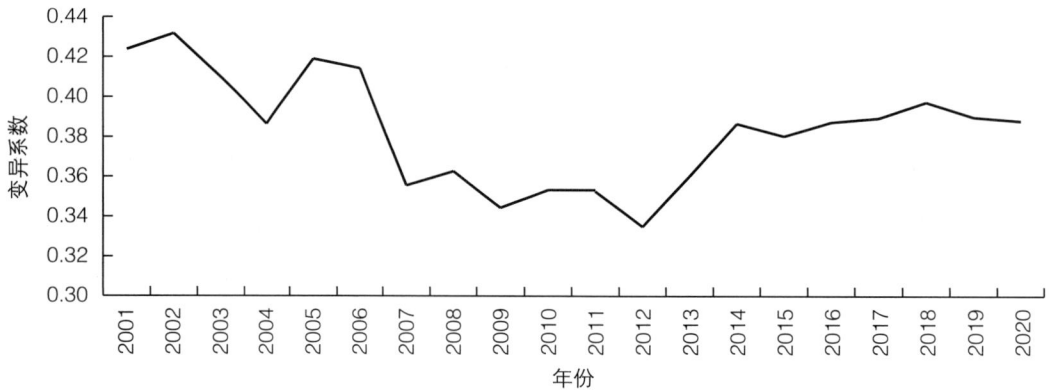

图3-2　区域创新能力变异系数变化

此外，我们进一步通过领先地区和落后地区创新能力得分来分析区域创新能力的收敛情况。图 3-3 呈现了 2001—2020 年排名第一和排名末尾综合创新能力得分之比（*dif*），以及排名前五和排名后五综合创新能力得分均值之比（*dif_5*）。结果显示，区域创新能力差距呈现缩小趋势，且相对差距趋于收敛，特别是前五领先地区和后五落后地区的创新能力得分之比，从 2009 年开始趋于稳定，在 2014 年出现下降以后重新在低位维持稳定。

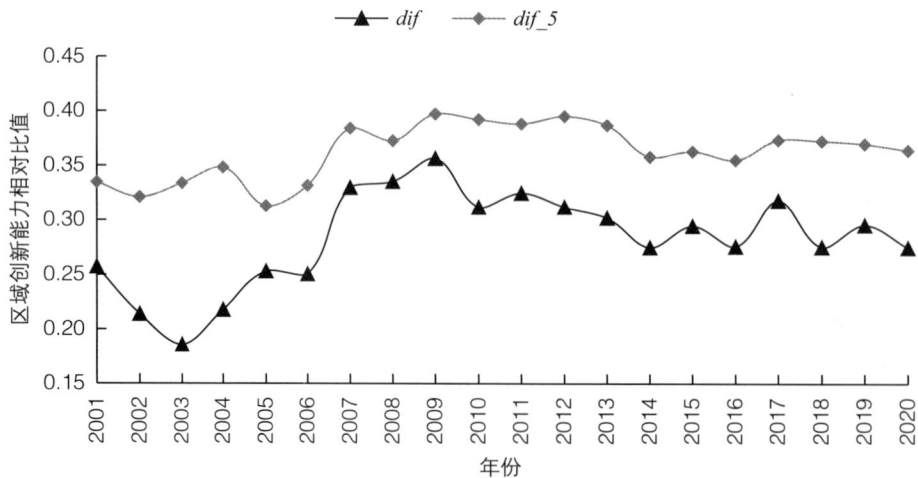

图3-3　区域间创新能力差异

3.2 区域创新体系建设的问题和挑战

3.2.1 以京津冀地区为代表的区域性协同问题依然突出

我们从两个维度来看创新能力的协同情况：一是区域内部不同省份整体发展是否相对均衡，即变异系数是否相对较小；二是区域内部创新能力是否不存在极端差异，即最强和最弱省份创新效用值的比值是否较小。

图3-4展示了京津冀、长三角和东三省及全国变异系数随时间的变化情况，可以看出，京津冀地区变异系数在（0.28，0.50）徘徊，且绝大多数年份大于全国整体水平（0.33，0.43），特别是在2012年以后，京津冀地区变异系数不断增加，地区创新协同问题突出。长三角地区变异系数在（0.19，0.37），一直低于全国整体水平，从2013年开始，长三角地区三省一市创新能力得分的变异系数趋于下降，创新协同问题得到缓解。东三省地区变异系数在（0.04，0.24），是3个地区中最低的，表明东三省创新协同做得相对更好，但是从2018年开始，东三省地区变异系数不断提高，并在2020年接近长三角地区变异系数。

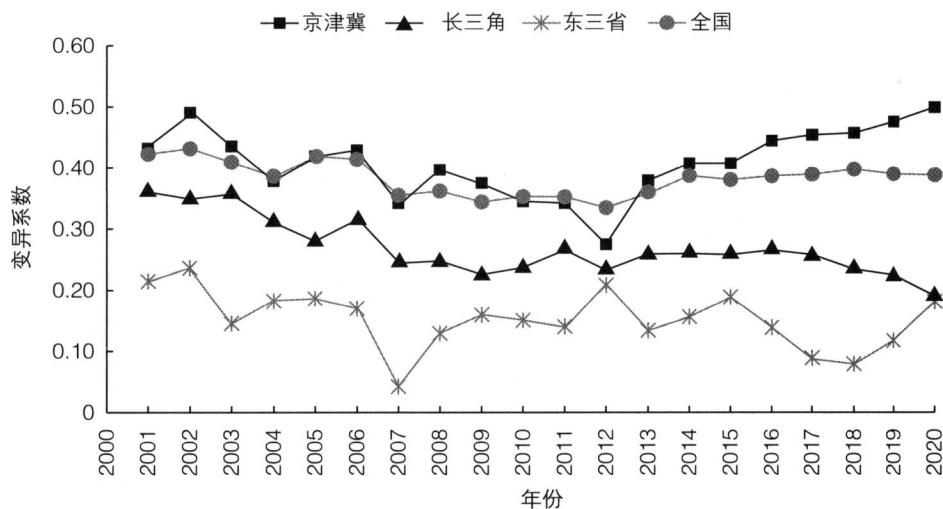

图3-4　典型地区区域创新能力变异系数变化情况

图3-5展示了三大地区区域创新能力最弱和最强省份创新能力之比。不难看出，京津冀地区创新协同问题在大多数年份依然是最突出的，最弱省份创新能力仅为领先省份的一半。而东三省地区创新协同问题相对较小，落后省份和领先省份创新能力之比维持在0.7左右。长三角地区在创新协同方面也存在一定问题，但是从2015年开始，创新协同问题得到一定缓解。

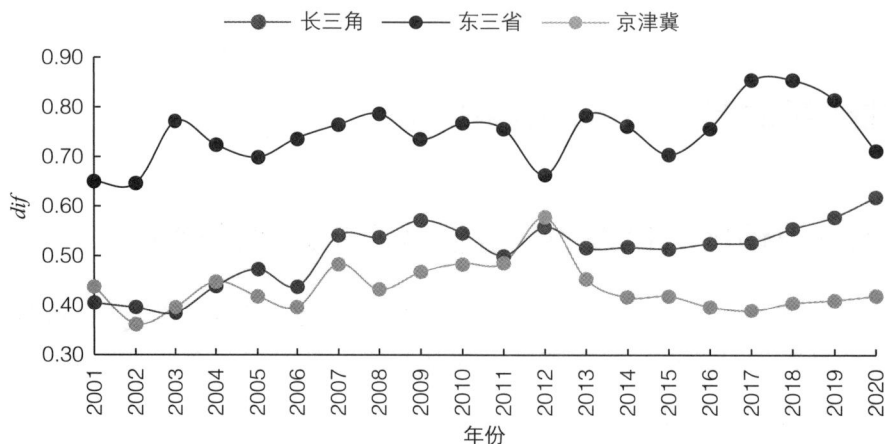

图3-5　典型地区区域创新能力绝对差异变化情况

导致创新协同问题的原因包括三方面：一是省份间行政区划问题；二是区域文化邻近性较低；三是地区产业发展不协调。

在区域创新协同方面，东三省由于具有地理接近性和文化的一致性，创新协同发展度较高，差异比较小。京津冀虽然地理较为临近，但是产业方面具有较大差异，创新发展协同度较低，特别是2012年以后，京津冀协同发展水平不断降低。长三角具有地理邻近性，产业发展存在差异，但存在一定的互补，近年来创新发展协同度不断提升。

3.2.2　区域创新能力发展不同步

2001—2020年，不同省份区域创新能力的发展和提升水平也存在巨大差异，部分省份区域创新能力排名迅速提升，同时也有部分省份区域创新能力排名下降。本报告通过对各省份区域创新能力排名的变化情况，来说明区域创新能力的发展不同步现象。首先，本报告计算了进入评价体系的31个省份2001—2020年区域创新能力变化的标准差；其次，本报告计算了31个省份的排名极差，与标准差共同衡量排名的离散程度（图3-6）。其中，吉林、海南、山西、黑龙江、辽宁、贵州、内蒙古和安徽8个省份的区域创新能力排名居前8位，且这8个省份的排名极差均大于10。

具体而言，吉林、山西、黑龙江、辽宁和内蒙古5个省份在过去20年的排名出现明显下滑。以吉林和辽宁为例，吉林在2011年以前，排名居全国前21位，并在2001年进入前10位，而在2012年以后，排名维持在第27位左右；辽宁在2012年以前，排名基本维持在前10位，而在2013年以后，排名在第17位上下徘徊。海南、贵州和安徽3个省份则在过去20年，排名明显上升。以贵州和安徽为例，贵州在2011年以前，排名基本维持在第25位以上，近年来则提升到维持在第17位前后；安徽在2011年以前，排名在第15位左右，而从2012年开始，排名维持在前10位。

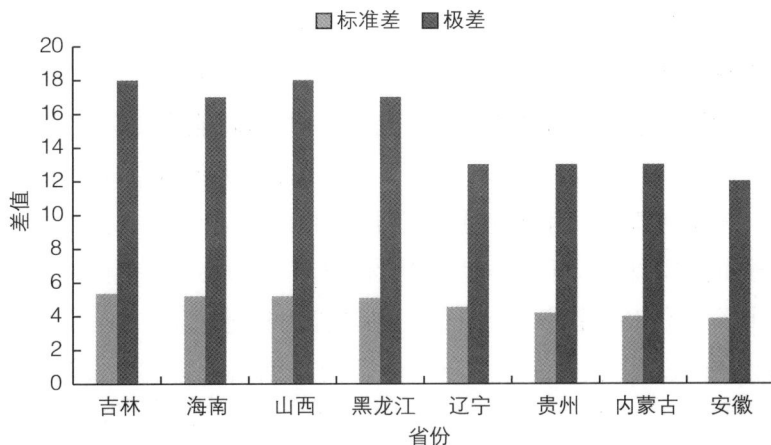

图3-6　部分省份排名变化

对创新能力排名波动较大的省份进行分析不难发现，首先，排名变化较大的省份具有一定的地理分布特征，排名下滑较大的 5 个省份均处于北方地区，而排名上升较快的 3 个省份则均处于南方地区，这在一定程度上也解释了创新能力的南北差异正在拉大。其次，产业结构存在明显差异，排名下滑省份都是典型的资源依赖型城市，其中，东三省是改革开放初期重要的老工业基地，而山西和内蒙古是产煤大省，具有丰富的矿产资源。随着中国经济的发展，资源密集型地区的优势逐渐褪去；而排名上升的省份则以新兴产业和服务业为主，如贵州近年来的大数据中心和中国天眼助力其实现产业转型，安徽依托中国科学技术大学实现科研成果产业化，海南依托地理优势发展旅游服务业。最后，市场化水平存在差异，下降地区中，东三省具有典型性，作为新中国成立以来第一个工业基地，长期的计划经济导致东三省地方政府和国有企业在经济发展和创新中占据主导地位；相对而言，安徽、海南等省份的民营经济更加活跃。

3.2.3　区域创新能力不平衡由"东西"转向"南北"

区域之间在地理环境、资源禀赋和政策支持等方面的差异[1][2]，导致中国区域之间经济和创新等方面存在差异。改革开放初期，东部沿海地区依托优越的地理位置和国家政策支持，经济和创新能力得到了极大提升，形成"东快西慢"的发展格局。但近年来，随着中国经济水平的提升和创新驱动发展战略的实施，区域创新能力由东西差距转变为南北差距[3]，

---

[1]　LIU X，WHITE S. Comparing innovation systems：a framework and application to china's transitional context［J］. Research policy，2001，30（7）：1091-1114.

[2]　SUN Y. Spatial distribution of patents in china［J］. Regional studies，2000，34（5）：441-454.

[3]　东部省份有 12 个，包括北京、天津、河北、辽宁、上海、江苏、浙江、福建、山东、广东、广西、海南；西部省份有 19 个，包括山西、内蒙古、吉林、黑龙江、安徽、江西、河南、湖北、湖南、重庆、四川、贵州、云南、西藏、陕西、甘肃、宁夏、青海、新疆。南方省份有 16 个，包括江苏、安徽、湖北、重庆、四川、西藏、云南、贵州、湖南、江西、广西、广东、福建、浙江、上海和海南；北方省份有 15 个，包括山东、河南、山西、陕西、甘肃、青海、新疆、河北、天津、北京、内蒙古、辽宁、吉林、黑龙江和宁夏。

并成为区域发展不协调的焦点[①]。

为分析中国区域创新能力的东西和南北差异，我们从两个维度对创新能力差异变化进行分析，一是东西、南北地区创新能力的绝对差距，即创新能力得分均值之比，计算方法如下：第一步，计算了南方 16 个省份和北方 15 个省份的创新能力得分均值；第二步，用南方得分均值除以北方得分均值得到南北差异。利用同样的方法计算得到东西差异（图 3-7）。二是东西、南北省份的创新能力得分对整体的贡献率，即相对差距。计算方法如下：第一步，分别对南方 16 个省份和全国 31 个省份的创新能力得分求和；第二步，用南方省份创新能力得分之和除以全国创新能力综合得分，得到南方创新能力得分贡献率。用同样的方法得到东部省份创新能力得分贡献率（图 3-8）。由图 3-7 可知，东西差异呈现下降趋势，从 2001 年的 1.77 下降到 2020 年的 1.51；而南北差异呈现不断上升的趋势，从 2001 年的 1.11 上升到 2020 年的 1.30。由图 3-8 可知，东部地区区域创新能力对整体的贡献率趋于下降，从 2001 年的 0.53 下降到 2020 年的 0.49；而南方 16 个省份区域创新能力对整体的贡献率不断提高，从 2001 年的 0.51 提高到 2020 年的 0.55。整体来看，中国区域创新能力的不平衡正由"东快西慢"的东西差异转向"南快北慢"的南北差异。

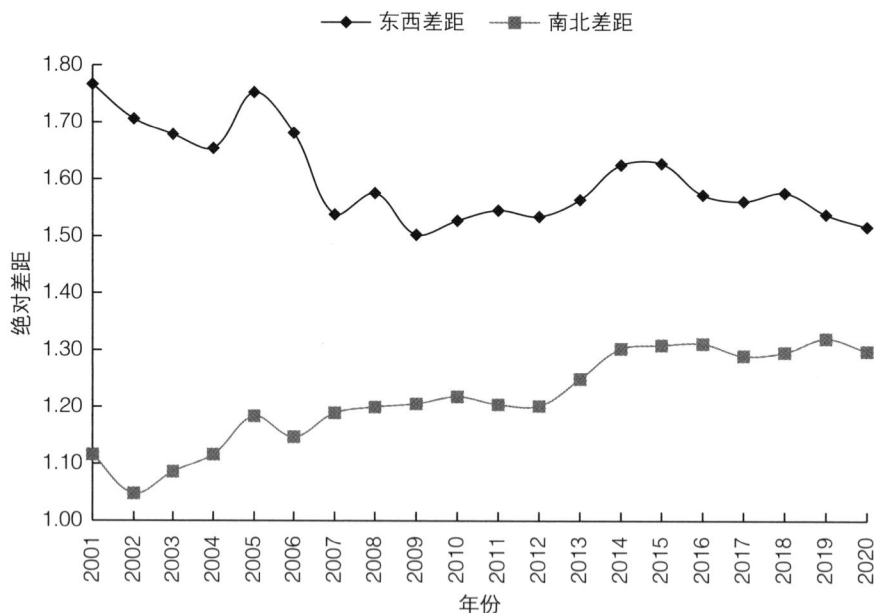

图3-7　东西和南北区域创新能力的绝对差距变化趋势

---

① 魏后凯，年猛，李玏．"十四五"时期中国区域发展战略与政策［J］．中国工业经济，2020（5）：5-22.

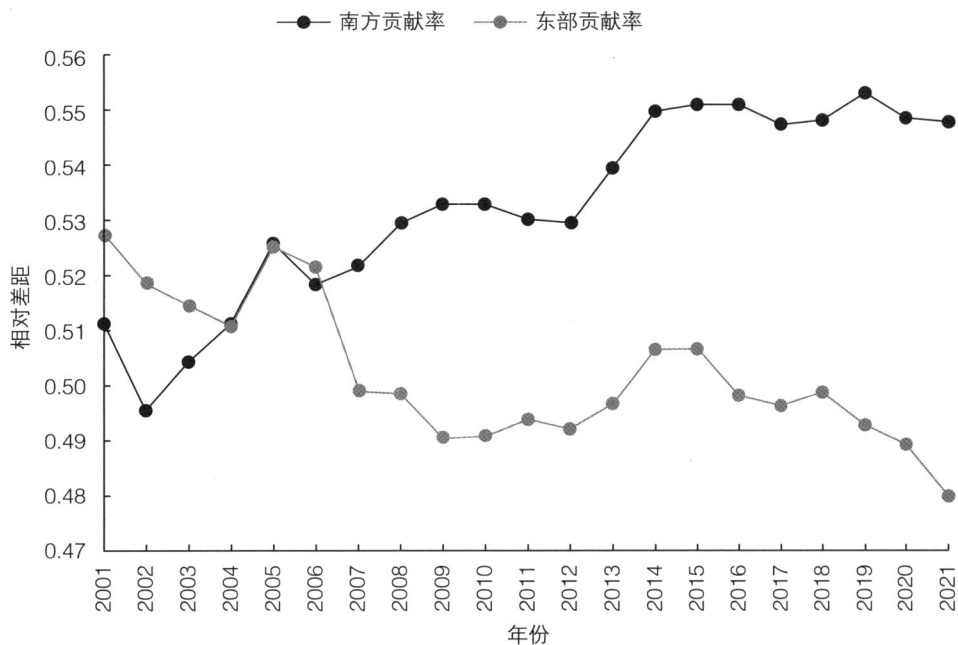

图3-8　东西和南北区域创新能力的相对差距变化趋势

　　产生这一结果的原因有以下几方面：首先，创新能力由政策驱动转向市场驱动。新中国成立初期，中国大力支持东部优先发展，进而带动西部发展，对东部地区具有一定政策倾向。而随着中国经济的不断发展，市场化改革取得显著成效，降低了政府对经济的干预[①]，对于区域创新具有积极影响[②]。以深圳为代表的部分南方城市，依托其活跃的创业活动、良好的创新创业氛围，充分发挥市场对创新要素的配置作用，不断提高创新能力。而北方地区国有企业在经济中的作用更大[③]，而且政府干预水平明显高于南方[④]，因此其创新能力提升逊色于南方地区。其次，北方新旧动能转换效率相对较低。经济新常态背景下，通过产业升级，实现新旧动能转换是提高创新能力的重要途径。相对而言，北方高新技术产业增长速度较低，且地区间差异不断增加，而南方形成了以长三角和珠三角为引领、以长江经济带和成渝都市圈为核心的高新技术产业快速发展的格局。最后，南方具有更高的开放水平。较高的对外开放水平是构建区域创新系统的必要条件[⑤]，也是促进国内外技术交流和要素流动的有效途径[⑥]。在对外开放水平上。

---

① 樊纲，王小鲁，马光荣.中国市场化进程对经济增长的贡献［J］.经济研究，2011（9）：4-16.

② 党文娟，张宗益，康继军.创新环境对促进我国区域创新能力的影响［J］.中国软科学，2008（3）：52-57.

③ 盛来运，郑鑫，周平，等.我国经济发展南北差距扩大的原因分析［J］.管理世界，2018，34（9）：16-24.

④ 杜宇，吴传清.中国南北经济差距扩大：现象、成因与对策［J］.安徽大学学报（哲学社会科学版），2020，44（1）：148-156.

⑤ 中国社会科学院工业经济研究所课题组，张其仔."十四五"时期我国区域创新体系建设的重点任务和政策思路［J］.经济管理，2020，42（8）：5-16.

⑥ NING L, WANG F, LI J. Urban innovation, regional externalities of foreign direct investment and industrial agglomeration：evidence from chinese cities［J］. Research policy，2016，45（4）：830-843.

南方具有明显的优势。国家统计局数据显示，2020 年中国货物进出口额排名前 5 位的省份依次为广东、江苏、浙江、上海和山东，其中 4 个南方省份。同时，南方省份通过"一带一路"建设，形成内陆沿海双向开放格局，截至 2020 年，国务院批复设立的自贸区共 22 个，其中 14 个在南方。

3.3　提升区域创新能力的战略选择

3.3.1　完善区域创新生态系统，引领区域创新发展

区域创新生态系统是在一定时空范围内，不同创新主体在一定创新环境内，通过开展合作与互动进行物质、能量和信息交换，并最终实现动态均衡[①]。随着数字化技术的发展和中国城镇化进程的不断推进，城市之间的创新合作愈发频繁和深入，基于地理邻近的区域创新生态系统将成为未来引领区域创新的重要引擎。近年来，国家先后将京津冀协同发展、长江三角洲区域一体化发展、粤港澳大湾区规划等上升为国家战略，并在《中华人民共和国国民经济和社会发展第十四个五年规划和 2035 年远景目标纲要》中将都市圈构建设定为城市发展目标，谋划未来区域创新生态系统构建。《2020 年中国专利调查报告》显示，有近 80% 的企业开展合作创新活动。

为此，基于地理邻近的区域创新生态系统构建将成为区域创新能力提升的重要引擎。秉承区域创新生态系统思维，促进区域协调发展，主要关注以下几个方面：一是依靠顶层设计，打造区域创新生态系统。充分发挥政府能动性，通过体制机制创新，引导和鼓励创新主体之间的合作与互动。二是基于创新生态位优化产业结构。生态位是生物在生态系统中生存所需阈值的描述[②]，不同生物在不同生态位的生存，实现生态系统的动态平衡。借鉴生态位理论，优化城市之间的产业结构，实现不同城市的产业错位发展和创新生态系统的可持续发展。三是丰富生态系统种群类型，增强创新生态系统韧性。异质性生态种群数量是维持生态系统发展和激发创新的重要因素[③]，引进多样化生态系统种群类型，适度调节生态系统内竞争强度，激发主体创新意识，强化产业抗风险能力。四是强化生态系统开放性，鼓励创新要素跨省流动。创新生态系统应该是一个开放的系统，建立跨区域资质互认、标准互通和资源共享机制，打破区域之间行政壁垒，鼓励邻近城市之间的企业合作和产业融合，通过与外界创新主体之间的物质和信息交换，提高自身创新能力。

---

①　黄鲁成 . 区域技术创新系统研究：生态学的思考［J］. 科学学研究，2003（2）：215–219.

②　GRINNELL J. The niche-relationships of the California thrasher［J］. The Auk，1917，34（4）：427–433.

③　高伟 . 如何建立基于科技自立自强的产业创新生态系统［J］. 科学学研究，2021，39（5）：774–776.

3.3.2　把握数字经济机遇，提升区域创新能力

数字化是指以大数据、云计算和人工智能等新兴数字化技术对现有产业形态、产业结构和组织方式等引发的重大变革，并进一步引致创新过程和结果的内在变化[①]。数字化时代的到来加速了创新迭代速度，数字化技术对传统产业赋能的同时，也催生了与数字化技术相关的新兴产业，不断驱动不同产业的数字化转型。数字化为区域创新能力提升带来了诸多机遇和挑战，未来区域创新务必要把握数字化机会，促使区域创新能力不断提升。一方面，数字化的自生长和产业交叉融合特点[②]，加剧了产业和创新要素的集聚，使区域之间的创新能力差距进一步固化。"2020 胡润全球独角兽排行榜"显示，在中国 227 家上榜企业中，超过 80% 的企业与数字化行业有关；上榜企业中，有近 200 家分布在北京、上海、广东和浙江 4 个省份。因此，在数字化时代，越来越多的数字化相关产业会在发达省份集聚，导致区域之间的创新能力差距拉大。另一方面，数字化加速了新兴产业成长和集聚的过程，为部分落后省份提供了追赶的机会[③]。贵州省依托其地理和气候优势，从 2014 年开始发展大数据产业，并于 2015 年建成国内首个大数据交易所。在随后的 6 年里，贵州境内已经形成了数据中心、电子信息制造、软件和信息技术服务 3 个千亿级产业集群，并颁布实施了多部大数据相关法规[④]。在过去的 6 年里，贵州区域创新能力排名不断提升，由 2014 年的第 26 位，上升到 2019 年的第 16 位，提高了 10 位。

为此，在未来的发展中，不同地区要依托自身优势，抓住数字经济机遇，提升区域创新能力。对于创新能力领先省份而言，利用现有产业优势，发展智能制造、数字化服务等相关产业，促进传统产业与数字化产业深入融合，发挥数字化的带动作用，培养具有高培育能力和高演化能力的数字化企业，不断形成规模优势。对于创新能力相对落后的省份而言，一方面，加快推动传统产业的数字化转型升级。在数字化转型过程中，可以采用分级数字化方式进行，即中小企业直接将数字化业务进行外包，中大型企业通过定制服务的方式嵌入大型数字化系统，部分大型和超大型企业鼓励自行研发适合自身特点的数字化系统。另一方面，积极培育和引进数字化相关产业。贵州大数据中心的成功，为落后地区依托数字产业实现追赶提供了诸多启示。数字化技术催生了部分新兴产业，而这些产业一般具有轻资产、培育周期较短等特点，创新能力相对落后地区可以依托其低廉的劳动成本、电价成本和土地成本，引进和培育数字化产业，进而实现创新能力的不断追赶。

---

① NAMBISAN S，WRIGHT M，FELDMAN M. The digital transformation of innovation and entrepreneurship：progress，challenges and key themes [J]. Research policy，2019，48（8）：103773.

② YOO Y，BOLAND Jr R J，LYYTINEN K，et al. Organizing for innovation in the digitized world [J]. Organization science，2012，23（5）：1398-1408.

③ 柳卸林，董彩婷，丁雪辰. 数字创新时代：中国的机遇与挑战 [J]. 科学学与科学技术管理，2020，41（6）：3-15.

④ 数据来源：国家互联网信息办公室（http：//www.cac.gov.cn/2021-03/04/c_1616428793091338.htm）。

3.3.3　优化区域营商环境，激发企业创新活力

营商环境是企业从重建到注销整个生命周期所面临的外部环境，对区域内市场主体活动产生重要的影响[①]，良好的营商环境对于激发创新主体的创新活力，降低市场制度成本，促进市场公平竞争，优化创新要素合理配置具有重要作用[②]。近年来，中国通过简政放权、规范企业行为、放宽市场准入等方式，不断优化营商环境。在世界银行《2019 年营商环境报告》中，中国从 2013 年的第 96 位上升到第 46 位，成为进步最快的国家之一。2019 年 10 月，国务院正式公布了《优化营商环境条例》，进一步为优化提升区域营商环境提供了制度保障。现阶段，中国正处于经济转型的重要时期，在新冠肺炎疫情和中美贸易摩擦的双重冲击下，地区经济发展和企业创新受到了一定影响。

营商环境作为企业经营过程中所面对的外部环境，区域各级政府要通过优化营商环境，进一步激发企业创新活力。首先，进一步深化"放管服"改革，培育壮大市场主体。推动政府职能向服务型转变，厘清政府与市场之间的关系，坚持市场在资源配置中的主导作用[③]，发挥对市场的监督和服务作用。改革行政审批制度，压缩市场负面清单，降低市场准入门槛，培育和壮大市场主体，强化市场主体的创新活跃度。其次，建立健全相关法律制度，提高企业违法成本。在中国经济转型时期，由于法律制度的不健全，企业违法成本相对较低，企业更倾向于对技术的模仿和抄袭，进而导致了研发中的市场失灵[④]。国家层面进一步建立健全法律法规，保护企业合法权益，各级政府严格贯彻落实法律制度，加大行政执法力度。与此同时，根据地区实际情况，出台具有地区特色的规章制度，规范企业等主体的市场行为。最后，加强政府信息公开，压缩权力寻租空间。政府在进行资源配置的过程中，由于信息不对称和有限理性的存在，为政府的权利提供了寻租空间，进而降低了整个社会的福利[⑤]。通过网站等形式，对中央和地方政府相关政策和制度的出台背景、适用对象、注意事项等进行公开，接受社会各界的监督；通过网站互动、电话专线等方式，对社会存在的问题进行及时接收和反馈，最大限度地压缩权力寻租空间，杜绝政府权力滥用。

---

① 中国城市营商环境评价研究课题组，李志军，张世国，等 . 中国城市营商环境评价的理论逻辑、比较分析及对策建议［J］. 管理世界，2021, 37（5）: 98-112, 118.

② 夏后学，谭清美，白俊红 . 营商环境、企业寻租与市场创新：来自中国企业营商环境调查的经验证据［J］. 经济研究，2019, 54（4）: 84-98.

③ LIU X, SCHWAAG S S, TAGSCHERER U, et al. Beyond catch-up—can a new innovation policy help China overcome the middle income trap?［J］. Science and public policy, 2017, 44（5）: 656-669.

④ GAO Y, HU Y, LIU X, et al. Can public R&D subsidy facilitate firms' exploratory innovation? The heterogeneous effects between central and local subsidy programs［J］. Research policy, 2021, 50（4）: 104221.

⑤ ACEMOGLU D, AKCIGIT U, ALP H, et al. Innovation, reallocation, and growth［J］. American economic review, 2018, 108（11）: 3450-3491.

3.3.4　打造创新增长极，提高区域创新能力

增长极理论强调经济发展过程中的不平衡，创新资源和要素会逐渐向中心城市集聚，并形成明显高于周边城市的发展速度，并逐渐通过溢出效应带动周边城市发展[①]。区域协调发展并不意味着区域之间的绝对均衡发展，特别是经济发展的中前期，引导创新要素向中心城市[②]集聚，发挥集聚和规模效应，形成创新增长极，并通过创新增长极的引领和辐射作用，带动整体区域创新能力的提升。中心城市是一个地区经济最为发达、创新要素最为集聚、区域创新能力最强的城市，对整个区域发展具有重要的带动和辐射作用。中国从2015年开始先后将北京、天津、上海等9个城市列为重点建设的中心城市，同时，各省也都在积极培育省内创新增长极，驱动创新能力提升。

基于增长极理论，依托区域创新增长极的辐射和带动作用，是优化和提升区域创新能力的重要路径。首先，引导中心城市与周边城市的创新合作。合作创新是带动周边城市创新能力提升的最根本途径，各级政府应充分发挥引导作用，为城市之间的合作提供政策基础，鼓励创新主体之间的跨城市合作。建立健全创新合作和共享平台，建立重大科研设备的跨城市共享机制，为周边城市的科研工作提供方便。其次，优化区域产业结构，形成以中心城市为核心的产业链。基于各省的产业特色，做大做强特色产业，围绕区域核心产业，通过顶层设计来优化现有产业结构，引进和培育互补产业，增强产业链韧性。最后，积极培育副中心城市，形成多核驱动格局。由于中国存在较为严格的城市等级制度，现有省内中心城市具有更高的行政级别，进而吸引了更多创新要素的流入，可能导致一城独大的不协调发展局面。通过培育省内副中心城市，引导创新要素合理配置，引导形成多核驱动的创新格局，对于区域创新能力的进一步提升具有重要意义。

---

① PERROUX F. A note on the notion of growth pole [J] . Applied economy, 1955, 1（2）：307-320.

② 本报告所指的中心城市具有更广泛的意义，除了国家明确提出的9个中心城市外，还包括各省省会、计划单列市和新一线城市等。

第四章
区域创新能力评价的方法与意义

4.1 区域创新能力评价的意义

自 20 世纪 90 年代以来，区域创新体系逐渐受到学者的关注 [①]。从理论上讲，在丰富创新系统理论体系的同时，它还有自身的重要意义。首先，区域创新体系的研究将创新的变量延伸到空间维度，使创新体系有了地理的内涵，丰富了国家创新体系的研究内容；其次，区域创新体系让创新资源配置中的区域极化与均衡成为一个重要的研究命题；最后，区域创新体系的研究为各级政府对创新的政策支持、规制模式等相关研究提供了多样性的支撑，这一点对中国而言尤其如此。

中国区域创新体系的结构形成有着与发达国家不同的独特性。一是因为中国是一个有着悠久历史的国家，地域的多样使得区域创新体系具有丰富的多样性；二是因为中国是一个从计划经济走向市场经济、从封闭自守走向开放创新的国家，不同地区转型的速度、方式和开放的程度都存在差异，从而导致区域创新体系结构的差异性。由此引来的核心话题是，我们对一个地区创新发展模式的认知，将对其创新能力的评价显得尤为重要。

从现实意义上讲，开展区域创新能力的评价，一方面可以为中央政府提供协调区域发展的新模式，中国地域广大、区域多样性高，可以为创新提供更多更大的空间；另一方面，也可以为地方政府推动当地经济工作提供新的思路，更加突出创新在区域发展中的地位，发挥地方政府在产业升级和经济发展方式转变中的能动作用。

---

① COOKE P, URANGA M G, ETXEBARRIA G. Regional innovation systems: institutional and organisational dimensions [J]. Research policy, 1997, 26（4-5）：475-491.

4.2 评价体系与分析框架

在本报告中，一个地区的创新能力是针对该地区创新能力与其他地区相比而言的相对排名，不是该地区创新能力的直接衡量。总体说来，各省（区、市）的创新能力相对上年而言，都会有一定的提高。

评价一个地区的创新能力，需要一套较好的评价体系。指标体系的设计、指标数量、权重的大小、主观指标与客观指标的比例，都会影响到区域创新能力的最终排名。因此，我们在指标选取、评价方法等多个方面都非常谨慎，借鉴了包括《世界竞争力年鉴》《全球竞争力报告》《全球创新指数》《创新型联盟指数》《国家创新指数》在内的诸多国内外知名报告，并根据我国区域创新体系的特征进行了适当的动态性调整。

4.2.1 评价原则

在召开了近10次不同专家组成的学术会议、听取了许多专家的意见后，研究小组最终形成了评价中国区域创新能力框架的4个原则。

第一，框架必须考虑区域创新体系建设情况，即强调大学、研发机构、企业、中介机构和政府等创新要素的网络化，把知识在几个要素间流动的程度作为衡量区域技术创新系统化的关键。

第二，框架必须考虑区域科技创新的链条建设。强调链条，首先，是因为在大多数情况下，技术创新先是来自一个创新的思想和发明或科技突破，其中大学、科研院所的知识创造活动是重要的创新来源。其次，有了很强的知识创造活动，不等于该地区就有了较强的创新能力，因为许多事实表明，科技实力强不等于技术创新能力强，许多地区没有较强的科技基础，但仍然有很高的技术创新能力。问题的关键是一个地区能否有效地利用全球范围内的各种知识为本地区的创新服务。因此，必须考虑知识流动或技术转移的能力。最后，技术创新的主体是企业，而不是科研部门或高校。因此，一个地区技术创新能力的高低关键是看企业有没有足够的创新动力和创新能力。我们在考察企业的技术创新能力时，注重引入创新链条来进行评价。因此，与已有的科技竞争力评价体系不同的是，本报告的指标框架强调企业是技术创新主体这一价值判断。

第三，框架强调创新环境建设的重要性。在市场经济体系下，衡量地方政府工作的重要标准不是传统的计划和干预的多少，而是如何创造一个有利于企业创新的环境。因为政府远离市场，不能直接指导企业的技术创新流动，其职能调整的关键就是从依赖计划转向创造创新环境来推动企业的技术创新。

第四，框架必须兼顾一个地区发展的存量、相对水平和增长率3个维度。在洛桑的《国际竞争力报告》中，比较强调存量、相对水平，但不强调增长率。本报告的一个特色是对增长率的强调，我们认为，增长率反映了一个地区的经济发展潜力。因此，从 2007 年开始，我们将综合指标分解为实力指标、效率指标和潜力指标，并延续至今。

4.2.2 指标体系

在本报告中，区域创新能力评价体系包括 5 个一级指标、20 个二级指标、40 个三级指标和 138 个四级指标；其中，一级指标包括知识创造、知识获取、企业创新、创新环境和创新绩效（表 4-1）。知识创造用来衡量一个地区创造新知识的能力；知识获取用来衡量一个地区利用外部知识及产学研合作的能力；企业创新用来衡量一个地区内企业应用新知识、开发新技术、利用新工艺，以及制造新产品的能力；创新环境用来衡量一个地区为技术的产生、流动和应用提供相应环境的能力；创新绩效用来衡量创新对一个地区经济社会发展效益的能力。

表4-1 中国区域创新能力指标体系

一级指标	二级指标	一级指标	二级指标
1. 知识创造	1.1 研究开发投入综合指标	4. 创新环境	4.1 创新基础设施综合指标
	1.2 专利综合指标		4.2 市场环境综合指标
	1.3 科研论文综合指标		4.3 劳动者素质综合指标
2. 知识获取	2.1 科技合作综合指标		4.4 金融环境综合指标
	2.2 技术转移综合指标		4.5 创业水平综合指标
	2.3 外资企业投资综合指标	5. 创新绩效	5.1 宏观经济综合指标
3. 企业创新	3.1 企业研究开发投入综合指标		5.2 产业结构综合指标
	3.2 设计能力综合指标		5.3 产业国际竞争力综合指标
	3.3 技术提升能力综合指标		5.4 就业综合指标
	3.4 新产品销售收入综合指标		5.5 可持续发展与环保综合指标

在保持评价体系基本框架纵向可比的前提下，为了保证指标体系的科学性，使得评价结果能够真正成为反映经济结构调整、经济发展方式向创新驱动转型的先导性信息，我们每年都会根据科技发展的新形势及统计口径的变化进行相应的替换或调整。

与其他指标体系相比，我们的指标相对全面，涵盖了大部分衡量创新的基础指标（表 4-2），最重要的是指标体系分为实力、效率与潜力三层，提出了如图 4-1 所示的区域创新能力分析框架。这样不仅能看到总量的变化，也能观测单个地区的变化速度与幅度。遗憾的是，鉴于相关数据获取的难度，目前缺乏对制度、体制、政策及政府效率的直接测度，只能通过测度创新产出来间接反映以上指标。这一点，正是我们未来努力的方向和提升的空间。

表4-2　国内外知名报告创新能力评价指标对比

名称	指标等级	维度	一级	二级	三级	四级	方法
《中国区域创新能力评价报告》	4	5	5	20	40	138	定量
《中国创新指数》	3	8	2	8	39	—	定量
《中国城市创新报告》	2	3	3	21	—	—	定量
《国家创新指数》	2	5	5	31	—	—	定量
《世界竞争力年鉴》	3	4	4	20	327	—	定量＋定性
《全球竞争力报告》	2	12	12	113	—	—	定量＋定性
《创新型联盟指数》	3	3	3	7	24	—	定量＋定性
《全球创新指数》	4	7	2	7	20	82	定量＋定性

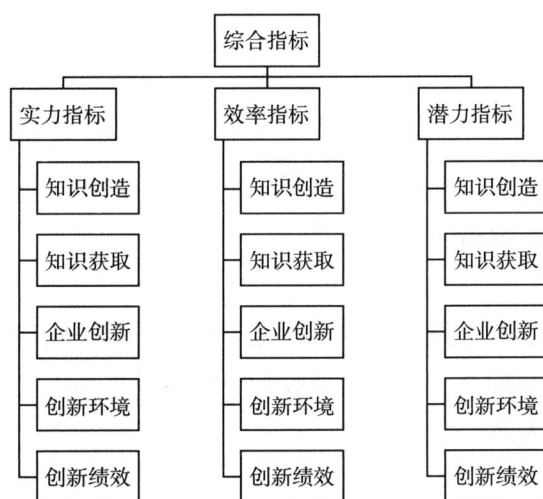

图4-1　中国区域创新能力分析框架

4.2.3　评价方法

《中国区域创新能力评价报告》的评价方法是加权综合评价法，基础指标无量纲化后，用专家打分得到的权重，分层逐级综合，最后得出每个省（区、市）创新能力的综合效用值。

单一指标采用直接获取的区域数据来表示，在无量纲化处理时采用效用值法，效用值规定的值域是 [0，100]，即该指标下最优值的效用值为100，最差值的效用值为0，计算方法如下。

（1）正效指标

例如，设 i 表示第 i 项指标，j 表示第 j 个区域；

x_{ij} 表示第 i 项指标第 j 个区域的指标获取值；

y_{ij} 表示第 i 项指标第 j 个区域的指标效用值；

$x_{i\max}$ 表示该指标的最大值；

$x_{i\min}$ 表示该指标的最小值。

$$y_{ij} = \frac{x_{ij} - x_{i\min}}{x_{i\max} - x_{i\min}} \times 100 。 \tag{4-1}$$

这里说的正效指标是指该项指标其值越大，效用值越高，如劳动生产率、人均 GDP、发明专利数等。

（2）负效指标

负效指标是指该指标其值越大，则效用值越低，如失业率 ［（失业人数 ＋ 下岗人数）／当地就业人数］ 等，对这类指标的处理应采用如下方法：

$$y_{ij} = \frac{x_{i\max} - x_{ij}}{x_{i\max} - x_{i\min}} \times 100 。 \tag{4-2}$$

（3）复合指标

复合指标是采用两项或更多的单项数据指标复合计算后得到的，一般是增长率、平均数等，效用值的处理方法与单项指标是一样的。

（4）权重选取

本报告采用专家打分法确定指标的权重，这种选择带有一定的主观性，但却是国际上普遍采用的方法，聘请的专家都是在国内科技政策管理研究方面有较深造诣的学者，他们对国内外的评价报告也都有深入的了解。

（5）加权综合

加权计算是分层逐级进行的，以图 4-2 为例说明：

a、b、c、d 分别表示分层；

$f(a)$、$f(b)$、$f(c)$、$f(d)$ 分别表示其权重；

$x(a, i)$、$x(b, i)$、$x(c, i)$、$x(d, i)$ 分别表示分层分区域的指标效用值，计算时从右向左进行。

例如，计算 c_i 的指标值（加权效用值）。设 $x(c_i, i)$ 是区域 i 在 c_i 指标下的综合效用值；$x(d_i, i)$ 是区域 i 在 d_i 指标下的效用值。那么，

$x(c_1, i) = x(d_1, i)f(d_1) + x(d_2, i)f(d_2) + x(d_3, i)f(d_3) + \cdots$，

以此类推，求出 $x(c_2, i)$、$x(c_3, i)$、$\cdots$

进一步求出 $x(b_i, i)$：

$x(b_1, i) = x(c_1, i)f(c_1) + x(c_2, i)f(c_2) + x(c_3, i)f(c_3) + \cdots$，

以此类推，求出 $x(b_2, i)$、$x(b_3, i)$、$\cdots$

再进一步求出 $x(a, i)$：

$$x(a, i) = x(b_1, i) f(b_1) + x(b_2, i) f(b_2) + x(b_3, i) f(b_3) + \cdots$$

当 $i = 1, 2, 3, \cdots, 31$ 时，分别求出 31 个省（区、市）的各层次各项指标的效用值。

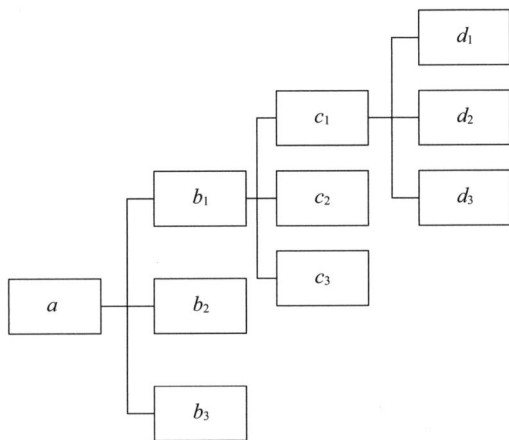

图4-2　指标体系示意

4.2.4　数据来源

为了保证研究的可检验性，本报告的数据均来源于公开出版的统计年鉴和政府报告，主要包括《中国统计年鉴》《中国科技统计年鉴》《中国高新技术产业统计年鉴》《中国火炬统计年鉴》《中国工业经济统计年鉴》《中国科技论文统计与分析报告》，以及科技部、国家知识产权局、国家工商总局和科技型中小企业技术创新基金等。本年度报告使用的是 2019 年的基础数据，这与前几年的情况是一致的，国际上许多报告的年份数据在选择时也遵循同样的原则。对个别地区的缺失数据，在评价过程中进行了平滑处理。对创新潜力的评价，增长率指标仍然使用"近 3 年增长率的平均值"作为基础指标，以保证排名的稳定性与可靠性。由于资料有限，暂无港澳台数据。

中国区域创新能力评价报告2021

第二篇

区域创新能力分省（区、市）报告

第五章
各地区创新能力分析

5.1 北京市

2021年，北京市创新能力排名全国第2位，连续4年保持平稳。过去20多年，北京市创新能力始终居全国前3位，科技创新中心的地位突出（图5-1）。

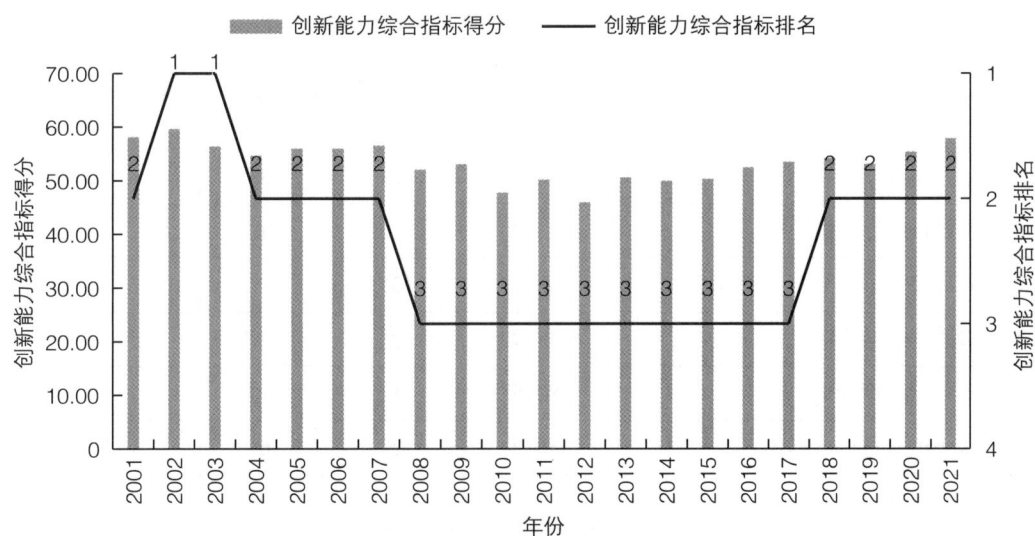

图5-1 2001—2021年北京市创新能力变化趋势

从分项指标看，实力指标排名第3位；效率指标排名第1位；潜力指标排名第22位，较上年上升4位。从指标维度看，知识创造继续排名第1名；知识获取排名第3名，与上年保持不变；企业创新排名第4位，与上年保持不变；创新环境排名第2位，较上年下降1位；创新绩效排名第2位，较上年上升1位（表5-1，图5-2）。

表5-1 北京市创新能力综合指标

指标名称	2021 年综合指标		2021 年分项指标排名		
	指标值	排名	实力	效率	潜力
综合值	57.99	2	3	1	22
1 知识创造综合指标	85.26	1	1	1	2
1.1 研究开发投入综合指标	86.68	1	1	1	5
1.2 专利综合指标	87.90	1	1	1	3
1.3 科研论文综合指标	77.13	1	1	4	10
2 知识获取综合指标	50.89	3	4	2	21
2.1 科技合作综合指标	67.72	1	1	5	9
2.2 技术转移综合指标	41.20	4	3	3	21
2.3 外资企业投资综合指标	45.54	5	5	2	22
3 企业创新综合指标	45.41	4	12	1	23
3.1 企业研究开发投入综合指标	37.35	12	16	6	25
3.2 设计能力综合指标	55.12	2	8	1	18
3.3 技术提升能力综合指标	46.61	3	8	1	23
3.4 新产品销售收入综合指标	41.74	7	13	6	19
4 创新环境综合指标	58.93	2	3	1	26
4.1 创新基础设施综合指标	48.28	3	16	1	23
4.2 市场环境综合指标	58.13	3	1	3	30
4.3 劳动者素质综合指标	48.92	2	7	1	22
4.4 金融环境综合指标	82.57	1	1	1	16
4.5 创业水平综合指标	56.74	2	6	1	19
5 创新绩效综合指标	57.40	2	3	1	16
5.1 宏观经济综合指标	64.41	3	12	1	20
5.2 产业结构综合指标	47.64	3	5	1	23
5.3 产业国际竞争力综合指标	41.44	4	8	2	17
5.4 就业综合指标	46.95	3	4	4	13
5.5 可持续发展与环保综合指标	86.54	1	2	1	15

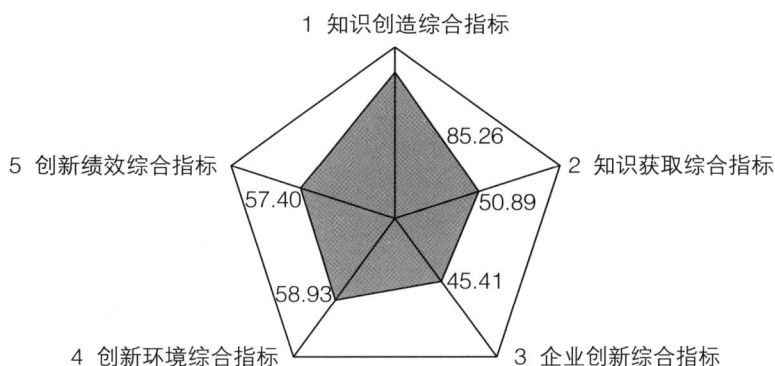

图5-2 北京市创新能力蛛网图

从基础指标看，北京市在技术市场、创新能力等方面都有明显提升，技术市场企业平均交易额（按流向）增长 34.82%，规模以上工业企业新产品销售收入占销售收入的比重增长 18.31%，发明专利申请受理数（不含企业）增长 10.36%，对企业创新起到促进作用（表5-2，图5-3）。

表5-2 北京市变化较大的指标

指标名称	2021 年	2020 年	增速（%）	2021 年排名	2020 年排名	排名变化
技术市场企业平均交易额（按流向）（万元／项）	494.92	367.10	34.82	10	19	9
规模以上工业企业新产品销售收入占销售收入的比重（%）	22.29	18.84	18.31	6	10	4
发明专利申请受理数（不含企业）（件）	118387	107278	10.36	1	4	3
高技术产业就业人数占总就业人数的比例（%）	3.25	3.19	1.88	17	20	3
移动电话用户数（万户）	3906.4	4107.5	−4.90	20	17	−3
高校和科研院所研发经费内部支出额中来自企业资金的比例（%）	8.76	9.67	−9.41	22	19	−3
规模以上工业企业国内技术成交金额（万元）	116794.7	165694.7	−29.51	10	6	−4
规模以上工业企业有研发机构的企业数（个）	447	483	−7.45	20	15	−5
规模以上工业企业平均技术改造经费支出（万元／个）	104.7	212.7	−50.78	12	5	−7
规模以上工业企业技术改造经费支出（万元）	326715.7	679991.6	−51.95	25	15	−10

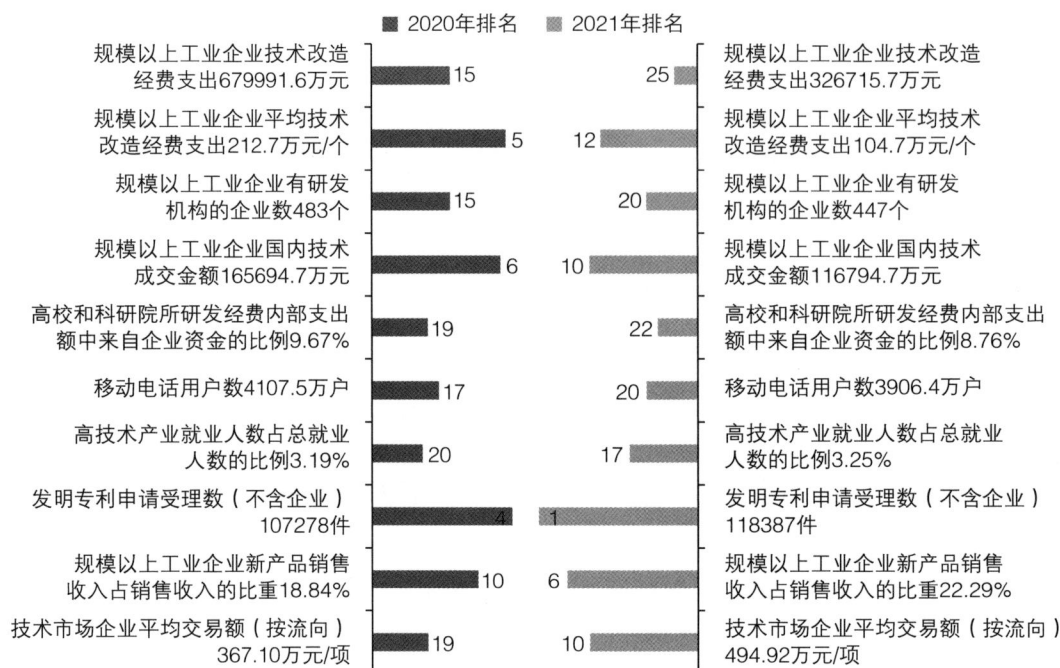

图5-3 2020—2021年北京市部分指标排名对比

根据中国企业联合会发布的数据显示，在 2020 中国企业 500 强榜单中，北京市入围 96 家企业，较上年减少 4 家企业。入围企业仍以大型国有企业为主，中石化、国家电网、中石油居前 3 位，反映了北京作为央企总部的显著特点（表 5-3）。

表5-3 北京市入围2020中国企业500强的前20家企业

序号	企业名称	营业收入（亿元）	排名
1	中国石油化工集团有限公司	28118.0	1
2	国家电网有限公司	26522.0	2
3	中国石油天然气集团有限公司	26192.0	3
4	中国建筑股份有限公司	14198.4	4
5	中国工商银行股份有限公司	13024.3	5
6	中国建设银行股份有限公司	10688.0	7
7	中国农业银行股份有限公司	10177.1	8
8	中国银行股份有限公司	9324.4	9
9	中国人寿保险（集团）公司	9066.9	10
10	中国铁路工程集团有限公司	8519.8	12
11	中国铁道建筑集团有限公司	8311.0	14

序号	企业名称	营业收入（亿元）	排名
12	中国海洋石油集团有限公司	7508.6	15
13	中国移动通信集团有限公司	7497.6	16
14	中国交通建设集团有限公司	6569.7	19
15	中国华润有限公司	6546.3	20
16	中国邮政集团有限公司	6172.5	22
17	中国五矿集团有限公司	6104.1	24
18	北京京东世纪贸易有限公司	5768.9	26
19	国家能源投资集团有限责任公司	5561.2	29
20	中国人民保险集团股份有限公司	5555.2	30

近年来，北京积极推动三城一区（中关村科学城、怀柔科学城、昌平未来科技城、北京经济技术开发区）建设，持续加大研发投入，一批关键核心技术实现突破，科技对经济社会的支撑作用显著增强。"十三五"期间，北京研发经费投入强度保持在6%左右。其中，基础研究投入占比从2015年的13.8%提升至2019年的15.9%，累计获得国家科技奖奖项占全国30%左右；每万人发明专利拥有量是全国平均水平的10倍；百度、京东、小米、美团、滴滴等一批数字经济企业辐射带动作用凸显。未来，北京要把握新一轮科技革命的战略机遇期，在人工智能、区块链、大数据等数字经济领域实现更多突破，做强长板补齐短板，培育更具竞争力的新兴产业集群。

5.2 天津市

2021年，天津市创新能力排名全国第15位，与上年持平。2002—2018年天津市创新能力排名始终保持在全国前7位，领先优势明显；但近3年，天津市创新能力排名呈现明显下滑态势（图5-4）。

分领域看，知识创造排名第19位，上升1位；知识获取保持稳定，排名第8位；创新环境下降7位，排名第21位，降幅最大；企业创新、创新绩效排名分别下降6位和1位，位列第22位、第14位（表5-4，图5-5）。

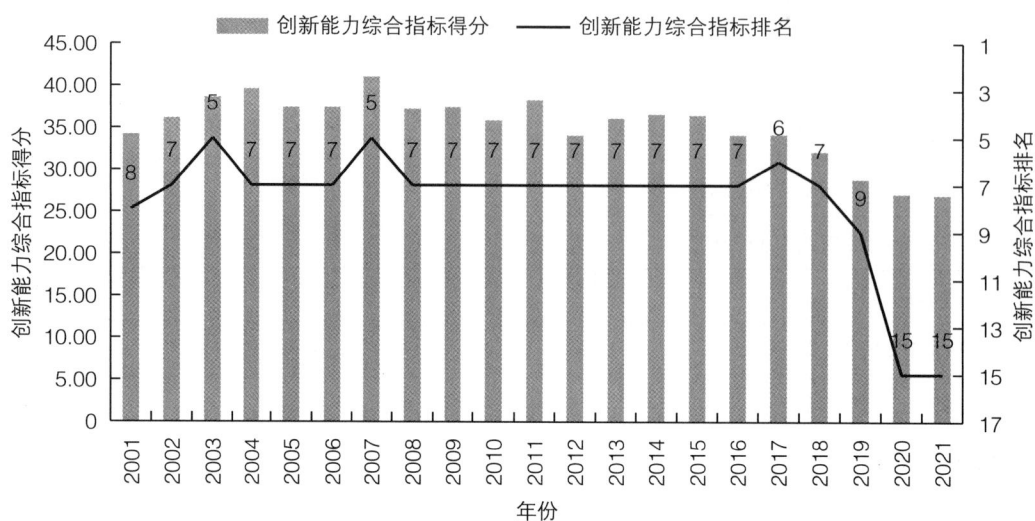

图5-4 2001—2021年天津市创新能力变化趋势

表5-4 天津市创新能力综合指标

指标名称	2021 年综合指标		2021 年分项指标排名		
	指标值	排名	实力	效率	潜力
综合值	26.94	15	16	6	31
1 知识创造综合指标	21.45	19	15	8	31
1.1 研究开发投入综合指标	14.58	27	17	6	31
1.2 专利综合指标	24.17	18	16	16	25
1.3 科研论文综合指标	29.76	14	15	10	23
2 知识获取综合指标	28.81	8	10	3	26
2.1 科技合作综合指标	35.34	10	13	4	19
2.2 技术转移综合指标	12.51	26	17	21	26
2.3 外资企业投资综合指标	36.13	6	8	3	20
3 企业创新综合指标	23.76	22	19	10	29
3.1 企业研究开发投入综合指标	32.38	18	18	11	27
3.2 设计能力综合指标	10.64	30	17	14	31
3.3 技术提升能力综合指标	22.12	24	23	22	14
3.4 新产品销售收入综合指标	32.12	13	17	10	27
4 创新环境综合指标	24.99	21	17	5	28
4.1 创新基础设施综合指标	20.41	26	27	16	24

指标名称	2021 年综合指标		2021 年分项指标排名		
	指标值	排名	实力	效率	潜力
4.2 市场环境综合指标	47.80	5	6	2	19
4.3 劳动者素质综合指标	26.63	22	25	4	24
4.4 金融环境综合指标	7.19	30	20	26	31
4.5 创业水平综合指标	22.93	24	19	13	29
5 创新绩效综合指标	36.07	14	15	9	30
5.1 宏观经济综合指标	28.96	19	23	7	29
5.2 产业结构综合指标	26.13	17	19	7	30
5.3 产业国际竞争力综合指标	16.20	19	11	10	27
5.4 就业综合指标	28.49	23	22	18	27
5.5 可持续发展与环保综合指标	80.57	3	3	7	4

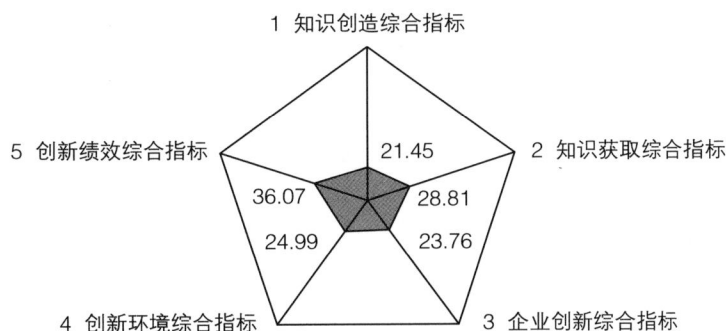

图5-5 天津市创新能力蛛网图

从基础指标看，天津市技术市场较为活跃，研发能力有所提升，产学研合作情况有所好转，规模以上工业企业平均国内技术成交金额增速达到143.20%，高校和科研院所研发经费内部支出额中来自企业资金的比例增速达到38.21%，每万名研发人员发明专利申请受理数增速为2.29%。在技术改造经费和科技企业孵化金额、政府研发投入等指标上有所下降（表5-5，图5-6）。

根据中国企业联合会发布的数据显示，在2020中国企业500强榜单中，天津市有7家企业入围，比上年增加2家，分别为华夏人寿保险股份有限公司及融创中国控股有限公司（表5-6）。

表5-5 天津市变化较大的指标

指标名称	2021 年	2020 年	增速 (%)	2021 年 排名	2020 年 排名	排名 变化
每万名研发人员发明专利申请受理数（件）	1383	1352	2.29	6	16	10
规模以上工业企业平均国内技术成交金额 （万元／项）	3.04	1.25	143.20	23	28	5
高校和科研院所研发经费内部支出额中来自企业 资金的比例（%）	21.99	15.91	38.21	3	7	4
技术市场交易金额（按流向）（万元）	4615189.1	3475942.1	32.78	13	16	3
技术市场企业平均交易额（按流向） （万元／项）	409.26	373.40	9.60	15	18	3
教育经费支出占 GDP 的比例（%）	4.50	4.35	3.45	16	19	3
规模以上工业企业中有研发机构的企业占总企业 数的比例（%）	9.00	9.39	−4.15	17	12	−5
第三产业增加值（亿元）	8949.87	11027.12	−18.84	20	15	−5
规模以上工业企业研发活动经费内部支出总额占 销售收入的比例（%）	1.13	1.40	−19.29	12	7	−5
政府研发投入（亿元）	76.55	102.23	−25.12	17	12	−5
规模以上工业企业技术改造经费支出（亿元）	326552.4	461456.8	−29.23	26	20	−6
高技术产业新产品销售收入占主营业务收入的 比重（%）	30.29	40.66	−25.50	14	7	−7
平均每个科技企业孵化器孵化基金额 （万元）	330.49	1189.92	−72.23	28	17	−11
规模以上工业企业平均技术改造经费支出 （万元）	67.8	107.5	−36.93	25	7	−18

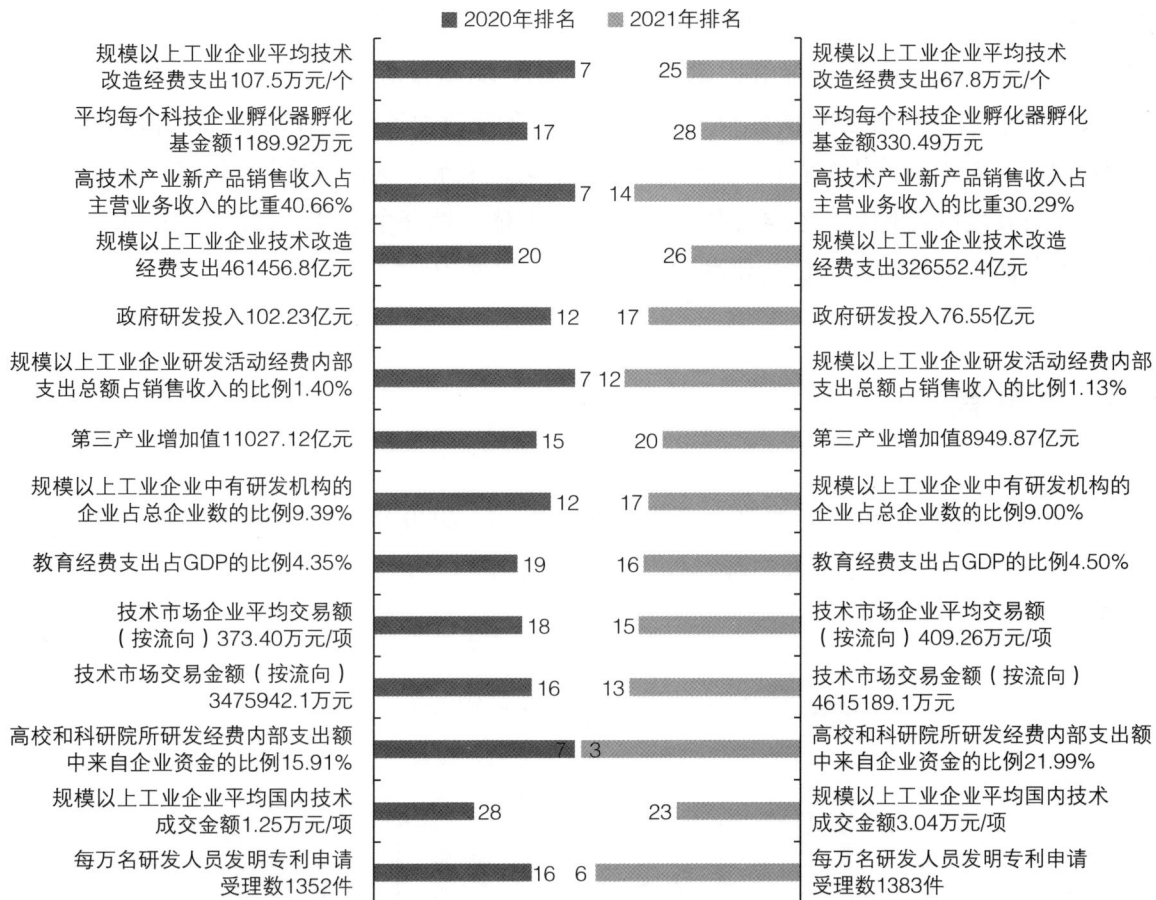

图5-6 2020—2021年天津市部分指标排名对比

2020年排名　2021年排名

指标	2020年排名	2021年排名
规模以上工业企业平均技术改造经费支出107.5万元/个（67.8万元/个）	7	25
平均每个科技企业孵化器孵化基金额1189.92万元（330.49万元）	17	28
高技术产业新产品销售收入占主营业务收入的比重40.66%（30.29%）	7	14
规模以上工业企业技术改造经费支出461456.8亿元（326552.4亿元）	20	26
政府研发投入102.23亿元（76.55亿元）	12	17
规模以上工业企业研发活动经费内部支出总额占销售收入的比例1.40%（1.13%）	7	12
第三产业增加值11027.12亿元（8949.87亿元）	15	20
规模以上工业企业中有研发机构的企业占总企业数的比例9.39%（9.00%）	12	17
教育经费支出占GDP的比例4.35%（4.50%）	19	16
技术市场企业平均交易额（按流向）373.40万元/项（409.26万元/项）	18	15
技术市场交易金额（按流向）3475942.1万元（4615189.1万元）	16	13
高校和科研院所研发经费内部支出额中来自企业资金的比例15.91%（21.99%）	7	3
规模以上工业企业平均国内技术成交金额1.25万元/项（3.04万元/项）	28	23
每万名研发人员发明专利申请受理数1352件（1383件）	16	6

表5-6 天津市入围2020中国企业500强的企业

序号	企业名称	营业收入（亿元）	排名
1	华夏人寿保险股份有限公司	1968.5	110
2	融创中国控股有限公司	1693.2	131
3	天津荣程祥泰投资控股集团有限公司	793.3	258
4	渤海银行股份有限公司	580.7	335
5	天津友发钢管集团股份有限公司	447.5	411
6	天津泰达投资控股有限公司	424.7	434
7	天津银行股份有限公司	359.6	500

近年来，天津深入实施创新驱动发展战略，加快创新型城市建设，持续加大科技投入，截至2020年全社会研发投入强度达到3.28%，创新能力稳步提升，为天津打造京津冀自主

创新的重要源头和原始创新的主要策源地提供了有力支撑。过去几年，天津经济总量虽然在不断上升，但在淘汰落后产能等因素影响下，GDP 增速有所下降，再加上结构优化、动能转换政策的影响，一般公共预算收入增速不高，在招商引资、企业培育等扶持政策上有些"力不从心"，对创新能力的持续提升带来一定影响。未来，天津应坚持创新驱动发展，积极利用京津冀发展区位优势，在强化国家战略科技力量、提升企业技术创新能力、搭建创新创业平台等方面持续发力，向创新要动力、要活力、要潜力。

5.3 河北省

2021 年，河北省创新能力排名全国第 17 位，比 2020 年排名上升 2 位。过去 20 多年来，河北省创新能力变化不大，基本处于全国中下游水平，成为京津冀地区发展的"短板"（图 5-7）

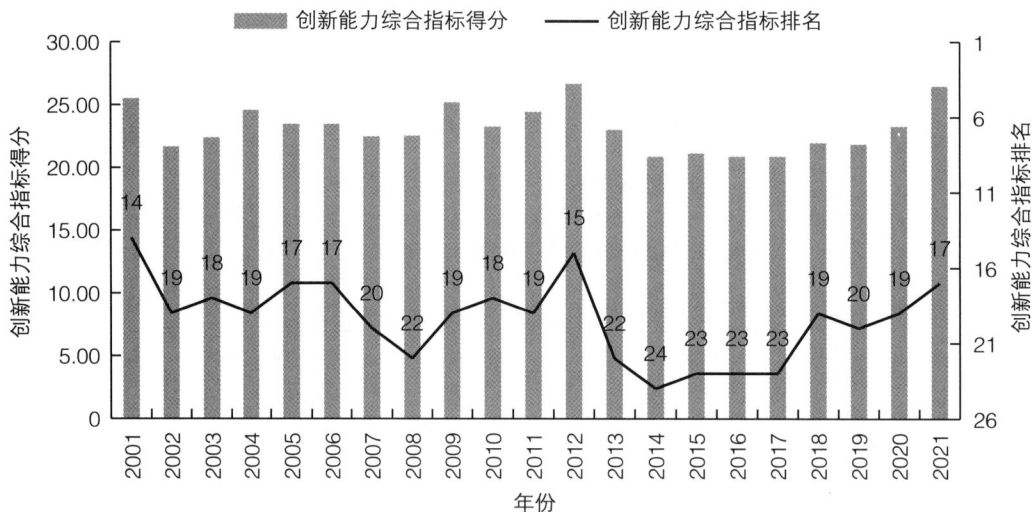

图5-7　2001—2021年河北省创新能力变化趋势

分领域看，创新环境排名第 12 位，下降 2 位；创新绩效和知识创造排名大幅上升，分别上升 8 位和 7 位，排名第 15 位和第 20 位；企业创新排名第 14 位，较上年上升 4 位（表 5-7，图 5-8）。

表5-7 河北省创新能力综合指标

指标名称	2021年综合指标		2021年分项指标排名		
	指标值	排名	实力	效率	潜力
综合值	26.48	17	14	28	6
1 知识创造综合指标	21.27	20	17	29	10
1.1 研究开发投入综合指标	17.85	20	15	23	20
1.2 专利综合指标	22.41	20	17	29	6
1.3 科研论文综合指标	25.84	20	18	24	7
2 知识获取综合指标	18.95	22	16	27	12
2.1 科技合作综合指标	23.78	23	17	26	8
2.2 技术转移综合指标	15.02	21	15	17	22
2.3 外资企业投资综合指标	18.29	14	13	19	7
3 企业创新综合指标	27.75	14	13	14	17
3.1 企业研究开发投入综合指标	36.86	14	11	14	14
3.2 设计能力综合指标	17.96	23	13	24	19
3.3 技术提升能力综合指标	22.62	23	15	25	15
3.4 新产品销售收入综合指标	33.91	11	10	14	21
4 创新环境综合指标	26.60	12	10	28	9
4.1 创新基础设施综合指标	36.02	10	5	28	2
4.2 市场环境综合指标	27.17	13	16	9	11
4.3 劳动者素质综合指标	35.86	11	9	23	12
4.4 金融环境综合指标	9.78	27	17	27	27
4.5 创业水平综合指标	24.18	22	13	28	18
5 创新绩效综合指标	34.30	15	26	18	3
5.1 宏观经济综合指标	31.02	16	13	26	11
5.2 产业结构综合指标	34.99	10	13	10	2
5.3 产业国际竞争力综合指标	22.33	11	16	18	2
5.4 就业综合指标	25.82	24	26	23	17
5.5 可持续发展与环保综合指标	57.32	24	28	22	3

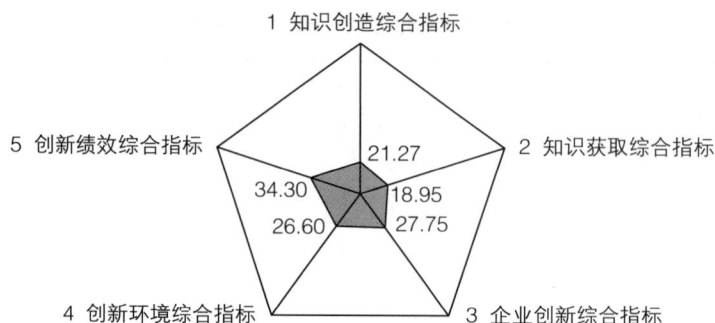

图5-8 河北省创新能力蛛网图

从基础指标看，河北省在企业研发、高技术产业和外商投资方面均有所提升，规模以上工业企业中有研发机构的企业占总企业数的比例增速达 133.06%，排名由第 23 位上升至第 9 位，外商投资企业年底注册资金中外资部分增速达 61.58%。但在科技企业孵化器孵化基金总额、政府研发投入占 GDP 的比例和规模以上工业企业国外技术引进方面均有下降（表 5-8，图 5-9）。

表5-8 河北省变化较大的指标

指标名称	2021 年	2020 年	增速（%）	2021 年排名	2020 年排名	排名变化
规模以上工业企业中有研发机构的企业占总企业数的比例（%）	14.03	6.02	133.06	9	23	14
高技术产业新产品销售收入占主营业务收入的比重（%）	39.54	32.97	19.93	7	14	7
外商投资企业年底注册资金中外资部分（亿美元）	641.26	396.88	61.58	13	19	6
第三产业增加值占 GDP 的比例（%）	51.30	46.19	11.06	18	24	6
规模以上工业企业有研发机构的企业数（个）	1849	900	105.44	8	13	5
高校和科研院所研发经费内部支出额中来自企业资金的比例（%）	9.85	8.02	22.82	19	23	4
规模以上工业企业平均国内技术成交金额（万元／项）	5.21	4.38	18.95	15	19	4
规模以上工业企业技术改造经费支出（万元）	1048085.7	1141716.8	−8.20	14	10	−4
规模以上工业企业国外技术引进金额（万元）	24474.7	35411.0	−30.88	18	14	−4
规模以上工业企业平均国外技术引进金额（万元／项）	1.86	2.37	−21.52	21	16	−5
政府研发投入占 GDP 的比例（%）	0.19	0.21	−9.52	27	20	−7
科技企业孵化器孵化基金总额（万元）	118406.0	290940.9	−59.30	17	8	−9
平均每个科技企业孵化器孵化基金额（万元）	471.74	1276.06	−63.03	26	16	−10

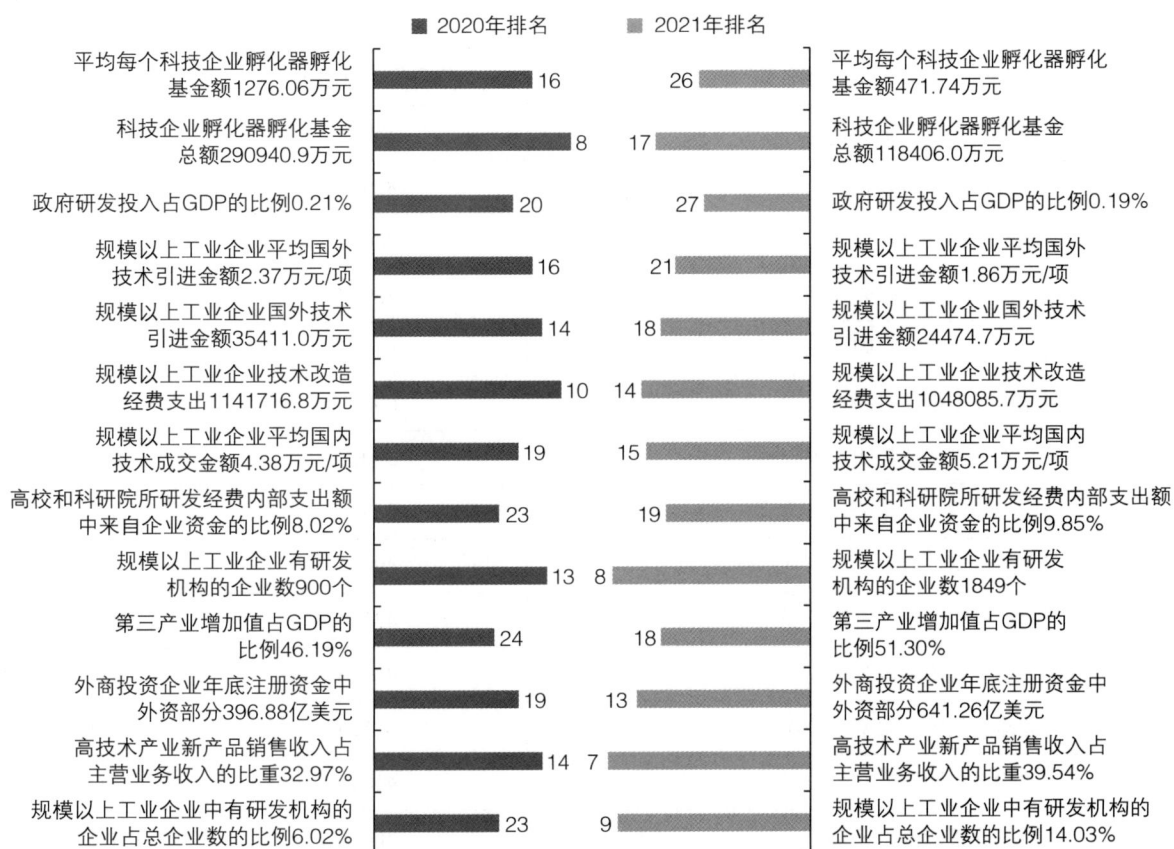

图5-9　2020—2021年河北省部分指标排名对比

根据中国企业联合会发布的数据显示，在2020中国企业500强榜单中，河北省入围23家，以钢铁企业为主（表5-9）。

表5-9　河北省入围2020中国企业500强的企业

序号	企业名称	营业收入（亿元）	排名
1	河钢集团有限公司	3547.1	59
2	冀中能源集团有限责任公司	2118.6	100
3	冀南钢铁集团有限公司	1301.4	160
4	敬业集团有限公司	1274.0	166
5	河北津西钢铁集团股份有限公司	1177.7	182
6	华夏幸福基业股份有限公司	1052.1	206
7	河北新华联合冶金控股集团有限公司	976.1	221
8	长城汽车股份有限公司	962.1	224
9	新奥控股投资股份有限公司	928.1	231

续表

序号	企业名称	营业收入（亿元）	排名
10	荣盛控股股份有限公司	839.3	250
11	开滦（集团）有限责任公司	829.4	251
12	河北普阳钢铁有限公司	786.2	262
13	金鼎钢铁集团有限公司	739.0	277
14	武安市裕华钢铁有限公司	626.3	312
15	河北新武安钢铁集团文安钢铁有限公司	608.7	319
16	河北省物流产业集团有限公司	590.2	330
17	唐山港陆钢铁有限公司	513.9	359
18	河北新金钢铁有限公司	499.3	371
19	三河汇福粮油集团有限公司	435.4	417
20	兴华财富集团有限公司	431.6	421
21	河北建工集团有限责任公司	425.6	431
22	河北建设集团股份有限公司	410.8	447
23	石药控股集团有限公司	364.6	495

近年来，河北深入落实京津冀协同发展战略，聚焦"京津研发、河北转化"，积极推动平台共建、资源共享、人才共用、资质互认，推动京津冀协同创新共同体建设向纵深迈进。依托雄安新区，河北推动一批大型企业、科研院所落户本地，实现技术、人才、数据、资金等要素集聚。下一步，应充分发挥区位优势，释放创新资源集聚效应，激发市场主体活力，推动创新能力稳步持续提升。

5.4 山西省

2021 年，山西省创新能力排名全国第 22 位，比上年上升 2 位。 2008 年金融危机后，山西创新能力排名明显下滑，2017 年降至全国第 30 位，此后企稳回升，连续 5 年排名上升，呈现 V 型波动态势（图 5-10）。

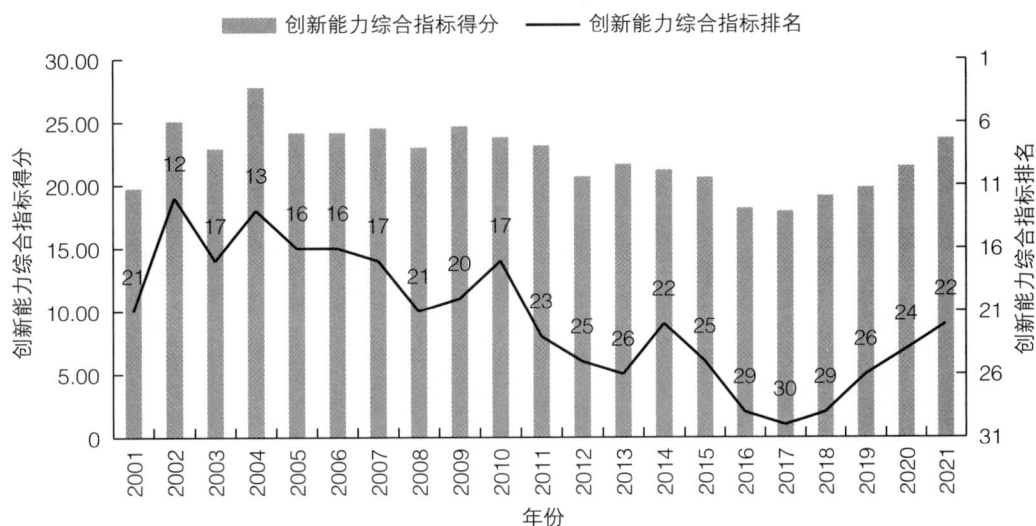

图5-10　2001—2021年山西省创新能力变化趋势

　　分领域看，知识创造和企业创新排名均有所上升，分别排名全国第 26 位和第 20 位；知识获取排名与上年相同，居第 23 位；创新环境和创新绩效排名略有下滑，分别排名全国第 24 位和第 22 位，较上年分别下降 4 位和 3 位（表 5-10，图 5-11）。

表5-10　山西省创新能力综合指标

指标名称	2021 年综合指标		2021 年分项指标排名		
	指标值	排名	实力	效率	潜力
综合值	23.71	22	24	29	7
1　知识创造综合指标	19.00	26	23	23	18
1.1　研究开发投入综合指标	17.21	23	24	26	8
1.2　专利综合指标	16.64	30	24	23	26
1.3　科研论文综合指标	27.32	19	23	13	12
2　知识获取综合指标	18.91	23	24	14	15
2.1　科技合作综合指标	29.36	17	24	11	4
2.2　技术转移综合指标	15.98	19	21	10	28
2.3　外资企业投资综合指标	13.27	24	24	25	11
3　企业创新综合指标	24.05	20	21	29	2
3.1　企业研究开发投入综合指标	23.95	22	19	24	15
3.2　设计能力综合指标	19.97	17	21	28	3

指标名称	2021 年综合指标		2021 年分项指标排名		
	指标值	排名	实力	效率	潜力
3.3 技术提升能力综合指标	25.56	20	21	17	5
3.4 新产品销售收入综合指标	28.79	15	20	21	1
4 创新环境综合指标	23.27	24	22	23	12
4.1 创新基础设施综合指标	29.21	14	22	17	6
4.2 市场环境综合指标	21.72	23	21	26	12
4.3 劳动者素质综合指标	22.46	26	19	13	27
4.4 金融环境综合指标	14.12	18	22	17	15
4.5 创业水平综合指标	28.87	15	22	19	4
5 创新绩效综合指标	30.98	22	25	19	10
5.1 宏观经济综合指标	21.74	24	21	27	16
5.2 产业结构综合指标	25.08	18	21	21	3
5.3 产业国际竞争力综合指标	15.80	21	17	11	25
5.4 就业综合指标	36.02	15	16	16	6
5.5 可持续发展与环保综合指标	56.26	25	25	26	5

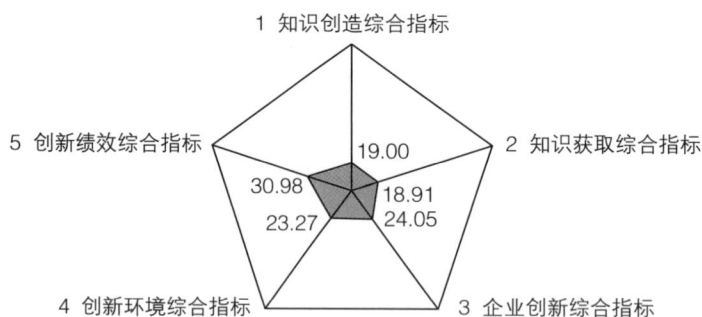

图5-11 山西省创新能力蛛网图

从基础指标看，山西省在科技企业孵化和技术市场方面较为活跃，高技术产业和企业研发等方面均有所增长，技术市场交易金额增速达到 77.12%，平均每个科技企业孵化器孵化基金额增速达到 70.12%，规模以上工业企业有研发机构的企业数增速达到 26.29%。科技企业孵化器当年获风险投资额及规模以上工业企业平均研发经费外部支出均有所下降（表 5-11，图 5-12）。

表5-11 山西省变化较大的指标

指标名称	2021年	2020年	增速(%)	2021年排名	2020年排名	排名变化
平均每个科技企业孵化器孵化基金额（万元）	1185.28	696.75	70.12	17	27	10
技术市场交易金额（按流向）（万元）	4446688.87	2510500.38	77.12	14	20	6
高技术产业新产品销售收入占主营业务收入的比重（%）	21.74	13.90	56.40	20	25	5
规模以上工业企业有研发机构的企业数（个）	466	369	26.29	17	21	4
平均每个科技企业孵化器当年毕业企业数（家）	6.61	5.92	11.66	7	11	4
平均每个科技企业孵化器创业导师人数（人）	17	16	6.25	8	12	4
规模以上工业企业国外技术引进金额（万元）	19897.3	32564.1	−38.90	20	15	−5
科技企业孵化器当年获风险投资额（万元）	10282.4	19701.0	−47.81	26	21	−5
每万家规模以上工业企业平均有效发明专利数（件）	17964	20431	−12.07	20	14	−6
规模以上工业企业平均研发经费外部支出（万元／个）	20.22	28.33	−28.63	13	6	−7
规模以上工业企业平均国内技术成交金额（万元／项）	3.90	7.48	−47.86	19	12	−7
规模以上工业企业平均国外技术引进金额（万元／项）	4.15	8.40	−50.60	15	8	−7
第三产业增加值占GDP的比例（%）	51.40	53.44	−3.82	17	9	−8

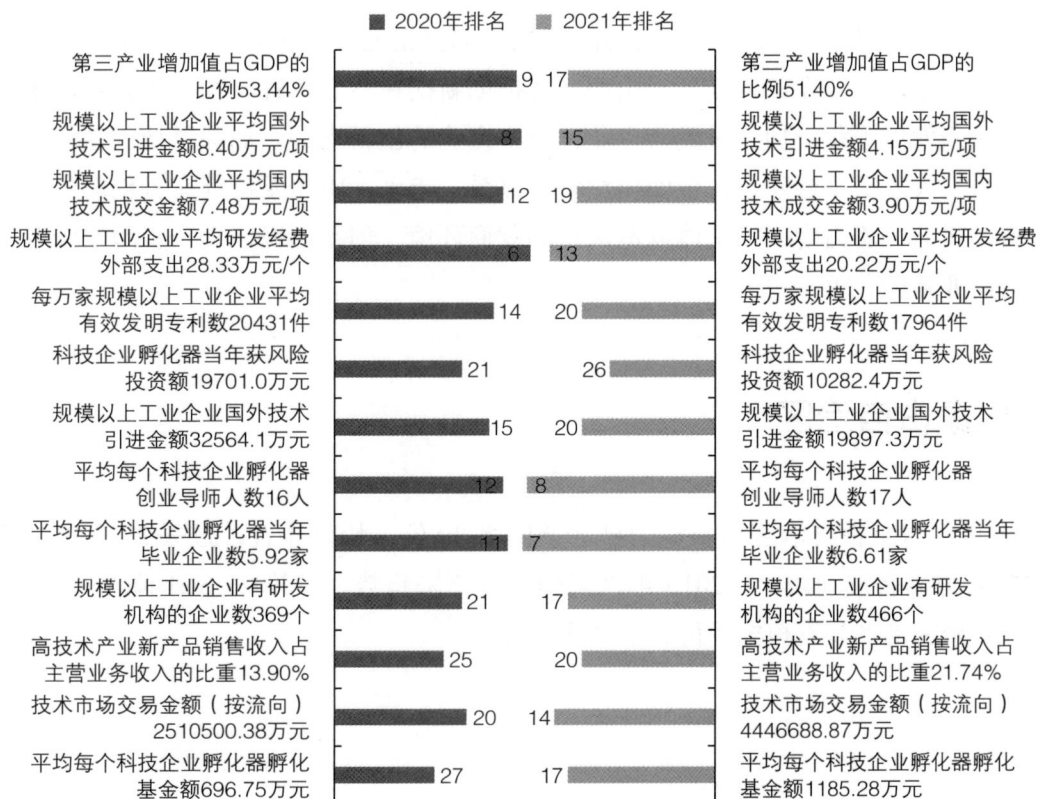

图5-12 2020—2021年山西省部分指标排名对比

根据中国企业联合会发布的数据显示，在 2020 中国企业 500 强榜单中，山西省有 9 家企业入围，其中 7 家企业为煤炭领域能源企业，剩余两家为建筑业，反映了山西的产业特征（表 5-12）。

表5-12 山西省入围2020中国企业500强的企业

序号	企业名称	营业收入（亿元）	排名
1	大同煤矿集团有限责任公司	1903.7	115
2	山西焦煤集团有限责任公司	1808.6	121
3	山西潞安矿业（集团）有限责任公司	1801.6	123
4	阳泉煤业（集团）有限责任公司	1761.0	127
5	山西晋城无烟煤矿业集团有限责任公司	1753.8	128
6	晋能集团有限公司	1058.1	204
7	太原钢铁（集团）有限公司	797.1	257
8	山西建设投资集团有限公司	632.0	309
9	山西煤炭进出口集团有限公司	567.8	339

山西是煤炭大省，受煤炭市场衰退的影响，部分企业经营困难，进而导致山西经济发展速度受到一定冲击。在此背景下，山西坚持把创新摆在核心位置，积极培育创新生态，实施制造业创新发展工程，加强对民营企业、中小企业的创新支持，加强科技创新孵化基地、技术、项目、人才等平台建设，全面构建创新体系。未来，山西要持续完善创新生态，抓住数字化转型机遇，着力为市场主体创造优良的营商环境、创新环境，进一步激发企业创新活力，促进产业转型升级。

5.5 内蒙古自治区

2021 年，内蒙古自治区创新能力排名全国第 30 位。从整体看，过去 20 多年内蒙古自治区创新能力排名波动较大，2015 年以来呈明显下降趋势，从第 21 位下降至第 30 位，要素驱动和投资驱动的发展模式亟待转型（图 5-13）。

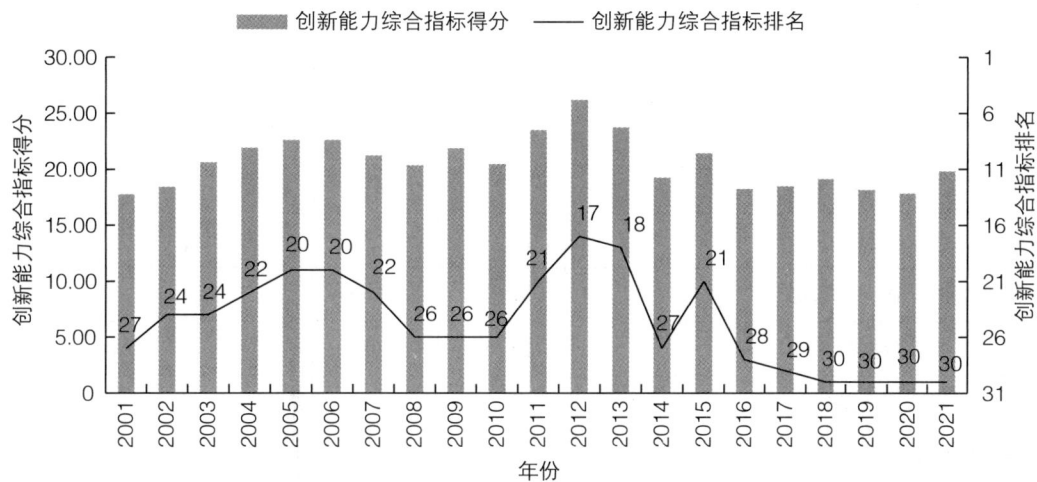

图5-13　2001—2021年内蒙古自治区创新能力变化趋势

分领域看，知识创造排名第 31 位，与上年相比未变化，知识获取排名上升 2 位至第 28 位，企业创新排名下降 1 位至第 27 位，创新环境排名下降 4 位至第 23 位，创新绩效排名下降 7 位至第 31 位，创新环境和创新绩效排名下降较多（表 5-13，图 5-14）。

表5-13　内蒙古自治区创新能力综合指标

指标名称	2021 年综合指标		2021 年分项指标排名		
	指标值	排名	实力	效率	潜力
综合值	19.80	30	26	30	25
1　知识创造综合指标	12.32	31	26	30	27
1.1　研究开发投入综合指标	5.84	31	26	30	30
1.2　专利综合指标	12.68	31	26	30	17
1.3　科研论文综合指标	24.58	26	27	14	13
2　知识获取综合指标	15.01	28	27	25	18
2.1　科技合作综合指标	25.57	21	27	18	6
2.2　技术转移综合指标	16.85	18	25	23	8
2.3　外资企业投资综合指标	5.70	29	27	26	29
3　企业创新综合指标	20.13	27	24	28	13
3.1　企业研究开发投入综合指标	18.23	28	23	25	26
3.2　设计能力综合指标	25.13	11	25	13	4
3.3　技术提升能力综合指标	15.26	30	28	29	29

指标名称	2021 年综合指标		2021 年分项指标排名		
	指标值	排名	实力	效率	潜力
3.4　新产品销售收入综合指标	20.34	25	22	27	5
4　创新环境综合指标	23.75	23	23	9	25
4.1　创新基础设施综合指标	34.74	11	25	3	20
4.2　市场环境综合指标	23.67	20	14	24	14
4.3　劳动者素质综合指标	22.91	25	22	9	26
4.4　金融环境综合指标	17.73	11	26	6	17
4.5　创业水平综合指标	19.67	27	26	27	25
5　创新绩效综合指标	23.64	31	31	31	27
5.1　宏观经济综合指标	24.78	21	20	11	28
5.2　产业结构综合指标	11.68	31	23	30	29
5.3　产业国际竞争力综合指标	15.47	22	28	30	7
5.4　就业综合指标	19.86	30	24	31	23
5.5　可持续发展与环保综合指标	46.39	30	27	27	28

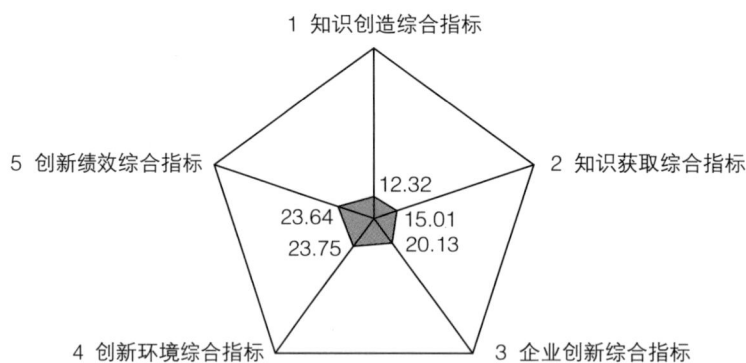

图5-14　内蒙古自治区创新能力蛛网图

从基础指标看，发明专利申请数量增幅较大，其中，每万名研发人员发明专利申请受理数排名上升 5 位，规模以上工业企业每万名研发人员平均发明专利申请数排名上升 13 位，企业对知识产权重视程度明显提升；科技企业孵化器当年风险投资强度排名第 3 位，上升 10 位，处于全国前列水平。相反，研发经费方面，规模以上工业企业研发经费外部支出排名有所下降；高技术产业新产品销售收入及占比下降幅度较大，排名分别下降 8 位和 25 位（表 5-14，图 5-15）。

表5-14 内蒙古自治区变化较大的指标

指标名称	2021年	2020年	增速（%）	2021年排名	2020年排名	排名变化
每万名研发人员发明专利申请受理数（件）	711	563	26.29	26	31	5
每十万研发人员平均发表的国际论文数（篇）	5729	4968	15.32	22	25	3
技术市场交易金额（按流向）（万元）	1794584.40	2268741.12	-20.90	25	22	-3
规模以上工业企业国内技术成交金额（万元）	6767.10	42105.90	-83.93	26	19	-7
规模以上工业企业每万名研发人员平均发明专利申请数（件）	935	586	59.56	9	22	13
规模以上工业企业研发经费外部支出（亿元）	44356.1	60382.2	-26.54	26	22	-4
科技服务业从业人员数（万人）	7.02	5.63	24.65	23	27	4
科技企业孵化器当年风险投资强度（万元/项）	626.81	237.47	163.95	3	13	10
高技术产业新产品销售收入（亿元）	36.2	210.0	-82.76	27	19	-8
高技术产业新产品销售收入占主营业务收入的比重（%）	9.94	52.11	-80.92	29	4	-25

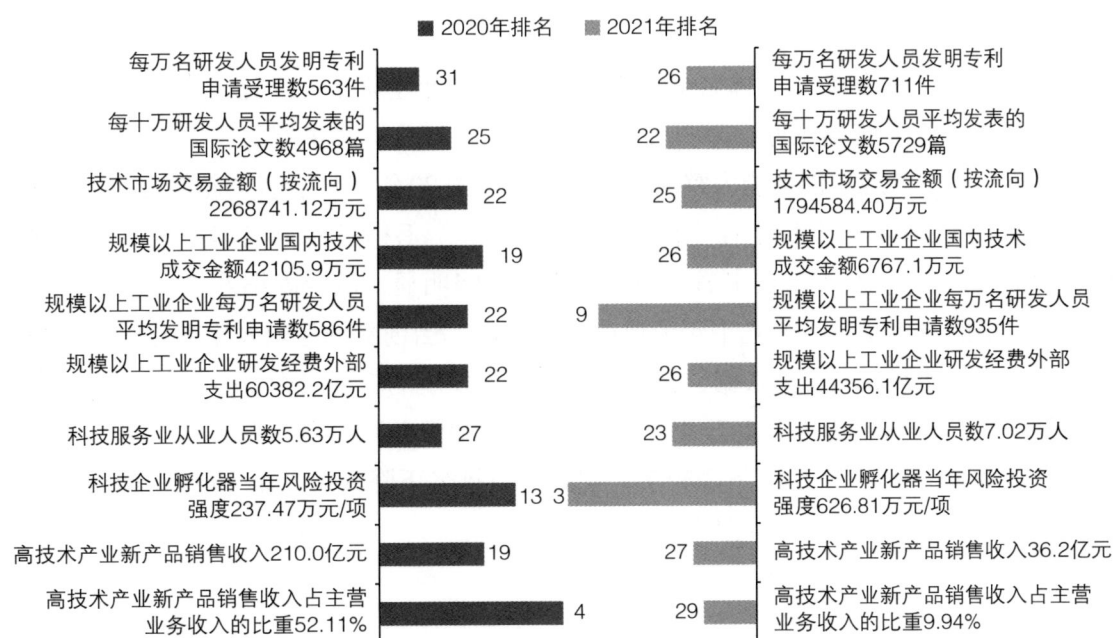

图5-15 2020—2021年内蒙古自治区部分指标排名对比

　　根据中国企业联合会发布的数据显示，在2020中国企业500强榜单中，内蒙古自治区入围4家企业，涉及乳业、钢铁及能源行业，均为传统实业（表5-15）。

表5-15　内蒙古自治区入选2020中国企业500强的4家企业

序号	企业名称	营业收入（亿元）	排名
1	内蒙古自治区伊利实业集团股份有限公司	900.1	238
2	包头钢铁（集团）有限责任公司	877.3	242
3	内蒙古自治区电力（集团）有限责任公司	827.3	253
4	内蒙古自治区伊泰集团有限公司	588.1	331

　　内蒙古自治区是典型的农牧业大省，工业以风电、钢铁为主，地理位置跨度大，内部发展不均衡，环境资源约束增强，传统产业转型升级压力陡升。近年来，内蒙古自治区处于新旧动能转换升级的关键时期，自治区以创新驱动为抓手，从科技创新供给、企业创新主体、创新平台载体、科技成果转化、开放合作、科研体制机制等方面进行具体部署。未来，政府应进一步推动落实相关政策举措，加快推进数字技术与制造业的融合发展，推动传统产业转型升级；同时，要积极培育新兴产业，营造更加公平开放的营商环境和创新环境，激发企业创新活力，为经济社会发展注入新动能。

5.6　辽宁省

　　2021年，辽宁省创新能力排名全国第20位，较上年下降3位。辽宁省是东北地区经济发展的领头羊，工业基础雄厚，基础设施完备，2020年经济总量接近黑龙江、吉林两省的总和，但近年来东北地区创新能力整体表现不佳。过去20年，辽宁省创新能力排名呈现"两阶段"特点，前10年基本稳定在全国前10位，煤炭、工程机械、汽车等重工业引领地方创新能力提升；最近10年，辽宁省创新能力排名下降明显，从全国第8位一直下降到第20位。一个可能的原因是，过去几十年形成的路径依赖，当创新的逻辑发生变化时，传统工业思维难以适应移动互联网、大数据、云计算等新经济发展的需要（图5-16）。

　　分领域看，知识创造排名上升4位至第13位；知识获取排名下降1位至第6位；企业创新排名下降8位至第21位，下降较多；创新环境排名下降3位至第25位；创新绩效排名下降3位至第30位（表5-16，图5-17）。

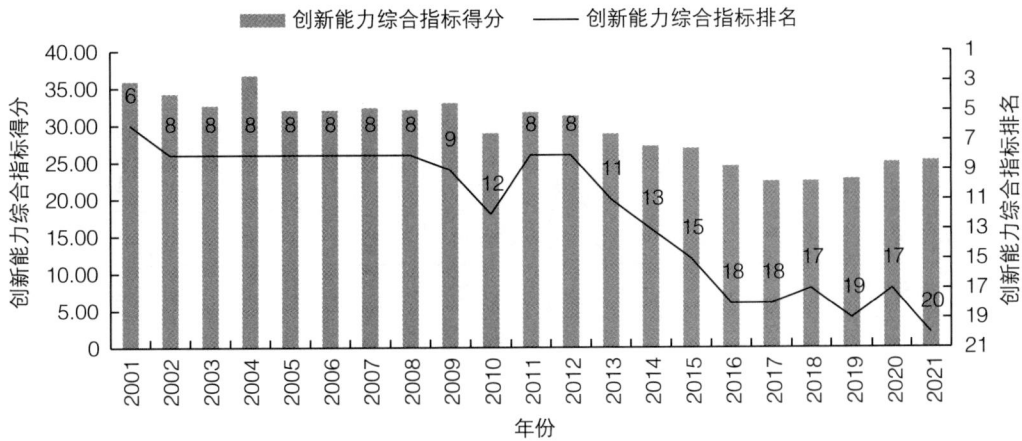

图5-16 2001—2021年辽宁省创新能力变化趋势

表5-16 辽宁省创新能力综合指标

指标名称	2021年综合指标		2021年分项指标排名		
	指标值	排名	实力	效率	潜力
综合值	25.26	20	15	15	29
1 知识创造综合指标	27.45	13	13	9	23
1.1 研究开发投入综合指标	20.77	16	14	10	25
1.2 专利综合指标	28.51	15	14	12	20
1.3 科研论文综合指标	38.70	7	11	8	17
2 知识获取综合指标	33.01	6	7	5	7
2.1 科技合作综合指标	43.23	3	10	3	12
2.2 技术转移综合指标	27.05	6	10	9	3
2.3 外资企业投资综合指标	29.82	8	7	7	15
3 企业创新综合指标	23.82	21	16	18	26
3.1 企业研究开发投入综合指标	30.32	20	15	19	21
3.2 设计能力综合指标	14.52	26	14	23	26
3.3 技术提升能力综合指标	22.63	22	17	21	22
3.4 新产品销售收入综合指标	29.20	14	15	15	20
4 创新环境综合指标	21.23	25	15	17	31
4.1 创新基础设施综合指标	17.76	29	19	19	31
4.2 市场环境综合指标	24.51	19	9	7	28
4.3 劳动者素质综合指标	20.70	28	13	16	31

指标名称	2021 年综合指标		2021 年分项指标排名		
	指标值	排名	实力	效率	潜力
4.4 金融环境综合指标	17.63	12	15	11	9
4.5 创业水平综合指标	25.54	20	17	15	24
5 创新绩效综合指标	24.62	30	30	28	28
5.1 宏观经济综合指标	25.57	20	15	15	26
5.2 产业结构综合指标	18.38	24	16	23	28
5.3 产业国际竞争力综合指标	7.83	27	20	24	22
5.4 就业综合指标	16.03	31	31	30	19
5.5 可持续发展与环保综合指标	55.30	26	23	25	20

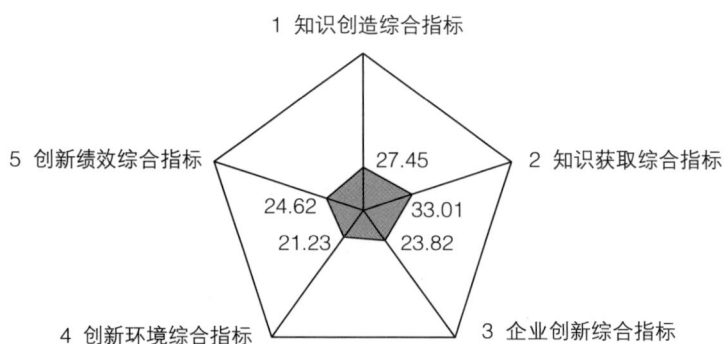

图5-17　辽宁省创新能力蛛网图

从基础指标看，辽宁省在发明专利申请和授权方面有所提升，其中每万名研发人员发明专利申请受理数、每亿元研发经费内部支出产生的发明专利授权数排名分别上升4位和8位，但规模以上工业企业每万名研发人员平均发明专利申请数排名下降5位，规模以上工业企业研发经费外部支出排名下降7位，规模以上工业企业就业人员中研发人员比重排名下降6位，说明企业对研发重视程度和知识产权保护力度不足，也引起高技术产业新产品销售收入排名下降9位，下降幅度较大。在创业孵化方面，科技孵化器创业导师人数、风险投资强度、孵化基金额全国排名分别有8位、11位、10位的提升（表5-17，图5-18）。

表5-17　辽宁省变化较大的指标

指标名称	2021 年	2020 年	增速 (%)	2021 年 排名	2020 年 排名	排名 变化
每万名研发人员发明专利申请受理数（件）	1105	1308	−15.52	13	17	4
每亿元研发经费内部支出产生的发明专利授权数（件）	15.0	15.6	−3.85	10	18	8
规模以上工业企业平均国外技术引进金额（万元／项）	12.06	11.32	6.54	8	6	−2
规模以上工业企业就业人员中研发人员比重（%）	4.04	4.48	−9.82	20	14	−6
规模以上工业企业每万名研发人员平均发明专利申请数（件）	639	662	−3.47	24	19	−5
规模以上工业企业研发经费外部支出（亿元）	142627.3	196760.6	−27.51	18	11	−7
规模以上工业企业技术改造经费支出（万元）	1012011.5	1474507.7	−31.37	15	8	−7
平均每个科技企业孵化器创业导师人数（人）	16	12	33.33	14	22	8
科技企业孵化器当年风险投资强度（万元／项）	530.72	218.48	142.91	7	18	11
平均每个科技企业孵化器孵化基金额（万元）	1387.31	776.27	78.71	16	26	10
高技术产业新产品销售收入占主营业务收入的比重（%）	17.25	30.80	−43.99	24	15	−9

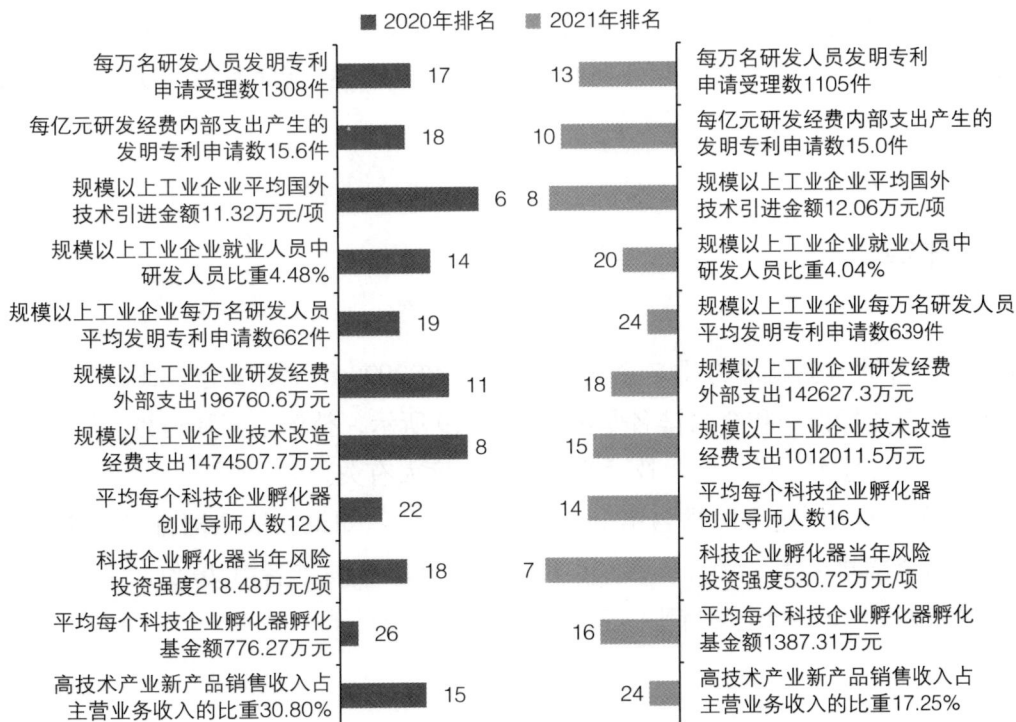

图5-18　2020—2021年辽宁省部分指标排名对比

根据中国企业联合会发布的数据显示，在 2020 中国企业 500 强榜单中，辽宁省入围 8 家企业，较上年减少 1 家企业，主要涉及钢铁、汽车、银行等行业（表 5–18）。

表5–18　辽宁省入选2020中国企业500强的8家企业

序号	企业名称	营业收入（亿元）	排名
1	鞍钢集团有限公司	2174.0	98
2	华晨汽车集团控股有限公司	1811.3	120
3	辽宁方大集团实业有限公司	1002.7	217
4	盘锦北方沥青燃料有限公司	693.4	285
5	本钢集团有限公司	612.9	317
6	辽宁嘉晨控股集团有限公司	586.2	333
7	盛京银行股份有限公司	498.7	372
8	福佳集团有限公司	466.9	395

辽宁省拥有良好的经济基础和产业基础，交通便捷、设施完善、教育资源丰富，沈阳、大连两座副省级城市对人才有一定的吸引力，增加了对外知识获取、合作交流的机会。但近年来创新能力排名持续下降，如何发挥既有优势、弥补创新产出不足，是辽宁省亟待思考解决的问题。下一步，应着力优化营商环境，营造更加公平、开放、平等的市场环境，在招商引资、项目引育、创业孵化等方面下功夫，打造完善的、更具竞争力的创新生态系统。

5.7　吉林省

2021 年，吉林省创新能力排名全国第 19 位，较 2020 年上升 9 位。2001—2021 年吉林省创新能力综合指标得分和全国排名变化如图 5–19 所示，整体呈下降趋势。2021 年上升幅度较大，主要是与技术引进、企业技术改造投入力度大有关。

分领域看，知识创造全国排名第 11 位，上升 7 位；知识获取全国排名第 7 位，上升 7 位；企业创新全国排名第 17 位，上升 12 位；创新环境全国排名第 28 位，下降 2 位；创新绩效全国排名第 29 位，与上年持平（表 5–19，图 5–20）。

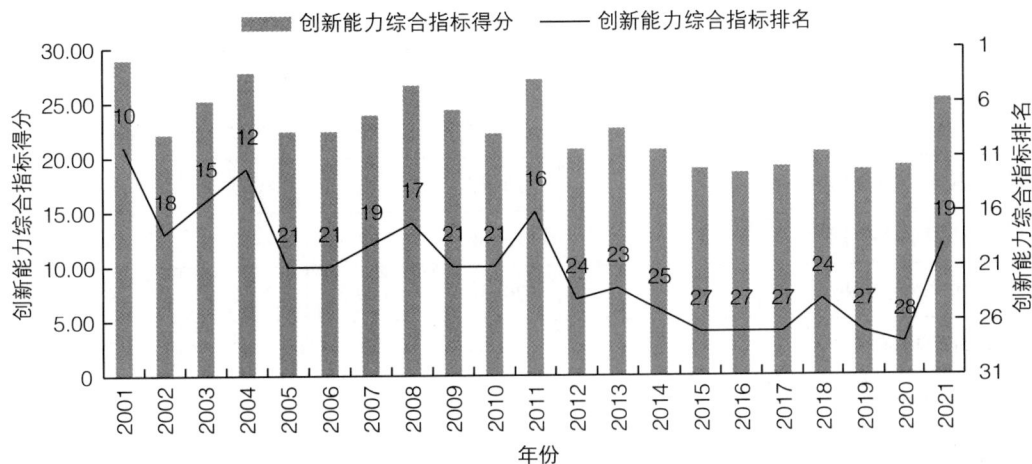

图5-19 2001—2021年吉林省创新能力变化趋势

表5-19 吉林省创新能力综合指标

指标名称	2021 年综合指标		2021 年分项指标排名		
	指标值	排名	实力	效率	潜力
综合值	25.32	19	19	12	27
1 知识创造综合指标	29.22	11	19	5	21
1.1 研究开发投入综合指标	17.57	22	19	9	27
1.2 专利综合指标	34.07	11	20	7	12
1.3 科研论文综合指标	42.79	6	17	3	21
2 知识获取综合指标	30.55	7	14	4	5
2.1 科技合作综合指标	29.80	16	19	9	24
2.2 技术转移综合指标	51.35	3	5	1	6
2.3 外资企业投资综合指标	15.52	21	22	20	8
3 企业创新综合指标	26.56	17	17	13	19
3.1 企业研究开发投入综合指标	18.28	27	25	28	22
3.2 设计能力综合指标	22.03	14	24	6	20
3.3 技术提升能力综合指标	33.98	10	5	10	25
3.4 新产品销售收入综合指标	38.37	9	18	11	3
4 创新环境综合指标	18.16	28	25	21	30
4.1 创新基础设施综合指标	18.28	28	23	20	29
4.2 市场环境综合指标	22.56	22	27	14	18

指标名称	2021 年综合指标		2021 年分项指标排名		
	指标值	排名	实力	效率	潜力
4.3　劳动者素质综合指标	15.73	30	26	14	30
4.4　金融环境综合指标	13.86	19	19	28	5
4.5　创业水平综合指标	20.38	26	21	14	31
5　创新绩效综合指标	25.89	29	22	23	31
5.1　宏观经济综合指标	6.98	31	26	28	31
5.2　产业结构综合指标	17.04	28	26	18	31
5.3　产业国际竞争力综合指标	16.43	18	22	17	16
5.4　就业综合指标	21.53	28	21	24	31
5.5　可持续发展与环保综合指标	67.48	14	5	23	16

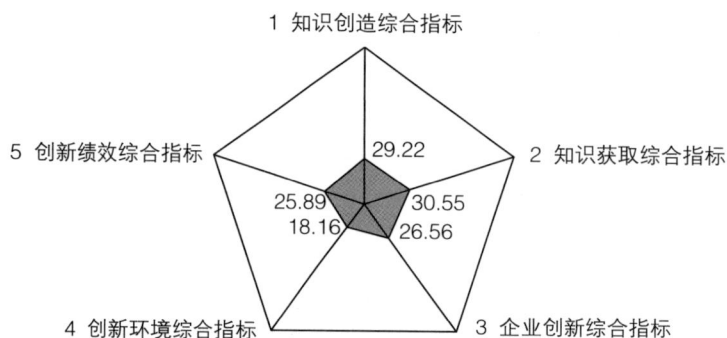

图5-20　吉林省创新能力蛛网图

从基础指标看，吉林省在知识创造、知识获取、企业创新等方面的部分指标大幅增长。例如，政府研发投入增长65.27%，规模以上工业企业国内技术成交金额是上一年的4.2倍，规模以上工业企业国外技术引进金额增长超过100倍，规模以上工业企业技术改造经费支出增长超过14倍。上述总量指标的大幅跃升，进一步使得对应的效率指标、潜力指标均明显增长，进而提升相关指标排名。不可否认的是，上述指标的提升离不开政府部门的努力，是政府、企业、科研院所等共同努力的结果，进一步反映了当地对科技创新的重视和大力投入（表5-20，图5-21）。

表5-20　吉林省变化较大的指标

指标名称	2021 年	2020 年	增速(%)	2021 年排名	2020 年排名	排名变化
政府研发投入（亿元）	85.71	51.86	65.27	13	19	6
每万名研发人员发明专利授权数（件）	397	447	−11.19	15	12	−3
规模以上工业企业国内技术成交金额（万元）	201312.6	48162.2	317.99	6	17	11
规模以上工业企业国外技术引进金额（万元）	482382.2	4465.1	10703.39	3	25	22
规模以上工业企业平均国外技术引进金额（万元／项）	158.57	0.75	21042.67	2	24	22
规模以上工业企业每万名研发人员平均发明专利申请数（件）	1147	721	59.08	6	17	11
规模以上工业企业技术改造经费支出（万元）	3897277.3	253802.0	1435.56	2	26	24
规模以上工业企业新产品销售收入（亿元）	2627.59	1347.50	95.00	18	21	3
6岁及6岁以上人口中大专以上学历所占的比例（%）	12.94	13.58	−4.71	21	16	−5
科技企业孵化器当年风险投资强度（万元／项）	86.43	143.72	−39.86	30	26	−4
高技术企业数占规模以上工业企业数比重（%）	10.22	5.80	76.21	8	22	14
第三产业增加值占 GDP 的比例（%）	53.80	49.77	8.10	9	16	7

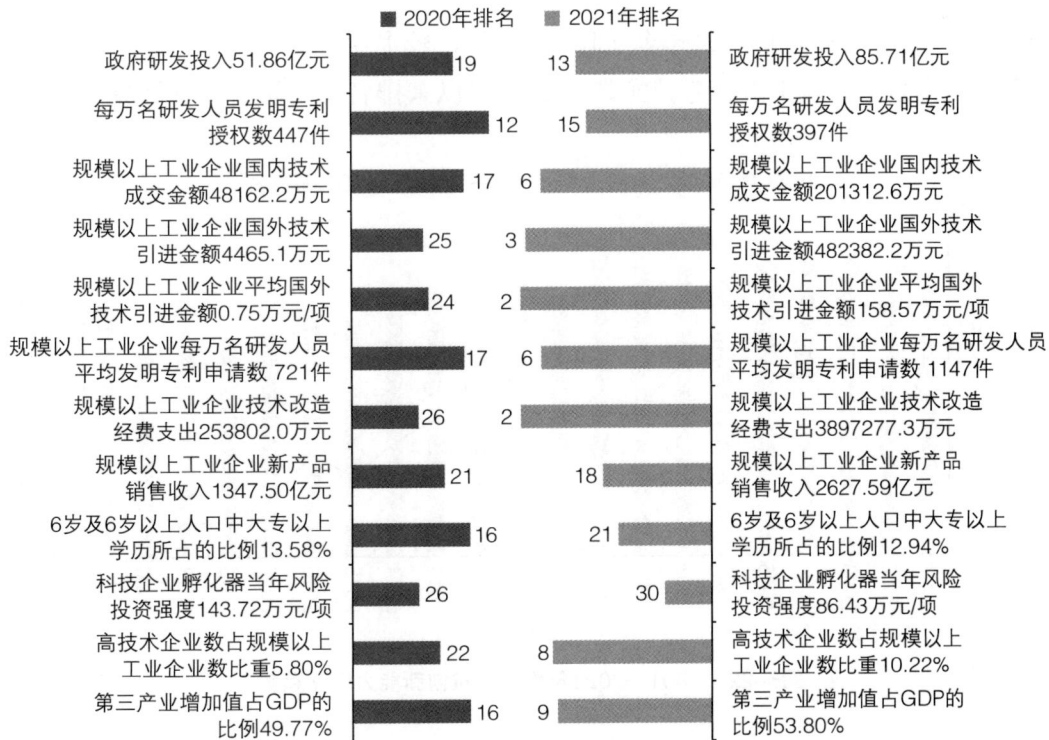

图5-21　2020—2021年吉林省部分指标排名对比

根据中国企业联合会发布的数据显示，在 2020 中国企业 500 强榜单中，吉林省仍旧仅入围中国第一汽车集团有限公司 1 家企业（表 5-21）。

表5-21　吉林省入围2020中国企业500强的1家企业

序号	企业名称	营业收入（亿元）	排名
1	中国第一汽车集团有限公司	6177.3	21

吉林省高度重视科技创新工作，积极推动创新平台建设，拥有吉林大学、中科院长春光机所等科研机构，产业基础良好、创新实力雄厚，特别是中国一汽等大型国有企业发展势头良好，在技术创新、产品开发、市场拓展等方面均实现高速发展，为全省创新能力提升奠定基础。反过来，我们也要看到，在公平竞争、市场环境、监管执法等营商环境建设方面，吉林省还存在诸多短板，对创新能力的长期可持续提升形成掣肘。下一步，吉林省要继续发挥大院大所大企的带动作用，持续提升创新投入，铸长板、补短板，不断优化创新环境，在更高水平对外开放中形成新竞争优势。

5.8　黑龙江省

2021 年，黑龙江省创新能力排名全国第 26 位，较上年上升 3 位。过去 20 多年，黑龙江省创新能力排名总体呈下滑态势，尤其是 2015 年以来排名始终靠后，有待提升（图 5-22）。

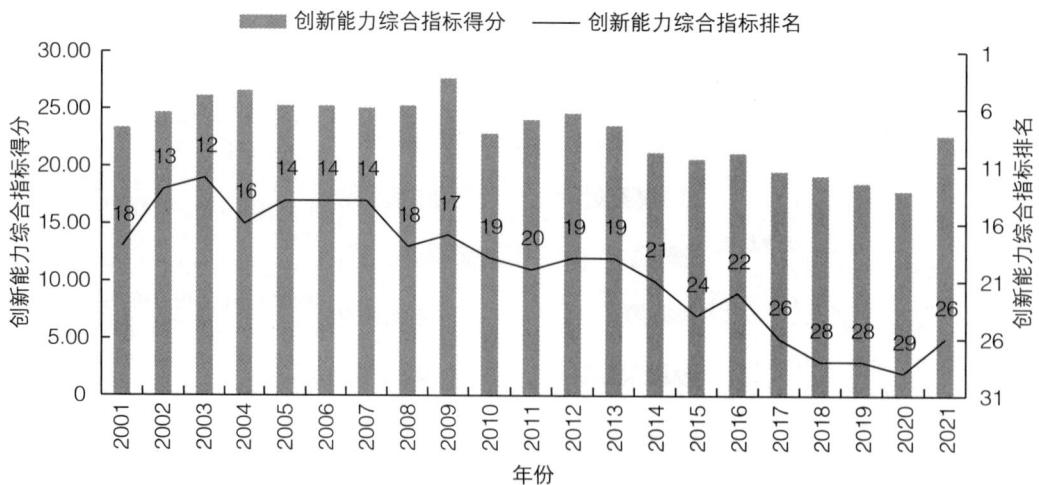

图5-22　2001—2021年黑龙江省创新能力变化趋势

分领域看，知识创造全国排名第 8 位，较上年上升 3 位；知识获取全国排名第 17 位，下降 6 位；企业创新全国排名第 27 位，上升 3 位；创新环境全国排名第 30 位，上升 1 位；创新绩效全国排名第 28 位，较上年上升 3 位（表 5-22，图 5-23）。

表5-22　黑龙江省创新能力综合指标

指标名称	2021 年综合指标		2021 年分项指标排名		
	指标值	排名	实力	效率	潜力
综合值	22.68	26	22	18	28
1　知识创造综合指标	31.53	8	18	2	28
1.1　研究开发投入综合指标	9.57	29	21	19	29
1.2　专利综合指标	41.77	7	18	2	23
1.3　科研论文综合指标	54.96	3	13	1	15
2　知识获取综合指标	21.28	17	20	8	27
2.1　科技合作综合指标	43.01	4	14	1	28
2.2　技术转移综合指标	11.69	27	26	12	29
2.3　外资企业投资综合指标	12.19	26	25	28	14
3　企业创新综合指标	20.13	27	25	26	14
3.1　企业研究开发投入综合指标	22.19	23	24	23	19
3.2　设计能力综合指标	17.61	24	23	15	22
3.3　技术提升能力综合指标	19.67	28	25	26	12
3.4　新产品销售收入综合指标	21.30	21	25	25	4
4　创新环境综合指标	17.19	30	21	31	29
4.1　创新基础设施综合指标	16.92	30	15	31	22
4.2　市场环境综合指标	23.02	21	19	15	22
4.3　劳动者素质综合指标	19.75	29	21	12	29
4.4　金融环境综合指标	8.25	28	21	24	29
4.5　创业水平综合指标	18.03	30	20	30	22
5　创新绩效综合指标	27.12	28	29	27	22
5.1　宏观经济综合指标	10.00	30	24	30	30
5.2　产业结构综合指标	36.12	8	24	8	1
5.3　产业国际竞争力综合指标	5.84	29	28	29	24
5.4　就业综合指标	20.77	29	27	28	18
5.5　可持续发展与环保综合指标	62.86	20	14	28	7

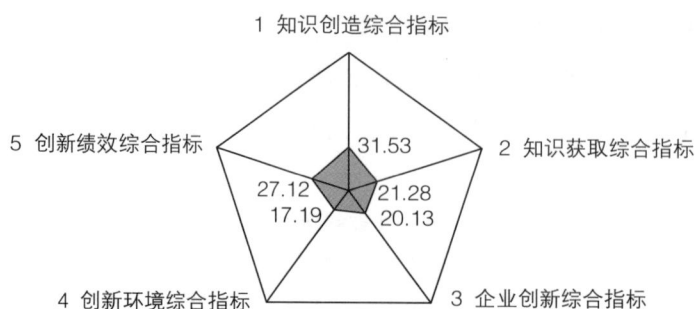

图5-23 黑龙江省创新能力蛛网图

从基础指标看，规模以上工业企业每万名研发人员平均发明专利申请数排名上升 16 位至全国第 12 位，规模以上工业企业平均研发经费外部支出排名上升 7 位，高技术产业新产品销售收入排名上升 7 位，说明企业创新能力在逐步增强。但从市场交易额来看，技术市场企业平均交易额（按流向）排名下降 5 位，规模以上工业企业国内技术成交金额排名下降 10 位，市场活跃与合作氛围不足。高校和科研院所研发经费内部支出额中来自企业的资金排名下降 3 位，产学研合作有待增加（表 5-23，图 5-24）。

表5-23 黑龙江省变化较大的指标

指标名称	2021 年	2020 年	增速（%）	2021 年排名	2020 年排名	排名变化
政府研发投入（亿元）	52.38	53.46	−2.02	22	18	−4
每万名研发人员发明专利申请受理数（件）	1591	1776	−10.42	4	9	5
高校和科研院所研发经费内部支出额中来自企业的资金（万元）	167529	188120	−10.95	12	9	−3
技术市场企业平均交易额（按流向）（万元／项）	243.52	335.60	−27.44	30	25	−5
规模以上工业企业国内技术成交金额（万元）	66617.50	141566	−52.94	17	7	−10
规模以上工业企业每万名研发人员平均发明专利申请数（件）	891	538	65.61	12	28	16
规模以上工业企业平均研发经费外部支出（万元／个）	20.18	11.63	73.52	14	21	7
科技企业孵化器当年获风险投资额（万元）	17023	37517	−54.63	21	16	−5
科技企业孵化器当年风险投资强度（万元／项）	321.19	682.13	−52.91	14	4	−10
科技企业孵化器当年毕业企业数（家）	482	362	33.15	16	20	4
第三产业增加值（亿元）	6815.03	9329.72	−26.95	25	19	−6
高技术产业新产品销售收入（亿元）	183.49	38.78	373.16	21	28	7

2020年		2021年
政府研发投入53.46亿元 18	22	政府研发投入52.38亿元
每万名研发人员发明专利申请受理数1776件 9	4	每万名研发人员发明专利申请受理数1591件
高校和科研院所研发经费内部支出额中来自企业的资金188120万元 9	12	高校和科研院所研发经费内部支出额中来自企业的资金167529万元
技术市场企业平均交易额（按流向）335.60万元/项 25	30	技术市场企业平均交易额（按流向）243.52万元/项
规模以上工业企业国内技术成交金额141566万元 7	17	规模以上工业企业国内技术成交金额66617.50万元
规模以上工业企业每万名研发人员平均发明专利申请数538件 28	12	规模以上工业企业每万名研发人员平均发明专利申请数891件
规模以上工业企业平均研发经费外部支出11.63万元/个 21	14	规模以上工业企业平均研发经费外部支出20.18万元/个
科技企业孵化器当年获风险投资额37517万元 16	21	科技企业孵化器当年获风险投资额17023万元
科技企业孵化器当年风险投资强度682.13万元/项 4	14	科技企业孵化器当年风险投资强度321.19万元/项
科技企业孵化器当年毕业企业数362家 20	16	科技企业孵化器当年毕业企业数482家
第三产业增加值9329.72亿元 19	25	第三产业增加值6815.03亿元
高技术产业新产品销售收入38.78亿元 28	21	高技术产业新产品销售收入183.49亿元

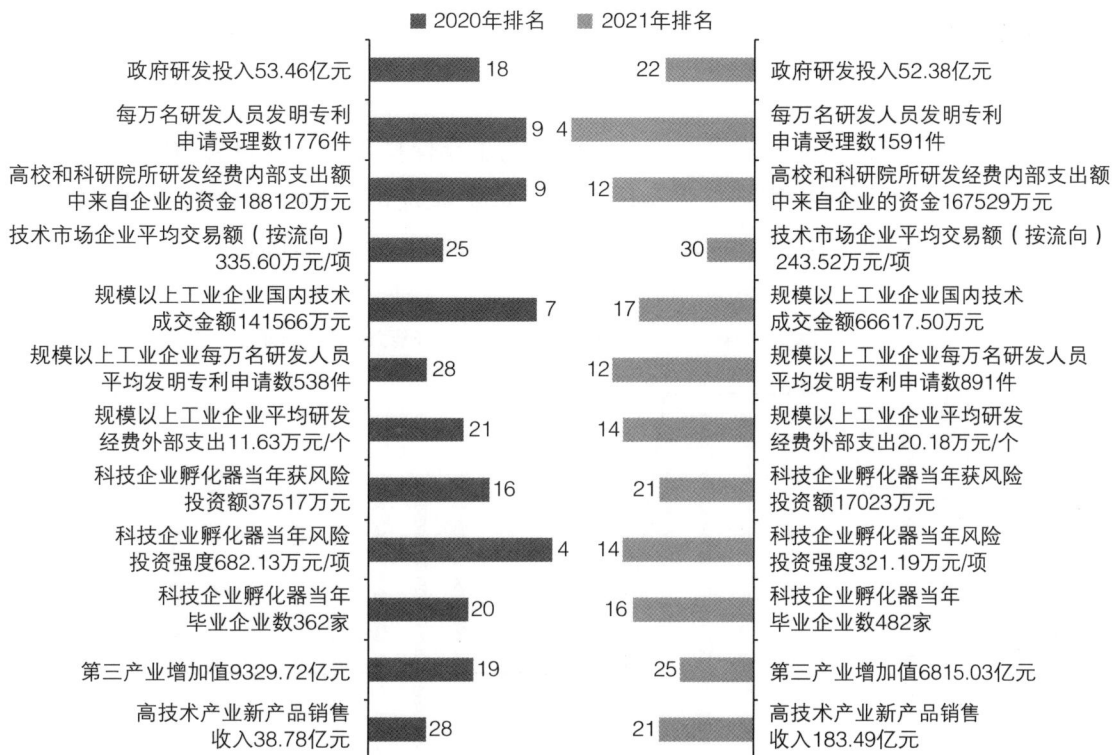

图5-24　2020—2021年黑龙江省部分指标排名对比

根据中国企业联合会发布的数据显示，在2020中国企业500强榜单中，黑龙江省有1家企业入围，为农业企业（表5-24）。

表5-24　黑龙江省入围2020中国企业500强的企业

序号	企业名称	营业收入（亿元）	排名
1	黑龙江北大荒农垦集团总公司	1233.6	173

近年来，黑龙江省大力实施创新驱动发展战略，推进装备、能源、化工、新材料、食品、生物医药及医疗器械、新一代信息技术等重点产业发展，实施了孵化器绩效后补助、企业研发投入后补助、科技创新基地奖励等一系列激励政策，加速科技成果产业化步伐。未来，黑龙江省仍面临巨大的产业转型升级压力，应进一步优化营商环境，激发企业创新积极性，加大创新研发投入，将科技优势转化为创新能力，助力经济社会发展。

5.9 上海市

2021年，上海市创新能力排名全国第 4 位，与上年保持不变。从过去 20 多年的排名看，上海对外开放早、国际化程度高，大型国企、外资企业发达，2001 年上海市创新能力排名全国第 1 位，此后两年下降为全国第 2 位，2004—2008 年一直列全国首位（图 5-25）。

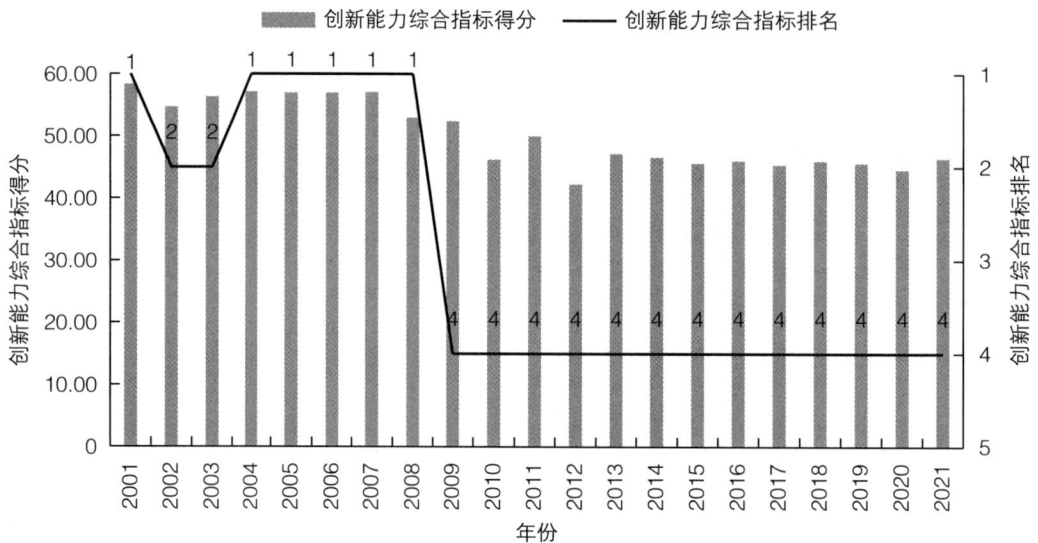

图5-25　2001—2021年上海市创新能力变化趋势

分领域看，上海市知识获取排名仍然位居全国首位；企业创新较上年上升 2 位，排名全国第 5 位；知识创造与创新环境均上升 1 位，分别排名全国第 3 位和第 5 位；创新绩效下降 1 位，排名全国第 5 位（表 5-25 ，图 5-26）。

表5-25　上海市创新能力综合指标

指标名称	2021 年综合指标		2021 年分项指标排名		
	指标值	排名	实力	效率	潜力
综合值	46.39	4	5	2	20
1　知识创造综合指标	50.17	3	5	3	11
1.1　研究开发投入综合指标	47.07	3	4	2	22
1.2　专利综合指标	51.27	5	5	4	9
1.3　科研论文综合指标	54.16	4	3	7	5
2　知识获取综合指标	59.97	1	2	1	25

指标名称	2021 年综合指标		2021 年分项指标排名		
	指标值	排名	实力	效率	潜力
2.1 科技合作综合指标	37.99	7	4	17	20
2.2 技术转移综合指标	58.89	2	2	2	17
2.3 外资企业投资综合指标	77.26	1	3	1	28
3 企业创新综合指标	42.67	5	6	3	21
3.1 企业研究开发投入综合指标	41.71	9	10	8	24
3.2 设计能力综合指标	35.84	4	6	3	21
3.3 技术提升能力综合指标	49.15	2	6	2	7
3.4 新产品销售收入综合指标	47.87	5	5	5	24
4 创新环境综合指标	39.69	5	6	2	22
4.1 创新基础设施综合指标	29.05	15	14	11	18
4.2 市场环境综合指标	66.19	1	3	1	16
4.3 劳动者素质综合指标	36.75	10	12	5	15
4.4 金融环境综合指标	37.09	4	5	3	24
4.5 创业水平综合指标	29.38	13	14	12	16
5 创新绩效综合指标	46.40	5	5	4	20
5.1 宏观经济综合指标	62.97	4	10	2	22
5.2 产业结构综合指标	38.66	5	7	6	10
5.3 产业国际竞争力综合指标	8.79	26	7	16	30
5.4 就业综合指标	37.26	12	11	19	8
5.5 可持续发展与环保综合指标	84.30	2	6	3	2

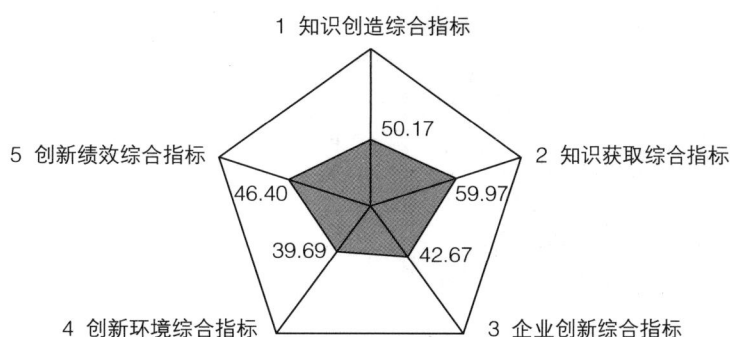

图5-26 上海市创新能力蛛网图

从基础指标看，上海市在知识创造方面进步明显，每亿元研发经费内部支出产生的发明专利申请数、每万名研发人员发明专利申请受理数等指标排名均大幅提升。企业创新方面也有较大提升，有电子商务交易活动的企业数增长 27.85%，但技术市场企业平均交易额、高技术产业就业人数占总就业人数的比例等指标出现下滑（表 5-26，图 5-27）。

表5-26 上海市变化较大的指标

指标名称	2021 年	2020 年	增速 (%)	2021 年排名	2020 年排名	排名变化
每亿元研发经费内部支出产生的发明专利申请数（件）	37	37	0	15	26	11
每万名研发人员发明专利申请受理数（件）	1914	1851	3.40	2	6	4
移动电话用户数（万户）	4277.6	3954.2	8.18	16	20	4
有电子商务交易活动的企业数（个）	4660	3645	27.85	9	11	2
规模以上工业企业研发人员数（万人）	113425	120599	−5.95	13	10	−3
规模以上工业企业研发活动经费内部支出总额（亿元）	590.65	554.88	6.45	8	5	−3
技术市场企业平均交易额（按流向）（万元／项）	257.12	337.50	−23.82	27	23	−4
高技术产业就业人数占总就业人数的比例（%）	6.43	7.61	−15.51	10	6	−4

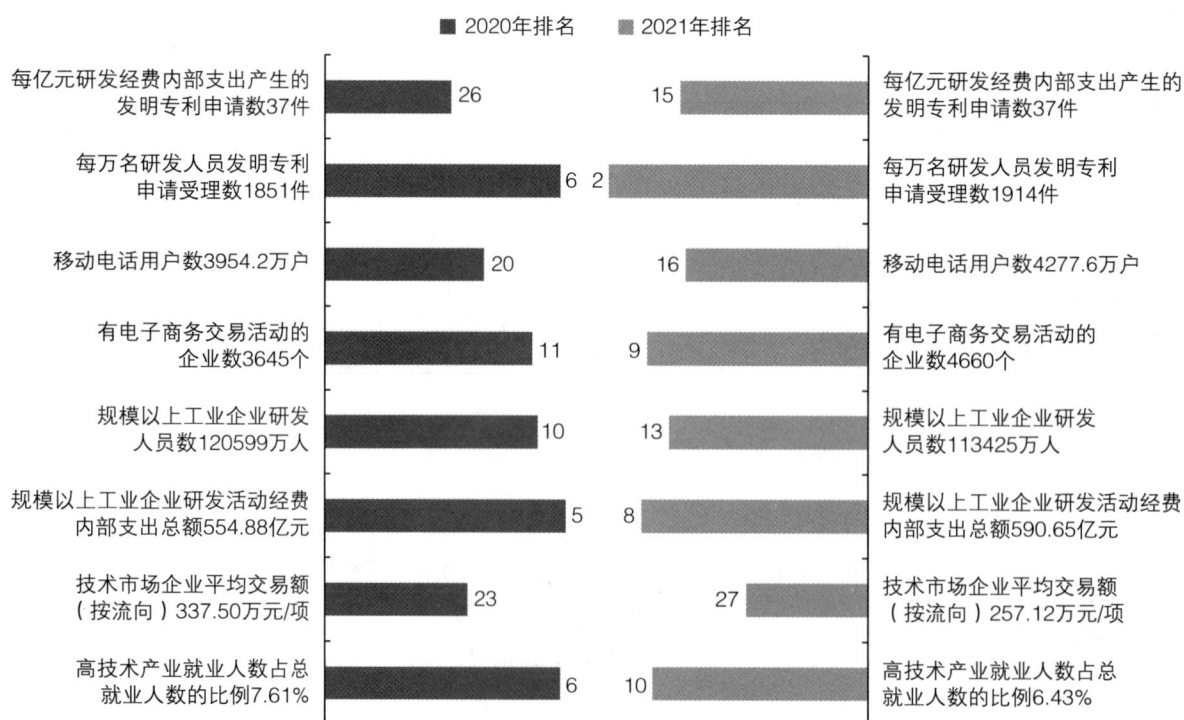

■ 2020年排名　■ 2021年排名

	2020年排名	2021年排名	
每亿元研发经费内部支出产生的发明专利申请数37件	26	15	每亿元研发经费内部支出产生的发明专利申请数37件
每万名研发人员发明专利申请受理数1851件	6　2		每万名研发人员发明专利申请受理数1914件
移动电话用户数3954.2万户	20	16	移动电话用户数4277.6万户
有电子商务交易活动的企业数3645个	11	9	有电子商务交易活动的企业数4660个
规模以上工业企业研发人员数120599万人	10	13	规模以上工业企业研发人员数113425万人
规模以上工业企业研发活动经费内部支出总额554.88亿元	5	8	规模以上工业企业研发活动经费内部支出总额590.65亿元
技术市场企业平均交易额（按流向）337.50万元/项	23	27	技术市场企业平均交易额（按流向）257.12万元/项
高技术产业就业人数占总就业人数的比例7.61%	6	10	高技术产业就业人数占总就业人数的比例6.43%

图5-27 2020—2021年上海市部分指标排名对比

根据中国企业联合会发布的数据显示，在 2020 中国企业 500 强榜单中，上海市共 32 家企业入围，较上年增加 1 家，经营范围集中在制造、批发零售和服务贸易领域（表 5-27）。

表5-27　上海市入围2020中国企业500强的前20家企业

序号	企业名称	营业收入（亿元）	排名
1	上海汽车集团股份有限公司	8433.2	13
2	中国宝武钢铁集团有限公司	5522.1	32
3	交通银行股份有限公司	4598.9	43
4	绿地控股集团股份有限公司	4278.2	46
5	中国太平洋保险（集团）股份有限公司	3854.9	51
6	上海浦东发展银行股份有限公司	3546.8	60
7	中国远洋海运集团有限公司	3085.0	67
8	阳光龙净集团有限公司	2480.8	90
9	中国太平保险控股有限公司	2204.6	97
10	上海建工集团股份有限公司	2055.0	103
11	上海医药集团股份有限公司	1865.7	118
12	东浩兰生（集团）有限公司	1749.2	129
13	光明食品（集团）有限公司	1555.2	135
14	复星国际有限公司	1429.8	142
15	上海电气（集团）总公司	1417.3	145
16	中国东方航空集团有限公司	1334.1	153
17	上海钢联电子商务股份有限公司	1225.7	176
18	上海均和集团有限公司	1060.5	202
19	东方国际（集团）有限公司	1032.0	210
20	上海银行股份有限公司	980.9	220

"十三五"期间，上海市明确了科技创新对城市能级和核心竞争力提升的重要作用，全社会研发经费投入稳步提升，新兴技术领域产业规模不断壮大，实现了一批关键核心技术突破，全市战略性产业规模占全市生产总值比重从 15.0% 提高到 18.9%。

"十四五"期间，上海市应重点打造具有全球影响力的科技创新中心，把握新一轮科技革命和产业变革发展方向，结合城市功能洞悉发展态势，坚持以更加开放的态度融入全球创新网络。以优化科技创新投入配置、加大基础研究投入、提升突破性技术研发能力，将上海市打造成为提供高质量创新的源头地。同时，上海市应进一步发挥自贸区和上海临港新片区的引领作用，加快建设国际化中央商务区，构建高端资源配置的平台载体，提升长三角区域的国际联通能力，持续构建开放的创新生态系统。

5.10 江苏省

2021 年，江苏省创新能力排名第 3 位，连续 4 年保持不变。过去 20 年，江苏省排名始终居全国前列，特别是 2009—2016 年连续 8 年排名首位，2017 年以来江苏省排名稍有下滑，但总体仍然处于领先地位（图 5-28）。

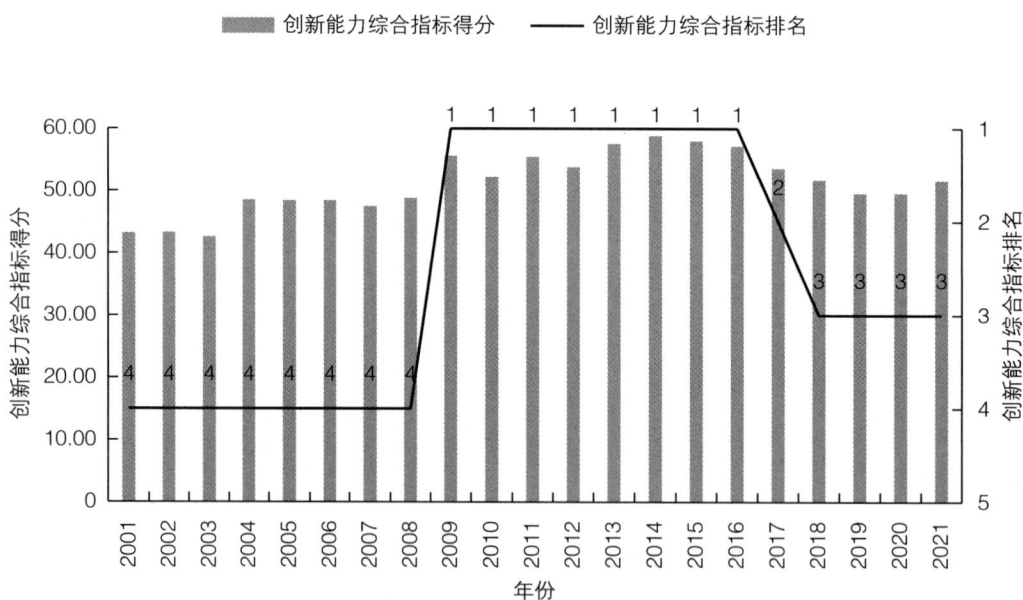

图5-28　2001—2021年江苏省创新能力变化趋势

分领域看，企业创新和创新环境排名保持稳定，分别排名全国第 2 位和第 3 位，知识获取排名全国第 4 位，排名较上年均没有变化；知识创造和创新绩效排名均下降 1 位，分别排名全国第 4 位和第 3 位（表 5-28，图 5-29）。

表5-28　江苏省创新能力综合指标

指标名称	2021 年综合指标		2021 年分项指标排名		
	指标值	排名	实力	效率	潜力
综合值	51.63	3	2	4	23
1　知识创造综合指标	48.47	4	3	11	13
1.1　研究开发投入综合指标	42.36	4	3	5	11
1.2　专利综合指标	52.66	4	3	10	27
1.3　科研论文综合指标	52.29	5	2	22	1
2　知识获取综合指标	40.45	4	3	9	28
2.1　科技合作综合指标	45.32	2	2	16	18
2.2　技术转移综合指标	19.66	13	4	22	25
2.3　外资企业投资综合指标	52.38	3	3	5	23
3　企业创新综合指标	58.97	2	2	4	25
3.1　企业研究开发投入综合指标	88.23	2	2	1	17
3.2　设计能力综合指标	38.02	3	2	9	24
3.3　技术提升能力综合指标	39.84	4	2	20	27
3.4　新产品销售收入综合指标	65.63	3	2	4	25
4　创新环境综合指标	48.98	3	2	11	14
4.1　创新基础设施综合指标	47.03	5	2	25	17
4.2　市场环境综合指标	56.57	4	4	5	2
4.3　劳动者素质综合指标	44.19	4	2	25	19
4.4　金融环境综合指标	41.40	3	3	12	12
4.5　创业水平综合指标	55.70	3	2	8	20
5　创新绩效综合指标	56.51	3	2	3	23
5.1　宏观经济综合指标	76.28	1	2	3	20
5.2　产业结构综合指标	46.31	4	2	11	25
5.3　产业国际竞争力综合指标	45.89	3	2	7	19
5.4　就业综合指标	52.55	2	2	2	24
5.5　可持续发展与环保综合指标	61.53	21	29	6	14

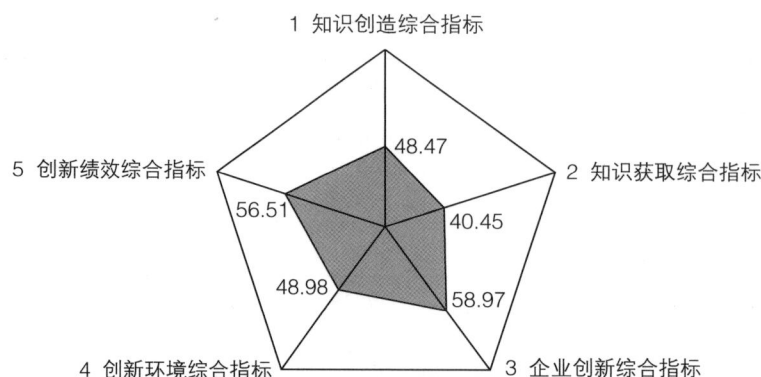

图5-29 江苏省创新能力蛛网图

从基础指标看，江苏省创新环境指标提升较快，规模以上工业企业平均研发经费外部支出和平均国内技术成交金额增幅较大，增速高达40.16%和15.64%。但是，规模以上工业企业每万名研发人员平均发明专利申请数及规模以上工业企业平均技术改造经费支出指标排名下降较多，分别下降9位和5位（表5-29，图5-30）。

表5-29 江苏省变化较大的指标

指标名称	2021 年	2020 年	增速（%）	2021 年排名	2020 年排名	排名变化
6 岁及 6 岁以上人口中大专以上学历所占的比例（%）	17.56	14.92	17.69	5	13	8
规模以上工业企业平均研发经费外部支出（万元／个）	20.94	14.94	40.16	11	17	6
科技服务业从业人员占第三产业从业人员比重（%）	4.64	4.22	9.95	4	9	5
平均每个科技企业孵化器当年毕业企业数（家）	5.44	5.01	8.58	14	18	4
规模以上工业企业平均国内技术成交金额（万元／项）	3.55	3.07	15.64	20	23	3
第三产业增加值占 GDP 的比例（%）	51.30	50.98	0.63	18	14	-4
每万名研发人员发明专利授权数（件）	442	529	-16.45	12	7	-5
规模以上工业企业平均技术改造经费支出（万元／个）	77.3	88.1	-12.26	19	14	-5
规模以上工业企业每万名研发人员平均发明专利申请数（件）	828	897	-7.69	16	7	-9

6岁及6岁以上人口中大专以上学历所占的比例14.92%	13	5	6岁及6岁以上人口中大专以上学历所占的比例17.56%
规模以上工业企业平均研发经费外部支出14.94万元/个	17	11	规模以上工业企业平均研发经费外部支出20.94万元/个
科技服务业从业人员占第三产业从业人员比重4.22%	9	4	科技服务业从业人员占第三产业从业人员比重4.64%
平均每个科技企业孵化器当年毕业企业数5.01家	18	14	平均每个科技企业孵化器当年毕业企业数5.44家
规模以上工业企业平均国内技术成交金额3.07万元/项	23	20	规模以上工业企业平均国内技术成交金额3.55万元/项
第三产业增加值占GDP的比例50.98%	14	18	第三产业增加值占GDP的比例51.30%
每万名研发人员发明专利授权数529件	7	12	每万名研发人员发明专利授权数442件
规模以上工业企业平均技术改造经费支出88.1万元/个	14	19	规模以上工业企业平均技术改造经费支出77.3万元/个
规模以上工业企业每万名研发人员平均发明专利申请数897件	7	16	规模以上工业企业每万名研发人员平均发明专利申请数828件

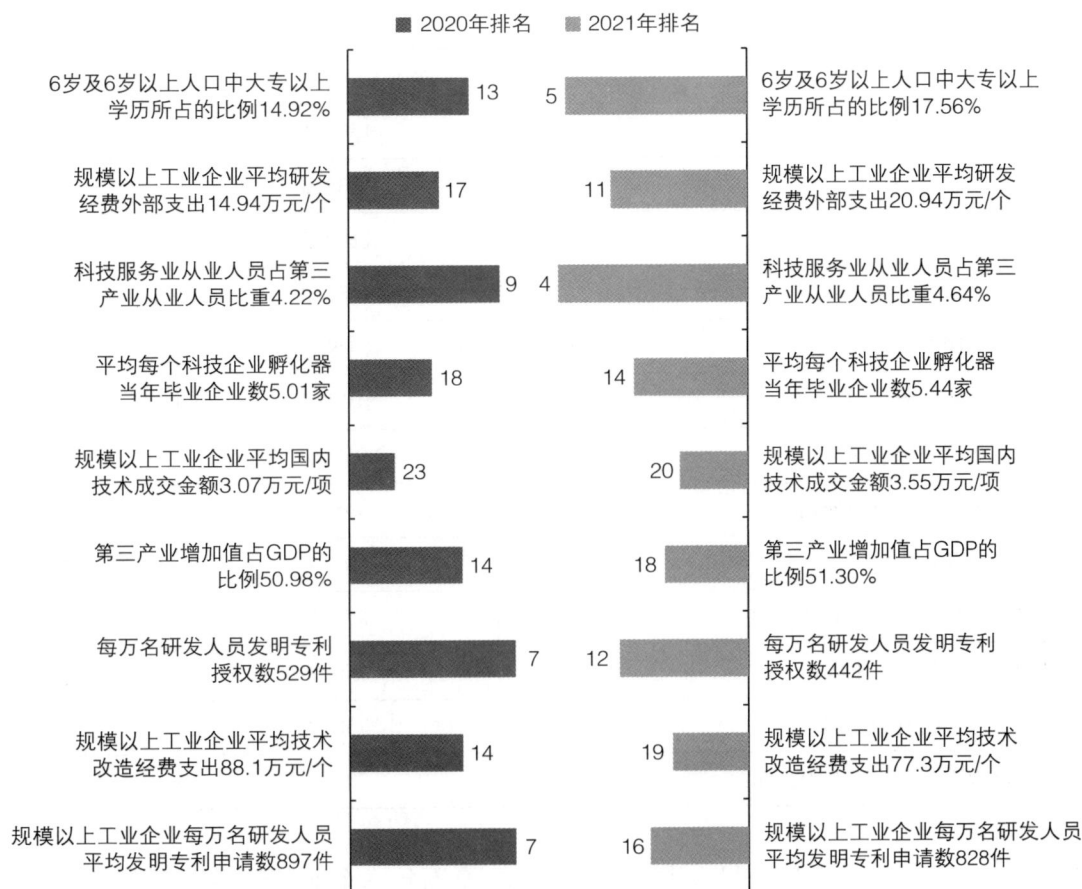

图5-30　2020—2021年江苏省部分指标排名对比

根据中国企业联合会发布的数据显示，在2020中国企业500强榜单中，江苏省共有43家企业入围，比上年少6家企业，连续两年下降。与上海市类似，江苏省500强企业中有11家企业属于商务服务业，其次是建筑行业、批发行业和纺织行业（表5-30）。

表5-30　江苏省入围2020中国企业500强的前20家企业

序号	企业名称	营业收入（亿元）	排名
1	苏宁控股集团	6652.6	18
2	恒力集团有限公司	5567.4	28
3	中南控股集团有限公司	2821.4	78
4	江苏沙钢集团有限公司	2520.8	87
5	盛虹控股集团有限公司	1925.4	111
6	南通三建控股有限公司	1498.0	140
7	南京钢铁集团有限公司	1373.2	148

续表

序号	企业名称	营业收入（亿元）	排名
8	中天钢铁集团有限公司	1300.1	161
9	海澜集团有限公司	1232.3	174
10	无锡产业发展集团有限公司	1192.3	178
11	江阴澄星实业集团有限公司	1085.2	198
12	亨通集团有限公司	1079.1	200
13	协鑫集团有限公司	1013.7	213
14	弘阳集团有限公司	958.6	226
15	江苏悦达集团有限公司	915.6	234
16	扬子江药业集团	901.9	237
17	徐州工程机械集团有限公司	878.1	241
18	南通四建集团有限公司	750.7	274
19	三房巷集团有限公司	730.0	280
20	江苏南通二建集团有限公司	721.5	281

过去 5 年，江苏全社会研发投入占比达 2.82%，高新技术企业总数超过 3.2 万家，万人发明专利拥有量 36.1 件，战略性新兴产业、高新技术产业产值占规模以上工业比重分别达到 37.8% 和 46.5%，数字经济规模超过 4 万亿元。2020 年，江苏地区生产总值达 10.27 万亿元，比上年增长 3.5%，迈入 10 万亿俱乐部。"十四五"期间，江苏仍需坚持把创新作为第一动力，加快科技自立自强，发挥经济总量大、制造业强、科创资源丰富的优势，大力培育战略性新兴产业发展，联合沪合两地协同打造"沪宁合产业创新带"，与 G60 科创走廊形成共振效应。同时，江苏应当继续关注中高端创新载体建设，协同沪浙皖，聚焦政策协同制定、企业生态培育、创新服务优化、资源要素供给、统一市场建设等有效支撑和保障产业创新发展的行动方案，继续做好长三角产业创新发展的顶梁柱和排头兵。

5.11 浙江省

2021 年，浙江省创新能力排名第 5 位，连续 14 年保持不变。总体上看，虽然排名没有变化，但过去 20 年来浙江省创新能力逐年稳步提升，科技对经济社会发展的支撑作用日渐凸显（图 5-31）。

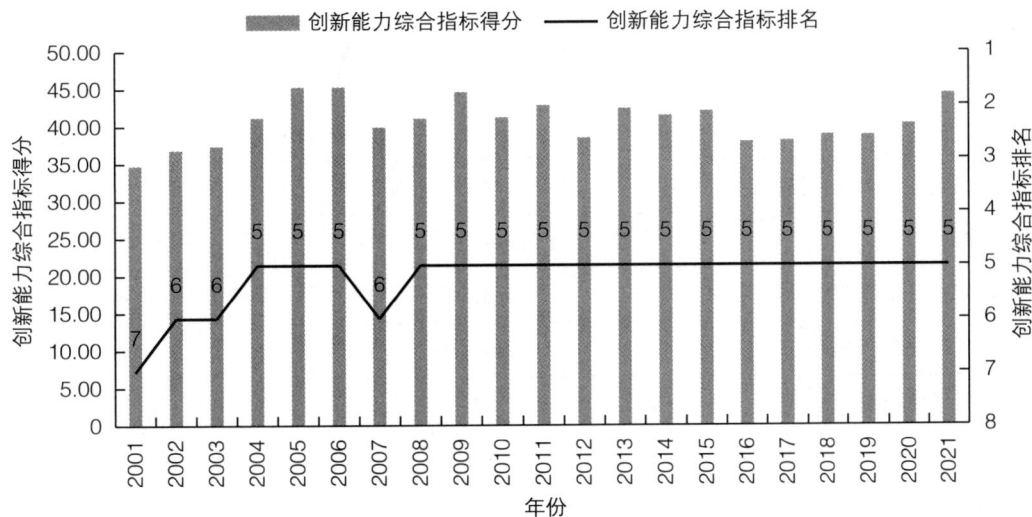

图5-31 2001—2021年浙江省创新能力变化趋势

分领域看，创新绩效排名全国第4位，较上年提升1位；知识创造、企业创新继续保持稳定，分别排名全国第5位和第3位；创新环境排名第4位，与上年持平；知识获取下降2位，排名第9位（表5-31，图5-32）。

表5-31 浙江省创新能力综合指标

指标名称	2021年综合指标		2021年分项指标排名		
	指标值	排名	实力	效率	潜力
综合值	44.37	5	4	5	3
1 知识创造综合指标	44.12	5	4	6	3
1.1 研究开发投入综合指标	39.60	5	5	3	7
1.2 专利综合指标	58.42	3	4	9	4
1.3 科研论文综合指标	24.57	27	10	31	9
2 知识获取综合指标	28.57	9	6	11	19
2.1 科技合作综合指标	33.30	13	8	14	17
2.2 技术转移综合指标	18.82	14	7	19	19
2.3 外资企业投资综合指标	32.33	7	6	8	18
3 企业创新综合指标	52.54	3	3	6	7
3.1 企业研究开发投入综合指标	73.43	3	3	2	4
3.2 设计能力综合指标	27.83	7	3	29	1
3.3 技术提升能力综合指标	34.78	8	3	24	21

续表

指标名称	2021 年综合指标		2021 年分项指标排名		
	指标值	排名	实力	效率	潜力
3.4　新产品销售收入综合指标	76.02	2	3	1	23
4　创新环境综合指标	43.41	4	4	6	3
4.1　创新基础设施综合指标	49.35	2	4	6	4
4.2　市场环境综合指标	45.95	6	5	6	8
4.3　劳动者素质综合指标	41.64	6	6	20	11
4.4　金融环境综合指标	36.14	5	4	8	4
4.5　创业水平综合指标	43.97	4	3	10	11
5　创新绩效综合指标	47.37	4	4	6	9
5.1　宏观经济综合指标	59.98	5	4	4	11
5.2　产业结构综合指标	48.36	2	3	3	12
5.3　产业国际竞争力综合指标	21.17	14	4	19	15
5.4　就业综合指标	41.56	6	18	6	11
5.5　可持续发展与环保综合指标	65.79	16	24	9	18

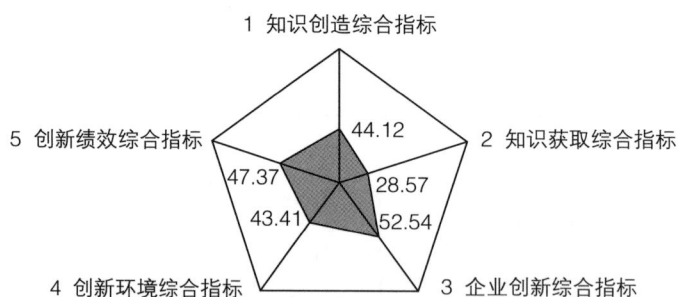

图5-32　浙江省创新能力蛛网图

从基础指标看，浙江省技术市场企业平均交易额较上年增长 30.64%，排名上升 11 位；科技企业孵化器孵化基金总额较上年增长 65.57%，排名上升 3 位。但是，企业创新基础指标有所下降，规模以上工业企业平均研发经费外部支出下降 23.61%，每亿元研发经费内部支出产生的发明专利申请数下降 38.75%，排名分别下降 9 位和 4 位，说明浙江省研发投入产出效率有所放缓（表 5-32，图 5-33）。

表5-32　浙江省变化较大的指标

指标名称	2021 年	2020 年	增速（%）	2021 年排名	2020 年排名	排名变化
技术市场企业平均交易额（按流向）（万元／项）	440.74	337.38	30.64	13	24	11
规模以上工业企业平均国内技术成交金额（万元／项）	5.41	5.11	5.87	14	18	4
科技服务业从业人员占第三产业从业人员比重（%）	3.79	3.86	−1.81	12	15	3
科技企业孵化器孵化基金总额（万元）	1555401.3	939443.0	65.57	3	6	3
规模以上工业企业平均技术改造经费支出（万元／个）	44.5	56.0	−20.54	29	26	−3
每亿元研发经费内部支出产生的发明专利申请数（件）	49	80	−38.75	9	5	−4
每万名研发人员发明专利申请受理数（件）	1150	1834	−37.30	12	7	−5
规模以上工业企业平均研发经费外部支出（万元／个）	11.42	14.95	−23.61	25	16	−9

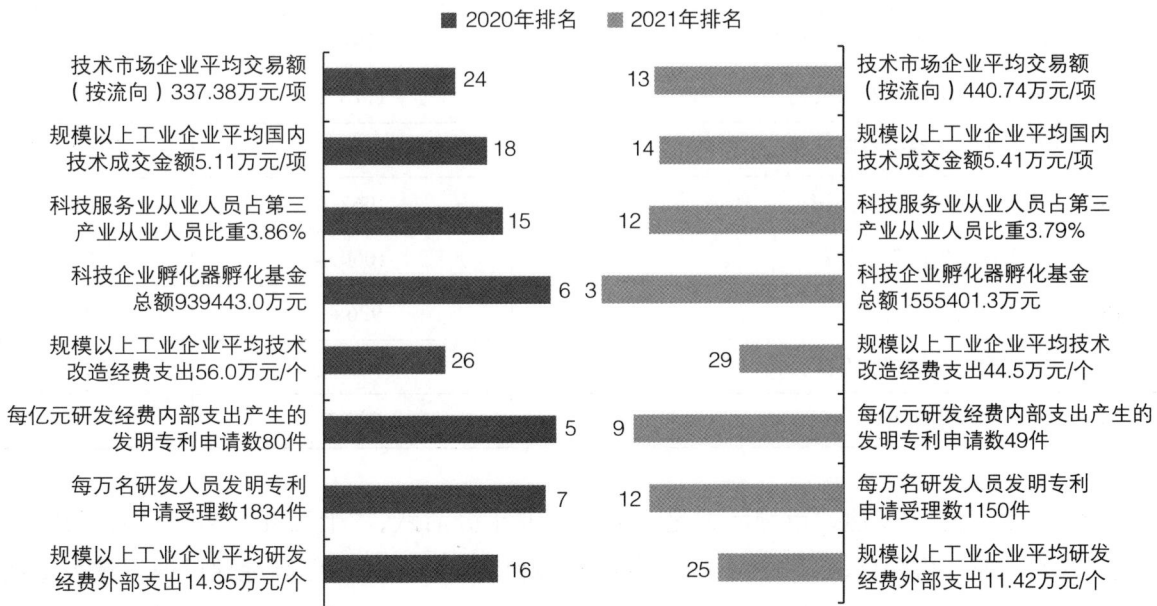

图5-33　2020—2021年浙江省部分指标排名对比

根据中国企业联合会发布的数据显示，在 2020 中国企业 500 强榜单中，浙江省入围 42 家企业，以民营企业为主，数量较上年减少 1 家（表5-33）。

表5-33　浙江省入围2020中国企业500强的前20家企业

序号	企业名称	营业收入（亿元）	排名
1	阿里巴巴集团控股有限公司	5097.1	34
2	物产中大集团股份有限公司	3589.2	56
3	浙江吉利控股集团有限公司	3308.2	65
4	青山控股集团有限公司	2626.0	84
5	浙江恒逸集团有限公司	2151.6	99
6	浙江荣盛控股集团有限公司	2056.4	102
7	海亮集团有限公司	1879.7	117
8	浙江省交通投资集团有限公司	1504.7	139
9	天能控股集团有限公司	1401.3	147
10	杭州市实业投资集团有限公司	1334.3	152
11	万向集团公司	1305.1	159
12	超威电源集团有限公司	1249.1	171
13	浙江省兴合集团有限责任公司	1191.4	179
14	浙江省能源集团有限公司	1118.1	192
15	雅戈尔集团股份有限公司	1116.1	193
16	杭州钢铁集团有限公司	1067.0	201
17	中天控股集团有限公司	1060.4	203
18	传化集团有限公司	926.8	232
19	宁波金田投资控股有限公司	925.6	233
20	杭州锦江集团有限公司	828.5	252

　　浙江省民营经济发达，市场活力足，创新创业十分活跃。"十三五"期间，浙江省深入推进"八八战略"再深化，"互联网＋"、生命健康和新材料三大科创高地建设取得重大进展，国字号创新平台加速集聚，关键核心技术攻关取得重大突破，高端创新人才加快汇聚，科技体制改革不断深化，全社会 R&D 经费支出占 GDP 比重从 2015 年的 2.3% 提升到 2020 年的 2.8%，科技进步贡献率从 57% 提升到 65%，高新技术产业增加值占规模以上工业的比重从 37.5% 提升到 59.6%。

　　"十四五"期间，浙江省要围绕三大科创高地等重点领域，构筑高能级创新平台体系，加大创新投入，提升自主创新能力，发挥数字经济优势，完善产业协同创新体系，努力营造开放的创新生态。

5.12 安徽省

2021 年，安徽省创新能力排名全国第 8 位，与上年持平。总体上看，过去 20 年，安徽省排名呈现稳步上升趋势，是华东地区排名上升幅度最大的省份。2002—2005 年，安徽省创新能力排名上升至全国第 12 位，此后虽然略有波动，但仍处上升态势，近两年稳居全国第 8 位（图 5-34）。

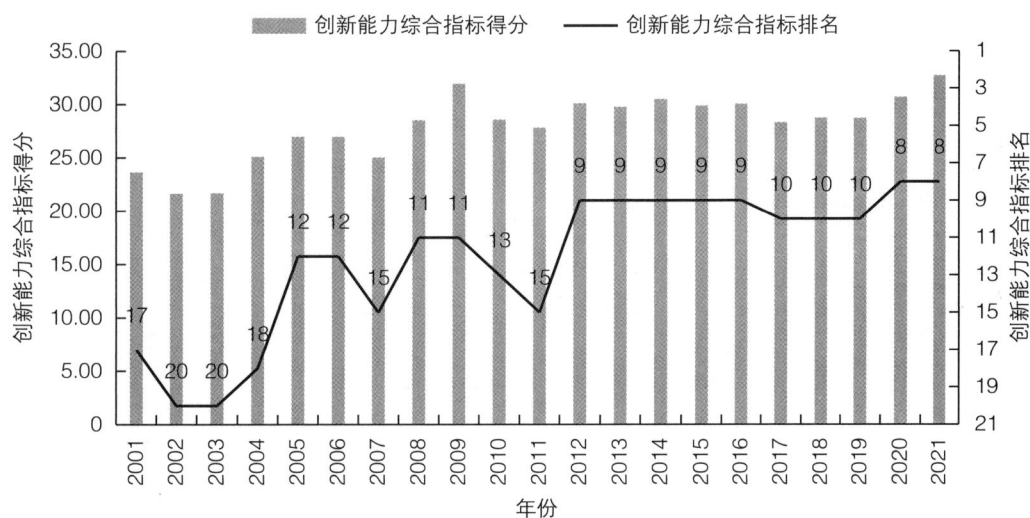

图5-34　2001—2021年安徽省创新能力变化趋势

分领域看，创新环境上升 6 位，排名第 15 位；创新绩效上升 4 位，排名第 8 位；知识获取上升 3 位，排名第 26 位；知识创造下降 3 位，排名第 10 位；企业创新下降 1 位，排名第 6 位（表 5-34，图 5-35）。

表5-34　安徽省创新能力综合指标

指标名称	2021 年综合指标		2021 年分项指标排名		
	指标值	排名	实力	效率	潜力
综合值	32.68	8	9	7	10
1　知识创造综合指标	29.90	10	10	10	22
1.1　研究开发投入综合指标	20.91	15	10	15	21
1.2　专利综合指标	38.14	8	7	3	30
1.3　科研论文综合指标	31.42	11	14	25	2
2　知识获取综合指标	17.12	26	17	31	16

指标名称	2021 年综合指标		2021 年分项指标排名		
	指标值	排名	实力	效率	潜力
2.1 科技合作综合指标	20.82	27	16	31	22
2.2 技术转移综合指标	15.03	20	14	30	15
2.3 外资企业投资综合指标	15.91	20	14	17	15
3 企业创新综合指标	41.99	6	5	5	20
3.1 企业研究开发投入综合指标	54.28	4	5	4	5
3.2 设计能力综合指标	26.66	9	5	5	29
3.3 技术提升能力综合指标	37.30	6	7	9	8
3.4 新产品销售收入综合指标	51.24	4	7	3	17
4 创新环境综合指标	25.95	15	12	30	6
4.1 创新基础设施综合指标	25.03	22	9	30	8
4.2 市场环境综合指标	24.72	18	18	20	6
4.3 劳动者素质综合指标	35.50	12	11	29	5
4.4 金融环境综合指标	18.39	10	11	13	11
4.5 创业水平综合指标	26.12	17	11	22	21
5 创新绩效综合指标	43.19	8	10	11	2
5.1 宏观经济综合指标	38.12	12	11	13	7
5.2 产业结构综合指标	37.43	6	11	5	9
5.3 产业国际竞争力综合指标	29.04	9	10	9	5
5.4 就业综合指标	39.35	9	19	9	3
5.5 可持续发展与环保综合指标	72.00	8	18	8	11

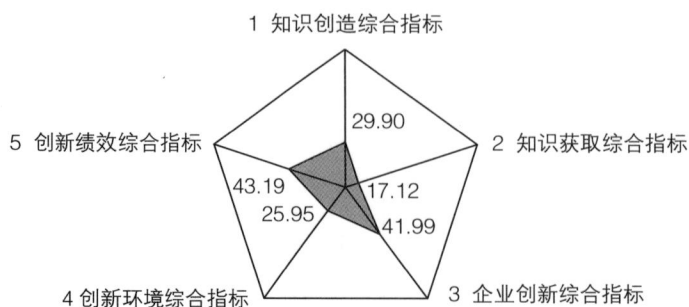

图5-35 安徽省创新能力蛛网图

从基础指标看，安徽省科技企业孵化器当年风险投资强度指标增长显著，增速高达114.9%，排名上升6位；第三产业增加值占GDP的比例增速12.69%，排名上升9位。安徽省在企业国内技术成交额、科技企业孵化器孵化基金总额等方面有所下降（表5-35，图5-36）。

表5-35 安徽省变化较大的指标

指标名称	2021 年	2020 年	增速（%）	2021 年排名	2020 年排名	排名变化
第三产业增加值占 GDP 的比例（%）	50.80	45.08	12.69	20	29	9
科技企业孵化器当年风险投资强度（万元／项）	482.85	224.69	114.90	9	15	6
技术市场企业平均交易额（按流向）（万元／项）	300.54	175.84	70.92	26	31	5
规模以上工业企业就业人员中研发人员比重（%）	6.87	5.82	18.04	4	8	4
每亿元研发经费内部支出产生的发明专利申请数（件）	53	127	−58.27	6	1	−5
规模以上工业企业平均国内技术成交金额（万元／项）	3.17	5.93	−46.54	22	16	−6
规模以上工业企业国内技术成交金额（万元）	56299.4	115070.2	−51.07	18	11	−7
平均每个科技企业孵化器孵化基金额（万元）	810.85	1319.21	−38.54	23	14	−9

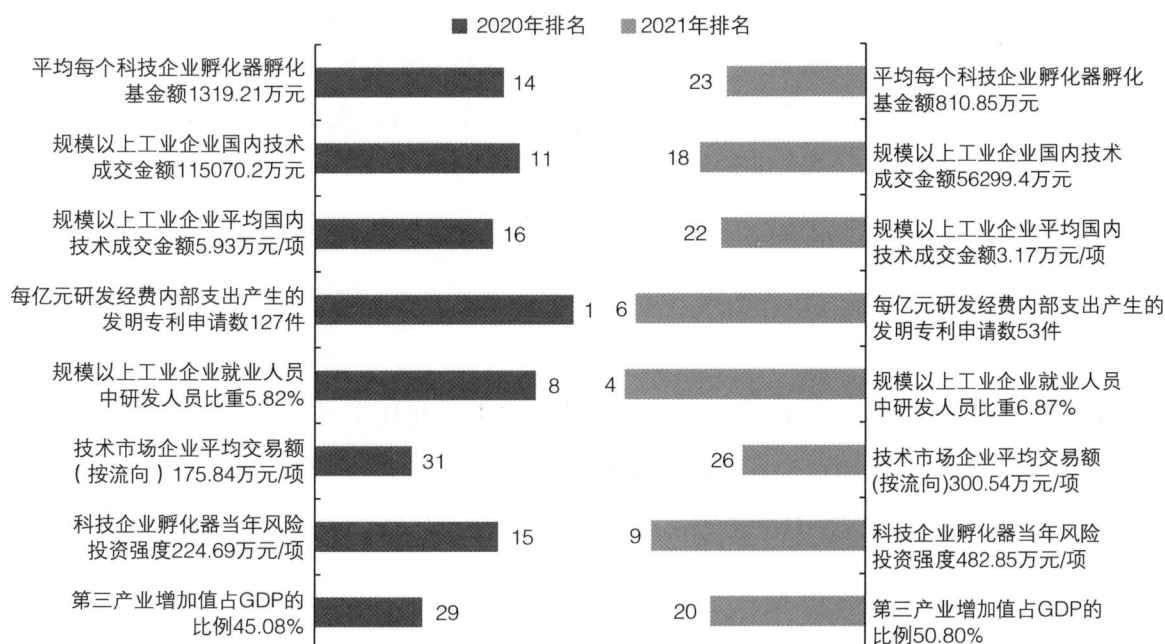

图5-36 2020—2021年安徽省部分指标排名对比

根据中国企业联合发布的数据显示，在 2020 中国企业 500 强榜单中，安徽省入围 9 家企业，较上年减少 1 家，入围企业中有 3 家属于商务服务业，其他企业集中在煤炭开采行业和制造行业（表 5–36）。

表5-36　安徽省入围2020中国企业500强的企业

序号	企业名称	营业收入（亿元）	排名
1	安徽海螺集团有限责任公司	2343.1	92
2	铜陵有色金属集团控股有限公司	1921.9	112
3	奇瑞控股集团有限公司	759.3	272
4	淮北矿业（集团）有限责任公司	644.9	302
5	安徽建工集团控股有限公司	514.3	358
6	安徽江淮汽车集团控股有限公司	482.3	384
7	中科电力装备集团有限公司	461.5	400
8	淮河能源控股集团有限责任公司	444.7	415
9	安徽省皖北煤电集团有限责任公司	373.6	481

近年来，安徽在集聚创新要素、强化服务功能方面重点发力，努力构建科技成果转化交易的大机制、科技大市场、全产业链创新体系的大支点。未来，安徽应坚持科技创新引领产业发展理念，发挥大科学装置、大院大所等科技资源优势，加快"卡脖子"技术的研发和攻关，勇闯自主创新的"无人区"。同时，安徽应发挥和利用好区位优势，促进长三角科技创新共同体建设，推动合肥与张江两个国家科学中心进行共建，充分利用好国际国内优势资源，推进传统产业的高级化和产业链的现代化。

5.13　福建省

2021 年，福建省创新能力排名全国第 13 位，与上年相比上升 1 位。过去 20 多年，福建省排名呈现阶段性变化特点，2001—2006 年稳定在第 9 位，2007—2015 年波动较大，2016 年以来居第 14 位左右，处于全国中上游水平（图 5–37）。

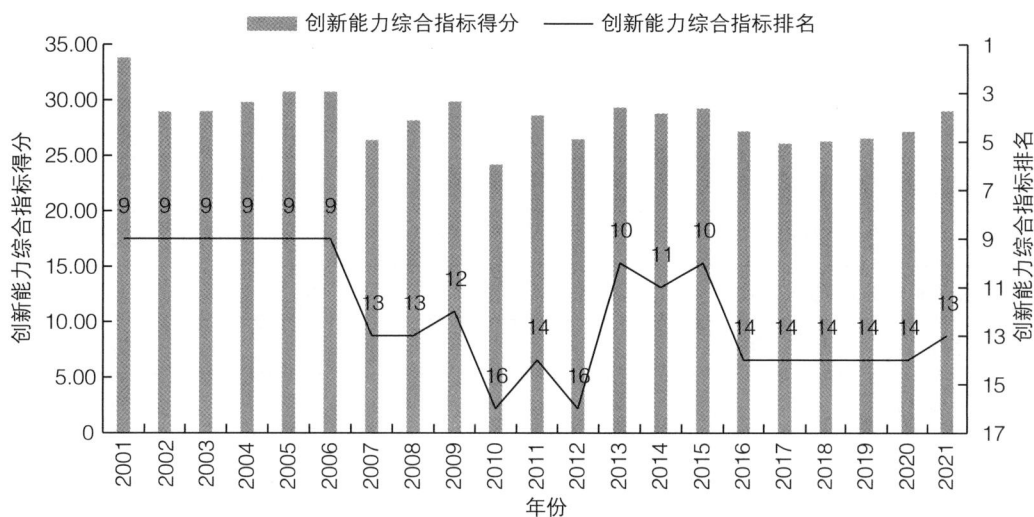

图5-37　2001—2021年福建省创新能力变化趋势

从分项指标看，实力指标排名第 12 位，较上年下降 1 位；效率指标排名是第 20 位，较上年下降 4 位；潜力指标排名第 11 位，较上年上升 2 位。从子指标维度看，知识创造和知识获取排名分别是第 15 位和第 20 位，均较上年下降 5 位；创新绩效排名第 6 位，较上年上升 4 位；企业创新排名第 12 位，较上年下降 1 位；创新环境排名第 22 位，较上年上升 2 位（表 5-37，图 5-38）。

表5-37　福建省创新能力综合指标

指标名称	2021 年综合指标		2021 年分项指标排名		
	指标值	排名	实力	效率	潜力
综合值	29.02	13	12	20	11
1　知识创造综合指标	25.41	15	14	25	6
1.1　研究开发投入综合指标	24.37	9	12	12	10
1.2　专利综合指标	26.35	16	12	24	11
1.3　科研论文综合指标	25.62	22	19	29	3
2　知识获取综合指标	19.61	20	12	21	23
2.1　科技合作综合指标	23.65	24	18	29	5
2.2　技术转移综合指标	13.87	24	11	20	24
2.3　外资企业投资综合指标	20.88	11	9	9	27
3　企业创新综合指标	28.81	12	9	21	10
3.1　企业研究开发投入综合指标	39.48	11	7	17	7

指标名称	2021 年综合指标		2021 年分项指标排名		
	指标值	排名	实力	效率	潜力
3.2 设计能力综合指标	20.46	16	11	27	11
3.3 技术提升能力综合指标	26.24	19	10	23	24
3.4 新产品销售收入综合指标	27.89	18	12	18	11
4 创新环境综合指标	24.01	22	14	24	21
4.1 创新基础设施综合指标	23.55	24	12	18	25
4.2 市场环境综合指标	28.03	12	8	11	21
4.3 劳动者素质综合指标	20.81	27	18	31	20
4.4 金融环境综合指标	16.77	13	9	10	21
4.5 创业水平综合指标	30.91	12	12	21	5
5 创新绩效综合指标	45.32	6	6	7	8
5.1 宏观经济综合指标	55.32	6	8	5	5
5.2 产业结构综合指标	28.82	16	10	17	15
5.3 产业国际竞争力综合指标	27.90	10	5	12	12
5.4 就业综合指标	38.34	11	9	14	10
5.5 可持续发展与环保综合指标	76.24	4	11	4	10

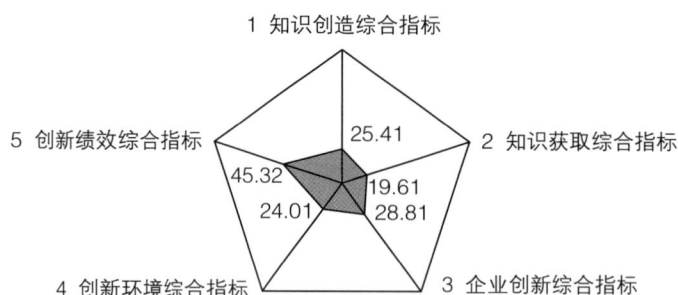

图5-38 福建省创新能力蛛网图

从基础指标看，福建省在技术市场企业交易和科技企业孵化器方面提升明显，技术市场企业平均交易额（按流向）较上年增加 24.45%，平均每个科技企业孵化器当年毕业企业数增加 33.23%。但是，在知识创造、企业创新、创新环境方面的某些指标下降明显，每亿元研发经费内部支出产生的发明专利申请数下降 41.86%，规模以上工业企业平均国内技术成交金额下降 43.01%，规模以上工业企业平均技术改造经费支出下降 28.95%，6 岁及 6 岁以上人口中大专以上学历所占的比例下降 15.97%（表 5-38，图 5-39）。

表5-38　福建省变化较大的指标

指标名称	2021年	2020年	增速 (%)	2021年 排名	2020年 排名	排名 变化
每亿元研发经费内部支出产生的发明专利申请数（件）	25	43	−41.86	28	20	−8
技术市场企业平均交易额（按流向）（万元／项）	432.29	347.36	24.45	14	22	8
规模以上工业企业平均国内技术成交金额（万元／项）	4.40	7.72	−43.01	18	11	−7
规模以上工业企业平均技术改造经费支出（万元／个）	66.5	93.6	−28.95	26	12	−14
6岁及6岁以上人口中大专以上学历所占的比例（%）	11.21	13.34	−15.97	27	17	−10
平均每个科技企业孵化器当年毕业企业数（家）	4.49	3.37	33.23	18	26	8
第三产业增加值占GDP的比例（%）	45.30	45.22	0.18	31	27	−4

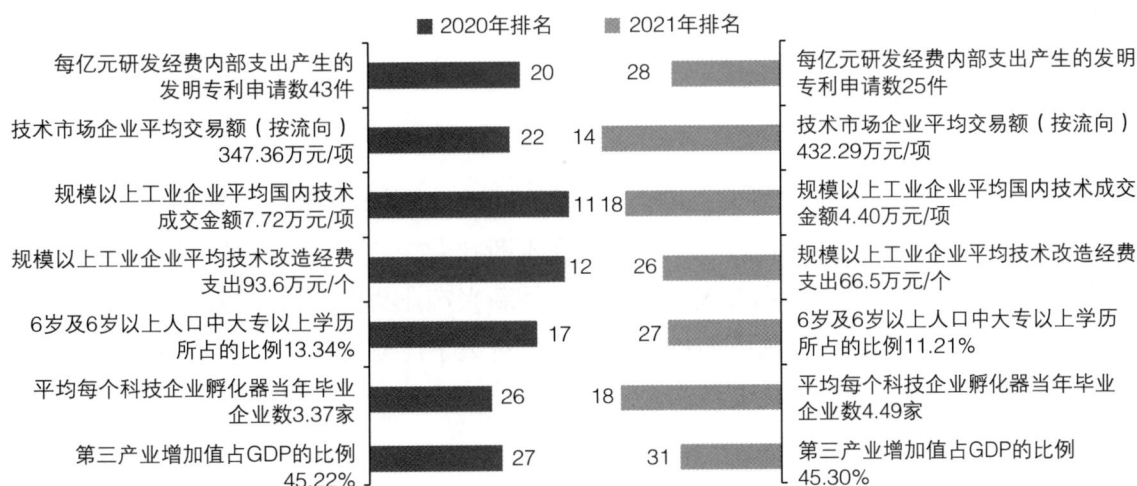

图5-39　2020—2021年福建省部分指标排名对比

根据中国企业联合会发布的数据显示，在2020中国企业500强榜单中，福建省入围16家企业，较上年增加3家，以国有企业为主（表5-39）。

表5-39　福建省入围2020中国企业500强的16家企业

序号	企业名称	营业收入（亿元）	排名
1	兴业银行股份有限公司	3519.5	61
2	厦门建发集团有限公司	3396.9	62

续表

序号	企业名称	营业收入（亿元）	排名
3	厦门国贸控股集团有限公司	2956.1	72
4	厦门象屿集团有限公司	2841.8	77
5	紫金矿业集团股份有限公司	1361.0	151
6	永辉超市股份有限公司	848.8	248
7	福建大东海实业集团有限公司	573.4	337
8	福建省三钢（集团）有限责任公司	567.3	341
9	融信（福建）投资集团有限公司	516.5	357
10	恒申控股集团有限公司	504.5	368
11	福建永荣控股集团有限公司	501.4	370
12	福建省能源集团有限责任公司	488.1	379
13	福建省福化工贸股份有限公司	481.5	385
14	福建省电子信息（集团）有限责任公司	421.9	437
15	厦门路桥工程物资有限公司	375.9	479
16	盛屯矿业集团股份有限公司	373.1	482

近些年，福建省不断加大研发投入，创新环境和创新绩效方面均有所提升，"双高"企业和"专精特新"企业加速成长，新兴产业也在不断壮大，新型功能材料、生物医药、新一代信息技术和节能环保等 4 个集群入围国家战略性新兴产业集群，总体势头良好。下一步，福建省应着力推进数字经济规模不断扩大，加快推进数字产业化和产业数字化，助力实现产业转型升级及经济社会的数字化变革。

5.14 江西省

2021 年，江西省创新能力排名全国第 16 位，较 2020 年排名没有变化。过去 20 多年，江西省创新能力提升明显，从最初的全国第 26 位，逐步提升至全国第 16 位，且近年来保持相对稳定的水平（图 5-40）。

分领域看，知识创造排名全国第 25 位，较上年保持不变；企业创新排名全国第 19 位，较上年下降 7 位；创新绩效排名全国第 10 位，较上年上升 5 位；创新环境排名第 19 位，较上年下降 4 位；知识获取排名第 27 位，较上年保持不变（表 5-40，图 5-41）。

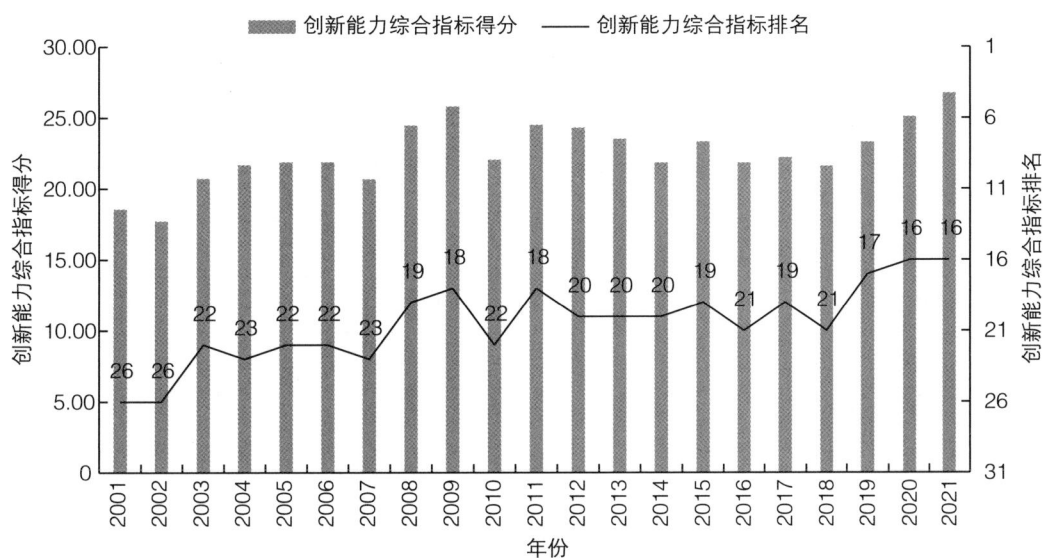

图5-40 2001—2021年江西省创新能力变化趋势

表5-40 江西省创新能力综合指标

指标名称	2021 年综合指标		2021 年分项指标排名		
	指标值	排名	实力	效率	潜力
综合值	26.75	16	18	16	15
1 知识创造综合指标	19.43	25	20	31	8
1.1 研究开发投入综合指标	22.91	11	18	18	4
1.2 专利综合指标	18.16	25	21	31	5
1.3 科研论文综合指标	15.04	30	20	27	26
2 知识获取综合指标	16.67	27	19	23	22
2.1 科技合作综合指标	21.88	26	21	25	11
2.2 技术转移综合指标	17.68	16	21	11	18
2.3 外资企业投资综合指标	11.99	27	16	14	25
3 企业创新综合指标	25.95	19	14	15	22
3.1 企业研究开发投入综合指标	36.97	13	12	12	20
3.2 设计能力综合指标	9.11	31	18	30	25
3.3 技术提升能力综合指标	22.65	21	19	27	9
3.4 新产品销售收入综合指标	38.01	10	11	12	15
4 创新环境综合指标	25.35	19	16	10	24

指标名称	2021 年综合指标		2021 年分项指标排名		
	指标值	排名	实力	效率	潜力
4.1 创新基础设施综合指标	26.56	19	20	7	26
4.2 市场环境综合指标	21.45	24	23	28	15
4.3 劳动者素质综合指标	26.67	21	15	17	21
4.4 金融环境综合指标	10.87	25	16	23	25
4.5 创业水平综合指标	41.20	5	10	3	15
5 创新绩效综合指标	42.54	10	13	12	4
5.1 宏观经济综合指标	33.72	14	16	21	4
5.2 产业结构综合指标	29.34	15	14	16	7
5.3 产业国际竞争力综合指标	34.3	6	9	5	9
5.4 就业综合指标	43.73	5	15	3	9
5.5 可持续发展与环保综合指标	71.62	10	8	16	21

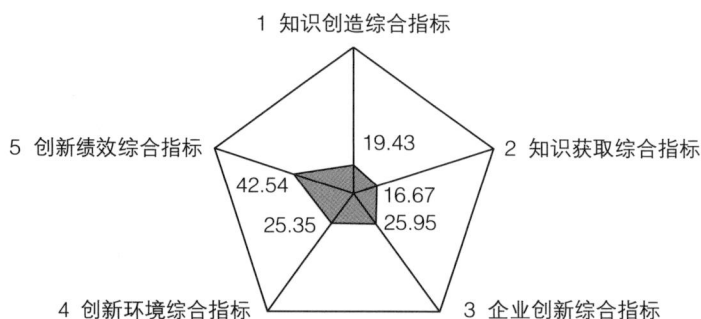

图5-41 江西省创新能力蛛网图

从基础指标看，江西省非常重视研发投入，其中政府研发投入占GDP的比例和规模以上工业企业就业人员中研发人员比重指标都增长迅速，但是规模以上工业企业每万名研发人员平均发明专利申请数有所下降，较上年排名下降7位。科技企业孵化器当年获风险投资额和高技术产业新产品销售收入排名上升5位，高技术产业新产品销售收入占主营业务收入的比重有较大幅度的增长，较上年上升9位（表5-41，图5-42）。

表5-41　江西省变化较大的指标

指标名称	2021年	2020年	增速（%）	2021年排名	2020年排名	排名变化
政府研发投入占GDP的比例（%）	0.24	0.17	41.18	17	26	9
规模以上工业企业就业人员中研发人员比重（%）	5.20	3.87	34.37	13	19	6
规模以上工业企业每万名研发人员平均发明专利申请数（件）	472	577	−18.20	30	23	−7
科技企业孵化器当年获风险投资额（万元）	29761.7	25063.3	18.75	15	20	5
高技术产业新产品销售收入（亿元）	1795.34	1014.76	76.92	10	15	5
高技术产业新产品销售收入占主营业务收入的比重（%）	34.31	21.35	60.70	11	20	9

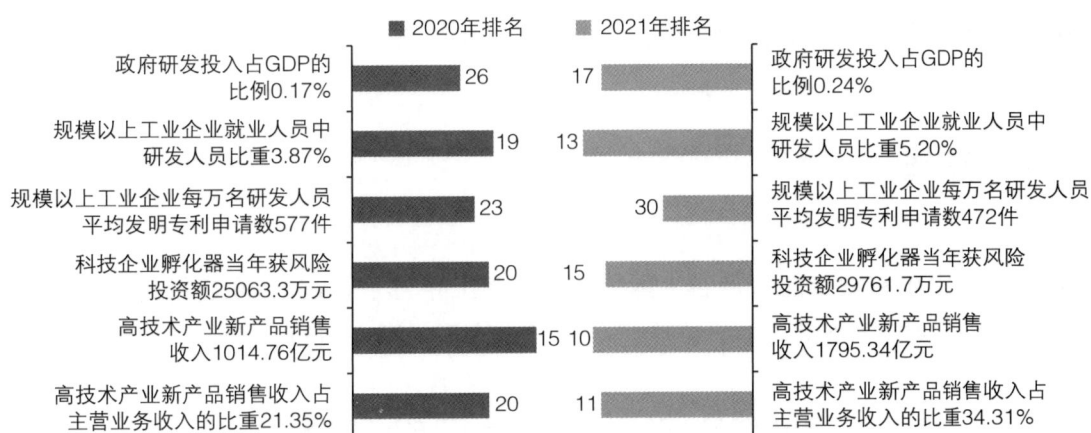

图5-42　2020—2021年江西省部分指标排名对比

根据中国企业联合会发布的数据显示，在2020中国企业500强榜单中，江西省入围8家企业，较上一年度保持不变（表5-42）。

表5-42　江西省入围2020中国企业500强的8家企业

序号	企业名称	营业收入（亿元）	排名
1	江西铜业集团有限公司	2554.7	86
2	江铃汽车集团有限公司	952.2	229
3	正邦集团有限公司	880.5	240
4	双胞胎（集团）股份有限公司	666.6	293
5	新余钢铁集团有限公司	651.3	300

序号	企业名称	营业收入（亿元）	排名
6	晶科能源有限公司	564.7	343
7	江西省建工集团有限责任公司	459.4	401
8	南昌市政公用投资控股有限责任公司	426.8	427

近些年，江西逐步规范和完善创新创业体系建设，在科技企业孵化器、重大创新平台、技术创新中心等方面出台了一系列建设和管理办法，不断深化科技体制机制改革，以强化企业自主创新能力为核心，以搭建创新平台载体为支撑，进一步优化创新环境，推进创新型省份建设，在生物医药、节能环保、航空、新能源等战略新兴产业实现了企业与科研院所的良好合作，并取得丰硕成果。未来，江西应加强产学研合作创新，注重引进外部技术、人才资源，鼓励更多的社会资金参与到创新创业活动中来。同时，应立足自身产业优势，抢抓数字经济发展先机，以5G、大数据和云计算等为基础，加快传统产业与新兴产业的融合发展。

5.15 山东省

2021年，山东省创新能力排名全国第6位，与上年持平。过去20多年，山东省排名相对稳定，始终保持在第6名左右，在全国处于领先水平（图5-43）。

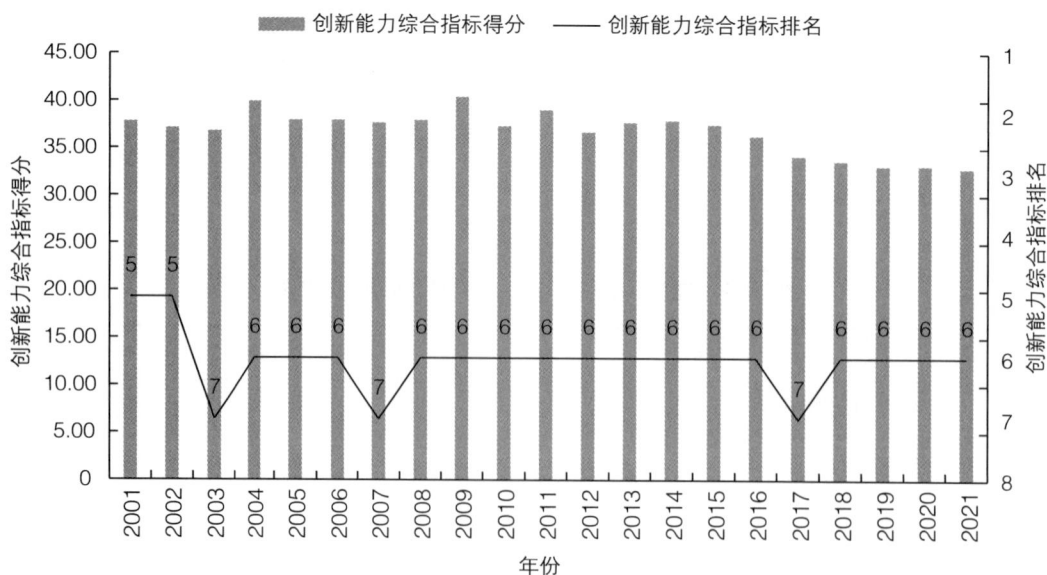

图5-43 2001—2021年山东省创新能力变化趋势

分领域看，知识创造、知识获取、企业创新、创新环境及创新绩效分别排名第12位、第5位、第9位、第6位、第17位，其中创新绩效排名没有变化，知识创造排名上升3位，知识获取排名上升4位，企业创新排名下降3位，创新环境排名下降1位（表5-43，图5-44）。

表5-43　山东省创新能力综合指标

指标名称	2021 年综合指标		2021 年分项指标排名		
	指标值	排名	实力	效率	潜力
综合值	32.86	6	6	14	29
1　知识创造综合指标	29.13	12	6	20	24
1.1　研究开发投入综合指标	21.31	14	7	16	26
1.2　专利综合指标	36.20	9	6	15	21
1.3　科研论文综合指标	30.65	12	8	23	11
2　知识获取综合指标	34.27	5	5	15	1
2.1　科技合作综合指标	29.90	15	9	22	13
2.2　技术转移综合指标	22.15	10	6	15	14
2.3　外资企业投资综合指标	46.65	4	4	10	1
3　企业创新综合指标	32.32	9	4	11	31
3.1　企业研究开发投入综合指标	45.81	7	4	9	30
3.2　设计能力综合指标	19.20	19	4	20	27
3.3　技术提升能力综合指标	35.50	7	4	12	30
3.4　新产品销售收入综合指标	28.60	16	4	13	31
4　创新环境综合指标	34.47	6	5	19	17
4.1　创新基础设施综合指标	37.19	7	3	21	14
4.2　市场环境综合指标	40.47	7	7	8	7
4.3　劳动者素质综合指标	42.22	5	3	27	16
4.4　金融环境综合指标	23.42	8	7	15	7
4.5　创业水平综合指标	29.06	14	4	16	30
5　创新绩效综合指标	33.28	17	12	14	29
5.1　宏观经济综合指标	47.10	8	3	10	26
5.2　产业结构综合指标	36.64	7	4	13	16

指标名称	2021 年综合指标		2021 年分项指标排名		
	指标值	排名	实力	效率	潜力
5.3 产业国际竞争力综合指标	5.24	31	15	22	29
5.4 就业综合指标	23.51	27	28	21	28
5.5 可持续发展与环保综合指标	53.94	28	31	18	13

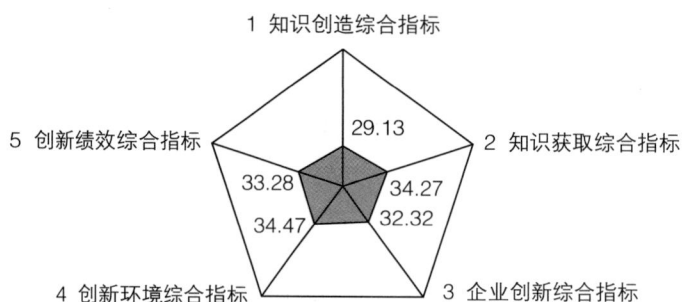

图5-44 山东省创新能力蛛网图

从基础指标看，山东省专利产出呈现高速增长态势，尤其是在效率指标上表现卓越，如每万名研发人员发明专利申请受理数、每亿元研发经费内部支出产生的发明专利申请数、每亿元研发经费内部支出产生的发明专利授权数等指标均有明显增长（表5-44，图 5-45）。

表5-44 山东省变化较大的指标

指标名称	2021 年	2020 年	增速 (%)	2021 年排名	2020 年排名	排名变化
每万名研发人员发明专利申请受理数（件）	1072	813	31.86	15	28	13
每亿元研发经费内部支出产生的发明专利申请数（件）	32	25	28.00	19	30	11
每亿元研发经费内部支出产生的发明专利授权数（件）	14.0	12.4	12.90	14	25	11
规模以上工业企业每万名研发人员平均发明专利申请数（件）	722	807	−10.53	21	12	−9
平均每个科技企业孵化器孵化基金额（万元）	2699.02	1152.59	134.17	8	20	12
第三产业增加值占GDP的比例（%）	53.00	49.53	7.01	12	17	5

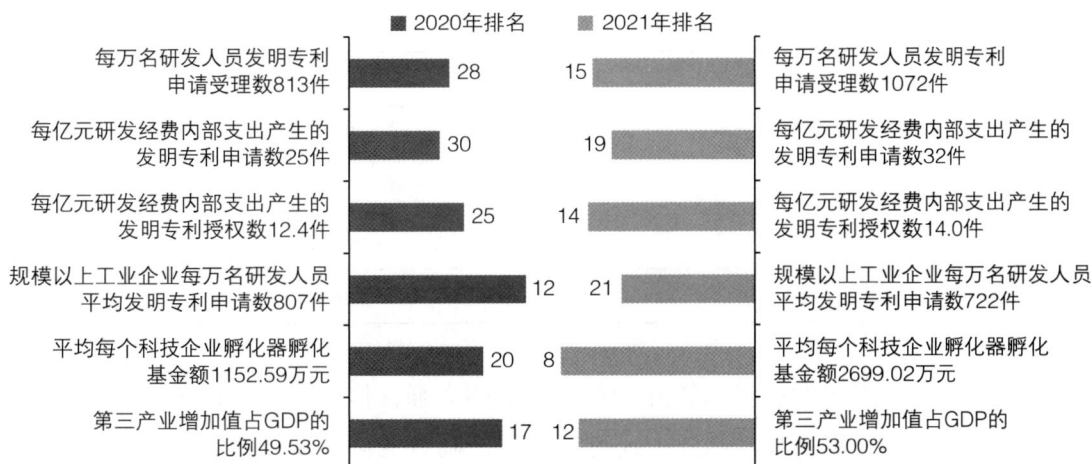

图5-45 2020—2021年山东省部分指标排名对比

图中文字：

2020年排名　2021年排名

| 指标（左：2020年，数值813件等） | 2020排名 | 2021排名 | 指标（右：2021年） |

每万名研发人员发明专利申请受理数813件 — 28 / 15 — 每万名研发人员发明专利申请受理数1072件

每亿元研发经费内部支出产生的发明专利申请数25件 — 30 / 19 — 每亿元研发经费内部支出产生的发明专利申请数32件

每亿元研发经费内部支出产生的发明专利授权数12.4件 — 25 / 14 — 每亿元研发经费内部支出产生的发明专利授权数14.0件

规模以上工业企业每万名研发人员平均发明专利申请数807件 — 12 / 21 — 规模以上工业企业每万名研发人员平均发明专利申请数722件

平均每个科技企业孵化器孵化基金额1152.59万元 — 20 / 8 — 平均每个科技企业孵化器孵化基金额2699.02万元

第三产业增加值占GDP的比例49.53% — 17 / 12 — 第三产业增加值占GDP的比例53.00%

根据中国企业联合会发布的数据显示，在2020中国企业500强榜单中，山东省入围46家企业，较上年减少4家，其中大多数为国有企业的能源、重工业企业（表5-45）。

表5-45 山东省入围2020中国企业500强的前20家企业

排序	企业名称	营业收入（亿元）	排名
1	山东能源集团有限公司	3585.0	57
2	海尔集团公司	2900.2	74
3	兖矿集团有限公司	2854.8	75
4	山东魏桥创业集团有限公司	2792.8	81
5	潍柴控股集团有限公司	2646.0	83
6	山东钢铁集团有限公司	1917.4	113
7	海信集团有限公司	1268.6	168
8	中国重型汽车集团有限公司	1158.5	183
9	山东东明石化集团有限公司	1126.6	186
10	浪潮集团有限公司	1123.4	188
11	南山集团有限公司	1111.7	194
12	日照钢铁控股集团有限公司	984.1	219
13	万达控股集团有限公司	953.3	228
14	利华益集团股份有限公司	910.2	235
15	晨鸣控股有限公司	862.8	246
16	山东高速集团有限公司	847.9	249

排序	企业名称	营业收入（亿元）	排名
17	山东黄金集团有限公司	768.1	269
18	华泰集团有限公司	749.8	275
19	永锋集团有限公司	691.9	287
20	万华化学集团股份有限公司	680.5	289

总体上看，山东经济发展基础较好，企业创新能力强，但产业基础以传统产业为主，在数字经济、生物医药等高新技术产业上还有待提升。随着老龄化及人口流失的不断加剧，山东创新驱动发展亟待解决劳动力不足的高层次人才缺口问题。未来几年，山东应着力加快产业结构升级，引导企业加大研发投入，培育高层次专业人才及高新技术产业集群，更好地实现新旧动能转换。

5.16 河南省

2021年，河南省创新能力排名全国第14位，比2020年下降1位。过去20年来，河南省创新能力排名总体呈现上升态势，从2001年的第19位，逐步提升至2020年的第13位，进步明显（图5-46）。

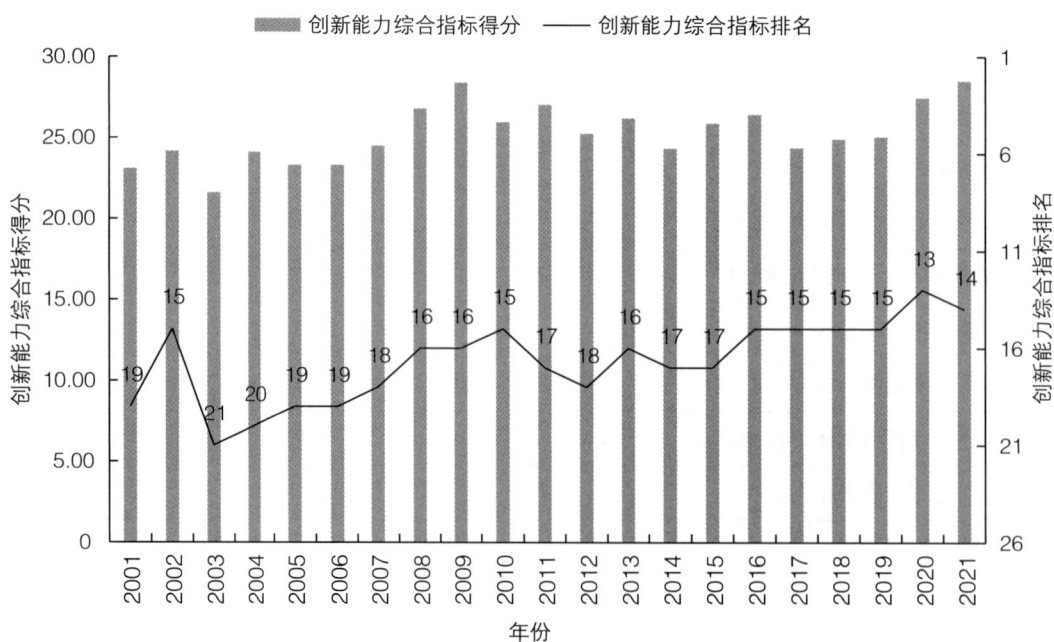

图5-46 2001—2021年河南省创新能力变化趋势

分领域看，多数分领域指标稳步前进，其中，企业创新排名较上年下降 1 位，知识创造排名较上年下降 3 位，知识获取排名较上年提升 5 位，创新环境排名较上年提升 1 位，创新绩效排名较上年下降 1 位（表 5-46，图 5-47）。

表5-46　河南省创新能力综合指标

指标名称	2021 年综合指标		2021 年分项指标排名		
	指标值	排名	实力	效率	潜力
综合值	28.51	14	10	21	17
1　知识创造综合指标	20.56	22	12	27	19
1.1　研究开发投入综合指标	19.92	17	11	21	18
1.2　专利综合指标	20.75	22	13	28	14
1.3　科研论文综合指标	21.44	29	12	26	24
2　知识获取综合指标	19.12	21	15	29	9
2.1　科技合作综合指标	29.17	18	12	24	2
2.2　技术转移综合指标	18.08	15	19	27	7
2.3　外资企业投资综合指标	12.37	25	18	27	19
3　企业创新综合指标	27.12	15	10	23	15
3.1　企业研究开发投入综合指标	41.10	10	6	13	12
3.2　设计能力综合指标	12.70	28	12	31	22
3.3　技术提升能力综合指标	21.46	25	13	30	18
3.4　新产品销售收入综合指标	33.44	12	9	16	11
4　创新环境综合指标	27.64	10	8	27	15
4.1　创新基础设施综合指标	28.55	16	6	26	21
4.2　市场环境综合指标	26.17	15	11	22	10
4.3　劳动者素质综合指标	46.06	3	5	28	1
4.4　金融环境综合指标	11.30	24	13	25	26
4.5　创业水平综合指标	26.12	17	8	17	27
5　创新绩效综合指标	44.35	7	7	5	26
5.1　宏观经济综合指标	42.06	9	5	17	10
5.2　产业结构综合指标	33.12	12	6	12	21

指标名称	2021 年综合指标		2021 年分项指标排名		
	指标值	排名	实力	效率	潜力
5.3 产业国际竞争力综合指标	49.97	2	3	1	31
5.4 就业综合指标	23.60	26	29	10	30
5.5 可持续发展与环保综合指标	73.00	7	22	12	1

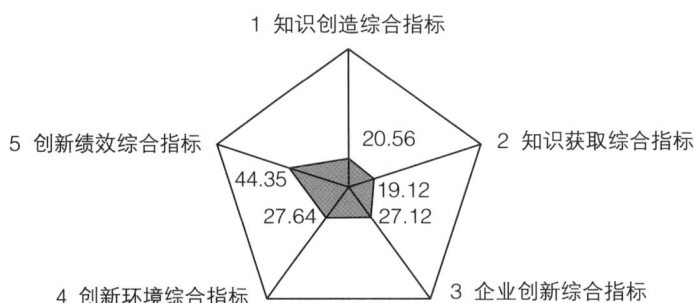

图5-47 河南省创新能力蛛网图

从基础指标看，河南省对科技服务业从业人员占第三产业从业人员比重方面较为重视，增速达 18.05%，排名从第 27 位上升至第 20 位。然而，河南省每万名研发人员发明专利申请受理数和每亿元研发经费内部支出产生的发明专利申请数指标降幅较大，降幅均在 50% 左右；高技术产业新产品销售收入占主营业务收入的比重指标降幅为 34.74%，技术市场企业平均交易额（按流向）和平均每个科技企业孵化器当年毕业企业数降幅在 10% 左右（表 5-47，图 5-48）。

表5-47 河南省变化较大的指标

指标名称	2021 年	2020 年	增速 (%)	2021 年排名	2020 年排名	排名变化
每万名研发人员发明专利申请受理数（件）	726	1482	-51.01	24	12	-12
每亿元研发经费内部支出产生的发明专利申请数（件）	27	57	-52.63	25	10	-15
技术市场企业平均交易额（按流向）（万元／项）	355.71	410.08	-13.26	22	15	-7
科技服务业从业人员占第三产业从业人员比重（%）	3.27	2.77	18.05	20	27	7
平均每个科技企业孵化器当年毕业企业数（家）	6.02	6.83	-11.86	11	5	-6
高技术产业新产品销售收入占主营业务收入的比重（%）	39.32	60.25	-34.74	8	2	-6

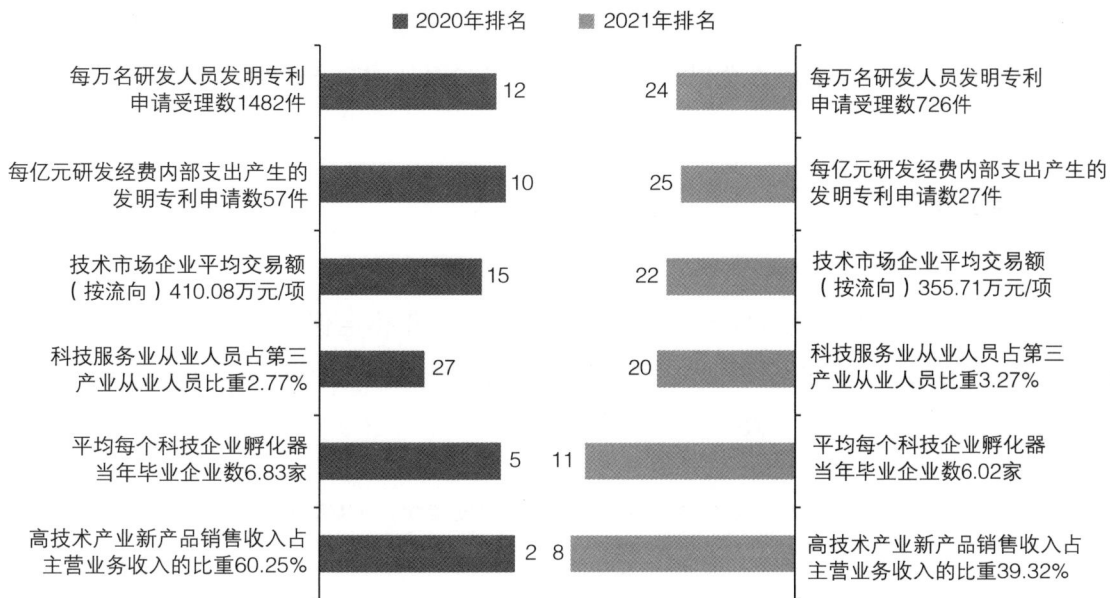

图5-48 2020—2021年河南省部分指标排名对比

根据中国企业联合会发布的数据显示，在2020中国企业500强榜单中，河南省有10家企业入围，比上年增加1家（表5-48）。

表5-48 河南省入围2020中国企业500强的企业

序号	企业名称	营业收入（亿元）	排名
1	河南能源化工集团有限公司	1807.4	122
2	万洲国际有限公司	1660.1	132
3	中国平煤神马能源化工集团有限责任公司	1643.4	133
4	洛阳栾川钼业集团股份有限公司	686.8	288
5	安阳钢铁集团有限责任公司	470.7	392
6	天瑞集团股份有限公司	461.9	397
7	河南豫光金铅集团有限责任公司	446.7	412
8	郑州宇通企业集团	420.6	438
9	万基控股集团有限公司	365.0	494
10	建业控股有限公司	362.7	497

近年来，河南省把企业创新发展摆在核心位置，致力于以创新引领高质量发展，发挥企业在创新中的主体地位，创新能力各领域稳中有升。未来，河南省应持续加大创新投入，

引导产学研合作，鼓励企业增加研发投入，发挥企业创新主体地位，积极培育新产业、新业态、新模式，完善创新生态，打造以创新引领经济社会高质量发展的强大引擎。

5.17 湖北省

2021 年，湖北省创新能力排名全国第 7 位，与上一年排名保持一致。2001—2021 年，湖北省创新能力综合指标的得分和排名整体呈上升趋势，但是不同年份之间存在较大起伏，2017 年后趋于稳定，基本保持逐年上升趋势（图 5-49）。

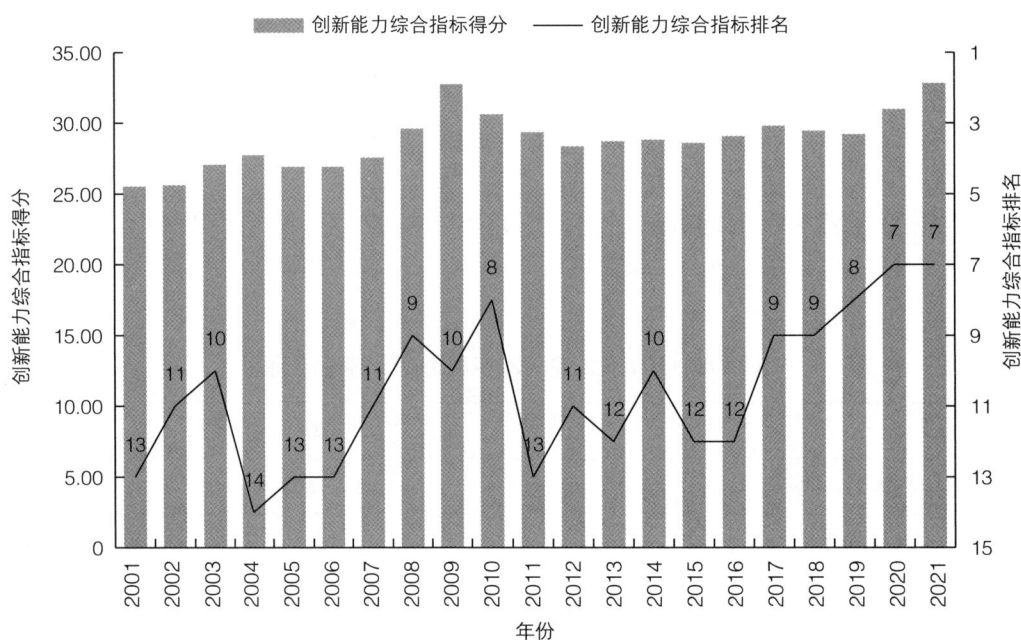

图5-49　2001—2021年湖北省创新能力变化趋势

从分项指标看，实力指标排名全国第 7 位，与上一年保持一致；效率指标排名全国第 9 位，较上一年上升 1 位；潜力指标排名全国第 9 位，较上一年下降 3 位。从指标维度看，知识创造排名第 7 位，较上一年上升 1 位；知识获取排名第 15 位，上升 2 位；企业创新排名第 7 位，上升 2 位；创新环境排名第 9 位，下降 1 位；创新绩效排名第 11 位，下降 2 位（表 5-49，图 5-50）。

表5-49 湖北省创新能力综合指标

指标名称	2021年综合指标		2021年分项指标排名		
	指标值	排名	实力	效率	潜力
综合值	32.83	7	7	9	9
1 知识创造综合指标	31.92	7	8	14	14
1.1 研究开发投入综合指标	26.25	8	9	11	14
1.2 专利综合指标	35.74	10	8	13	13
1.3 科研论文综合指标	35.62	8	6	11	27
2 知识获取综合指标	22.18	15	9	19	20
2.1 科技合作综合指标	37.21	8	6	10	15
2.2 技术转移综合指标	11.54	28	8	25	31
2.3 外资企业投资综合指标	18.88	13	11	12	10
3 企业创新综合指标	37.69	7	7	9	5
3.1 企业研究开发投入综合指标	44.89	8	8	10	8
3.2 设计能力综合指标	29.34	6	7	10	5
3.3 技术提升能力综合指标	30.44	12	12	16	6
3.4 新产品销售收入综合指标	46.68	6	6	8	9
4 创新环境综合指标	28.36	9	9	22	11
4.1 创新基础设施综合指标	30.38	13	8	24	10
4.2 市场环境综合指标	30.81	9	10	13	9
4.3 劳动者素质综合指标	30.21	15	10	30	17
4.4 金融环境综合指标	16.66	14	10	19	13
4.5 创业水平综合指标	33.77	11	5	11	12
5 创新绩效综合指标	41.03	11	9	10	14
5.1 宏观经济综合指标	47.17	7	7	8	7
5.2 产业结构综合指标	35.63	9	9	9	11
5.3 产业国际竞争力综合指标	17.15	16	14	13	23
5.4 就业综合指标	30.62	19	25	7	26
5.5 可持续发展与环保综合指标	74.56	5	17	5	8

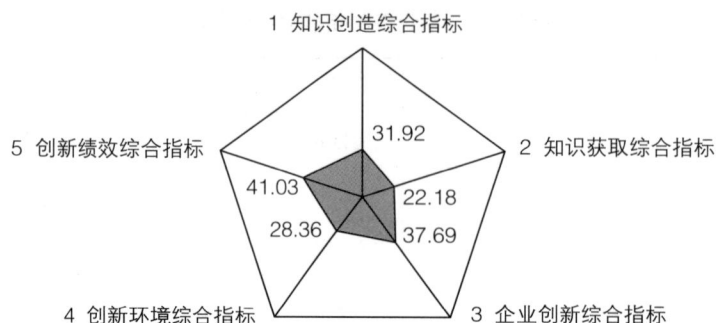

图5-50 湖北省创新能力蛛网图

从基础指标看，湖北省近两年在知识创造方面投入较大，且成效显著，研发经费内部支出产生的发明专利授权数指标排名有较大提升，上升11位；每万名研发人员发明专利授权数也有明显的增长，排名上升6位，增速达12.19%；规模以上工业企业中有研发机构的企业占总企业数的比例增长53.37%；技术市场企业平均交易额和规模以上工业企业国外技术引进金额，较上一年下降幅度较大，均下降6位；科技企业孵化器当年获风险投资额、科技企业孵化器当年风险投资强度，排名较上一年有较大幅度下降。创新绩效是湖北省综合创新能力中表现较为突出的一个指标，但是该指标下的第三产业增加值占GDP的比例这一子指标较上一年下降6位，下降幅度较大，值得关注（表5-50，图5-51）。

表5-50 湖北省变化较大的指标

指标名称	2021年	2020年	增速（%）	2021年排名	2020年排名	排名变化
每万名研发人员发明专利授权数（件）	497	443	12.19	7	13	6
每亿元研发经费内部支出产生的发明专利授权数（件）	15.0	13.9	7.91	10	21	11
技术市场企业平均交易额（按流向）（万元／项）	387.17	481.50	−19.59	17	11	−6
规模以上工业企业国外技术引进金额（万元）	48161.9	98206.3	−50.96	14	8	−6
规模以上工业企业平均国外技术引进金额（万元／项）	3.1	6.3	−50.79	16	12	−4
规模以上工业企业中有研发机构的企业占总企业数的比例（%）	12.96	8.45	53.37	10	15	5
规模以上工业企业每万名研发人员平均发明专利申请数（件）	931	770	20.91	10	14	4
规模以上工业企业平均研发经费外部支出（万元／个）	23.89	22.02	8.49	8	13	5

指标名称	2021 年	2020 年	增速（%）	2021 年排名	2020 年排名	排名变化
科技企业孵化器当年获风险投资额（万元）	87307.7	177052.2	−50.69	12	6	−6
科技企业孵化器当年风险投资强度（万元／项）	239.20	397.87	−39.88	17	11	−6
平均每个科技企业孵化器当年毕业企业数（家）	5.62	6.21	−9.50	13	8	−5
第三产业增加值占 GDP 的比例（%）	50.00	47.58	5.09	26	20	−6
高技术产业新产品销售收入占主营业务收入的比重（%）	41.51	36.49	13.76	6	10	4

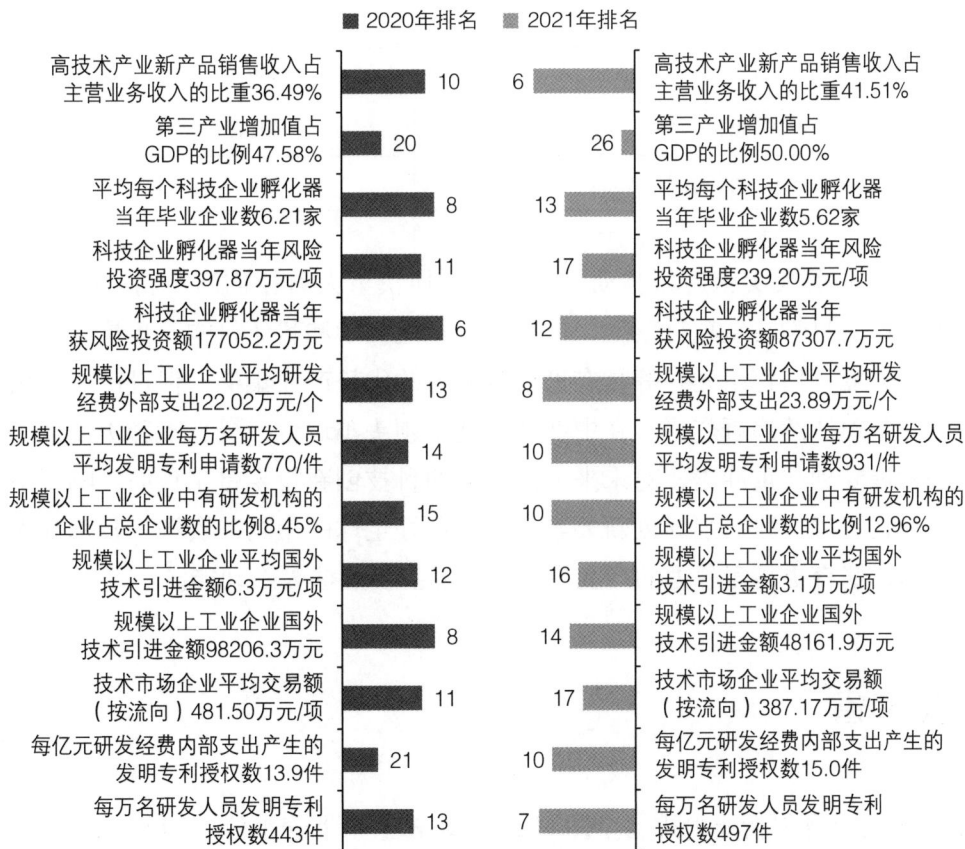

■2020年排名　■2021年排名

	2020年排名	2021年排名	
高技术产业新产品销售收入占主营业务收入的比重36.49%	10	6	高技术产业新产品销售收入占主营业务收入的比重41.51%
第三产业增加值占GDP的比例47.58%	20	26	第三产业增加值占GDP的比例50.00%
平均每个科技企业孵化器当年毕业企业数6.21家	8	13	平均每个科技企业孵化器当年毕业企业数5.62家
科技企业孵化器当年风险投资强度397.87万元/项	11	17	科技企业孵化器当年风险投资强度239.20万元/项
科技企业孵化器当年获风险投资额177052.2万元	6	12	科技企业孵化器当年获风险投资额87307.7万元
规模以上工业企业平均研发经费外部支出22.02万元/个	13	8	规模以上工业企业平均研发经费外部支出23.89万元/个
规模以上工业企业每万名研发人员平均发明专利申请数770/件	14	10	规模以上工业企业每万名研发人员平均发明专利申请数931/件
规模以上工业企业中有研发机构的企业占总企业数的比例8.45%	15	10	规模以上工业企业中有研发机构的企业占总企业数的比例12.96%
规模以上工业企业平均国外技术引进金额6.3万元/项	12	16	规模以上工业企业平均国外技术引进金额3.1万元/项
规模以上工业企业国外技术引进金额98206.3万元	8	14	规模以上工业企业国外技术引进金额48161.9万元
技术市场企业平均交易额（按流向）481.50万元/项	11	17	技术市场企业平均交易额（按流向）387.17万元/项
每亿元研发经费内部支出产生的发明专利授权数13.9件	21	10	每亿元研发经费内部支出产生的发明专利授权数15.0件
每万名研发人员发明专利授权数443件	13	7	每万名研发人员发明专利授权数497件

图5-51　2020—2021年湖北省部分指标排名对比

　　根据中国企业联合会发布的数据显示，在 2020 中国企业 500 强榜单中，湖北省有 11 家企业入围，比上年增加 1 家（恒信汽车集团股份有限公司，居榜单第 382 位）（表 5-51）。

表5-51　湖北省入围2020中国企业500强的11家企业

序号	公司名称	营业收入（亿元）	排名
1	东风汽车集团有限公司	5806.5	25
2	九州通医药集团股份有限公司	995.0	218
3	卓尔控股有限公司	968.4	223
4	中国信息通信科技集团有限公司	542.0	347
5	稻花香集团	538.8	348
6	恒信汽车集团股份有限公司	485.4	382
7	武汉金融控股（集团）有限公司	481.2	387
8	山河控股集团有限公司	470.2	393
9	金澳科技（湖北）化工有限公司	469.2	394
10	宜昌兴发集团有限责任公司	391.5	465
11	武汉商联（集团）股份有限公司	368.9	490

近年来，湖北深入实施创新驱动发展战略，加快重大科技创新平台、国家级创新中心建设，积极推进大科学装置项目落地，依托一批一流大学和科研机构，集聚各种创新要素，加大创新投入力度，培育出光谷等具有世界竞争力的优势产业集群，促进产业结构的持续优化，创新能力呈现持续追赶态势，在中部地区处于领头羊地位。受新冠肺炎疫情影响，近两年湖北经济发展受到严重冲击，对未来一段时期的科技创新投入带来负面影响，下一步湖北应充分发挥科技资源优势，引导创新要素集聚，用好全球的市场、资源、技术和人才，提高产业创新能力，培育更具竞争力的产业集群，为经济发展注入新动能。

5.18　湖南省

2021年，湖南省创新能力排名全国第11位，较上年上升1位。2001—2021年，创新能力综合指标得分和排名总体呈波动上升趋势，起伏较为平缓（图5-52）。

从分项指标看，实力指标、效率指标和潜力指标分别排名全国第11位、第11位和第14位，较上年分别上升1位、上升2位和下降6位。从指标维度看，知识创造排名第18位，较上年上升3位；知识获取排名第14位，上升2位；企业创新排名第8位，与上年持平；创新环境排名第13位，较上年上升3位；创新绩效排名第9位，较上年上升5位（表5-52，图5-53）。

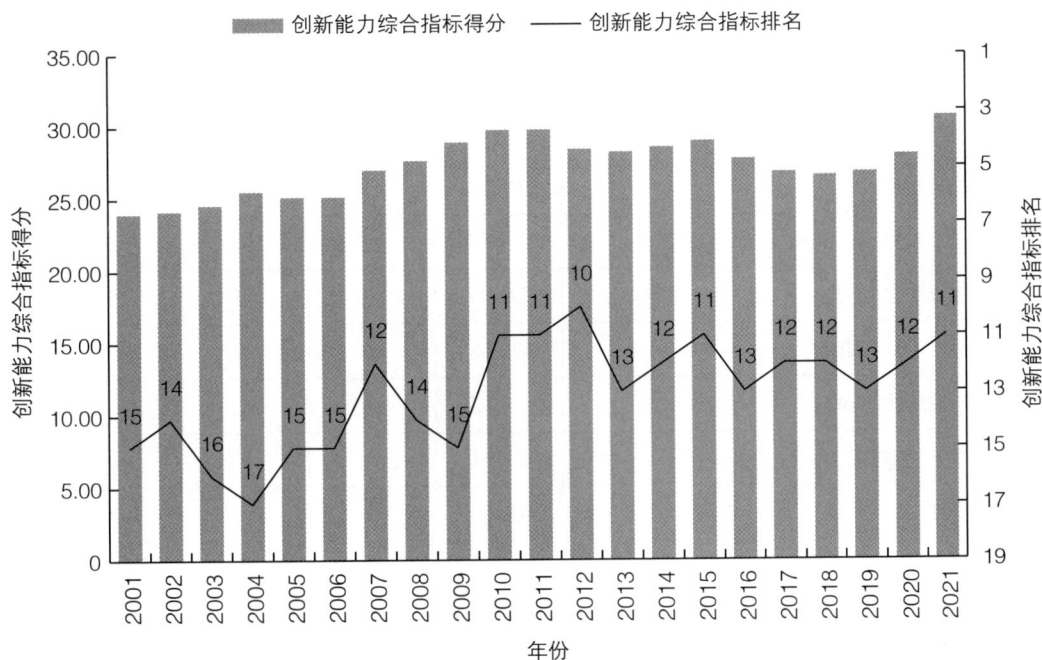

图5-52　2001—2021年湖南省创新能力变化趋势

表5-52　湖南省创新能力综合指标

指标名称	2021年综合指标		2021年分项指标排名		
	指标值	排名	实力	效率	潜力
综合值	30.71	11	11	11	14
1　知识创造综合指标	23.29	18	11	22	25
1.1　研究开发投入综合指标	18.20	19	13	20	24
1.2　专利综合指标	26.30	17	11	22	16
1.3　科研论文综合指标	27.43	18	9	17	30
2　知识获取综合指标	22.49	14	13	16	13
2.1　科技合作综合指标	36.25	9	11	7	21
2.2　技术转移综合指标	17.45	17	13	24	10
2.3　外资企业投资综合指标	15.96	19	15	18	12
3　企业创新综合指标	34.69	8	8	8	18
3.1　企业研究开发投入综合指标	46.84	5	9	7	11
3.2　设计能力综合指标	24.61	12	9	16	12
3.3　技术提升能力综合指标	27.10	17	9	15	28
3.4　新产品销售收入综合指标	39.20	8	8	7	26

续表

指标名称	2021年综合指标		2021年分项指标排名		
	指标值	排名	实力	效率	潜力
4 创新环境综合指标	26.52	13	11	20	18
4.1 创新基础设施综合指标	28.53	17	10	22	12
4.2 市场环境综合指标	24.98	17	15	25	13
4.3 劳动者素质综合指标	28.68	19	8	26	25
4.4 金融环境综合指标	14.92	16	12	16	18
4.5 创业水平综合指标	35.51	8	9	6	14
5 创新绩效综合指标	42.68	9	11	13	1
5.1 宏观经济综合指标	39.20	11	9	14	5
5.2 产业结构综合指标	29.92	13	12	14	14
5.3 产业国际竞争力综合指标	32.34	7	12	6	8
5.4 就业综合指标	40.30	8	23	8	2
5.5 可持续发展与环保综合指标	71.65	9	15	10	12

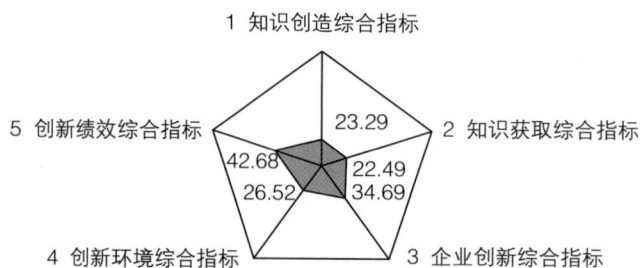

图5-53 湖南省创新能力蛛网图

从基础指标看，湖南省知识创造综合指标中的每亿元研发经费内部支出产生的发明专利申请数及知识获取综合指标中的技术市场企业平均交易额（按流向）这两个子指标的排名较上一年分别提升9位和8位，上升幅度较大。但是，知识获取综合指标中的规模以上工业企业平均国内技术成交金额子指标排名较上一年下降9位；企业创新综合指标中的规模以上工业企业平均研发经费外部支出子指标排名较上一年下降8位，下降幅度较大（表5-53，图5-54）。

表5-53　湖南省变化较大的指标

指标名称	2021年	2020年	增速(%)	2021年排名	2020年排名	排名变化
每万名研发人员发明专利申请受理数（件）	1034	1020	1.37	18	24	6
每亿元研发经费内部支出产生的发明专利申请数（件）	33	36	−8.33	18	27	9
技术市场交易金额（按流向）（万元）	3437257	1946548	76.58	19	23	4
技术市场企业平均交易额（按流向）（万元／项）	363.35	301.51	20.51	20	28	8
规模以上工业企业国内技术成交金额（万元）	38831.5	90852.2	−57.26	20	13	−7
规模以上工业企业平均国内技术成交金额（万元／项）	2.34	5.66	−58.66	26	17	−9
外商投资企业年底注册资金中外资部分（亿美元）	606.38	627.54	−3.37	15	11	−4
规模以上工业企业平均研发经费外部支出（万元／个）	17.86	23.98	−25.52	17	9	−8
平均每个科技企业孵化器创业导师人数（人）	17	15	13.33	8	15	7
科技服务业从业人员占第三产业从业人员比重（%）	3.55	3.47	2.31	14	18	4
6岁及6岁以上人口中大专以上学历所占的比例（%）	13.21	11.88	11.20	20	24	4

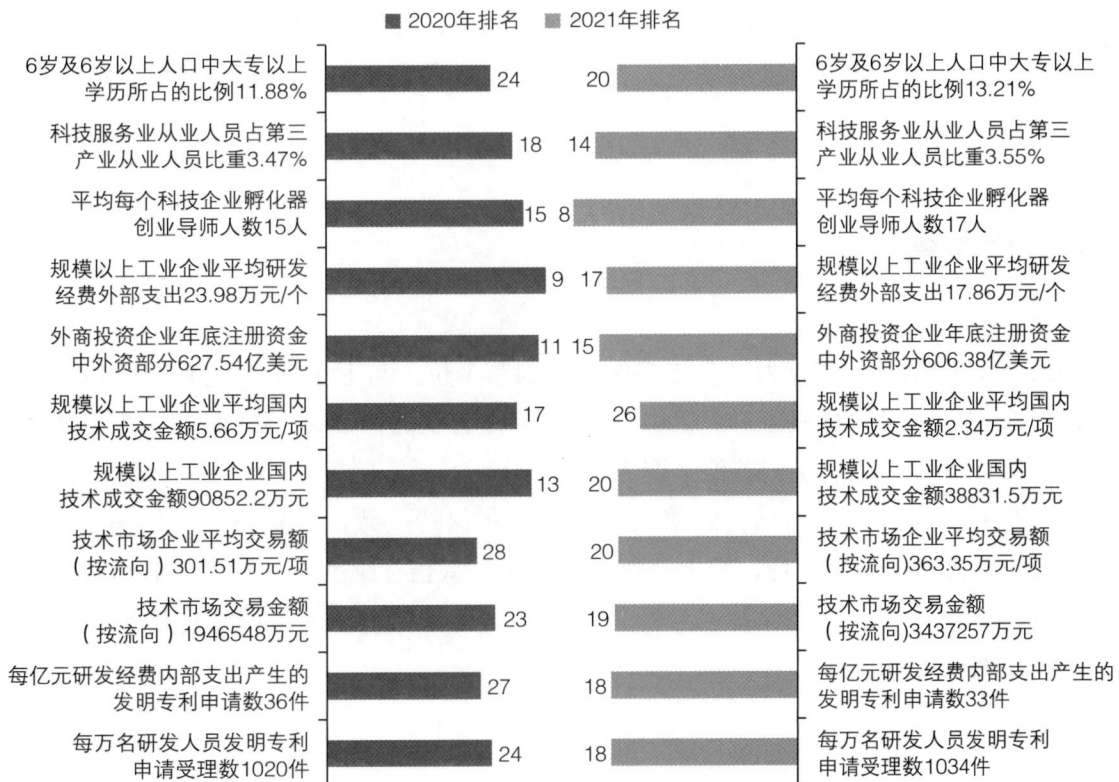

图5-54　2020—2021年湖南省部分指标排名对比

根据中国企业联合会发布的数据显示，在 2020 中国企业 500 强榜单中，湖南省有 7 家企业入围，比上年增加 1 家（中联重科股份有限公司）（表 5-54）。

表5-54　湖南省入围2020中国企业500强的7家企业

序号	公司名称	营业收入（亿元）	排名
1	湖南华菱钢铁集团有限责任公司	1330.9	154
2	湖南建工集团有限公司	1024.8	211
3	三一集团有限公司	875.8	243
4	湖南博长控股集团有限公司	510.3	364
5	大汉控股集团有限公司	463.2	396
6	中联重科股份有限公司	433.1	419
7	步步高投资集团股份有限公司	415.3	443

近些年来，湖南省坚持以创新驱动高质量发展，深入实施创新引领开放崛起战略，高度关注制造业创新，以技术创新推动制造业的高质量发展，力争打造国家重点先进制造业高地。未来，湖南省应继续按照相关计划提高综合创新能力，推动区域创新协调发展，并通过体制机制改革，营造良好的创新环境，提高对外开放水平，积极推进科技合作和技术转移，吸引外资企业投资。此外，还应该建立完善的科技成果奖励方法，充分释放科研人员创新活力。

5.19　广东省

2021 年，广东省创新能力排名依旧保持全国第 1 位，与上年排名保持一致。过去 20 多年来，广东省排名呈阶梯式上升，2001—2007 年排名全国第 3 位，2008—2016 年排名升至第 2 位，2017 年以来稳居全国首位（图 5-55）。

从分项指标看，实力指标、效率指标与上一年保持一致，分别排名全国第 1 位和第 3 位；潜力指标排名全国第 1 位，较上一年上升 4 位。从指标维度看，知识创造和知识获取均排名全国第 2 位，与上一年保持一致；企业创新、创新环境和创新绩效均排名全国第 1 位（表 5-55，图 5-56）。

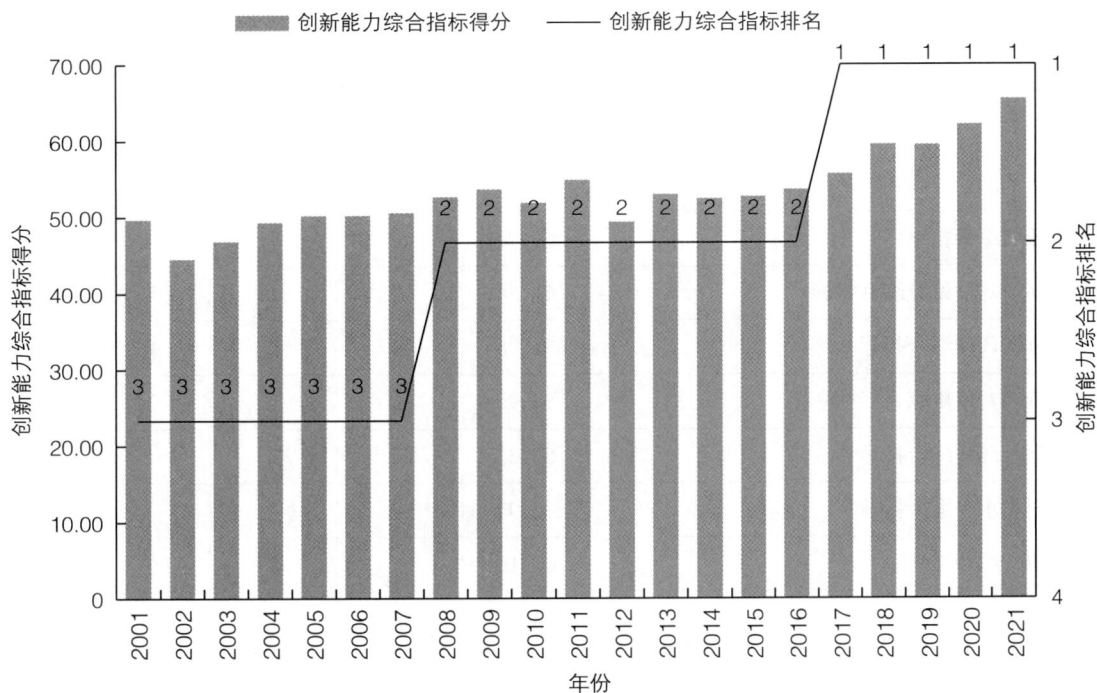

图5-55 2001—2021年广东省创新能力变化趋势

表5-55 广东省创新能力综合指标

指标名称	2021 年综合指标		2021 年分项指标排名		
	指标值	排名	实力	效率	潜力
综合值	65.49	1	1	3	1
1　知识创造综合指标	53.08	2	2	16	1
1.1　研究开发投入综合指标	52.71	2	2	7	2
1.2　专利综合指标	64.67	2	2	11	2
1.3　科研论文综合指标	30.60	13	4	30	14
2　知识获取综合指标	55.36	2	1	6	14
2.1　科技合作综合指标	34.93	11	3	28	14
2.2　技术转移综合指标	68.69	1	1	4	11
2.3　外资企业投资综合指标	60.68	2	1	6	17
3　企业创新综合指标	82.23	1	1	2	1
3.1　企业研究开发投入综合指标	89.54	1	1	3	2
3.2　设计能力综合指标	78.15	1	1	2	6
3.3　技术提升能力综合指标	70.76	1	1	7	1

指标名称	2021 年综合指标		2021 年分项指标排名		
	指标值	排名	实力	效率	潜力
3.4　新产品销售收入综合指标	88.85	1	1	2	7
4　创新环境综合指标	61.71	1	1	4	4
4.1　创新基础设施综合指标	61.56	1	1	15	16
4.2　市场环境综合指标	64.78	2	2	4	4
4.3　劳动者素质综合指标	58.96	1	1	24	9
4.4　金融环境综合指标	50.32	2	2	5	8
4.5　创业水平综合指标	72.93	1	1	4	2
5　创新绩效综合指标	66.19	1	1	2	21
5.1　宏观经济综合指标	70.72	2	1	6	16
5.2　产业结构综合指标	71.41	1	1	4	13
5.3　产业国际竞争力综合指标	60.39	1	1	8	21
5.4　就业综合指标	73.67	1	1	1	16
5.5　可持续发展与环保综合指标	54.76	27	30	14	19

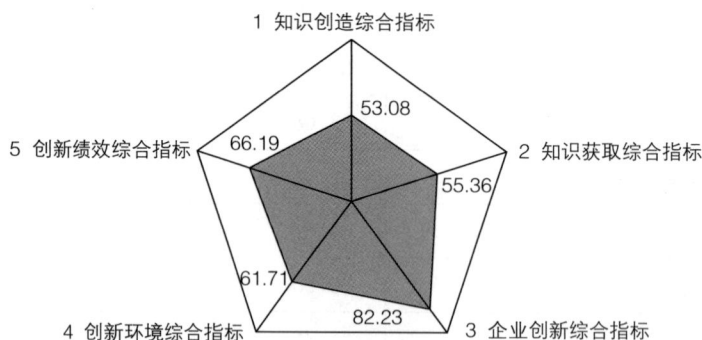

图5-56　广东省创新能力蛛网图

　　从基础指标看，广东省 2021 年在创新环境方面投入巨大，科技服务业从业人员占第三产业从业人员比重、6 岁及 6 岁以上人口中大专以上学历所占的比例两个指标的全国排名，较上一年分别提升 5 位和 9 位。但是，每亿元研发经费内部支出产生的发明专利申请数指标的全国排名较上一年下降 5 位，规模以上工业企业平均技术改造经费支出的全国排名较上一年下降 4 位，下降幅度较大（表 5-56，图 5-57）。

表5-56　广东省变化较大的指标

指标名称	2021年	2020年	增速(%)	2021年排名	2020年排名	排名变化
政府研发投入占GDP的比例（%）	0.37	0.29	27.59	11	13	2
每亿元研发经费内部支出产生的发明专利申请数（件）	26	42	−38.10	26	21	−5
每万名研发人员发明专利授权数（件）	547	521	4.99	6	8	2
技术市场企业平均交易额（按流向）（万元／项）	595.34	501.32	18.75	7	9	2
规模以上工业企业平均国内技术成交金额（万元／项）	46.89	34.41	36.27	2	4	2
规模以上工业企业就业人员中研发人员比重（%）	6.05	6.29	−3.82	7	5	−2
规模以上工业企业平均技术改造经费支出（万元／个）	101.9	95.4	6.81	14	10	−4
有电子商务交易活动的企业数占总企业数的比重（%）	10.80	9.76	10.66	11	14	3
科技服务业从业人员占第三产业从业人员比重（%）	4.44	4.16	6.73	6	11	5
6岁及6岁以上人口中大专以上学历所占的比例（%）	14.39	12.41	15.95	13	22	9
第三产业增加值占GDP的比例（%）	55.50	54.23	2.34	5	8	3
高技术产业新产品销售收入占主营业务收入的比重（%）	47.1	44.6	5.61	4	6	2

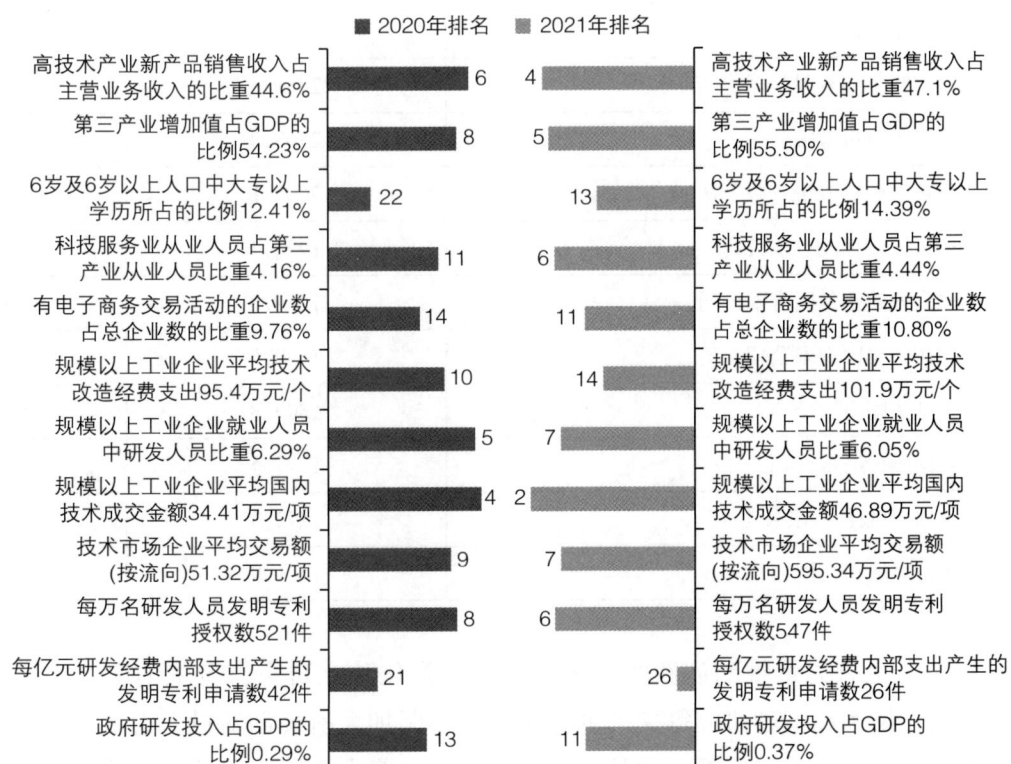

图5-57　2020—2021年广东省部分指标排名对比

　　根据中国企业联合会发布的数据显示，在 2020 中国企业 500 强榜单中，广东省共有 58 家企业入围，包括华为、格力、比亚迪等实力强劲的国内领先企业，也有腾讯和网易等数字经济企业，这些企业在各自行业内均处于领先地位，彰显了广东省强劲的创新发展动力（表 5-57）。

表5-57　广东省入围2020中国企业500强的前20家企业

序号	公司名称	营业收入（亿元）	排名
1	中国平安保险（集团）股份有限公司	11688.7	6
2	华为投资控股有限公司	8588.3	11
3	正威国际集团有限公司	6139.0	23
4	中国南方电网有限责任公司	5663.4	27
5	碧桂园控股有限公司	4859.1	38
6	恒大集团有限公司	4775.6	39
7	招商银行股份有限公司	3971.6	48
8	腾讯控股有限公司	3772.9	52
9	广州汽车工业集团有限公司	3707.2	54
10	万科企业股份有限公司	3678.9	55
11	雪松控股集团有限公司	2851.6	76
12	美的集团股份有限公司	2793.8	80
13	珠海格力电器股份有限公司	2005.1	107
14	深圳市投资控股有限公司	1993.4	108
15	中国南方航空集团有限公司	1550.0	136
16	广州医药集团有限公司	1330.5	155
17	华侨城集团有限公司	1309.8	158
18	比亚迪股份有限公司	1277.4	165
19	TCL 集团股份有限公司	1273.3	167
20	顺丰控股股份有限公司	1121.9	190

　　广东省集中全省力量推动创新驱动发展战略，强化独立自主、自主创新，瞄准核心竞争力、关键核心技术和基础研究等关键创新领域，不断加大科技创新投入力度，着力完善以企业为主体的区域技术创新体系。此外，抓住建设粤港澳大湾区全球数字经济发展高地的机遇，广东省还大力发展数字经济，围绕要素流通、核心技术产业发展、数字化转型、数字

治理、数字经济基础设施建设等关键环节，强化数字经济创新要素高效配置，充分发挥数据作为数字生产要素的重要价值，着力提升数字化生产力。同时，深化5G、移动互联网、物联网、人工智能、大数据、云计算、区块链等新一代信息技术的融合应用，大力培育新业态新模式，加快经济社会各领域数字化转型步伐，探索数字经济创新发展新思路、新模式、新路径。

但是，区域发展不协调问题仍是广东省亟待解决的一大关键问题，目前广东省大力实施东西北地区振兴发展战略，全省区域差距扩大的趋势有所减缓，但是发展差距偏大的格局尚未得到根本转变，粤东、粤西和粤北地区的内生发展动力亟待增强，基础设施建设和基本公共服务均等化方面依旧存在短板，仍未形成各具特色、协同协调的区域发展格局。因此，充分发挥广州、深圳等中心城市的辐射带动作用，缩小周边城市与中心城市的发展差距是广东省提高区域创新能力和整体发展水平的关键所在。

5.20　广西壮族自治区

2021年，广西壮族自治区创新能力排名第24位，较上一年下降1位。2001—2021年，广西的创新能力综合指标得分总体呈上升趋势，但是指标排名整体未出现上升趋势（图5-58）。

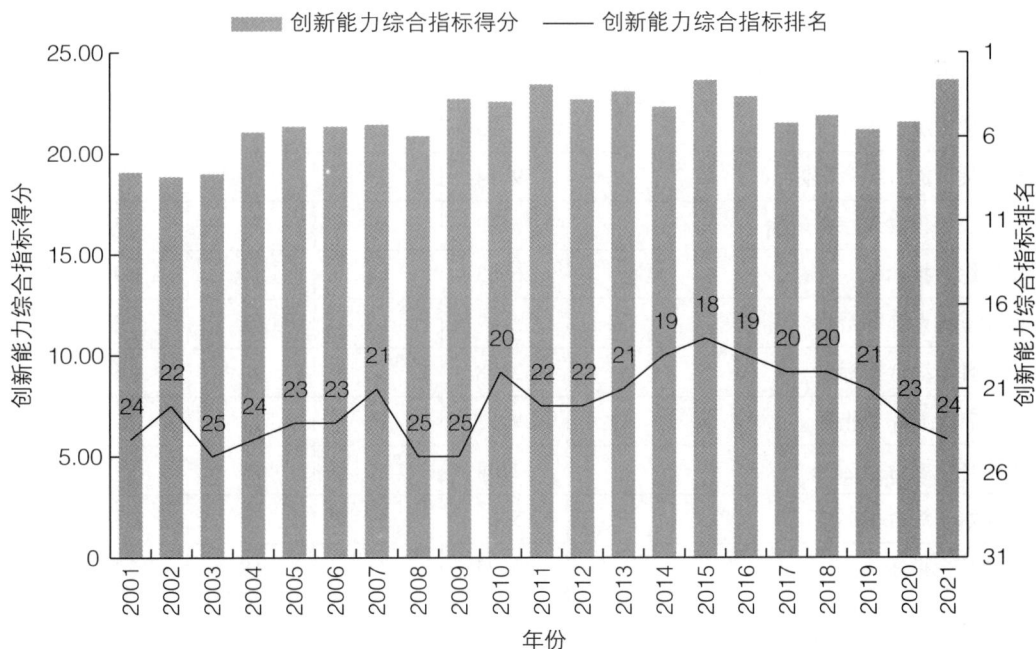

图5-58　2001—2021年广西壮族自治区创新能力变化趋势

从分项指标看，创新实力指标排名第20位，较上年下降1位；创新效率指标排名第26位，较上年下降6位，创新潜力指标排名第18位，较上年上升2位。分领域看，知识创造综合指标排名第 23 位，较上一年下降 10 位；知识获取综合指标排名第 25 位，较上一年上升 3 位；企业创新综合指标排名第 25 位，较上一年下降 1 位；创新环境综合指标排名第 14 位，较上一年上升 11 位；创新绩效综合指标排名第 24 位，较上一年下降 6 位（表 5-58，图 5-59）。

表5-58　广西壮族自治区创新能力综合指标

指标名称	2021 年综合指标		2021 年分项指标排名		
	指标值	排名	实力	效率	潜力
综合值	23.63	24	20	26	18
1　知识创造综合指标	20.36	23	21	13	29
1.1　研究开发投入综合指标	16.63	24	22	28	15
1.2　专利综合指标	21.67	21	19	6	31
1.3　科研论文综合指标	25.22	23	22	15	16
2　知识获取综合指标	17.66	25	22	28	8
2.1　科技合作综合指标	15.46	30	22	27	30
2.2　技术转移综合指标	21.95	11	23	16	2
2.3　外资企业投资综合指标	16.08	18	20	21	9
3　企业创新综合指标	21.19	25	20	22	27
3.1　企业研究开发投入综合指标	21.44	25	22	26	18
3.2　设计能力综合指标	12.33	29	22	22	28
3.3　技术提升能力综合指标	39.14	5	14	4	2
3.4　新产品销售收入综合指标	16.12	30	21	17	28
4　创新环境综合指标	26.33	14	19	29	1
4.1　创新基础设施综合指标	32.04	12	11	27	1
4.2　市场环境综合指标	32.08	8	24	16	1
4.3　劳动者素质综合指标	29.52	16	17	19	13
4.4　金融环境综合指标	12.34	21	28	29	10
4.5　创业水平综合指标	25.68	19	18	25	8
5　创新绩效综合指标	30.23	24	18	22	24
5.1　宏观经济综合指标	21.73	25	19	29	22
5.2　产业结构综合指标	17.62	26	20	29	17
5.3　产业国际竞争力综合指标	18.72	15	18	15	14
5.4　就业综合指标	29.03	22	14	15	29
5.5　可持续发展与环保综合指标	64.06	17	12	21	24

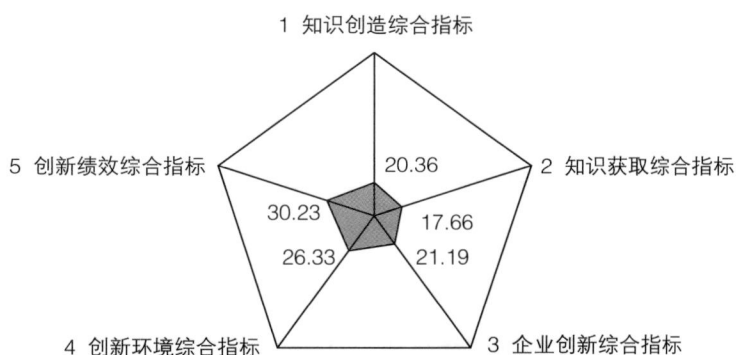

图5-59 广西壮族自治区创新能力蛛网图

从基础指标看，广西壮族自治区的技术市场企业平均交易额（按流向）、平均每个科技企业孵化器当年毕业企业数和科技企业孵化器当年毕业企业数这3个指标的全国排名较上一年有较大幅度的提升。但是，科技企业孵化器当年风险投资强度、规模以上工业企业每万名研发人员平均发明专利申请数、每万名研发人员发明专利授权数这3个指标的全国排名较上一年有较大幅度的下降（表5-59，图5-60）。

表5-59 广西壮族自治区变化较大的指标

指标名称	2021年	2020年	增速（%）	2021年排名	2020年排名	排名变化
每万名研发人员发明专利申请受理数（件）	1186	2366	−49.87	9	3	−6
每万名研发人员发明专利授权数（件）	414	577	−28.25	14	6	−8
技术市场交易金额（按流向）（万元）	3167212	1922079	64.78	20	24	4
技术市场企业平均交易额（按流向）（万元／项）	602.59	468.11	28.73	6	13	7
规模以上工业企业平均国内技术成交金额（万元／项）	3.23	2.11	53.08	21	26	5
规模以上工业企业每万名研发人员平均发明专利申请数（件）	812	877	−7.41	18	9	−9
规模以上工业企业平均研发经费外部支出（万元／个）	12.00	7.64	57.07	24	29	5
规模以上工业企业技术改造经费支出（万元）	1748773.0	634775.8	175.49	8	16	8
规模以上工业企业平均技术改造经费支出（万元／个）	282.7	104.8	169.75	3	8	5
平均每个科技企业孵化器创业导师人数（人）	12	13	−7.69	24	19	−5
科技企业孵化器当年获风险投资额（万元）	22140.1	55305.1	−59.97	18	14	−4
科技企业孵化器当年风险投资强度（万元／项）	180.00	658.39	−72.66	21	5	−16
科技企业孵化器孵化基金总额（万元）	22034	13675	61.13	26	30	4
科技企业孵化器当年毕业企业数（家）	435	231	88.31	18	24	6
平均每个科技企业孵化器当年毕业企业数（家）	4.1	2.6	57.69	20	29	9
第三产业增加值占GDP的比例（%）	50.7	45.5	11.43	21	26	5

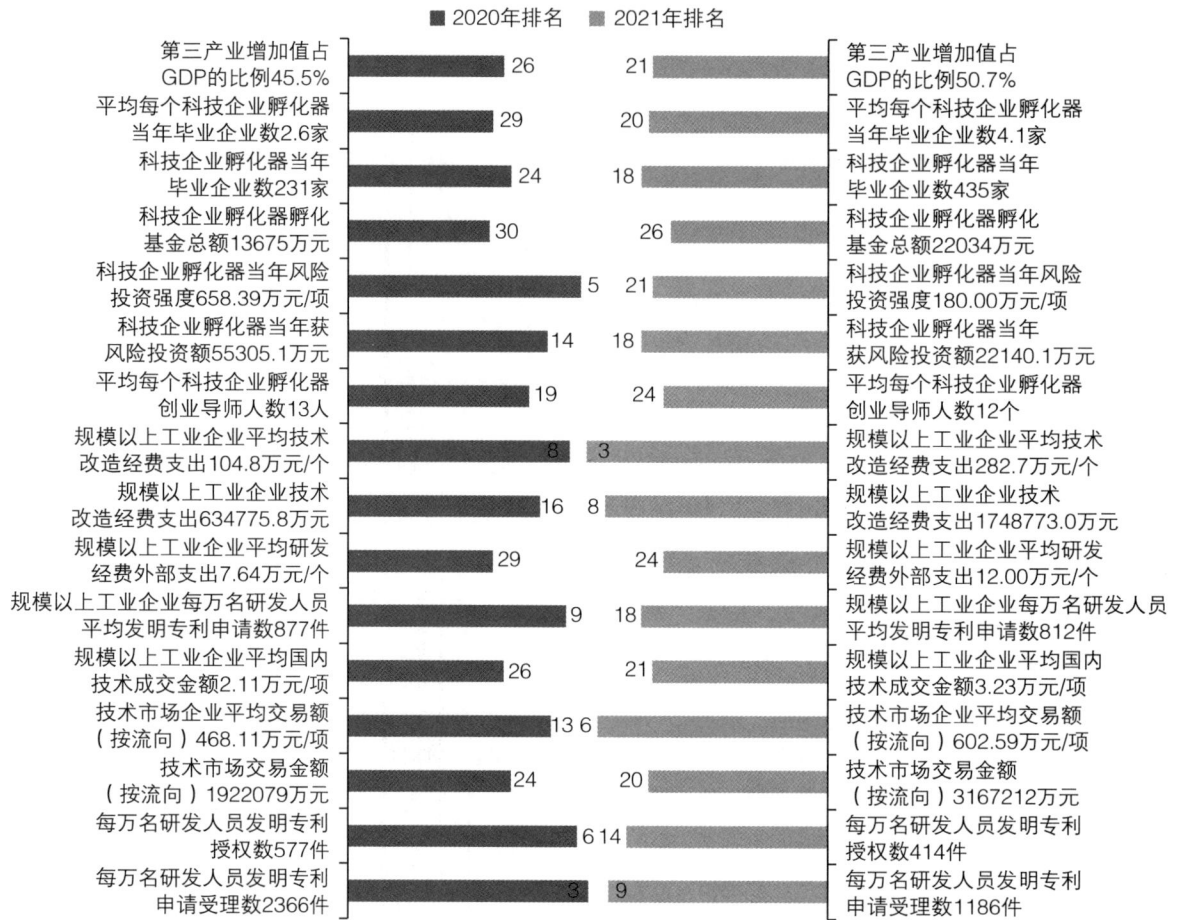

图5-60　2020—2021年广西壮族自治区部分指标排名对比

　　根据中国企业联合会发布的数据显示，在2020中国企业500强榜单中，广西壮族自治区共入围8家企业，较上一年增加2家企业，分别是广西交通投资集团有限公司居榜单第388位，广西盛隆冶金有限公司居榜单第499位（表5-60）。

表5-60　广西壮族自治区入围2020中国企业500强的8家企业

序号	企业名称	营业收入（亿元）	排名
1	广西投资集团有限公司	1800.3	124
2	广西建工集团有限责任公司	1130.2	185
3	广西柳州钢铁集团有限公司	1013.6	214
4	广西北部湾国际港务集团有限公司	706.9	284
5	广西交通投资集团有限公司	480.4	388
6	广西北部湾投资集团有限公司	461.6	399
7	广西玉柴机器集团有限公司	409.9	450
8	广西盛隆冶金有限公司	360.3	499

近两年，广西的知识获取和企业创新能力略有提高，但是国内排名依旧较为落后；在创新培育和技术转移方面存在短板，但是创新环境有了一定程度的改善。传统产业是广西制造业的支柱，面对传统产业竞争力下降、发展动力减弱等挑战，广西加快推进重大产业项目建设，为制造业高质量发展注入了活力。广西在"一带一路"和中国－东盟命运共同体建设中具有重要的战略地位和独特的作用，但是综合创新水平较低，在未来广西应该努力推进沿海沿江沿边三大区域协调发展、联动发展，打造西南中南地区开放发展新的战略支点，形成"一带一路"有机衔接的重要门户，完成新的历史使命。

5.21　海南省

2021 年，海南省创新能力排名第 23 位，较上年下降 5 位。近 20 年，海南省创新能力综合指标排名波动较大，2002 年排名最低，居全国第 30 位，2015 年排名最高，居全国第 13 位（图 5-61）。海南作为全国最大的经济特区，区位优势明显，拥有全国最好的生态环境，具有成为全国改革开放试验田的独特优势，创新驱动发展潜力较大，但同时海南省经济基础薄弱，现代产业体系不稳固，创新发展动能不足，使其创新能力综合排名波动较大。

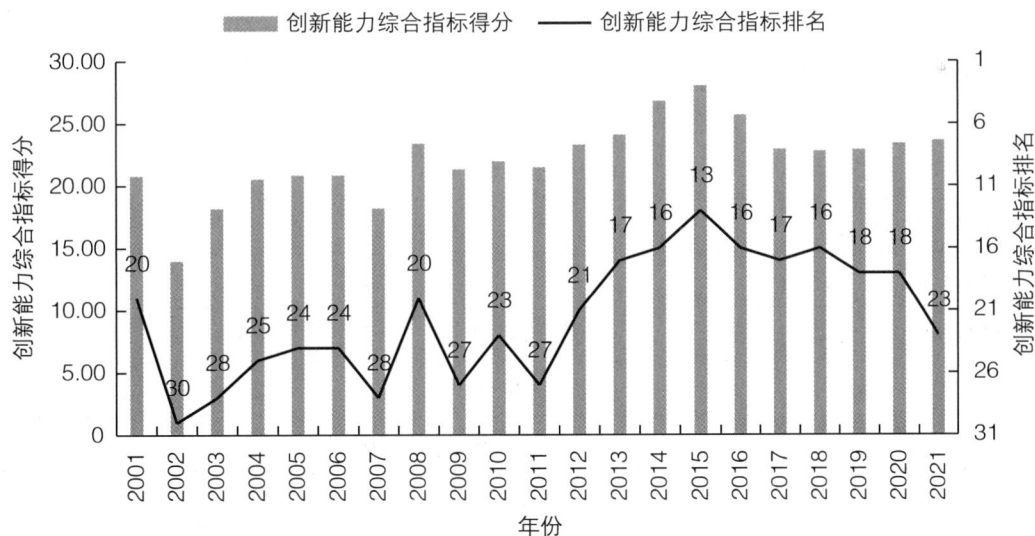

图5-61　2001—2021年海南省创新能力变化趋势

分领域看，创新环境排名有所提升，从第 17 位上升至第 11 位；创新绩效排名与上年一致；知识获取排名降幅最大，从第 6 位下降到第 16 位；知识创造和企业创新排名较上年分别下降 1 位和 3 位（表 5-61，图 5-62）。

表5-61　海南省创新能力综合指标

指标名称	2021年综合指标		2021年分项指标排名		
	指标值	排名	实力	效率	潜力
综合值	23.65	23	27	13	24
1　知识创造综合指标	23.90	17	28	7	16
1.1　研究开发投入综合指标	12.26	28	29	25	23
1.2　专利综合指标	33.53	12	28	8	7
1.3　科研论文综合指标	27.91	17	28	9	20
2　知识获取综合指标	21.44	16	25	7	24
2.1　科技合作综合指标	23.27	25	29	12	16
2.2　技术转移综合指标	14.81	22	30	13	16
2.3　外资企业投资综合指标	25.04	9	12	4	26
3　企业创新综合指标	14.23	30	29	25	30
3.1　企业研究开发投入综合指标	14.07	29	30	27	29
3.2　设计能力综合指标	13.30	27	29	7	30
3.3　技术提升能力综合指标	26.36	18	29	6	17
3.4　新产品销售收入综合指标	3.70	31	30	31	29
4　创新环境综合指标	27.56	11	28	7	2
4.1　创新基础设施综合指标	26.29	20	28	12	9
4.2　市场环境综合指标	28.47	11	20	17	5
4.3　劳动者素质综合指标	27.81	20	28	7	6
4.4　金融环境综合指标	14.83	17	29	14	14
4.5　创业水平综合指标	40.38	6	28	2	3
5　创新绩效综合指标	32.01	20	16	20	19
5.1　宏观经济综合指标	19.10	27	28	16	25
5.2　产业结构综合指标	13.08	30	28	28	26
5.3　产业国际竞争力综合指标	16.20	19	27	28	3
5.4　就业综合指标	38.66	10	7	13	14
5.5　可持续发展与环保综合指标	73.03	6	1	17	29

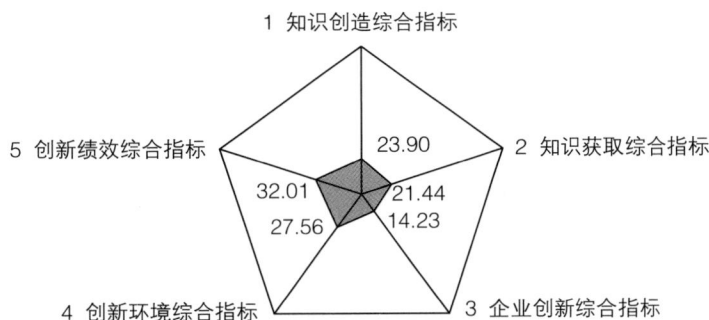

图5-62　海南省创新能力蛛网图

从基础指标看，海南省积极促进创业投资与创业孵化紧密结合，建立"创业苗圃＋孵化器＋加速器"的创业孵化服务链条，在平均每个科技企业孵化器当年毕业企业数、规模以上工业企业平均国内技术成交金额方面高速增长，其中平均每个科技企业孵化器当年毕业企业数的排名变化较大，较上年上升17位；每万名研发人员发明专利申请受理数、每亿元研发经费内部支出产生的发明专利申请数两个指标排名分别较上年上升8位和6位。但在科技企业孵化器当年风险投资强度、技术市场企业平均交易额（按流向）、平均每个科技企业孵化器创业导师人数方面有所下降（表5-62，图5-63）。

表5-62　海南省变化较大的指标

指标名称	2021年	2020年	增速（%）	2021年排名	2020年排名	排名变化
平均每个科技企业孵化器当年毕业企业数（家）	8.25	4.33	90.53	3	20	17
每万名研发人员发明专利申请受理数（件）	1315	1392	−5.53	7	15	8
每亿元研发经费内部支出产生的发明专利申请数（件）	64	70	−8.57	2	8	6
规模以上工业企业平均国内技术成交金额（万元／项）	15.16	6.18	145.31	10	14	4
每万名研发人员发明专利授权数（件）	364	363	0.28	16	19	3
6岁及6岁以上人口中大专以上学历所占的比例（%）	14.70	16.65	−11.71	11	7	−4
规模以上工业企业中有研发机构的企业占总企业数的比例（%）	8.01	9.20	−12.93	20	13	−7
平均每个科技企业孵化器创业导师人数（人）	15	19	−21.05	15	7	−8
技术市场企业平均交易额（按流向）（万元／项）	362.48	495.70	−26.88	21	10	−11
科技企业孵化器当年风险投资强度（万元／项）	101.88	461.92	−77.94	28	9	−19

■ 2020年排名　■ 2021年排名

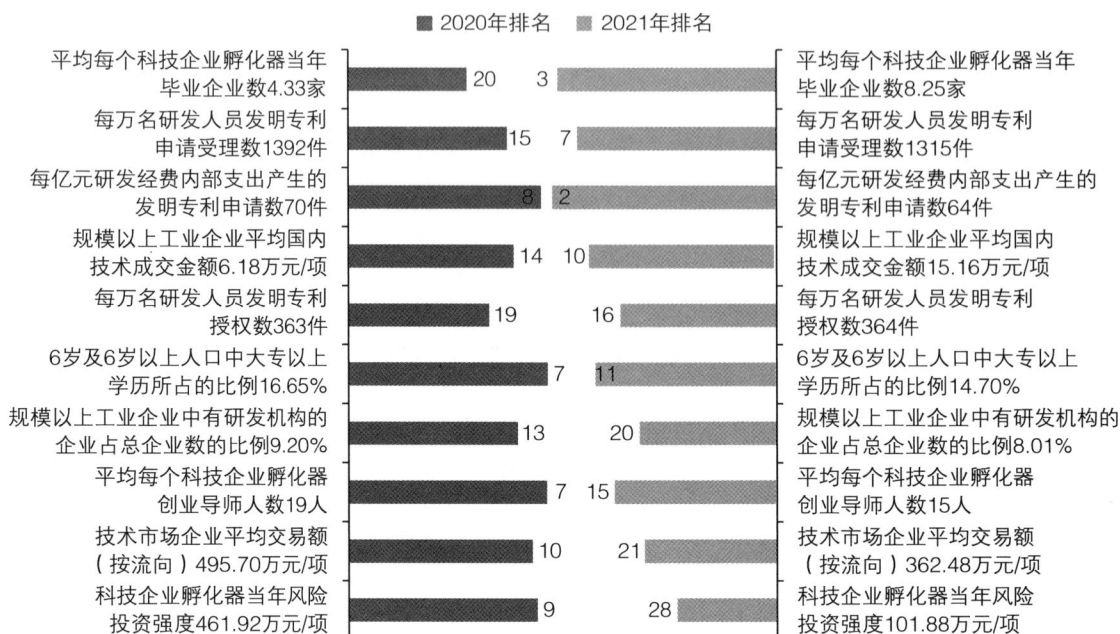

图5-63　2020—2021年海南省部分指标排名对比

根据中国企业联合会发布的数据显示，在2020中国企业500强榜单中，海南省没有企业入围，较上年无变化。

近年来，海南省重视创新创业载体引进与建设，创新环境排名获得较大提升，但是在知识获取方面优势丧失，尤其是技术市场企业平均交易额下降明显。未来，海南省应紧扣《海南自由贸易港建设总体方案》要求，立足海南区位优势，聚焦"陆海空"特色领域，充分发挥海南自由贸易港政策优势，汇聚国内外优质创新资源，推进创新要素跨境流动，打造具有海南特色的区域开放创新体系。

5.22　重庆市

2021年，重庆市创新能力排名全国第12位，较上年下降2位。过去20多年，重庆市创新能力排名波动较大，特别是2012年之前呈现反复升降的态势，2013—2019年排名稳中有升，最近两年排名有所下滑，但在中西部地区处于领先地位（图5-64）。

分领域看，知识创造、企业创新排名较上年无变化，知识获取下降8位至第18位，创新环境下降4位至第16位，创新绩效下降5位至第12位（表5-63，图5-65）。

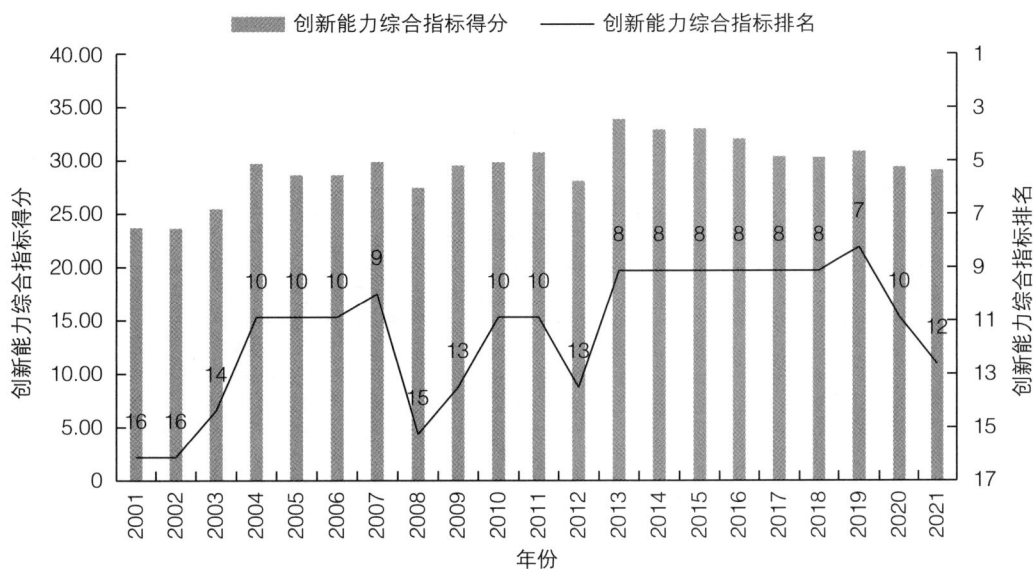

图5-64　2001—2021年重庆市20年创新能力变化趋势

表5-63　重庆市创新能力综合指标

指标名称	2021 年综合指标		2021 年分项指标排名		
	指标值	排名	实力	效率	潜力
综合值	29.08	12	17	8	16
1　知识创造综合指标	26.95	14	16	18	9
1.1　研究开发投入综合指标	24.02	10	16	13	6
1.2　专利综合指标	30.44	14	15	18	8
1.3　科研论文综合指标	25.82	21	16	20	19
2　知识获取综合指标	20.81	18	18	17	11
2.1　科技合作综合指标	40.64	5	15	13	1
2.2　技术转移综合指标	10.72	30	18	18	30
2.3　外资企业投资综合指标	13.51	22	17	11	21
3　企业创新综合指标	30.12	10	15	7	24
3.1　企业研究开发投入综合指标	46.27	6	14	5	10
3.2　设计能力综合指标	17.08	25	16	25	17
3.3　技术提升能力综合指标	27.36	16	16	11	20
3.4　新产品销售收入综合指标	28.23	17	14	9	30
4　创新环境综合指标	25.86	16	18	13	13

指标名称	2021 年综合指标		2021 年分项指标排名		
	指标值	排名	实力	效率	潜力
4.1　创新基础设施综合指标	27.75	18	21	14	13
4.2　市场环境综合指标	26.30	14	12	10	20
4.3　劳动者素质综合指标	29.49	17	20	18	10
4.4　金融环境综合指标	11.81	22	18	18	22
4.5　创业水平综合指标	33.96	10	16	5	13
5　创新绩效综合指标	39.61	12	8	8	25
5.1　宏观经济综合指标	33.78	13	17	9	14
5.2　产业结构综合指标	24.46	19	15	19	18
5.3　产业国际竞争力综合指标	30.81	8	6	4	20
5.4　就业综合指标	41.45	7	12	5	21
5.5　可持续发展与环保综合指标	67.55	13	7	15	30

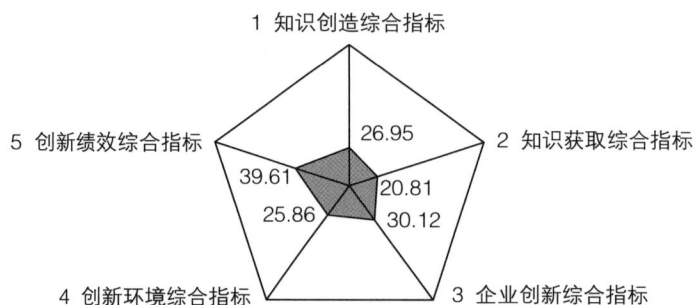

图5-65　重庆市创新能力蛛网图

从基础指标看，重庆市在规模以上工业企业平均技术改造经费支出方面高速增长，排名较上年上升13位，科技企业孵化器当年风险投资强度、高技术企业数占规模以上工业企业数比重等指标排名均有所上升。但技术市场企业平均交易额（按流向）排名降幅较大，较上年下降15位。此外，规模以上工业企业每万名研发人员平均发明专利申请数、平均每个科技企业孵化器孵化基金额等指标值和排名均有所下降（表5-64，图5-66）。

表5-64　重庆市变化较大的指标

指标名称	2021年	2020年	增速（%）	2021年排名	2020年排名	排名变化
规模以上工业企业平均技术改造经费支出（万元／个）	108.1	58.9	83.53	11	24	13
6岁及6岁以上人口中大专以上学历所占的比例（%）	15.42	15.19	1.51	8	12	4
科技企业孵化器当年风险投资强度（万元／项）	201.52	181.58	10.98	20	22	2
高技术企业数占规模以上工业企业数比重（%）	11.16	10.28	8.56	6	8	2
规模以上工业企业国外技术引进金额（万元）	99015.6	161981.9	−38.87	8	5	−3
规模以上工业企业研发经费外部支出（亿元）	145723.4	156614.1	−6.95	17	14	−3
平均每个科技企业孵化器孵化基金额（万元）	1452.71	2053.23	−29.25	15	9	−6
规模以上工业企业每万名研发人员平均发明专利申请数（件）	565	639	−11.58	28	20	−8
技术市场企业平均交易额（按流向）（万元／项）	404.16	1026.20	−60.62	16	1	−15

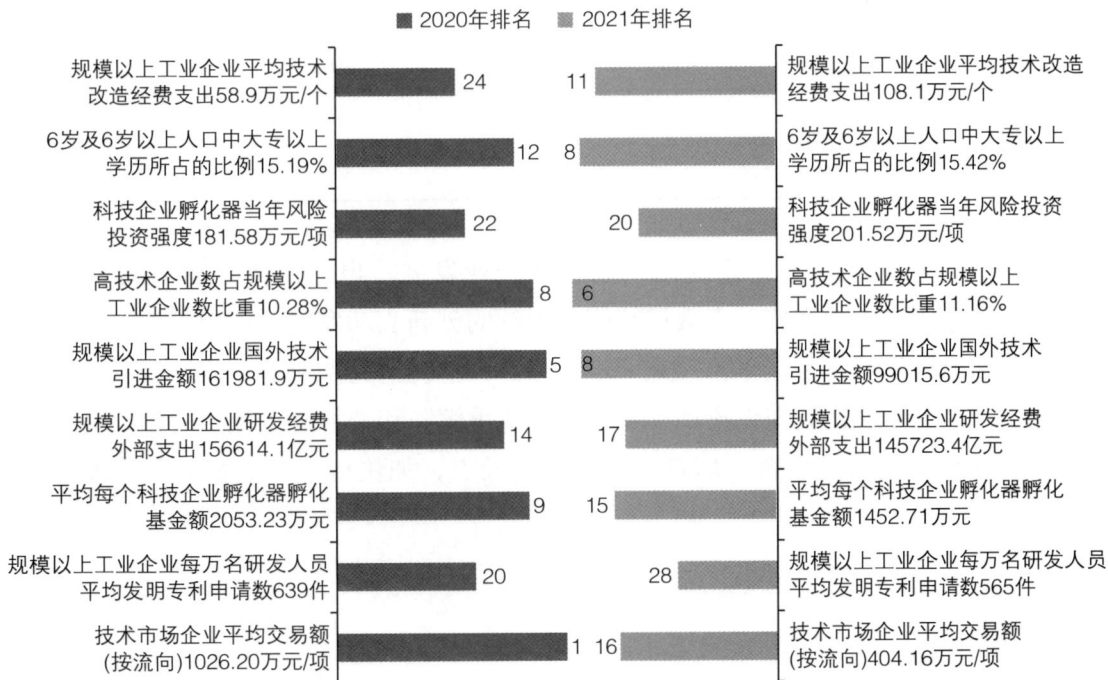

■ 2020年排名　■ 2021年排名

图5-66　2020—2021年重庆市部分指标排名对比

根据中国企业联合会发布的数据显示，在2020中国企业500强榜单中，重庆市入围15家，较上年新增1家，其中迪马实业、中昂集团、千信集团为首次进入榜单（表5-65）。

表5-65　重庆市入围2020中国企业500强的14家企业

序号	企业名称	营业收入（亿元）	排名
1	重庆市金科投资控股（集团）有限责任公司	1906.7	114
2	龙湖集团控股有限公司	1510.3	138
3	重庆市迪马实业股份有限公司	789.0	261
4	重庆华宇集团有限公司	777.7	264
5	重庆化医控股（集团）公司	562.6	344
6	重庆建工投资控股有限责任公司	527.6	351
7	重庆市能源投资集团有限公司	510.9	362
8	隆鑫控股有限公司	502.4	369
9	重庆农村商业银行股份有限公司	485.3	383
10	太极集团有限公司	455.2	404
11	重庆机电控股（集团）公司	446.0	414
12	重庆中昂投资集团有限公司	425.4	432
13	重庆小康控股有限公司	405.2	453
14	重庆千信集团有限公司	369.5	487
15	重庆轻纺控股（集团）公司	368.3	491

近年来，重庆市在企业研发支出、高技术产业发展、电子商务交易活动等方面表现突出，体现了近年来大力实施以大数据智能化引领的创新驱动发展战略的成效。未来，重庆市应以建设西部科学城作为主平台，进一步加强对大学、研究院所的人才培养，以提高知识创造的能力，促进区域创新知识流动。抓住"智造重镇"和"智慧名城"的建设机遇，推动数字经济和实体经济深度融合，培育新的经济增长点，加快传统产业智能化升级、绿色化转型。

5.23　四川省

2021年，四川省创新能力排名全国第9位，较上年上升2位。从历史排名看，2001—2016年四川省创新能力排名处于波动状态，2005年和2006年排名最低为第18位，2009年排名最高为第8位。随着"一带一路"建设，以及长江经济带发展、新时代推进西部大开发形成新格局、成渝地区双城经济圈建设等国家战略深入实施，四川省在全国大局中的战略

地位得到进一步提升，2016—2020 年排名稳定在全国第 11 位，在中西部地区处于领先地位
（图 5-67）。

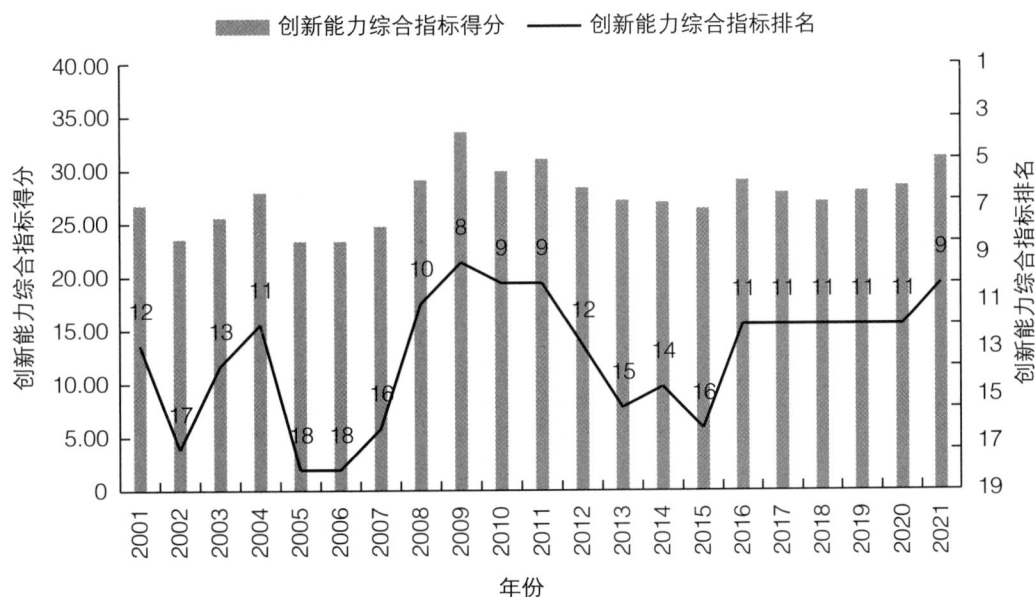

图5-67　2001—2021年四川省20年创新能力变化趋势

分领域看，知识获取、企业创新及创新环境排名上升，其中知识获取排名变化最大，居
第 10 位，较上年上升 11 位；企业创新排名第 11 位，较上年上升 4 位；创新环境排名第 7
位，较上年上升 2 位；知识创造排名第 9 位，与上年相比未发生变化；创新绩效排名下降 2
位，列第 13 位（表 5-66，图 5-68）。

表5-66　四川省创新能力综合指标

指标名称		2021 年综合指标		2021 年分项指标排名		
		指标值	排名	实力	效率	潜力
综合值		31.23	9	8	17	5
1　知识创造综合指标		30.88	9	7	15	20
	1.1　研究开发投入综合指标	29.45	7	6	8	17
	1.2　专利综合指标	30.54	13	9	17	18
	1.3　科研论文综合指标	34.43	10	7	12	25
2　知识获取综合指标		24.34	10	8	24	6
	2.1　科技合作综合指标	31.60	14	5	20	27
	2.2　技术转移综合指标	21.41	12	9	14	9
	2.3　外资企业投资综合指标	21.09	10	10	16	6

续表

指标名称	2021 年综合指标		2021 年分项指标排名		
	指标值	排名	实力	效率	潜力
3　企业创新综合指标	29.00	11	11	17	8
3.1　企业研究开发投入综合指标	35.15	15	13	20	6
3.2　设计能力综合指标	24.35	13	10	12	15
3.3　技术提升能力综合指标	30.38	13	11	14	10
3.4　新产品销售收入综合指标	25.37	19	16	20	13
4　创新环境综合指标	32.86	7	7	14	7
4.1　创新基础设施综合指标	36.17	9	7	8	15
4.2　市场环境综合指标	29.56	10	13	18	3
4.3　劳动者素质综合指标	41.07	7	4	21	14
4.4　金融环境综合指标	22.39	9	8	9	6
4.5　创业水平综合指标	35.09	9	7	9	9
5　创新绩效综合指标	37.42	13	14	15	6
5.1　宏观经济综合指标	40.88	10	6	18	7
5.2　产业结构综合指标	29.61	14	8	22	5
5.3　产业国际竞争力综合指标	22.31	12	13	14	10
5.4　就业综合指标	30.36	20	30	11	5
5.5　可持续发展与环保综合指标	63.95	18	21	13	25

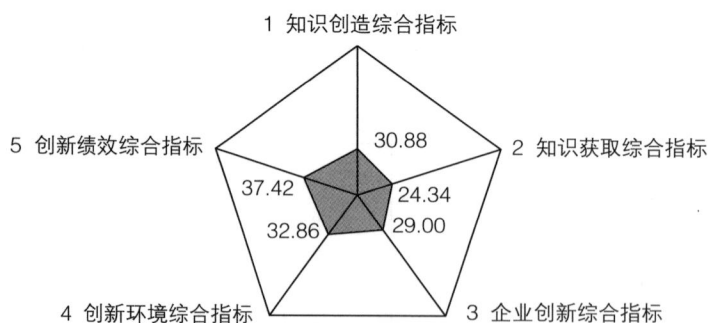

图5-68　四川省创新能力蛛网图

从基础指标看，近年来四川省正加快融入全球创新网络，外商投资企业年底注册资金中外资部分增速达到76.05%，重视创新创业载体的建设，科技企业孵化器孵化基金总额、当年风险投资强度排名均有提升，但科技服务业从业人员占第三产业从业人员比重、每亿元研发经费内部支出产生的发明专利申请数等指标有所下滑（表5-67，图5-69）。

表5-67 四川省变化较大的指标

指标名称	2021年	2020年	增速(%)	2021年排名	2020年排名	排名变化
技术市场企业平均交易额（按流向）（万元／项）	557.50	399.06	39.70	8	16	8
规模以上工业企业平均国内技术成交金额（万元／项）	5.92	4.30	37.67	13	20	7
科技企业孵化器当年风险投资强度（万元／项）	592.24	387.20	52.95	5	12	7
科技企业孵化器孵化基金总额（万元）	189617.5	150463.0	26.02	10	15	5
外商投资企业年底注册资金中外资部分（亿美元）	856.45	486.48	76.05	10	14	4
发明专利申请受理数（不含企业）（件）	28289	43100	−34.36	10	7	−3
移动电话普及率（部／百人）	109.0	113.4	−3.88	17	12	−5
每万名研发人员发明专利申请受理数（件）	1047	1695	−38.23	16	10	−6
每亿元研发经费内部支出产生的发明专利申请数（件）	32	58	−44.83	19	9	−10
科技服务业从业人员占第三产业从业人员比重（%）	3.20	4.48	−28.57	22	6	−16

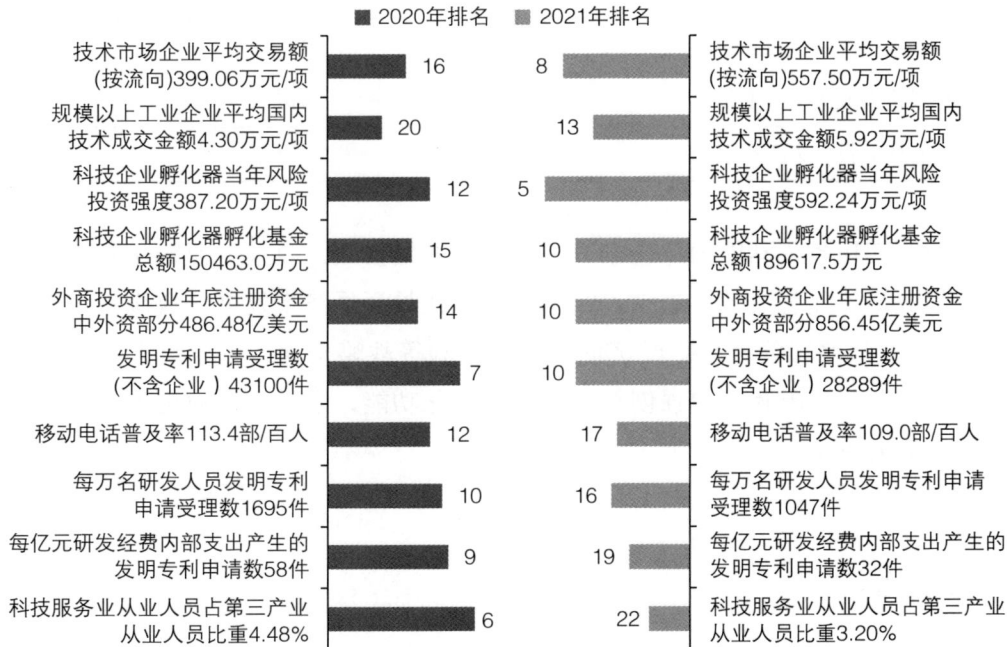

图5-69 2020—2021年四川省部分指标排名对比

根据中国企业联合会发布的数据显示，在2020中国企业500强榜单中，四川省15家企业入围，较上年增加了1家企业。其中，新希望集团以1618.9亿元的营收居中国企业500强的四川企业首位，总排名第134位，比上年上升6位；泸州老窖集团、四川商投集团为新上榜企业，也是首次进入中国企业500强，分别排名第366位与第462位（表5-68）。

表5-68 四川省入围2020中国企业500强的企业

序号	企业名称	营业收入（亿元）	排名
1	新希望集团有限公司	1618.9	134
2	四川长虹电子控股集团有限公司	1366.4	150
3	四川省铁路产业投资集团有限责任公司	1152.7	184
4	四川省宜宾五粮液集团有限公司	1080.3	199
5	通威集团有限公司	812.2	254
6	四川华西集团有限公司	649.5	301
7	成都兴城投资集团有限公司	632.8	308
8	蓝润集团有限公司	631.9	310
9	四川省川威集团有限公司	605.2	322
10	四川省交通投资集团有限责任公司	567.8	340
11	四川省能源投资集团有限责任公司	510.9	363
12	泸州老窖集团有限责任公司	507.1	366
13	四川德胜集团钒钛有限公司	457.1	403
14	四川科伦实业集团有限公司	414.2	446
15	四川省商业投资集团有限公司	394.3	462

　　总体来看，四川省创新能力稳中求进，在政府研发投入、科技企业孵化器建设、科技成果转化等方面取得了显著成效。未来，四川省应抓住长江经济带发展、成渝城市群一体化、"一干多支"发展战略和国家数字经济创新发展试验等战略机遇，引导重大基础设施、重大生产力和公共资源优化配置，增强创新资源集聚转化功能，建设全产业链创新提升区，构建高质量发展的动力系统。

5.24　贵州省

　　2021年，贵州省创新能力排名全国第18位，较上年上升了2位。20多年来，贵州省创新能力排名呈稳步上升态势，从2001年的第29位上升到2021年的第18位，表明贵州省综合创新能力持续提升。从区域层面来看，贵州省在西南六省（区、市）[①]的排名仍为第3位，位于四川和重庆之后（图5-70）。

---

① 西南六省（区、市）：贵州、重庆、四川、云南、广西和西藏。

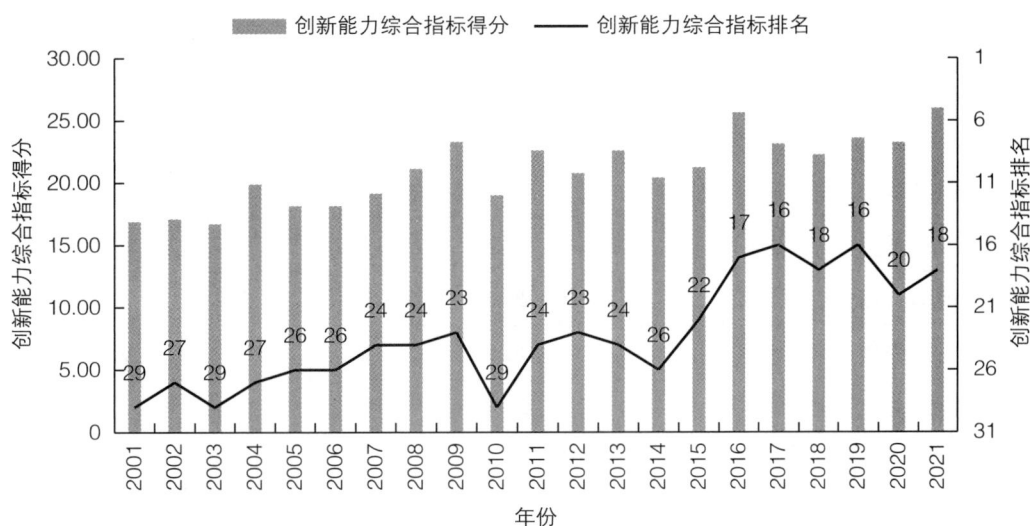

图5-70　2001—2021年贵州省创新能力变化趋势

分领域看，创新环境排名上升11位，居第17位；知识获取排名也有上升，较上年上升6位，居第13位；知识创造、企业创新、创新绩效排名均有下降，较上年分别下降4位、3位、3位（表5-69，图5-71）。

表5-69　贵州省创新能力综合指标

指标名称	2021年综合指标		2021年分项指标排名		
	指标值	排名	实力	效率	潜力
综合值	25.99	18	23	22	2
1　知识创造综合指标	24.14	16	24	19	4
1.1　研究开发投入综合指标	22.67	12	25	26	1
1.2　专利综合指标	22.87	19	22	14	24
1.3　科研论文综合指标	29.62	15	25	19	4
2　知识获取综合指标	23.31	13	23	13	2
2.1　科技合作综合指标	25.79	20	23	15	10
2.2　技术转移综合指标	30.00	5	20	7	1
2.3　外资企业投资综合指标	16.43	17	22	23	5
3　企业创新综合指标	23.51	23	23	19	11
3.1　企业研究开发投入综合指标	32.16	19	21	18	9
3.2　设计能力综合指标	18.61	22	20	21	16
3.3　技术提升能力综合指标	20.34	27	22	19	26

指标名称	2021 年综合指标		2021 年分项指标排名		
	指标值	排名	实力	效率	潜力
3.4 新产品销售收入综合指标	21.08	22	24	23	10
4 创新环境综合指标	25.84	17	24	12	10
4.1 创新基础设施综合指标	26.12	21	18	23	11
4.2 市场环境综合指标	8.61	31	29	31	31
4.3 劳动者素质综合指标	33.31	13	23	11	4
4.4 金融环境综合指标	33.97	6	14	2	2
4.5 创业水平综合指标	27.18	16	23	18	7
5 创新绩效综合指标	32.68	19	23	24	5
5.1 宏观经济综合指标	29.79	18	22	25	1
5.2 产业结构综合指标	18.10	25	22	24	20
5.3 产业国际竞争力综合指标	21.28	13	26	23	1
5.4 就业综合指标	33.33	16	13	22	15
5.5 可持续发展与环保综合指标	60.92	22	19	20	26

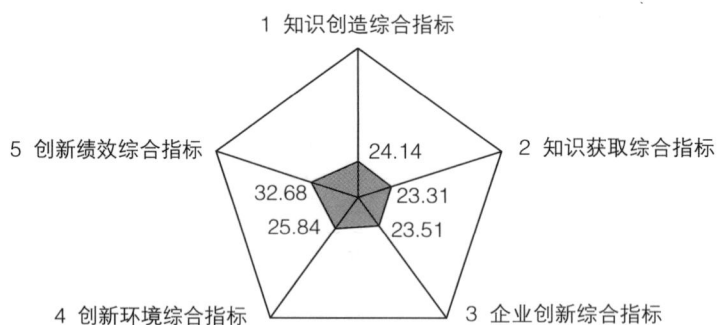

图5-71 贵州省创新能力蛛网图

从基础指标看，贵州省高度重视规模以上工业企业发展，规模以上工业企业平均国内技术成交金额增速达到 1713.7%，规模以上工业企业平均研发经费外部支出排名上升 8 位，规模以上工业企业国外技术引进金额增长 273.9%。但高校和科研院所研发经费内部支出额中来自企业资金的比例、科技服务业从业人员占第三产业从业人员比重等指标却明显下降（表 5-70，图 5-72）。

表5-70 贵州省变化较大的指标

指标名称	2021年	2020年	增速(%)	2021年排名	2020年排名	排名变化
规模以上工业企业平均国内技术成交金额（万元／项）	26.48	1.46	1713.70	8	27	19
规模以上工业企业平均研发经费外部支出（万元／个）	12.35	5.61	120.14	23	31	8
政府研发投入占GDP的比例（%）	0.21	0.17	23.53	22	26	4
科技企业孵化器当年风险投资强度（万元／项）	420.96	227.59	84.96	11	14	3
规模以上工业企业国外技术引进金额（万元）	1216.3	325.3	273.9	25	27	2
平均每个科技企业孵化器当年毕业企业数（家）	3.57	4.32	−17.36	27	21	−6
每万名研发人员发明专利申请受理数（件）	1157	1944	−40.48	11	4	−7
每亿元研发经费内部支出产生的发明专利授权数（件）	13.0	17.1	−23.98	18	11	−7
科技服务业从业人员占第三产业从业人员比重（%）	2.12	3.20	−33.75	31	20	−11
高校和科研院所研发经费内部支出额中来自企业资金的比例（%）	7.82	12.30	−36.42	24	12	−12

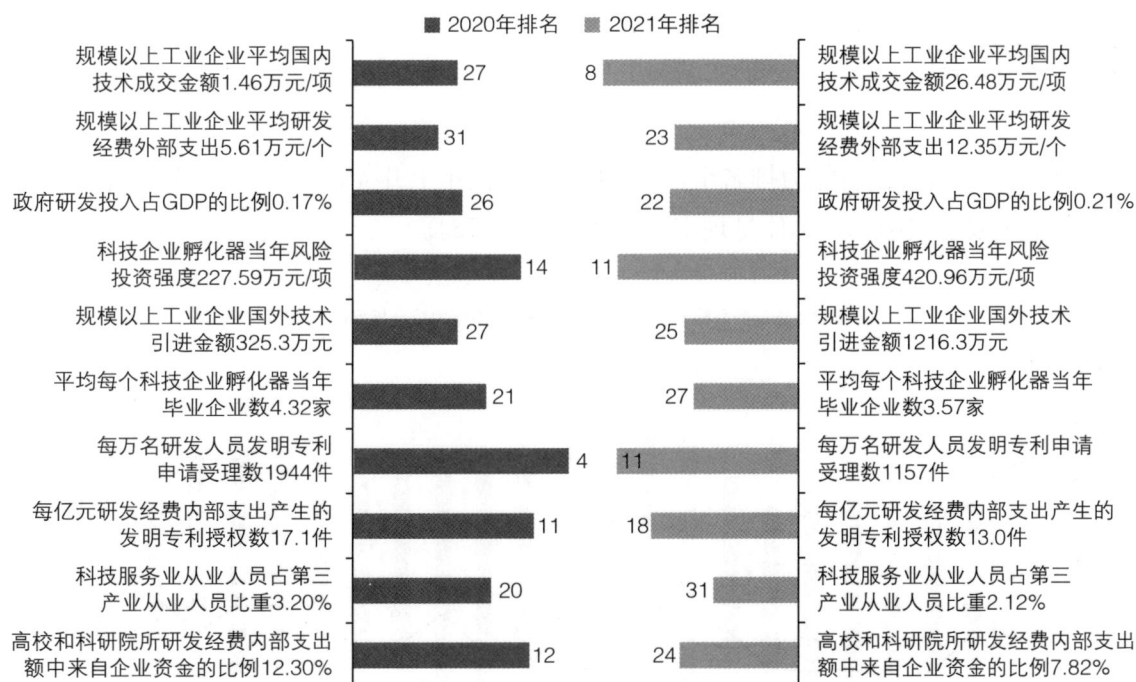

图5-72 2020—2021年贵州省部分指标排名对比

根据中国企业联合会发布的数据显示，在2020中国企业500强榜单中，贵州省有3家企业入围，较上年增加2家，分别是排名第306位的贵州磷化（集团）有限责任公司、排名第454位的贵州盘江煤电集团有限责任公司，贵州茅台酒股份有限公司排名较上年提升了9位（表5-71）。

表5-71　贵州省入围2020中国企业500强的企业

序号	企业名称	营业收入（亿元）	排名
1	贵州茅台酒股份有限公司	888.5	239
2	贵州磷化（集团）有限责任公司	635.3	306
3	贵州盘江煤电集团有限责任公司	403.3	454

贵州省自身科技资源匮乏，人才汇集、企业培育方面处于劣势地位，迫切需要以更加开放的姿态汇聚各方创新资源。"十三五"以来，聚焦这一短板，贵州省把科技创新摆在更加突出的位置，通过高新区培育建设、科技创新基地提质等举措，充分用足用好国际国内创新资源，为全省高质量发展赋能。最近几年，贵州省坚定不移地推进大数据战略行动向纵深发展，成为推动贵州经济高质量发展的绝对引擎，还带动了相关产业的发生。未来，贵州省应继续坚持创新驱动发展，强化科技和人才支撑，大力发展数字经济，着力推进数字产业化和产业数字化，以"数字贵州"建设引领经济社会发展。

5.25　云南省

2021年，云南省创新能力排名全国第21位，较上年上升4位。20多年来，云南省创新能力排名呈现波浪式形态，总体呈现上升态势（图5-73）。

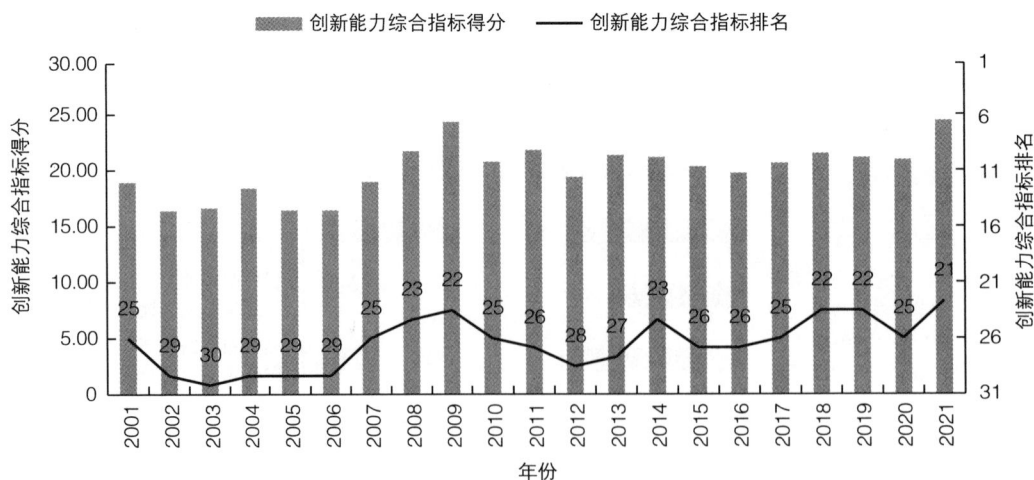

图5-73　2001—2021年云南省创新能力变化趋势

分领域看，知识创造排名上升 1 位至第 28 位，知识获取排名上升 1 位至第 24 位，企业创新排名上升 4 位至第 18 位，创新环境排名上升 5 位至第 18 位，创新绩效排名则下降 4 位至第 25 位（表 5-72，图 5-74）。

表5-72　云南省创新能力综合指标

指标名称	2021 年综合指标		2021 年分项指标排名		
	指标值	排名	实力	效率	潜力
综合值	24.44	21	21	24	8
1　知识创造综合指标	18.27	28	22	26	17
1.1　研究开发投入综合指标	17.76	21	20	22	12
1.2　专利综合指标	16.72	29	23	27	19
1.3　科研论文综合指标	22.40	28	21	18	22
2　知识获取综合指标	17.89	24	21	20	17
2.1　科技合作综合指标	18.35	28	20	23	29
2.2　技术转移综合指标	23.43	9	16	8	12
2.3　外资企业投资综合指标	13.40	23	21	24	13
3　企业创新综合指标	26.50	18	22	20	3
3.1　企业研究开发投入综合指标	34.68	17	20	16	3
3.2　设计能力综合指标	18.97	20	19	26	10
3.3　技术提升能力综合指标	32.36	11	20	8	3
3.4　新产品销售收入综合指标	19.65	26	23	28	6
4　创新环境综合指标	25.78	18	20	16	8
4.1　创新基础设施综合指标	40.39	6	17	4	7
4.2　市场环境综合指标	18.63	25	25	21	23
4.3　劳动者素质综合指标	37.81	9	14	15	3
4.4　金融环境综合指标	8.10	29	27	20	30
4.5　创业水平综合指标	23.98	23	25	24	10
5　创新绩效综合指标	29.73	25	20	25	17
5.1　宏观经济综合指标	31.93	15	18	24	2
5.2　产业结构综合指标	21.92	21	18	26	6
5.3　产业国际竞争力综合指标	5.81	30	24	27	26
5.4　就业综合指标	25.03	25	20	27	22
5.5　可持续发展与环保综合指标	63.95	18	16	19	27

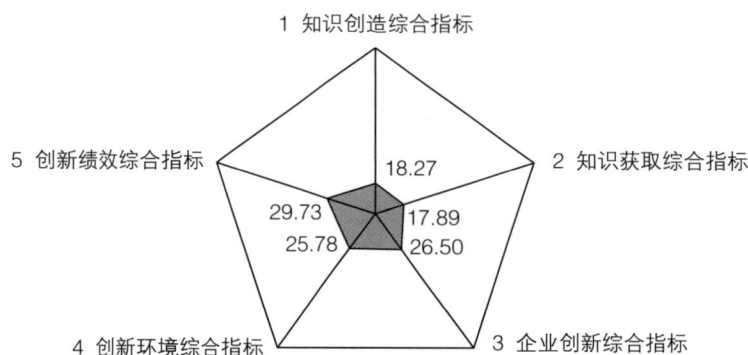

图5-74 云南省创新能力蛛网图

从基础指标看，云南省在2021年规模以上工业企业平均研发经费外部支出的排名大幅提升，说明云南省企业在创新投入方面重视程度较高，《云南省创新型企业试点工作方案》等政府促进企业创新的举措已经取得成效。科技企业孵化器当年风险投资强度、第三产业增加值的排名增长也较为明显，说明云南省对第三产业的发展、高新技术企业的培育等方面重视程度有所提升。但云南省平均每个科技企业孵化器孵化基金额排名下降较快，说明云南省政府需加大对科技企业孵化的资金扶持力度（表5-73，图5-75）。

表5-73 云南省变化较大的指标

指标名称	2021年	2020年	增速（%）	2021年排名	2020年排名	排名变化
规模以上工业企业平均研发经费外部支出（万元／个）	20.73	10.23	102.64	12	24	12
第三产业增加值（亿元）	12224.55	8424.82	45.10	16	23	7
科技企业孵化器当年风险投资强度（万元／项）	115.17	83.08	38.63	23	30	7
规模以上工业企业技术改造经费支出（万元）	699956.6	403346.5	73.54	18	23	5
规模以上工业企业平均技术改造经费支出（万元／个）	160.3	94.7	69.27	6	11	5
规模以上工业企业研发经费外部支出（亿元）	90516.8	43588.2	107.66	20	24	4
每万家规模以上工业企业平均有效发明专利数（件）	23204	15178	52.88	16	20	4
规模以上工业企业有效发明专利数（件）	10131	6466	56.68	19	22	3
规模以上工业企业发明专利申请数（件）	2665	2038	30.77	20	22	2
科技企业孵化器孵化基金总额（万元）	8430	38280	-77.98	29	25	-4
平均每个科技企业孵化器孵化基金额（万元）	210.75	1160.00	-81.83	30	19	-11

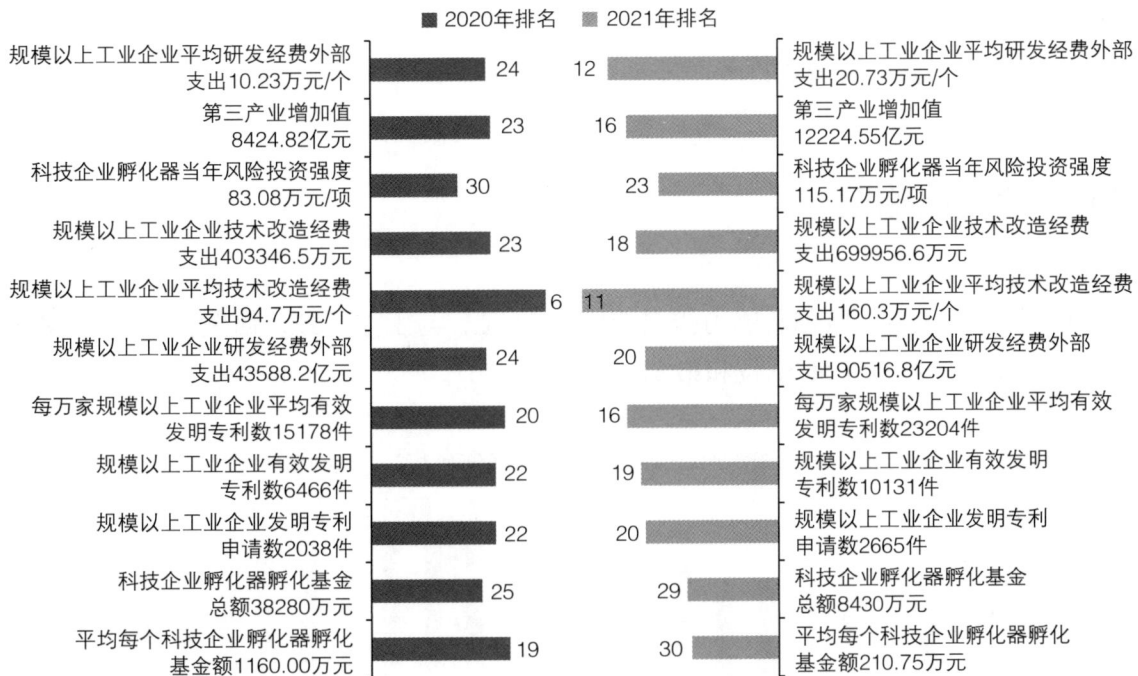

图中内容：

■ 2020年排名　■ 2021年排名

指标	2020年排名	2021年指标	2021年排名
规模以上工业企业平均研发经费外部支出10.23万元/个	24	规模以上工业企业平均研发经费外部支出20.73万元/个	12
第三产业增加值8424.82亿元	23	第三产业增加值12224.55亿元	16
科技企业孵化器当年风险投资强度83.08万元/项	30	科技企业孵化器当年风险投资强度115.17万元/项	23
规模以上工业企业技术改造经费支出403346.5万元	23	规模以上工业企业技术改造经费支出699956.6万元	18
规模以上工业企业平均技术改造经费支出94.7万元/个	6	规模以上工业企业平均技术改造经费支出160.3万元/个	11
规模以上工业企业研发经费外部支出43588.2亿元	24	规模以上工业企业研发经费外部支出90516.8亿元	20
每万家规模以上工业企业平均有效发明专利数15178件	20	每万家规模以上工业企业平均有效发明专利数23204件	16
规模以上工业企业有效发明专利数6466件	22	规模以上工业企业有效发明专利数10131件	19
规模以上工业企业发明专利申请数2038件	22	规模以上工业企业发明专利申请数2665件	20
科技企业孵化器孵化基金总额38280万元	25	科技企业孵化器孵化基金总额8430万元	29
平均每个科技企业孵化器孵化基金额1160.00万元	19	平均每个科技企业孵化器孵化基金额210.75万元	30

图5-75　2020—2021年云南省部分指标排名对比

根据中国企业联合会发布的数据显示，在2020中国企业500强榜单中，云南省入围7家，数量和企业均与上年一致（表5-74）。

表5-74　云南省入围2020中国企业500强的7家企业

序号	企业名称	营业收入（亿元）	排名
1	云南省建设投资控股集团有限公司	1328.0	156
2	云南省投资控股集团有限公司	1283.3	164
3	云南省能源投资集团有限公司	1123.1	189
4	云南锡业集团（控股）有限责任公司	760.7	271
5	云天化集团有限责任公司	692.9	286
6	昆明钢铁控股有限公司	639.0	305
7	云南省城市建设投资集团有限公司	380.4	476

总体来看，云南省创新能力略有上升，知识创造、知识获取、企业创新和创新环境方面的排名均有提高，而创新绩效则略有下降。科技企业孵化器孵化基金额方面在2021年出现大幅下滑，企业孵化器的投资缺乏稳定性。但企业研发投入的大幅提高的确带来了企业创新和创新环境的改善，未来，云南省应该进一步引导企业加大研发投入，促进科技企业技术改

造和创新，注重人才的引进和培育，同时注意保持投资的稳定性，为科技企业提供良好的企业创新环境，以增强创新绩效的增长。

5.26　西藏自治区

2021 年，西藏自治区创新能力排名全国第 31 位，与上年一致。西藏自治区 20 多年来创新能力排名基本维持在第 30 位和第 31 位（图 5-76）。

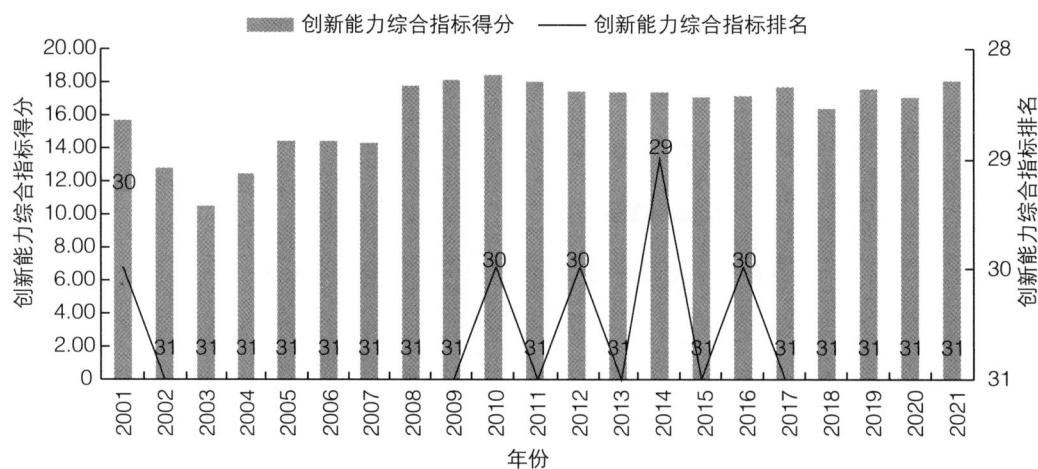

图5-76　2001—2021年西藏自治区创新能力变化趋势

分领域看，知识创造、知识获取、企业创新、创新环境及创新绩效分别排名全国第 29 位、第 29 位、第 31 位、第 27 位、第 23 位。知识创造和知识获取排名未能保持上年增长趋势而开始下滑，创新环境和创新绩效排名则有所提升，企业创新排名与上年一致（表 5-75，图 5-77）。

表5-75　西藏自治区创新能力综合指标

指标名称	2021 年综合指标		2021 年分项指标排名		
	指标值	排名	实力	效率	潜力
综合值	18.07	31	31	31	26
1　知识创造综合指标	15.82	29	31	28	12
1.1　研究开发投入综合指标	14.96	26	31	29	9
1.2　专利综合指标	20.37	23	31	25	10
1.3　科研论文综合指标	8.46	31	31	28	29

指标名称	2021 年综合指标		2021 年分项指标排名		
	指标值	排名	实力	效率	潜力
2　知识获取综合指标	13.02	29	31	22	29
2.1　科技合作综合指标	8.10	31	31	30	31
2.2　技术转移综合指标	25.98	8	28	5	5
2.3　外资企业投资综合指标	6.98	28	30	29	24
3　企业创新综合指标	11.59	31	31	31	28
3.1　企业研究开发投入综合指标	3.37	31	31	31	31
3.2　设计能力综合指标	18.91	21	31	18	14
3.3　技术提升能力综合指标	7.90	31	31	31	31
3.4　新产品销售收入综合指标	16.66	29	31	24	22
4　创新环境综合指标	18.82	27	31	15	23
4.1　创新基础设施综合指标	22.72	25	31	5	28
4.2　市场环境综合指标	11.04	30	31	30	26
4.3　劳动者素质综合指标	39.10	8	31	2	2
4.4　金融环境综合指标	7.10	31	30	31	28
4.5　创业水平综合指标	14.15	31	31	31	23
5　创新绩效综合指标	30.71	23	19	21	15
5.1　宏观经济综合指标	24.09	22	31	23	2
5.2　产业结构综合指标	13.74	29	31	31	8
5.3　产业国际竞争力综合指标	13.98	25	28	31	13
5.4　就业综合指标	31.75	18	3	26	25
5.5　可持续发展与环保综合指标	69.97	12	4	2	31

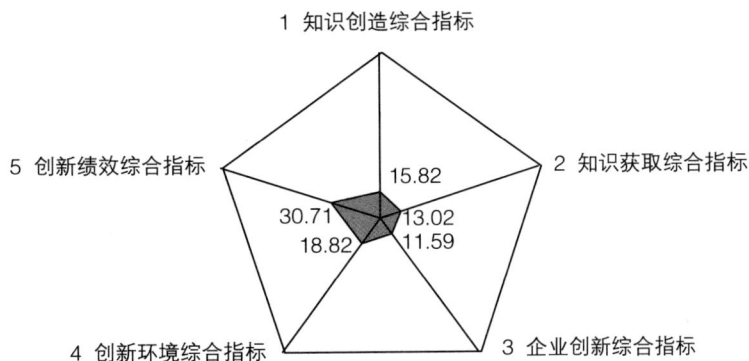

图5-77　西藏自治区创新能力蛛网图

从基础指标看，西藏自治区规模以上工业企业每万名研发人员平均发明专利申请数排名提升 20 位，说明西藏地区对企业科技创新的重视程度有所提升，西藏自治区政府推行的科技创新券等创新驱动发展政策对企业创新的促进作用已经初步体现。另外，西藏自治区每万名研发人员发明专利申请受理数、每亿元研发经费内部支出产生的发明专利授权数排名大幅下降，说明西藏自治区专利申请的质量还有待提高，研发经费的使用效率也偏低。其他指标增速较大，但排名较为稳定（表 5-76，图 5-78）。

表5-76　西藏自治区变化较大的指标

指标名称	2021 年	2020 年	增速（%）	2021 年排名	2020 年排名	排名变化
规模以上工业企业每万名研发人员平均发明专利申请数（件）	920	380	142.11	11	31	20
规模以上工业企业中有研发机构的企业占总企业数的比例（%）	3.38	1.63	107.36	29	31	2
规模以上工业企业有研发机构的企业数（个）	5	2	150	31	31	0
规模以上工业企业发明专利申请数（件）	32	15	113.33	31	31	0
规模以上工业企业有效发明专利数（件）	156	82	90.24	31	31	0
规模以上工业企业研发经费外部支出（亿元）	483.0	1021.7	−52.73	31	31	0
发明专利申请受理数（不含企业）（件）	204	438	−53.42	31	31	0
规模以上工业企业平均研发经费外部支出（万元／个）	3.26	8.31	−60.77	31	28	−3
每亿元研发经费内部支出产生的发明专利申请数（件）	44	118	−62.71	10	3	−7
每万名研发人员发明专利申请受理数（件）	615	1673	−63.24	30	11	−19
每亿元研发经费内部支出产生的发明专利授权数（件）	8.0	19.7	−59.39	29	7	−22

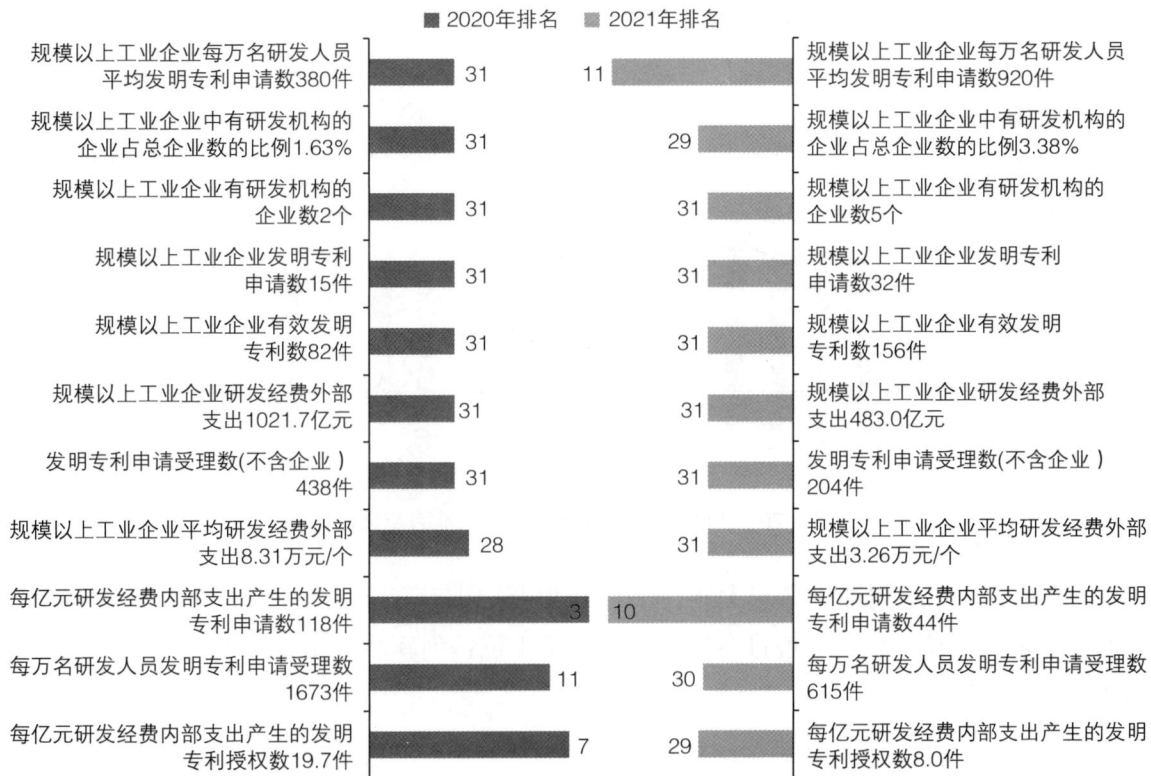

图5-78　2020—2021年西藏自治区部分指标排名对比

根据中国企业联合会发布的数据显示，在2020中国企业500强榜单中，西藏自治区无企业入围。

总体来看，西藏自治区的创新能力有很大的提升空间。未来，西藏自治区应结合本地特点大力发展旅游业等第三产业及光伏新能源等新兴产业，独特的地理条件和丰富的资源禀赋有利于西藏地区形成独特的创新生态系统，应注重提高研发投入经费的利用效率，通过完善基础设施建设培养及引进相关高技术人才，改善产业结构单一、高技术人才缺失等问题。

5.27　陕西省

2021年，陕西省创新能力排名全国第10位，较上年下降了1位。陕西省20多年来创新能力排名变化较大，2021年排名的下降打破了自2018年以来陕西省排名持续上升的趋势（图5-79）。

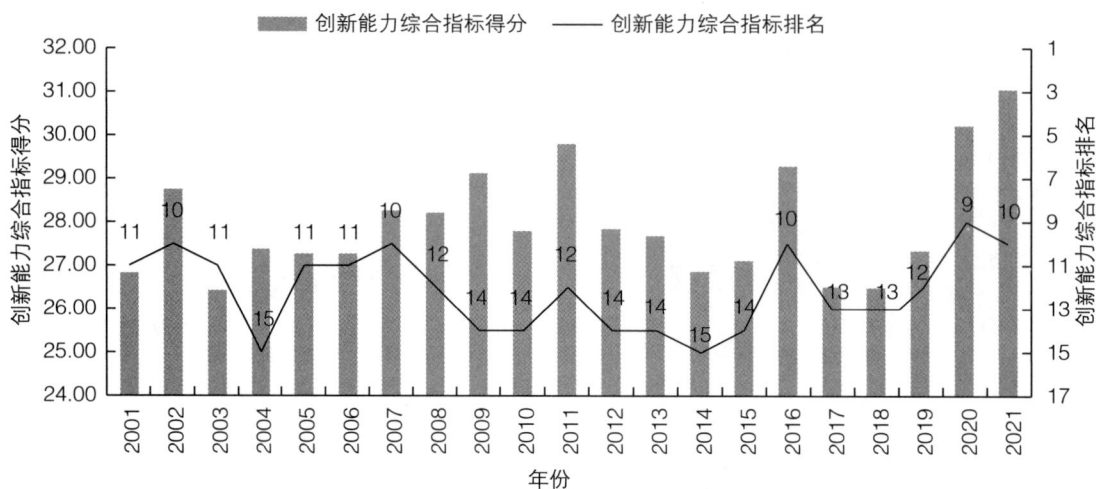

图5-79　2001—2021年陕西省创新能力变化趋势

分领域看，知识创造排名与上年持平；知识获取上升了7位至第11位；企业创新排名第16位，上升3位；创新环境排名第8位，下降1位；创新绩效排名第18位，下降了10位（表5-77，图5-80）。

表5-77　陕西省创新能力综合指标

指标名称	2021年综合指标		2021年分项指标排名		
	指标值	排名	实力	效率	潜力
综合值	31.05	10	13	10	4
1　知识创造综合指标	42.18	6	9	4	7
1.1　研究开发投入综合指标	31.90	6	8	4	16
1.2　专利综合指标	45.60	6	10	5	1
1.3　科研论文综合指标	55.92	2	5	2	18
2　知识获取综合指标	23.89	11	11	18	4
2.1　科技合作综合指标	40.21	6	7	8	7
2.2　技术转移综合指标	13.40	25	12	29	20
2.3　外资企业投资综合指标	19.50	12	19	15	4
3　企业创新综合指标	26.71	16	18	16	9
3.1　企业研究开发投入综合指标	29.59	21	17	21	16
3.2　设计能力综合指标	25.46	10	15	11	7
3.3　技术提升能力综合指标	28.06	15	18	13	11

指标名称	2021 年综合指标		2021 年分项指标排名		
	指标值	排名	实力	效率	潜力
3.4 新产品销售收入综合指标	22.91	20	19	19	18
4 创新环境综合指标	31.34	8	13	8	5
4.1 创新基础设施综合指标	37.16	8	13	9	3
4.2 市场环境综合指标	25.56	16	17	12	17
4.3 劳动者素质综合指标	24.32	24	16	22	23
4.4 金融环境综合指标	33.64	7	6	4	1
4.5 创业水平综合指标	36.03	7	15	7	6
5 创新绩效综合指标	33.13	18	17	17	18
5.1 宏观经济综合指标	30.67	17	14	12	22
5.2 产业结构综合指标	22.65	20	17	27	4
5.3 产业国际竞争力综合指标	5.97	28	19	21	28
5.4 就业综合指标	36.19	14	17	17	4
5.5 可持续发展与环保综合指标	70.16	11	13	11	17

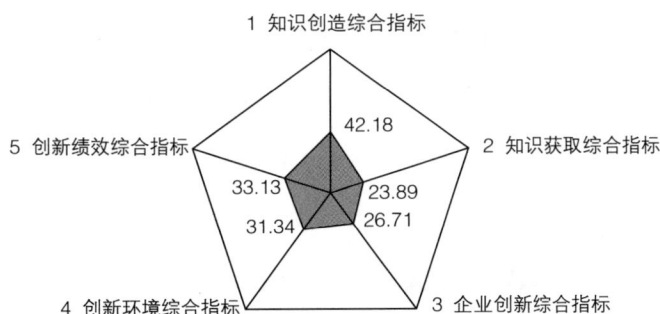

图5-80 陕西省创新能力蛛网图

从基础指标看,陕西省在企业创新和研发投入方面进步明显,规模以上工业企业平均研发经费外部支出排名较上年有较大提升,规模以上工业企业研发经费外部支出较上年增长1.5倍,说明陕西省对产业创新发展方面较为重视,"1155"工程推动产业创新初具成效。但6岁及6岁以上人口中大专以上学历所占的比例、科技服务业从业人员数、科技服务业从业人员占第三产业从业人员比重等排名下降较明显,说明陕西省应进一步注重对高技术型人才的引进和培养,注重提高创新环境,留住高端人才(表5-78,图5-81)。

表5-78　陕西省变化较大的指标

指标名称	2021年	2020年	增速（%）	2021年排名	2020年排名	排名变化
规模以上工业企业平均研发经费外部支出（万元／个）	34.44	14.87	131.61	6	18	12
规模以上工业企业研发经费外部支出（亿元）	242320.3	95583.7	153.52	11	20	9
科技企业孵化器数量（个）	122	69	76.81	14	19	5
高技术产业新产品销售收入占主营业务收入的比重（%）	19.53	13.29	46.95	23	27	4
科技企业孵化器当年毕业企业数（家）	766	465	64.73	10	13	3
高技术产业新产品销售收入（亿元）	630.07	378.20	66.6	16	18	2
技术市场交易金额（按流向）（万元）	7176735.4	4698659.0	52.74	7	9	2
平均每个科技企业孵化器孵化基金额（万元）	10170.61	16646.28	−38.90	2	1	−1
科技服务业从业人员占第三产业从业人员比重（%）	4.13	5.83	−29.16	8	4	−4
科技服务业从业人员数（万人）	12.94	17.04	−24.07	12	7	−5
6岁及6岁以上人口中大专以上学历所占的比例（%）	13.71	17.42	−21.30	18	5	−13

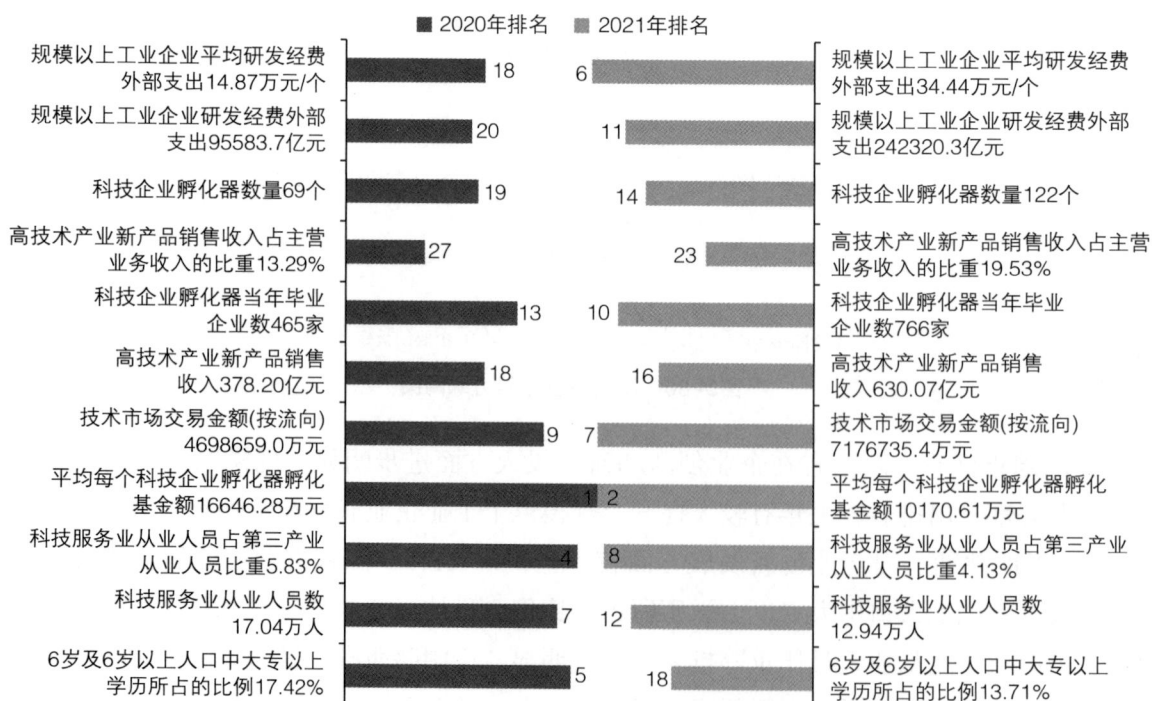

图5-81　2020—2021年陕西省部分指标排名对比

根据中国企业联合会发布的数据显示，在 2020 中国企业 500 强榜单中，陕西省 9 家企业入围，比上年新增 1 家企业，即陕西龙记泰信房地产开发有限公司。从业务范围看，上榜企业多为零售业、服务业企业（表 5-79）。

表5-79　陕西省入围2020中国企业500强的企业

序号	企业名称	营业收入（亿元）	排名
1	陕西延长石油（集团）有限责任公司	3076.7	68
2	陕西煤业化工集团有限责任公司	3025.8	70
3	陕西有色金属控股集团有限责任公司	1371.3	149
4	东岭集团股份有限公司	1260.3	169
5	陕西建工控股集团有限公司	1177.9	181
6	西安迈科金属国际集团有限公司	1121.9	191
7	陕西投资集团有限公司	773.5	268
8	陕西汽车控股集团有限公司	740.2	276
9	陕西龙记泰信房地产开发有限公司	397.9	459

陕西省通过近 5 年的不断努力，在知识获取、企业创新方面取得较大进步，已连续多年作为"实施创新驱动发展战略、推进自主创新和发展高新技术产业成效明显"的省份受到国务院表彰奖励。通过持续推动供给侧结构性改革、深入实施"1155"工程，落实构建全链条产业技术创新体系 8 条措施等一系列举措，陕西省科技事业快速发展，科技创新综合实力显著提升，科技创新成果不断涌现，创新型省份建设取得较大进展，但是产业结构不合理、劳动者素质相对较低等问题依然存在。未来，陕西省应充分利用高校人才资源优势，积极采取灵活的地方政策吸引和留住技术人才，继续保持对研发投入的重视程度，激发技术市场活力，促进产业转型升级，以进一步释放发展新动能。

5.28　甘肃省

2021 年，甘肃省创新能力排名全国第 25 位，较上年上升 2 位。从历史排名看，2012 年以前甘肃省排名靠后，2012—2014 年明显上升，提升至第 18 位，2015 年以来又呈现下滑态势（图 5-82）。

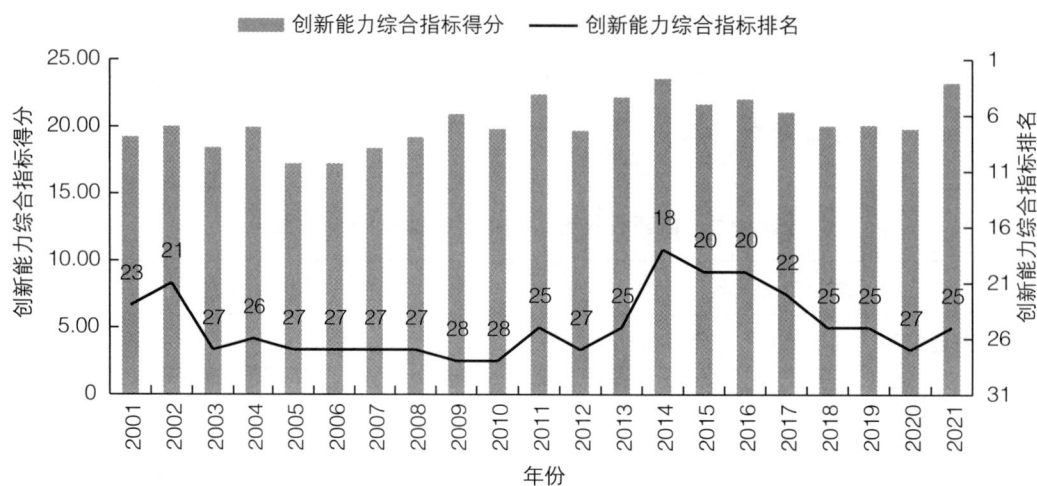

图5-82 2001—2021年甘肃省创新能力变化趋势

分领域看，知识创造排名全国第 21 位，较上年上升了 5 位；知识获取排名全国第 12 位，与上年持平；企业创新排名第 24 位，较上年上升了 4 位；创新环境排名第 31 位，较上年下降 4 位；创新绩效排名第 16 位，较上年上升 6 位（表 5-80，图 5-83）。

表5-80　甘肃省创新能力综合指标

指标名称	2021 年综合指标		2021 年分项指标排名		
	指标值	排名	实力	效率	潜力
综合值	23.25	25	25	19	19
1　知识创造综合指标	21.15	21	25	12	26
1.1　研究开发投入综合指标	18.73	18	23	14	19
1.2　专利综合指标	16.74	28	25	21	29
1.3　科研论文综合指标	34.82	9	24	5	28
2　知识获取综合指标	23.83	12	26	10	3
2.1　科技合作综合指标	28.88	19	25	6	26
2.2　技术转移综合指标	26.39	7	24	6	4
2.3　外资企业投资综合指标	18.13	15	26	22	2
3　企业创新综合指标	21.72	24	26	24	16
3.1　企业研究开发投入综合指标	21.71	24	26	22	23
3.2　设计能力综合指标	19.50	18	26	19	13
3.3　技术提升能力综合指标	28.55	14	24	5	16

指标名称	2021 年综合指标		2021 年分项指标排名		
	指标值	排名	实力	效率	潜力
3.4　新产品销售收入综合指标	18.24	27	27	26	16
4　创新环境综合指标	17.05	31	27	26	27
4.1　创新基础设施综合指标	13.22	31	24	29	30
4.2　市场环境综合指标	15.67	27	30	23	25
4.3　劳动者素质综合指标	26.62	23	27	6	18
4.4　金融环境综合指标	11.68	23	23	21	19
4.5　创业水平综合指标	18.07	29	24	26	26
5　创新绩效综合指标	34.05	16	21	16	12
5.1　宏观经济综合指标	14.73	29	27	31	16
5.2　产业结构综合指标	20.76	22	27	15	27
5.3　产业国际竞争力综合指标	37.63	5	21	3	4
5.4　就业综合指标	29.91	21	10	25	20
5.5　可持续发展与环保综合指标	67.23	15	9	24	6

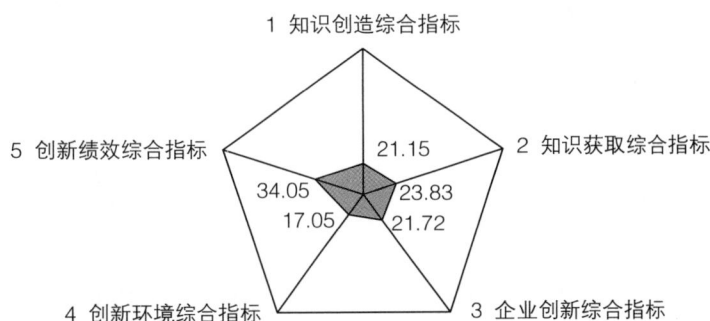

图5-83　甘肃省创新能力蛛网图

从基础指标看，甘肃省规模以上工业企业国内技术成交金额、规模以上工业企业平均国内技术成交金额、规模以上工业企业平均国外技术引进金额、规模以上工业企业国外技术引进金额等技术投入、技术引进金额均有明显增长，排名变化也十分显著，说明甘肃省对于技术创新、技术引进非常重视（表 5-81，图 5-84）。

表5-81 甘肃省变化较大的指标

指标名称	2021 年	2020 年	增速 (%)	2021 年 排名	2020 年 排名	排名 变化
科技企业孵化器当年风险投资强度（万元／项）	374.25	195.81	−68.5	12	19	7
规模以上工业企业新产品销售收入占销售收入的比重（%）	7.28	3.05	−69.93	26	31	5
规模以上工业企业平均技术改造经费支出（万元／个）	284.3	218.3	−58.22	2	4	2
规模以上工业企业新产品销售收入（亿元）	552.71	275.13	−69.49	27	28	1
高技术产业新产品销售收入（亿元）	72.55	95.74	40.95	26	26	0
每万名研发人员发明专利授权数（件）	251	331	−53.05	27	23	−4
规模以上工业企业每万名研发人员平均发明专利申请数（件）	824	871	−53.66	17	10	−7
科技企业孵化器当年毕业企业数（家）	299	434	56.23	23	16	−7
平均每个科技企业孵化器当年毕业企业数（家）	3.78	5.05	51.71	24	16	−8
高技术产业新产品销售收入占主营业务收入的比重（%）	26.12	40.45	121.24	16	8	−8

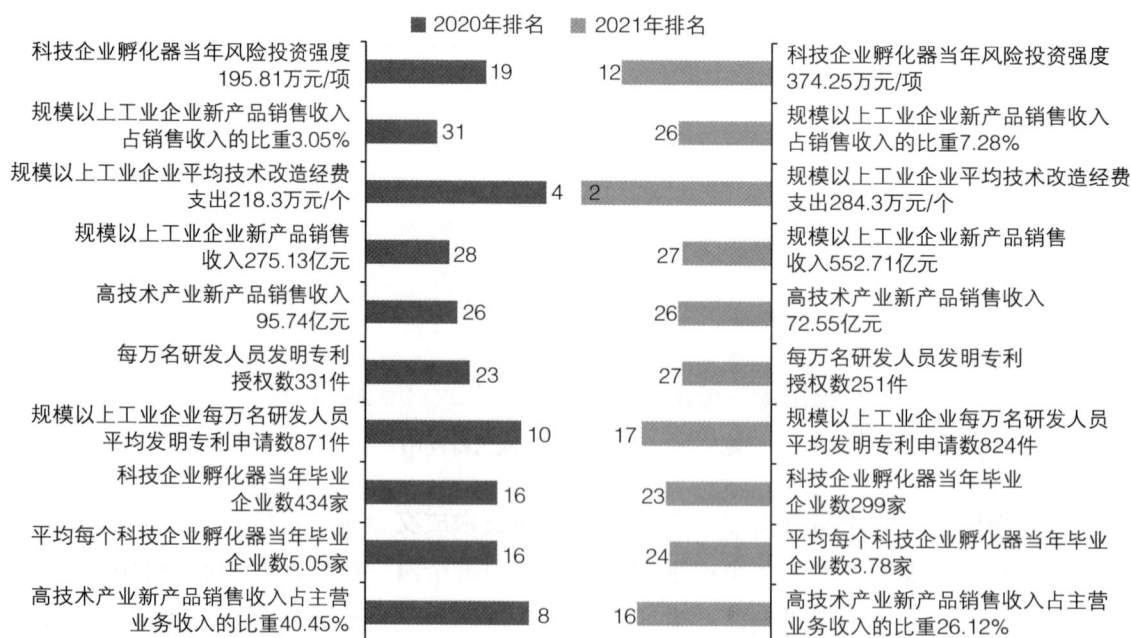

图5-84 2020—2021年甘肃省部分指标排名对比

根据中国企业联合会发布的数据显示，在 2020 中国企业 500 强榜单中，甘肃省入围 5 家，主要是有色金属相关行业企业（表 5-82）。

表5-82　甘肃省入围2020中国企业500强的5家企业

序号	企业名称	营业收入（亿元）	排名
1	金川集团股份有限公司	2336.7	93
2	甘肃省公路航空旅游投资集团有限公司	1237.5	172
3	酒泉钢铁（集团）有限责任公司	1035.8	209
4	甘肃省建设投资（控股）集团总公司	666.5	294
5	白银有色集团股份有限公司	617.0	315

近年来，甘肃省出台了一系列提升科技创新能力的政策举措，加大对外开放水平，加快产业结构调整，创新能力综合实力不断提高。但是，相对落后的经济基础和发展环境，不利于培育和留住创新人才，难以形成高技术成果和企业。未来，甘肃省应利用好地处西北的区位优势，发挥成本优势，逐步完善基础设施，引进一批东中部地区转移的项目和企业，加强产学研合作，注重创新人才的培养和引进，推动整体创新能力的提升。

5.29 青海省

2021年，青海省创新能力排名全国第27位，较上年下降6位。从历史数据看，青海省创新能力排名略有波动，整体处于全国下游水平，但是近5年呈波动上升趋势（图5-85）。

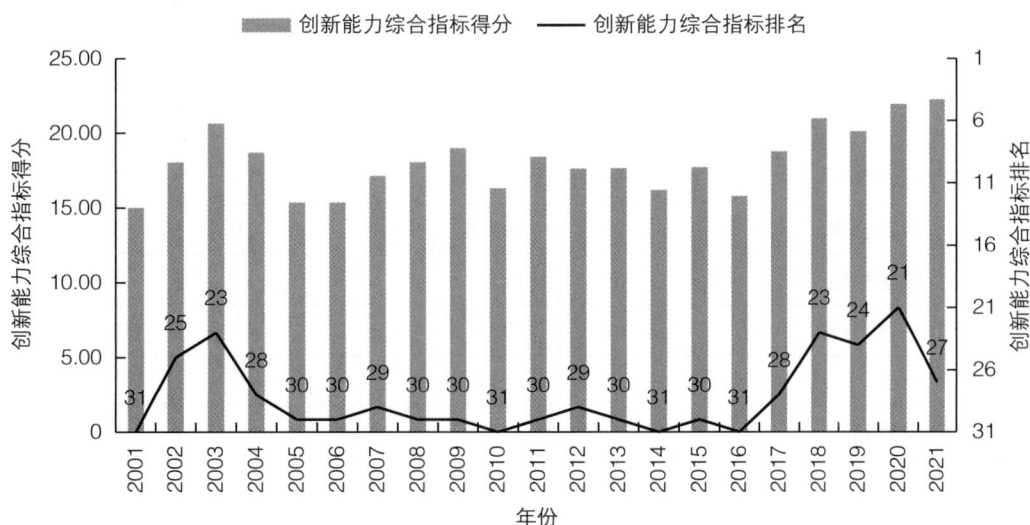

图5-85　2001—2021年青海省创新能力变化趋势

分领域看，知识创造排名第 27 位，较上年下降 5 位；知识获取排名第 30 位，较上年上升 1 位；创新绩效排名第 21 位，较上年上升 5 位；企业创新排名第 26 位，较上年下降 5 位；创新环境排名第 20 位，较上年下降 7 位（表 5-83，图 5-86）。

表5-83　青海省创新能力综合指标

指标名称	2021 年综合指标		2021 年分项指标排名		
	指标值	排名	实力	效率	潜力
综合值	22.26	27	30	23	12
1　知识创造综合指标	18.92	27	30	21	15
1.1　研究开发投入综合指标	15.38	25	30	24	13
1.2　专利综合指标	19.54	24	30	19	22
1.3　科研论文综合指标	24.76	25	30	16	8
2　知识获取综合指标	10.74	30	30	30	30
2.1　科技合作综合指标	18.01	29	30	21	25
2.2　技术转移综合指标	14.02	23	29	26	13
2.3　外资企业投资综合指标	2.84	30	31	31	30
3　企业创新综合指标	21.12	26	30	30	6
3.1　企业研究开发投入综合指标	18.48	26	29	29	13
3.2　设计能力综合指标	26.80	8	30	8	2
3.3　技术提升能力综合指标	20.66	26	30	18	13
3.4　新产品销售收入综合指标	17.04	28	29	29	8
4　创新环境综合指标	25.11	20	30	3	16
4.1　创新基础设施综合指标	48.12	4	30	2	5
4.2　市场环境综合指标	13.99	29	28	27	29
4.3　劳动者素质综合指标	28.84	18	30	3	7
4.4　金融环境综合指标	16.29	15	25	7	20
4.5　创业水平综合指标	18.31	28	29	20	28
5　创新绩效综合指标	31.29	21	24	30	7
5.1　宏观经济综合指标	17.80	28	30	22	14
5.2　产业结构综合指标	19.17	23	30	20	19
5.3　产业国际竞争力综合指标	16.44	17	28	25	6
5.4　就业综合指标	44.81	4	5	12	1
5.5　可持续发展与环保综合指标	58.22	23	10	30	9

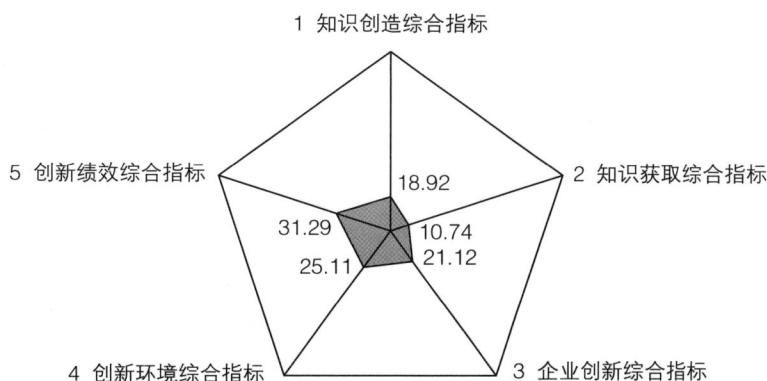

图5-86　青海省创新能力蛛网图

从基础指标看，青海省在规模以上工业企业平均技术改造经费支出、科技企业孵化器当年风险投资强度、技术市场企业平均交易额（按流向）方面增幅显著，特别是规模以上工业企业平均技术改造经费支出增速达到121.44%，指标排名处于全国中上游，说明青海省更注重培育企业的创新能力，扩大了对企业技术升级的投入，创新环境相比以前有了很大的改善。但是，规模以上工业企业平均研发经费外部支出指标下降较为明显，企业自主创新能力亟待提高（表5-84，图5-87）。

表5-84　青海省变化较大的指标

指标名称	2021 年	2020 年	增速（%）	2021 年排名	2020 年排名	排名变化
每万名研发人员发明专利授权数（件）	302	381	−20.73	21	17	−4
每亿元研发经费内部支出产生的发明专利授权数（件）	14.0	17.2	−18.60	14	10	−4
技术市场企业平均交易额（按流向）（万元／项）	478.83	357.48	33.95	11	21	10
规模以上工业企业每万名研发人员平均发明专利申请数（件）	1109	1281	−13.43	7	4	−3
规模以上工业企业平均研发经费外部支出（万元／个）	7.31	24.13	−69.71	29	8	−21
规模以上工业企业平均技术改造经费支出（万元／个）	119.8	54.1	121.44	9	27	18
移动电话普及率（部／百人）	108.5	111.8	−2.95	18	14	−4
科技企业孵化器当年风险投资强度（万元／项）	300.6	132.4	127.04	15	27	12
平均每个科技企业孵化器当年毕业企业数（家）	4.64	4.21	10.21	17	23	6

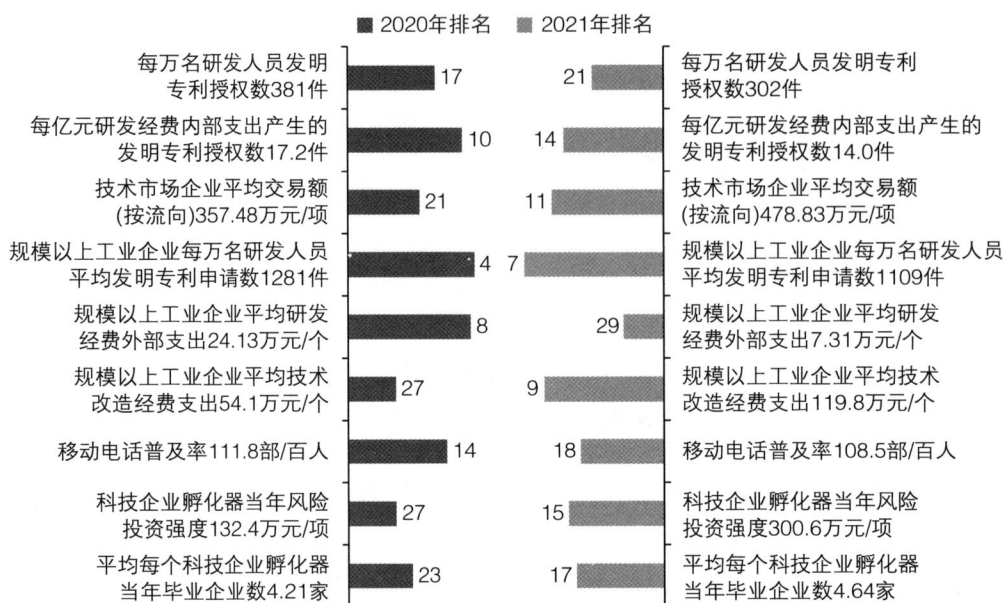

■ 2020年排名　■ 2021年排名

2020年		2021年
每万名研发人员发明专利授权数381件	17 / 21	每万名研发人员发明专利授权数302件
每亿元研发经费内部支出产生的发明专利授权数17.2件	10 / 14	每亿元研发经费内部支出产生的发明专利授权数14.0件
技术市场企业平均交易额(按流向)357.48万元/项	21 / 11	技术市场企业平均交易额(按流向)478.83万元/项
规模以上工业企业每万名研发人员平均发明专利申请数1281件	4 / 7	规模以上工业企业每万名研发人员平均发明专利申请数1109件
规模以上工业企业平均研发经费外部支出24.13万元/个	8 / 29	规模以上工业企业平均研发经费外部支出7.31万元/个
规模以上工业企业平均技术改造经费支出54.1万元/个	27 / 9	规模以上工业企业平均技术改造经费支出119.8万元/个
移动电话普及率111.8部/百人	14 / 18	移动电话普及率108.5部/百人
科技企业孵化器当年风险投资强度132.4万元/项	27 / 15	科技企业孵化器当年风险投资强度300.6万元/项
平均每个科技企业孵化器当年毕业企业数4.21家	23 / 17	平均每个科技企业孵化器当年毕业企业数4.64家

图5-87　2020—2021年青海省部分指标排名对比

根据中国企业联合会发布的数据显示，在2020中国企业500强榜单中，青海省入围1家，属于有色金属矿采选业，即西部矿业集团有限公司（表5-85）。

表5-85　青海省入选2020中国企业500强的1家企业

序号	企业名称	营业收入（亿元）	排名
1	西部矿业集团有限公司	392.2	464

近年来，青海省大力发展第三产业，围绕藏药新药开发、特色农畜产品深加工、民生改善等方向，实施科技创新基地建设项目，推动国家重点实验室、临床医学研究中心、工程技术研究中心等创新平台资源共享，补齐全省行业特色科技创新基地建设短板，推动特色产业转型升级。未来，青海省要立足资源禀赋，主动对接国家战略，充分发挥中央引导地方科技发展专项资金引导作用，营造良好的创新创业环境，积极吸引国内外投资，提升研究开发能力和企业创新能力。

5.30　宁夏回族自治区

2021年，宁夏回族自治区创新能力排名全国第28位，较上年下降6位。近10年宁夏创新能力排名呈现波动上升状态，总体仍处于相对落后位置（图5-88）。

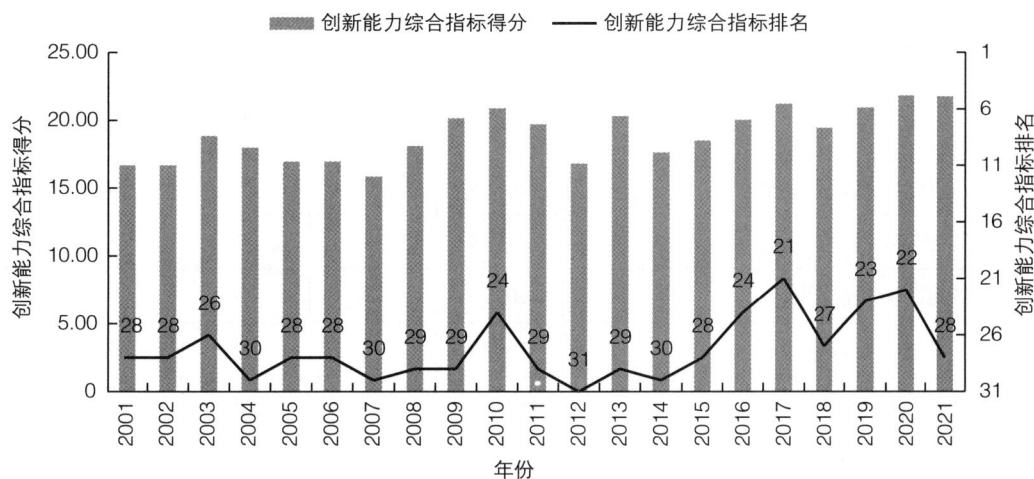

图5-88　2001—2021年宁夏回族自治区创新能力变化趋势

分领域看，知识创造排名第 24 位，与上年持平；知识获取排名第 31 位，较上年下降 18 位；企业创新排名第 13 位，较上年上升 4 位；创新环境排名第 29 位，与上年持平；创新绩效排名上升 2 位至第 26 位（表 5-86，图 5-89）。

表5-86　宁夏回族自治区创新能力综合指标

指标名称	2021 年综合指标		2021 年分项指标排名		
	指标值	排名	实力	效率	潜力
综合值	21.76	28	29	25	13
1　知识创造综合指标	20.31	24	29	24	5
1.1　研究开发投入综合指标	21.41	13	28	17	3
1.2　专利综合指标	16.87	27	29	26	15
1.3　科研论文综合指标	24.99	24	29	21	6
2　知识获取综合指标	10.12	31	29	26	31
2.1　科技合作综合指标	23.85	22	28	19	3
2.2　技术转移综合指标	6.55	31	31	31	27
2.3　外资企业投资综合指标	2.50	31	29	13	31
3　企业创新综合指标	28.08	13	27	12	4
3.1　企业研究开发投入综合指标	34.89	16	27	15	1
3.2　设计能力综合指标	21.56	15	28	17	9
3.3　技术提升能力综合指标	34.77	9	26	3	4

指标名称	2021 年综合指标		2021 年分项指标排名		
	指标值	排名	实力	效率	潜力
3.4　新产品销售收入综合指标	20.93	23	28	22	14
4　创新环境综合指标	17.73	29	29	25	20
4.1　创新基础设施综合指标	20.20	27	29	10	27
4.2　市场环境综合指标	16.90	26	22	29	24
4.3　劳动者素质综合指标	13.96	31	29	10	28
4.4　金融环境综合指标	12.58	20	31	30	3
4.5　创业水平综合指标	25.04	21	29	29	1
5　创新绩效综合指标	28.70	26	28	26	11
5.1　宏观经济综合指标	20.45	26	29	20	13
5.2　产业结构综合指标	33.20	11	29	2	24
5.3　产业国际竞争力综合指标	15.18	23	25	20	17
5.4　就业综合指标	32.82	17	6	29	7
5.5　可持续发展与环保综合指标	41.86	31	20	31	22

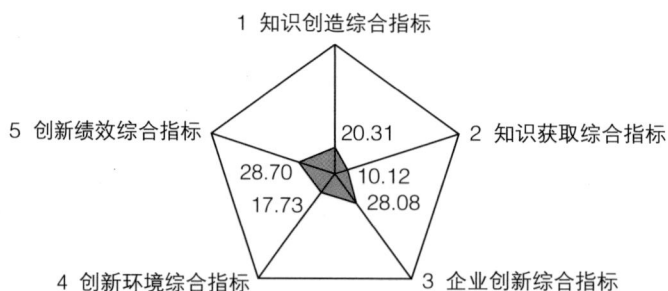

图5-89　宁夏回族自治区创新能力蛛网图

从基础指标看，宁夏回族自治区在技术市场企业平均交易额、每亿元研发经费内部支出产生的发明专利申请数、每亿元研发经费内部支出产生的发明专利授权数、科技企业孵化器当年风险投资强度等指标排名下降明显，降幅较大。但是，规模以上工业企业平均研发经费外部支出指标略有上升，企业创新能力增强（表 5-87，图 5-90）。

表5-87　宁夏回族自治区变化较大的指标

指标名称	2021年	2020年	增速(%)	2021年排名	2020年排名	排名变化
每万名研发人员发明专利申请受理数（件）	687	1044	−34.20	27	23	−4
每亿元研发经费内部支出产生的发明专利申请数（件）	26	45	−42.22	26	17	−9
每万名研发人员发明专利授权数（件）	286	375	−23.73	23	18	−5
每亿元研发经费内部支出产生的发明专利授权数（件）	11.0	16.3	−32.52	22	14	−8
技术市场交易金额（按流向）（万元）	507719.25	964199.42	−47.34	31	28	−3
技术市场企业平均交易额（按流向）（万元／项）	161.69	520.63	−68.94	31	8	−23
规模以上工业企业平均国内技术成交金额（万元／项）	1.13	3.41	−66.86	29	22	−7
规模以上工业企业国外技术引进金额（万元）	15.0	702.2	−97.86	30	26	−4
规模以上工业企业平均国外技术引进金额（万元／项）	0.01	0.56	−98.21	30	25	−5
规模以上工业企业研发活动经费内部支出总额占销售收入的比例（%）	0.84	0.83	1.20	21	17	−4
规模以上工业企业每万名研发人员平均发明专利申请数（件）	808	745	8.46	19	15	−4
规模以上工业企业平均研发经费外部支出（万元／个）	12.68	10.19	24.44	22	25	3
科技企业孵化器当年风险投资强度（万元／项）	90.75	219.29	−58.62	29	17	−12
第三产业增加值占GDP的比例（%）	50.30	47.91	4.99	23	19	−4

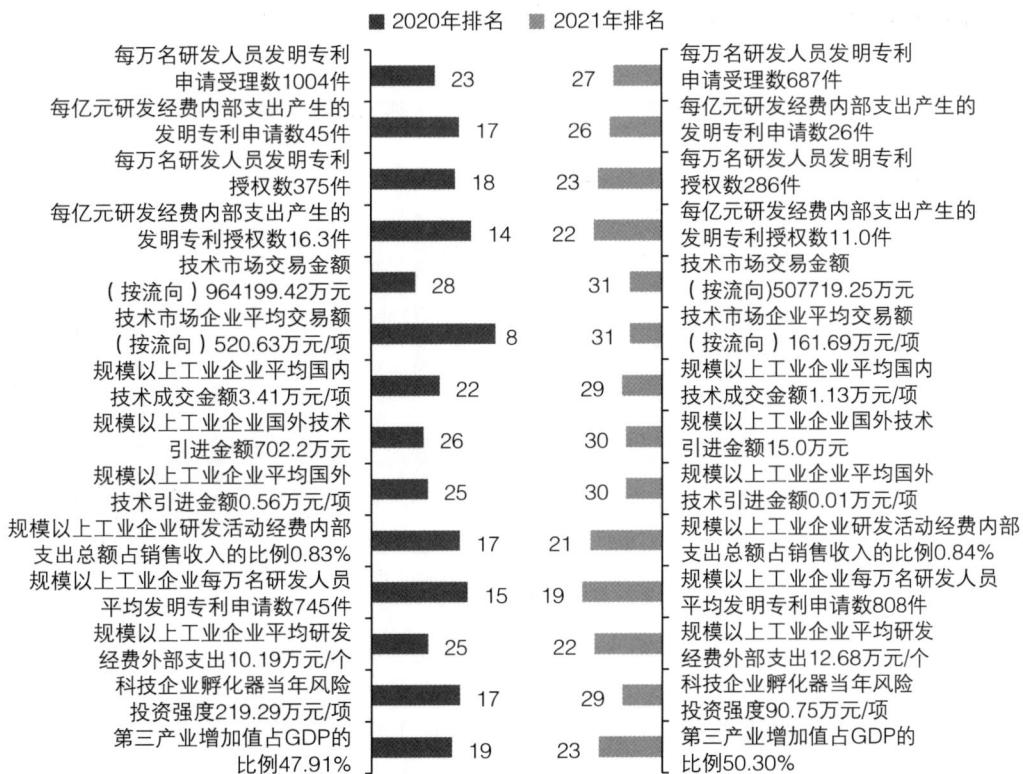

图5-90　2020—2021年宁夏回族自治区部分指标排名对比

根据中国企业联合会发布的数据显示，在 2020 中国企业 500 强榜单中，宁夏回族自治区只入围 1 家企业，即宁夏天元锰业集团有限公司（表 5-88）。

表5-88　宁夏回族自治区入选2020中国企业500强的1家企业

序号	企业名称	营业收入（亿元）	排名
1	宁夏天元锰业集团有限公司	591.1	329

当前，宁夏企业创新能力取得进步，未来要围绕葡萄酒、枸杞、奶牛、牛羊肉等农业重点特色产业高质量发展及煤炭、冶金、化工、生物发酵等传统产业转型升级需求，构建科技含量高、资源消耗低、环境污染少的绿色现代产业体系。未来，宁夏应立足本地特色，深挖现有资源潜力，进一步优化创新生态环境，激活创新要素，加速科技成果转移转化，以创新带动产业发展。

5.31　新疆维吾尔自治区

2021 年，新疆维吾尔自治区创新能力排名全国第 29 位，较上年下降 3 位。从历史排名看，新疆维吾尔自治区创新能力排名在相对低水平上波动（图 5-91）。

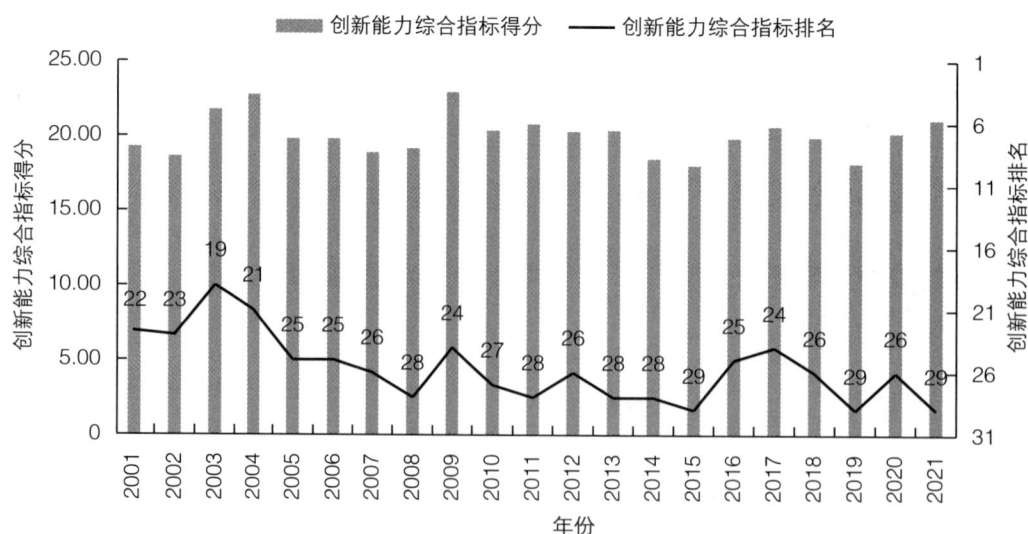

图5-91　2001—2021年新疆维吾尔自治区创新能力变化趋势

分领域看，知识获取排名第 19 位，比上年上升 1 位；企业创新下降 4 位，排名第 29 位；创新环境排名降幅较大，下降 8 位，排名第 26 位；创新绩效排名第 27 位，下降 2 位

（表 5-89，图 5-92）。

表5-89　新疆维吾尔自治区创新能力综合指标

指标名称	2021 年综合指标		2021 年分项指标排名		
	指标值	排名	实力	效率	潜力
综合值	21.11	29	28	27	21
1　知识创造综合指标	15.34	30	27	17	30
1.1　研究开发投入综合指标	7.15	30	27	31	28
1.2　专利综合指标	17.00	26	27	20	28
1.3　科研论文综合指标	28.40	16	26	6	31
2　知识获取综合指标	20.24	19	28	12	10
2.1　科技合作综合指标	34.66	12	26	2	23
2.2　技术转移综合指标	10.87	29	27	28	23
2.3　外资企业投资综合指标	16.45	16	28	30	3
3　企业创新综合指标	20.05	29	28	27	12
3.1　企业研究开发投入综合指标	10.03	30	28	30	28
3.2　设计能力综合指标	31.65	5	27	4	8
3.3　技术提升能力综合指标	17.15	29	27	28	19
3.4　新产品销售收入综合指标	20.58	24	26	30	2
4　创新环境综合指标	20.71	26	26	18	19
4.1　创新基础设施综合指标	24.22	23	26	13	19
4.2　市场环境综合指标	14.64	28	26	19	27
4.3　劳动者素质综合指标	32.14	14	24	8	8
4.4　金融环境综合指标	10.36	26	24	22	23
4.5　创业水平综合指标	22.18	25	27	23	17
5　创新绩效综合指标	27.93	27	27	29	13
5.1　宏观经济综合指标	23.06	23	25	19	16
5.2　产业结构综合指标	17.09	27	25	25	22
5.3　产业国际竞争力综合指标	14.85	24	23	26	11
5.4　就业综合指标	36.65	13	8	20	12
5.5　可持续发展与环保综合指标	48.01	29	26	29	23

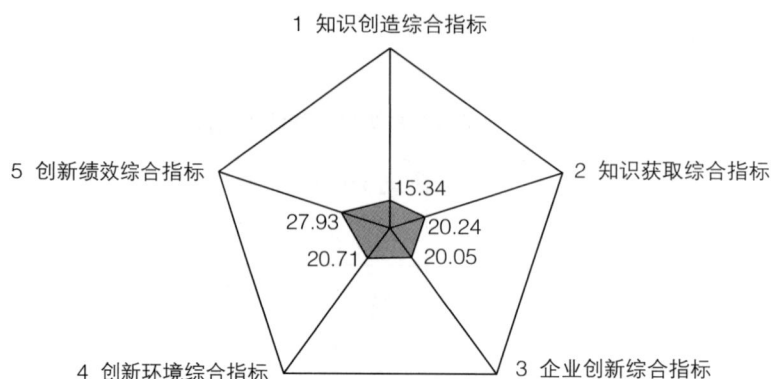

图5-92　新疆维吾尔自治区创新能力蛛网图

从基础指标看，新疆维吾尔自治区规模以上工业企业平均国外技术引进金额、规模以上工业企业国外技术引进金额增速明显，排名也有所上升，说明新疆地区对企业国外技术引进重视程度较高，注重企业通过技术引进提升技术能力。规模以上工业企业平均技术改造经费支出排名增长较快，新疆维吾尔自治区开始重视为企业技术发展创造良好环境（表5-90，图5-93）。

表5-90　新疆维吾尔自治区变化较大的指标

指标名称	2021 年	2020 年	增速（%）	2021 年排名	2020 年排名	排名变化
每万名研发人员发明专利申请受理数（件）	901	875	2.97	20	27	7
每亿元研发经费内部支出产生的发明专利申请数（件）	36	38	-5.26	16	25	9
规模以上工业企业国外技术引进金额（万元）	439.3	7105.3	-93.82	28	21	-7
规模以上工业企业平均国外技术引进金额（万元／项）	0.14	2.35	-94.04	29	17	-12
规模以上工业企业每万名研发人员平均发明专利申请数（件）	1567	1196	31.02	2	5	3
规模以上工业企业研发经费外部支出（亿元）	57537.6	72470.4	-20.61	25	21	-4
规模以上工业企业平均研发经费外部支出（万元／个）	18.08	23.96	-24.54	16	10	-6
规模以上工业企业平均技术改造经费支出（万元／个）	71.1	81.2	-12.44	22	18	-4
有电子商务交易活动的企业数（个）	681	521	30.71	23	26	3
移动电话普及率（部／百人）	112.8	110.6	1.99	13	17	4

指标名称	2021 年	2020 年	增速 (%)	2021 年排名	2020 年排名	排名变化
6 岁及 6 岁以上人口中大专以上学历所占的比例（%）	14.88	17.23	−13.64	10	6	−4
科技企业孵化器当年风险投资强度（万元／项）	203.61	177.02	15.02	19	23	4
平均每个科技企业孵化器当年毕业企业数（家）	6.92	5.65	22.48	5	13	8
第三产业增加值占 GDP 的比例（%）	51.60	45.77	12.74	16	25	9
高技术产业新产品销售收入占主营业务收入的比重（%）	14.28	26.03	−45.14	26	17	−9
电耗总量（亿千瓦时）	2867.60	2138.33	34.10	24	20	−4

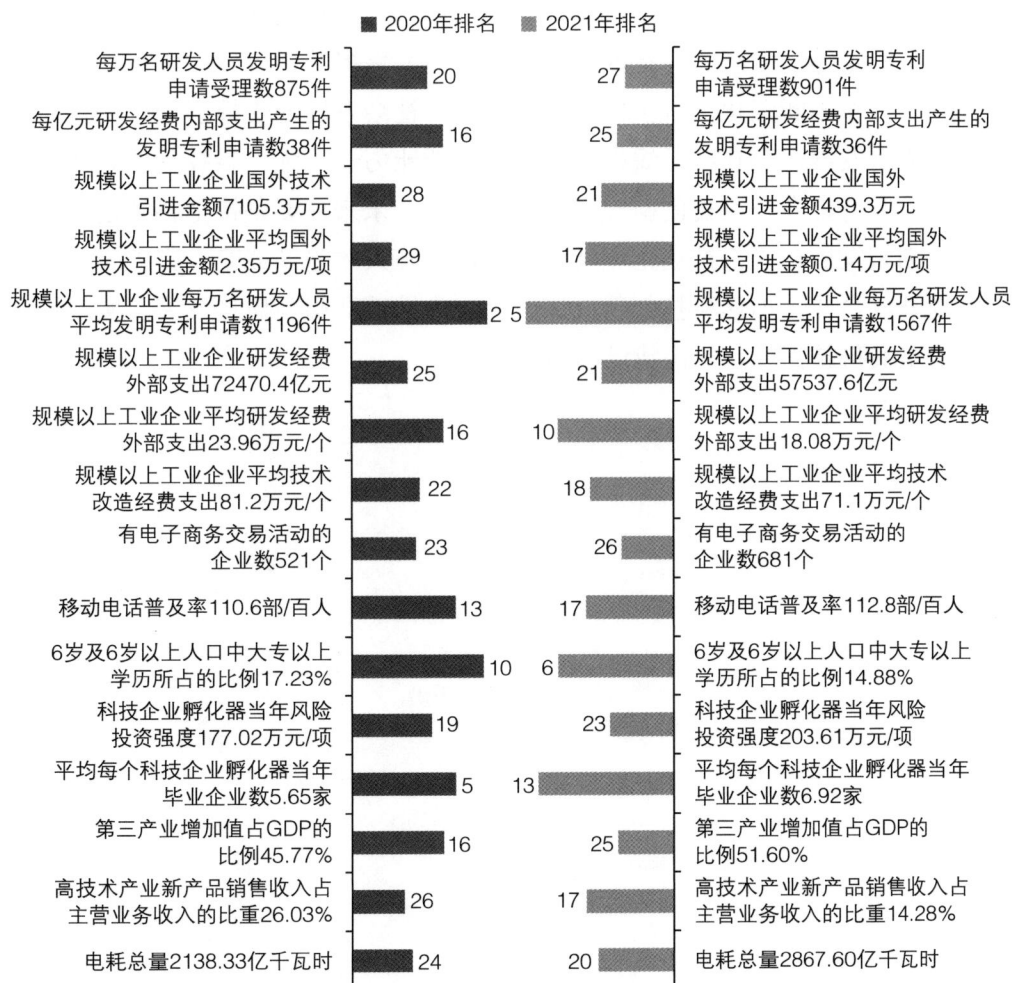

图5-93　2020—2021年新疆维吾尔自治区部分指标排名对比

根据中国企业联合会发布的数据显示，在 2020 中国企业 500 强榜单中，新疆维吾尔自治区入围 5 家，与上年数量持平，但是入围企业发生较大变化（表 5-91）。

表5-91 新疆维吾尔自治区入围2020中国企业500强的5家企业

序号	企业名称	营业收入（亿元）	排名
1	太平洋建设集团有限公司	6738.3	17
2	新疆广汇实业投资（集团）有限责任公司	1983.5	109
3	新疆特变电工集团有限公司	521.2	353
4	新疆天业（集团）有限公司	385.1	470
5	新疆金风科技股份有限公司	382.4	475

近些年，新疆大力实施创新驱动发展战略，加速推进科技创新和成果转化，石油石化、棉花、农产品深加工等优势产业的技术水平和竞争力大幅提升，各援疆省市支持力度进一步加大，科技创新合作不断深化，科技创新对全区经济社会发展的支撑引领作用日益增强。同时，新疆科技创新发展还存在明显短板，如科技创新能力还不强、科技创新人才匮乏、科技创新平台承载力有待提升、科技创新成果转化不足等。未来，要坚持把科技创新摆在各项任务首位，优化创新发展布局，推进企业技术创新，实施人才强区战略，完善鼓励创新政策，深化科技创新开放合作，加速科技创新成果转化，为推动新疆高质量发展、实现社会稳定和长治久安提供坚实科技支撑，加快建设创新型新疆。

中国区域创新能力评价报告2021

第三篇

附　录

附录 A

区域创新能力评价指标含义和数据来源

大类	代码	指标名称	指标含义	数据来源
	11101	研究与试验发展人员全时当量（人年）	衡量一个地区的科技人力投入情况	《中国科技统计年鉴》
	11102	每万人平均研究与试验发展人员全时当量（人年）	研究与试验发展人员全时当量与常住人口之比	根据数据计算
	11103	研究与试验发展人员全时当量增长率（%）	同上年相比的增长情况	根据数据计算
	11201	政府研发投入（亿元）	衡量地方政府的研发投入情况	《中国科技统计年鉴》
	11202	政府研发投入占 GDP 的比例（%）	政府研发投入与地区 GDP 之比	根据数据计算
	11203	政府研发投入增长率（%）	同上年相比的增长情况	根据数据计算
知识创造	12101	发明专利申请受理数（不含企业）（件）	衡量一个地区的高校和科研院所的技术研发水平	《中国科技统计年鉴》
	12102	每万名研发人员发明专利申请受理数（件）	发明专利申请受理数与研发人员之比	根据数据计算
	12103	发明专利申请受理数（不含企业）增长率（%）	同上年相比的增长情况	根据数据计算
	12104	每亿元研发经费内部支出产生的发明专利申请数（件）	发明专利申请受理数与研发经费投入之比	根据数据计算
	12201	发明专利授权数（件）	衡量一个地区的高校和科研院所的技术研发水平	《中国科技统计年鉴》
	12202	每万名研发人员发明专利授权数（件）	发明专利授权数与研发人员之比	根据数据计算
	12203	发明专利授权数增长率（%）	同上年相比的增长情况	根据数据计算

续表

大类	代码	指标名称	指标含义	数据来源
知识创造	12204	每亿元研发经费内部支出产生的发明专利授权数（件）	发明专利授权数与研发经费投入之比	根据数据计算
	13101	国内论文数（篇）	衡量一个地区在国内期刊发表论文的水平	《中国科技论文统计与分析》
	13102	每十万研发人员平均发表的国内论文数（篇）	国内论文数与研发人员之比	根据数据计算
	13103	国内论文数增长率（%）	同上年相比的增长情况	根据数据计算
	13201	国际论文数（篇）	衡量一个地区在国际期刊发表论文的水平	《中国科技论文统计与分析》
	13202	每十万研发人员平均发表的国际论文数（篇）	国际论文数与研发人员之比	根据数据计算
	13203	国际论文数增长率（%）	同上年相比的增长情况	根据数据计算
知识获取	21111	作者同省异单位科技论文数（篇）	衡量地区内部不同单位之间的知识合作水平	《中国科技论文统计与分析》
	21112	每十万研发人员作者同省异单位科技论文数（篇）	作者同省异单位科技论文数与研发人员之比	根据数据计算
	21113	同省异单位科技论文数增长率（%）	同上年相比的增长情况	根据数据计算
	21121	作者异省合作科技论文数（篇）	衡量不同地区之间的知识合作水平	《中国科技论文统计与分析》
	21122	每十万研发人员作者异省科技论文数（篇）	作者异省科技论文数与研发人员之比	根据数据计算
	21123	作者异省科技论文数增长率（%）	同上年相比的增长情况	根据数据计算
	21131	作者异国合作科技论文数（篇）	衡量一个地区与国际机构的知识合作水平	《中国科技论文统计与分析》
	21132	每十万研发人员作者异国科技论文数（篇）	作者异国科技论文数与研发人员之比	根据数据计算
	21133	作者异国科技论文数增长率（%）	同上年相比的增长情况	根据数据计算
	21201	高校和科研院所研发经费内部支出额中来自企业的资金（万元）	衡量企业与高校、科研院所的合作情况	《中国科技统计年鉴》
	21202	高校和科研院所研发经费内部支出额中来自企业资金的比例（%）	来自企业的资金与研发经费内部支出额之比	根据数据计算
	21203	高校和科研院所研发经费内部支出额中来自企业资金增长率（%）	同上年相比的增长情况	根据数据计算

大类	代码	指标名称	指标含义	数据来源
知识获取	22101	技术市场交易金额（按流向）（万元）	衡量技术流动情况	《中国科技统计年鉴》
	22102	技术市场企业平均交易额（按流向）（万元／项）	技术交易金额与交易项目数之比	根据数据计算
	22103	技术市场交易金额的增长率（按流向）（%）	同上年相比的增长情况	根据数据计算
	22201	规模以上工业企业国内技术成交金额（万元）	衡量一个地区的企业从国内获取技术的情况	《中国科技统计年鉴》
	22202	规模以上工业企业平均国内技术成交金额（万元／项）	国内技术成交金额与交易项目数之比	根据数据计算
	22203	规模以上工业企业国内技术成交金额增长率（%）	同上年相比的增长情况	根据数据计算
	22301	规模以上工业企业国外技术引进金额（万元）	衡量一个地区的企业从国外获取技术的情况	《中国科技统计年鉴》
	22302	规模以上工业企业平均国外技术引进金额（万元／项）	国外技术引进合同金额与引进项目数之比	根据数据计算
	22303	规模以上工业企业国外技术引进金额增长率（%）	同上年相比的增长情况	根据数据计算
	23001	外商投资企业年底注册资金中外资部分（亿美元）	衡量利用外资的情况	《中国统计年鉴》
	23002	人均外商投资企业年底注册资金中外资部分（万美元）	外资企业注册资金中外资金额与常住人口之比	根据数据计算
	23003	外商投资企业年底注册资金中外资部分增长率（%）	同上年相比的增长情况	根据数据计算
企业创新	31101	规模以上工业企业研发人员数（万人）	衡量企业研发人员投入能力	《中国科技统计年鉴》
	31102	规模以上工业企业就业人员中研发人员比重（%）	企业研发人员数量与企业员工总数之比	根据数据计算
	31103	规模以上工业企业研发人员增长率（%）	同上年相比的增长情况	根据数据计算
	31201	规模以上工业企业研发活动经费内部支出总额（亿元）	衡量企业研发经费投入能力	《中国科技统计年鉴》
	31202	规模以上工业企业研发活动经费内部支出总额占销售收入的比例（%）	企业研发经费投入与销售收入之比	根据数据计算
	31203	规模以上工业企业研发活动经费内部支出总额增长率（%）	同上年相比的增长情况	根据数据计算

大类	代码	指标名称	指标含义	数据来源
企业创新	31301	规模以上工业企业有研发机构的企业数（个）	衡量企业的研发基础设施建设情况	《中国科技统计年鉴》
	31302	规模以上工业企业中有研发机构的企业占总企业数的比例（%）	有研发机构的企业数与全部企业数之比	根据数据计算
	31303	规模以上工业企业有研发机构的企业数量增长率（%）	同上年相比的增长情况	根据数据计算
	32101	规模以上工业企业发明专利申请数（件）	衡量企业的研发产出能力	《中国科技统计年鉴》
	32102	规模以上工业企业每万名研发人员平均发明专利申请数（件）	企业发明专利申请数与研发人员数之比	根据数据计算
	32103	规模以上工业企业发明专利申请增长率（%）	同上年相比的增长情况	根据数据计算
	32201	规模以上工业企业有效发明专利数（件）	衡量企业的核心技术水平	《中国科技统计年鉴》
	32202	每万家规模以上工业企业平均有效发明专利数（件）	企业有效发明专利数与全部企业数之比	根据数据计算
	32203	规模以上工业企业有效发明专利增长率（%）	同上年相比的增长情况	根据数据计算
	33101	规模以上工业企业研发经费外部支出（万元）	衡量企业与外单位之间的研发合作情况	《中国科技统计年鉴》
	33102	规模以上工业企业平均研发经费外部支出（万元／个）	企业研发经费外部支出额与全部企业数之比	根据数据计算
	33103	规模以上工业企业研发经费外部支出增长率（%）	同上年相比的增长情况	根据数据计算
	33201	规模以上工业企业技术改造经费支出（万元）	衡量企业的技术提升能力	《中国科技统计年鉴》
	33202	规模以上工业企业平均技术改造经费支出（万元／个）	企业技术改造经费支出额与全部企业数之比	根据数据计算
	33203	规模以上工业企业技术改造经费支出增长率（%）	同上年相比的增长情况	根据数据计算
	33301	有电子商务交易活动的企业数（个）	衡量企业应用现代信息技术的能力	《中国统计年鉴》
	33302	有电子商务交易活动的企业数占总企业数的比例（%）	有电子商务交易活动的企业数与全部企业数之比	根据数据计算
	33303	有电子商务交易活动的企业数增长率（%）	同上年相比的增长情况	根据数据计算

大类	代码	指标名称	指标含义	数据来源
企业创新	34001	规模以上工业企业新产品销售收入（亿元）	衡量企业的新产品开发能力	《中国科技统计年鉴》
	34002	规模以上工业企业新产品销售收入占销售收入的比重（%）	企业新产品销售收入与销售收入总额之比	根据数据计算
	34003	规模以上工业企业新产品销售收入增长率（%）	同上年相比的增长情况	根据数据计算
创新环境	41111	移动电话用户数（万户）	衡量通信基础设施条件	《中国统计年鉴》
	41112	移动电话普及率（部／百人）	衡量通信基础设施条件	《中国统计年鉴》
	41113	移动电话用户数增长率（%）	同上年相比的增长情况	根据数据计算
	41121	移动互联网接入流量（万GB）	衡量信息基础设施条件	《中国统计年鉴》
	41122	移动互联网人均流量（GB）	衡量信息基础设施条件	《中国统计年鉴》
	41123	移动互联网接入流量增长率（%）	同上年相比的增长情况	根据数据计算
	41211	科技企业孵化器数量（个）	衡量一个地区的创业孵化基础设施情况	《中国火炬统计年鉴》
	41212	平均每个科技企业孵化器创业导师人数（人）	孵化器创业导师人数与孵化器数量之比	根据数据计算
	41213	科技企业孵化器增长率（%）	同上年相比的增长情况	根据数据计算
	42101	按目的地和货源地划分进出口总额（亿美元）	衡量一个地区的市场开放程度	《中国统计年鉴》
	42102	按目的地和货源地划分进出口总额占GDP比重（%）	进出口总额与地区GDP之比	根据数据计算
	42103	按目的地和货源地划分进出口总额增长率（%）	同上年相比的增长情况	根据数据计算
	42201	科技服务业从业人员数（万人）	衡量一个地区的科技服务水平	《中国统计年鉴》
	42202	科技服务业从业人员占第三产业从业人员比重（%）	科技服务业从业人员与第三产业从业人员数之比	根据数据计算
	42203	科技服务业从业人员增长率（%）	同上年相比的增长情况	根据数据计算
	42301	居民消费水平（元）	衡量一个地区的市场环境	《中国统计年鉴》
	42303	居民消费水平增长率（%）	同上年相比的增长情况	根据数据计算
	43101	教育经费支出（亿元）	衡量一个地区对人才培养的重视程度	《中国统计年鉴》
	43102	教育经费支出占GDP的比例（%）	教育经费投入与地区GDP之比	根据数据计算

续表

大类	代码	指标名称	指标含义	数据来源
创新环境	43103	教育经费支出增长率（%）	同上年相比的增长情况	根据数据计算
	43201	6 岁及 6 岁以上人口中大专以上学历人口数（抽样数）（人）	衡量一个地区的劳动者素质	《中国统计年鉴》
	43202	6 岁及 6 岁以上人口中大专以上学历所占的比例（%）	大专以上学历人口数与抽样人口数之比	根据数据计算
	43203	6 岁及 6 岁以上人口中大专以上学历人口增长率（%）	同上年相比的增长情况	根据数据计算
	44111	本地区上市公司市值（亿元）	衡量企业融资环境	《中国科技统计年鉴》
	44112	本地区上市公司平均市值（亿元）	上市公司总市值与上市公司数量之比	根据数据计算
	44113	本地区上市公司市值增长率（%）	同上年相比的增长情况	根据数据计算
	44211	科技企业孵化器当年获风险投资额（万元）	衡量一个地区科技企业孵化器的融资能力	《中国火炬统计年鉴》
	44212	科技企业孵化器当年风险投资强度（万元／项）	获得风险投资总额与投资项目数之比	根据数据计算
	44213	科技企业孵化器当年获风险投资额增长率（%）	同上年相比的增长情况	根据数据计算
	44221	科技企业孵化器孵化基金总额（万元）	衡量一个地区科技企业孵化器的融资能力	《中国火炬统计年鉴》
	44222	平均每个科技企业孵化器孵化基金额（万元）	孵化基金总额与科技企业孵化器数之比	根据数据计算
	44223	科技企业孵化器孵化基金总额增长率（%）	同上年相比的增长情况	根据数据计算
	45101	高技术企业数（家）	衡量一个地区高技术产业创业水平	《中国科技统计年鉴》
	45102	高技术企业数占规模以上工业企业数比重（%）	高技术企业与企业总数之比	根据数据计算
	45103	高技术企业数增长率（%）	同上年相比的增长情况	根据数据计算
	45201	科技企业孵化器当年毕业企业数（家）	衡量一个地区科技企业孵化器的孵化能力	《中国火炬统计年鉴》
	45202	平均每个科技企业孵化器当年毕业企业数（家）	当年毕业企业总数与孵化器总数之比	根据数据计算
	45203	科技企业孵化器当年毕业企业数增长率（%）	同上年相比的增长情况	根据数据计算

大类	代码	指标名称	指标含义	数据来源
	51001	地区 GDP（亿元）	衡量一个地区的经济发展水平	《中国统计年鉴》
	51002	人均 GDP 水平（元）	衡量一个地区的经济发展水平	根据数据计算
	51003	地区 GDP 增长率（%）	同上年相比的增长情况	根据数据计算
	52101	第三产业增加值（亿元）	衡量一个地区的产业结构	《中国统计年鉴》
	52102	第三产业增加值占 GDP 的比例（%）	第三产业增加值与地区 GDP 之比	根据数据计算
	52103	第三产业增加值增长率（%）	同上年相比的增长情况	根据数据计算
	52201	高技术产业新产品销售收入（亿元）	衡量一个地区的高技术产业发展情况	《中国高技术产业统计年鉴》
	52202	高技术产业新产品销售收入占主营业务收入的比重（%）	高技术产业新产品销售收入与主营业务收入之比	根据数据计算
	52203	高技术产业新产品销售收入增长率（%）	同上年相比的增长情况	根据数据计算
	53001	高技术产品出口额（百万美元）	衡量一个地区高技术产业的国际竞争力	《中国统计年鉴》
创新绩效	53002	高技术产品出口额占地区出口总额的比重（%）	高技术产品出口额与出口总额之比	根据数据计算
	53003	高技术产品出口额增长率（%）	同上年相比的增长情况	根据数据计算
	54101	城镇登记失业人员（万人）	衡量一个地区的就业水平	《中国统计年鉴》
	54102	城镇登记失业率（%）	衡量一个地区的就业水平	《中国统计年鉴》
	54103	城镇登记失业人员增长率（%）	同上年相比的增长情况	根据数据计算
	54201	高技术产业就业人数（人）	衡量一个地区高技术产业吸纳就业的能力	《中国高技术产业统计年鉴》
	54202	高技术产业就业人数占总就业人数的比例（%）	高技术产业就业人数与全部就业人数之比	根据数据计算
	54203	高技术产业就业人数增长率（%）	同上年相比的增长情况	根据数据计算
	55101	万元地区生产总值能耗（等价值）（吨标准煤）	衡量一个地区的能耗水平和可持续发展能力	《中国统计年鉴》
	55103	万元地区生产总值能耗（等价值）增长率（%）	同上年相比的增长情况	根据数据计算
	55201	电耗总量（亿千瓦时）	衡量一个地区的电耗水平和可持续发展能力	《中国统计年鉴》
	55202	每万元 GDP 电耗总量（千瓦时）	电耗总量与地区 GDP 之比	根据数据计算

大类	代码	指标名称	指标含义	数据来源
创新绩效	55203	电耗总量增长率（%）	同上年相比的增长情况	根据数据计算
	55301	工业污水排放量（万吨）	衡量一个地区工业污水排放量和可持续发展能力	《中国统计年鉴》
	55302	每万元 GDP 工业污水排放量（吨）	工业污水排放总量与地区 GDP 之比	根据数据计算
	55303	工业污水排放总量增长率（%）	同上年相比的增长情况	根据数据计算
	55401	废气中主要污染物排放量（万吨）	衡量一个地区的废气排放量和可持续发展能力	《中国统计年鉴》
	55402	每亿元 GDP 废气中主要污染物排放量（吨）	废气中主要污染物排放量与地区 GDP 之比	根据数据计算
	55403	废气中主要污染物排放量增长率（%）	同上年相比的增长情况	根据数据计算

附录 B

区域创新能力分地区基本指标

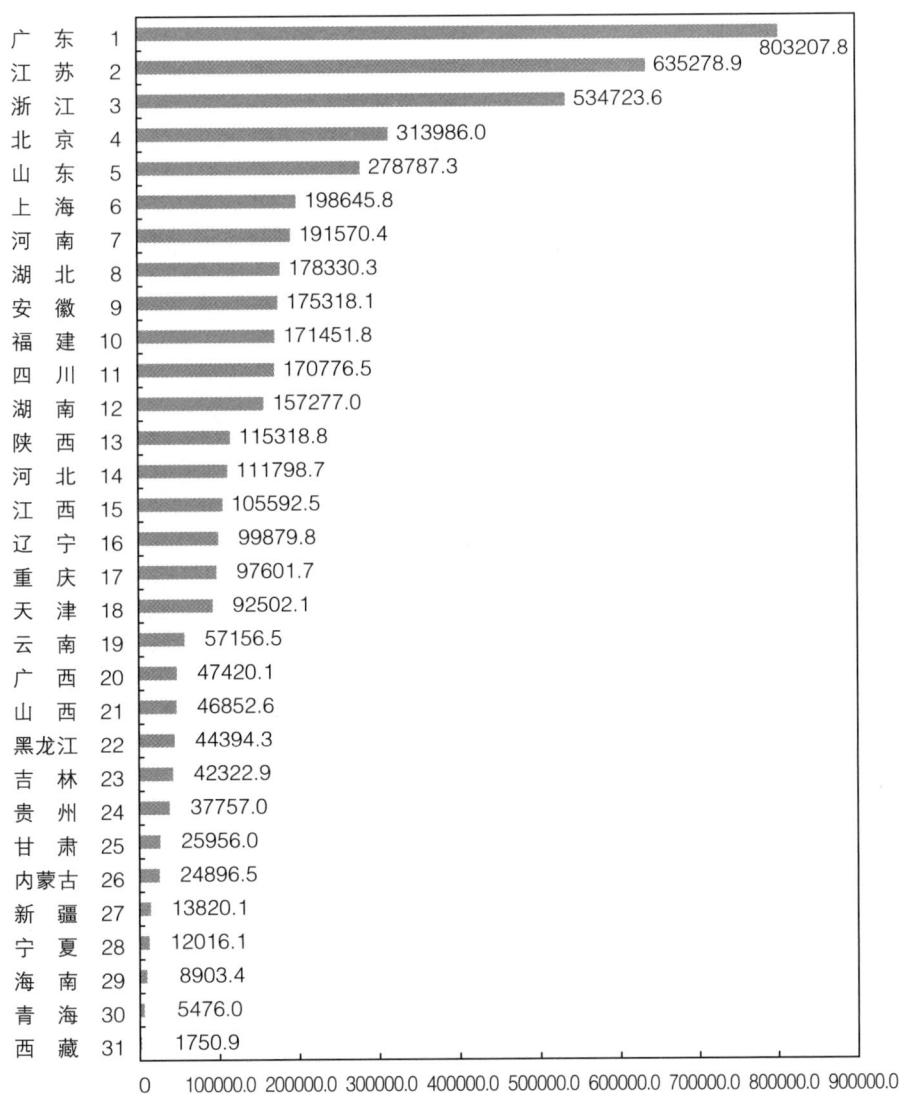

地区	排名	数值
广 东	1	803207.8
江 苏	2	635278.9
浙 江	3	534723.6
北 京	4	313986.0
山 东	5	278787.3
上 海	6	198645.8
河 南	7	191570.4
湖 北	8	178330.3
安 徽	9	175318.1
福 建	10	171451.8
四 川	11	170776.5
湖 南	12	157277.0
陕 西	13	115318.8
河 北	14	111798.7
江 西	15	105592.5
辽 宁	16	99879.8
重 庆	17	97601.7
天 津	18	92502.1
云 南	19	57156.5
广 西	20	47420.1
山 西	21	46852.6
黑龙江	22	44394.3
吉 林	23	42322.9
贵 州	24	37757.0
甘 肃	25	25956.0
内蒙古	26	24896.5
新 疆	27	13820.1
宁 夏	28	12016.1
海 南	29	8903.4
青 海	30	5476.0
西 藏	31	1750.9

附图B-1　11101 研究与试验发展人员全时当量（人年）

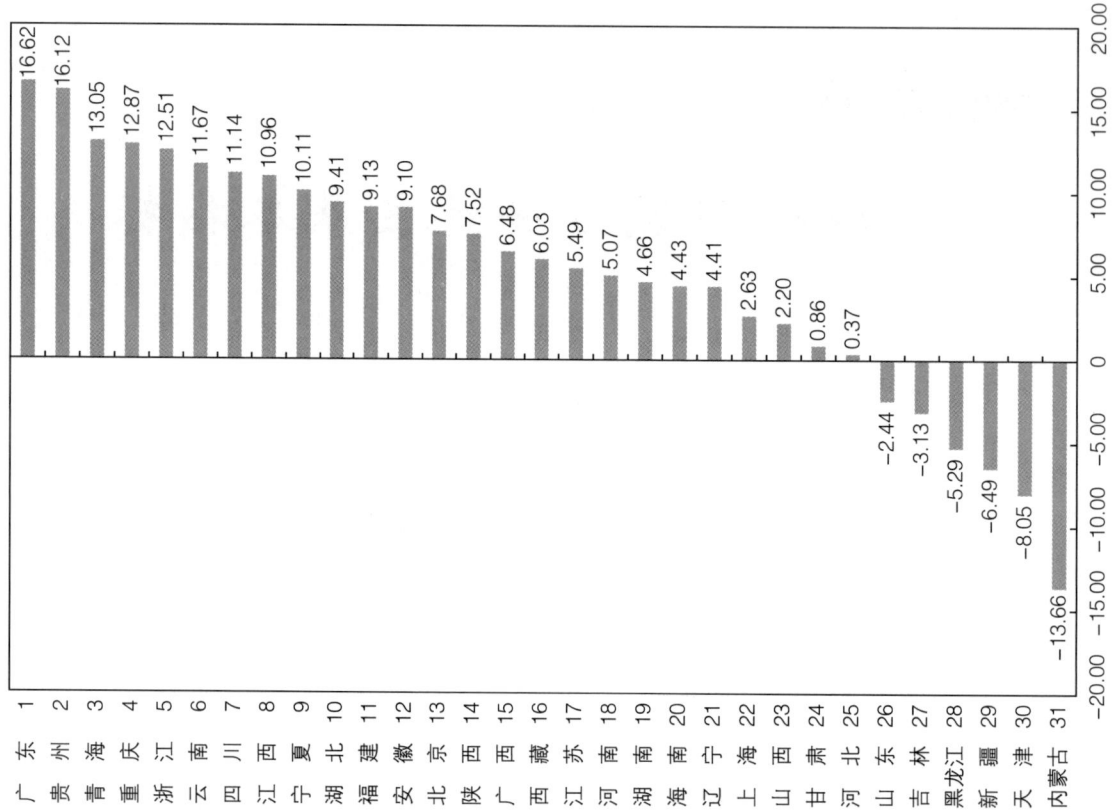

附图B-3 11103 研究与试验发展人员全时当量增长率（%）

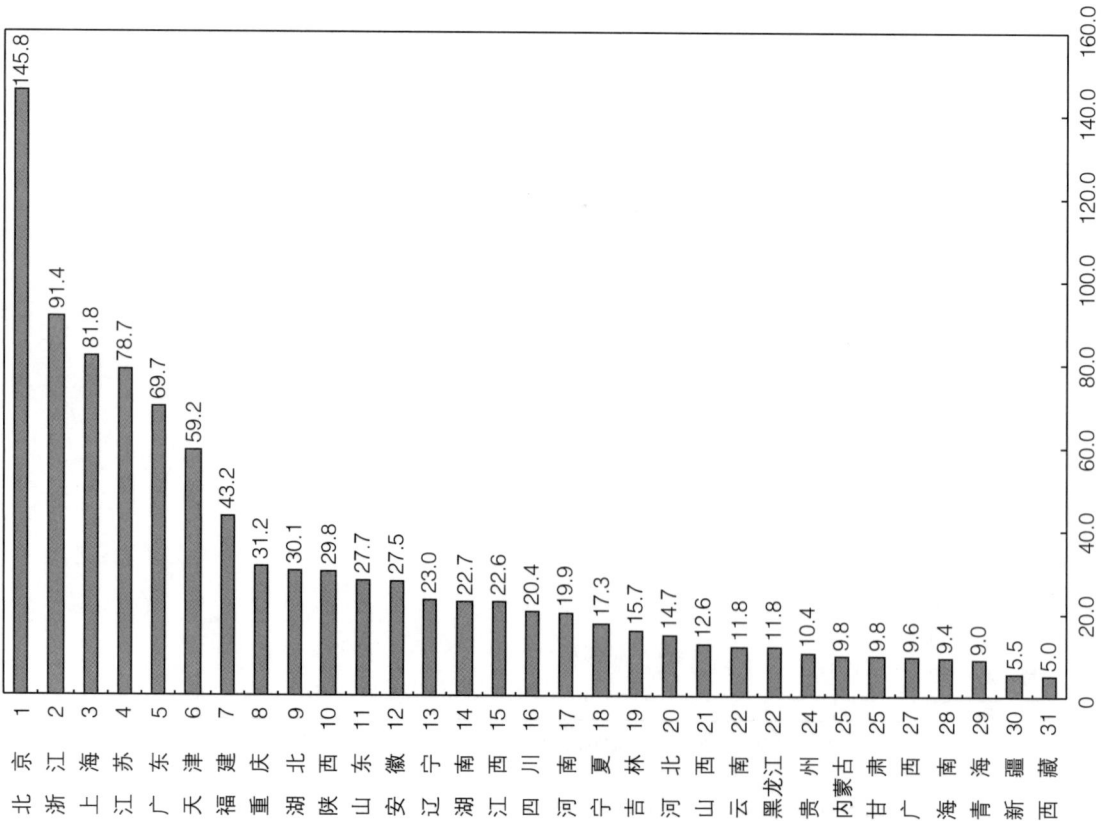

附图B-2 11102 每万人平均研究与试验发展人员全时当量（人年）

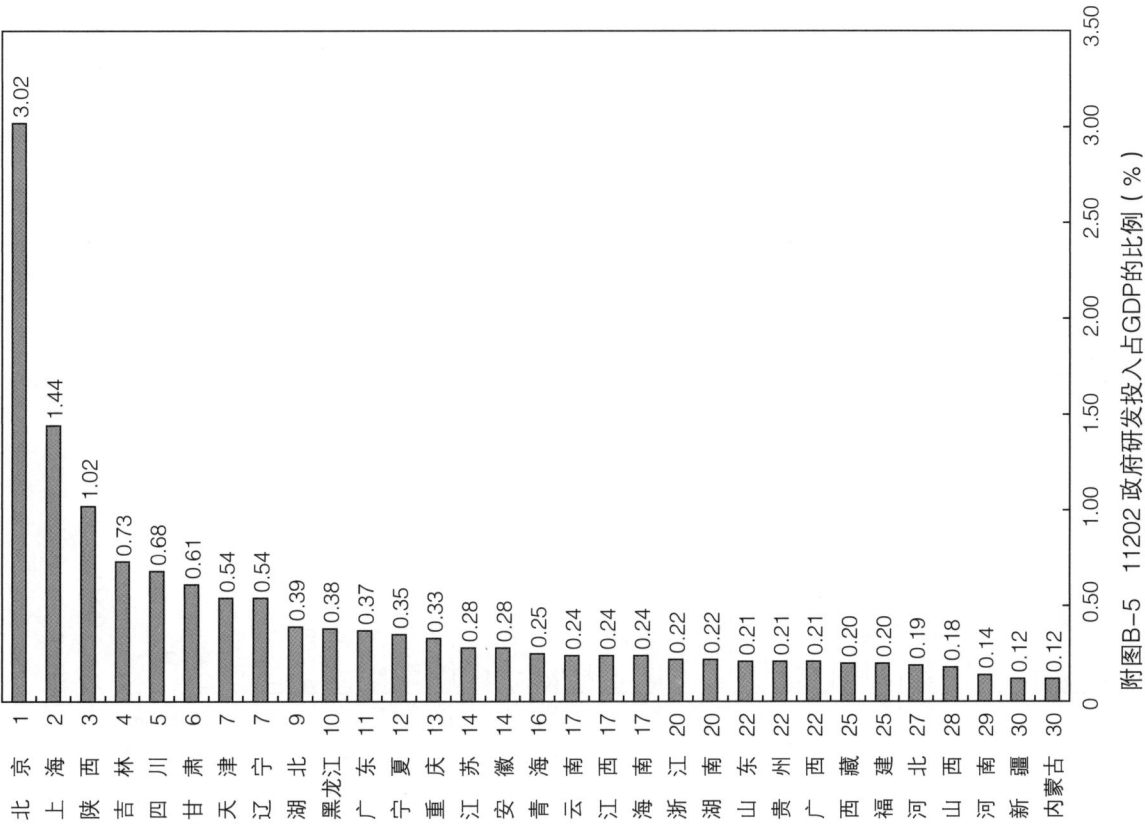

附图B-4　11201 政府研发投入（亿元）

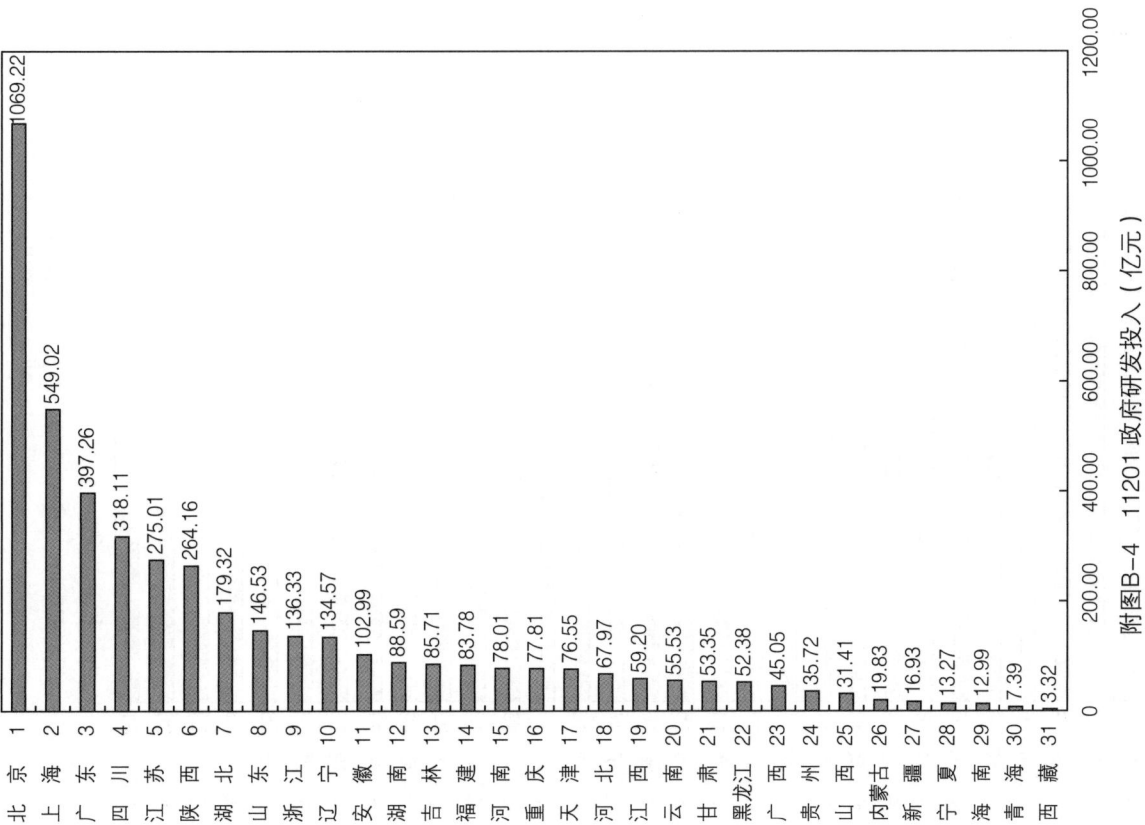

附图B-5　11202 政府研发投入占GDP的比例（%）

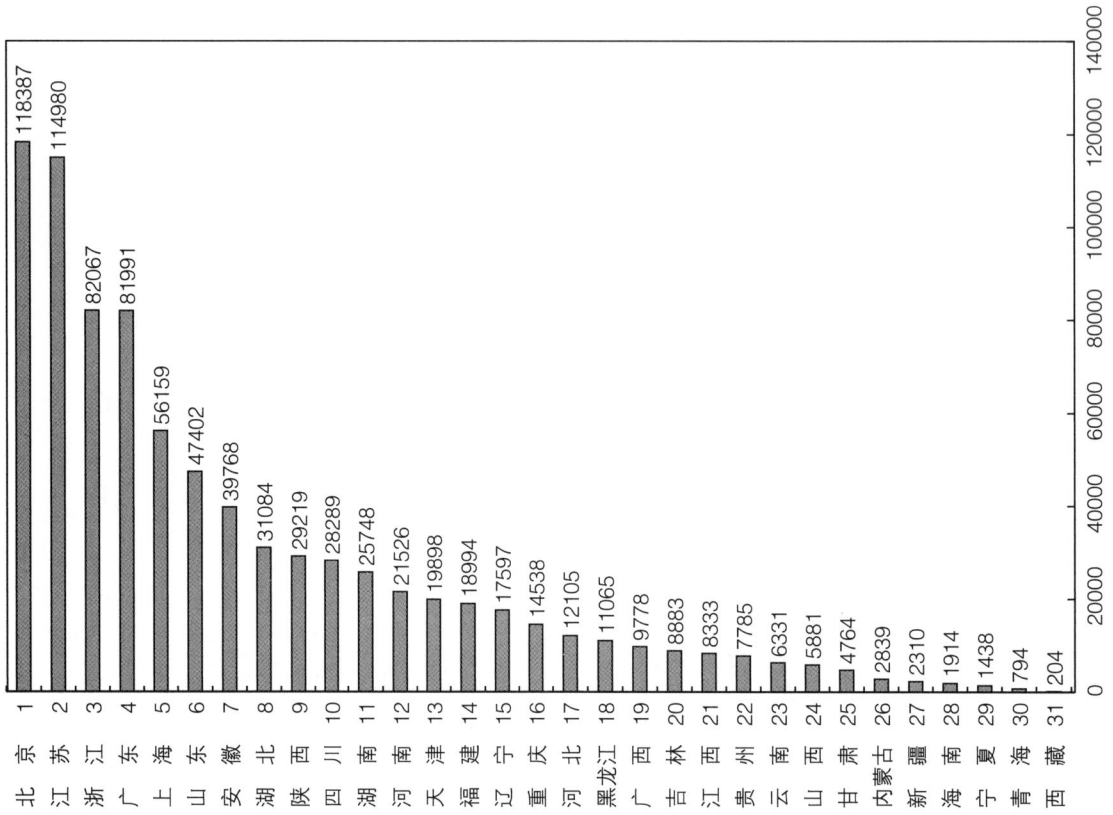

附图B-7 12101 发明专利申请受理数（不含企业）（件）

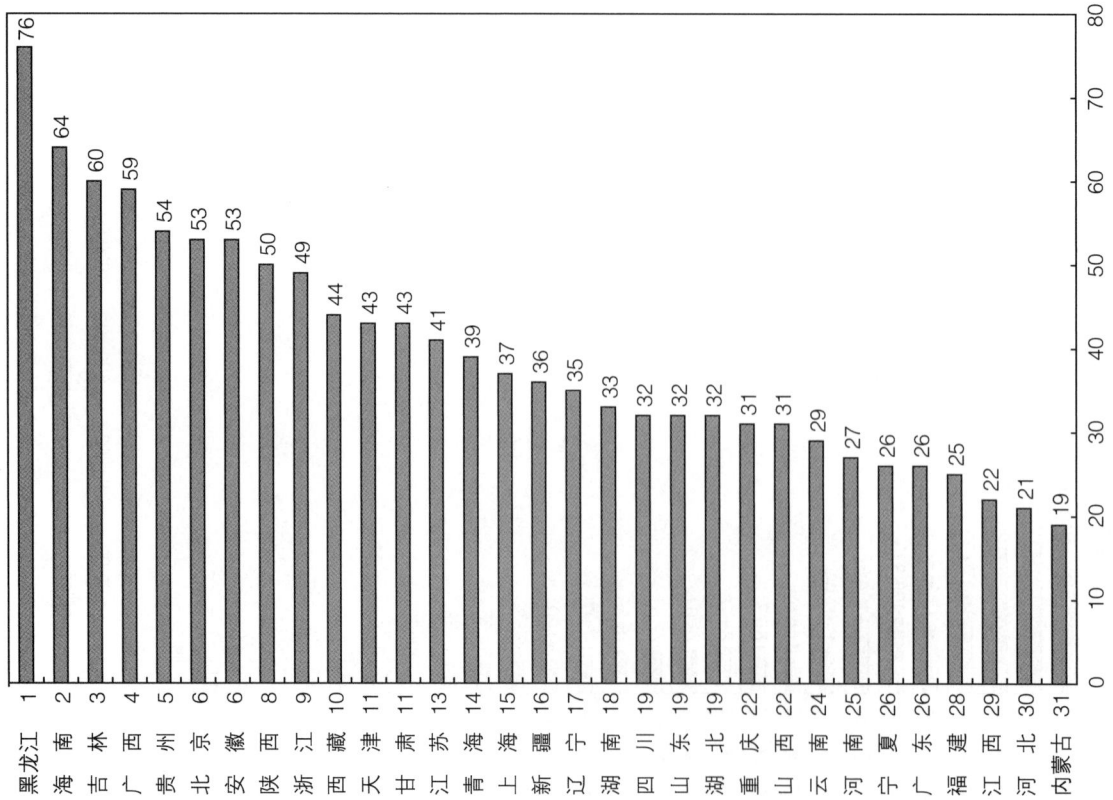

附图B-6 11203 政府研发投入增长率（%）

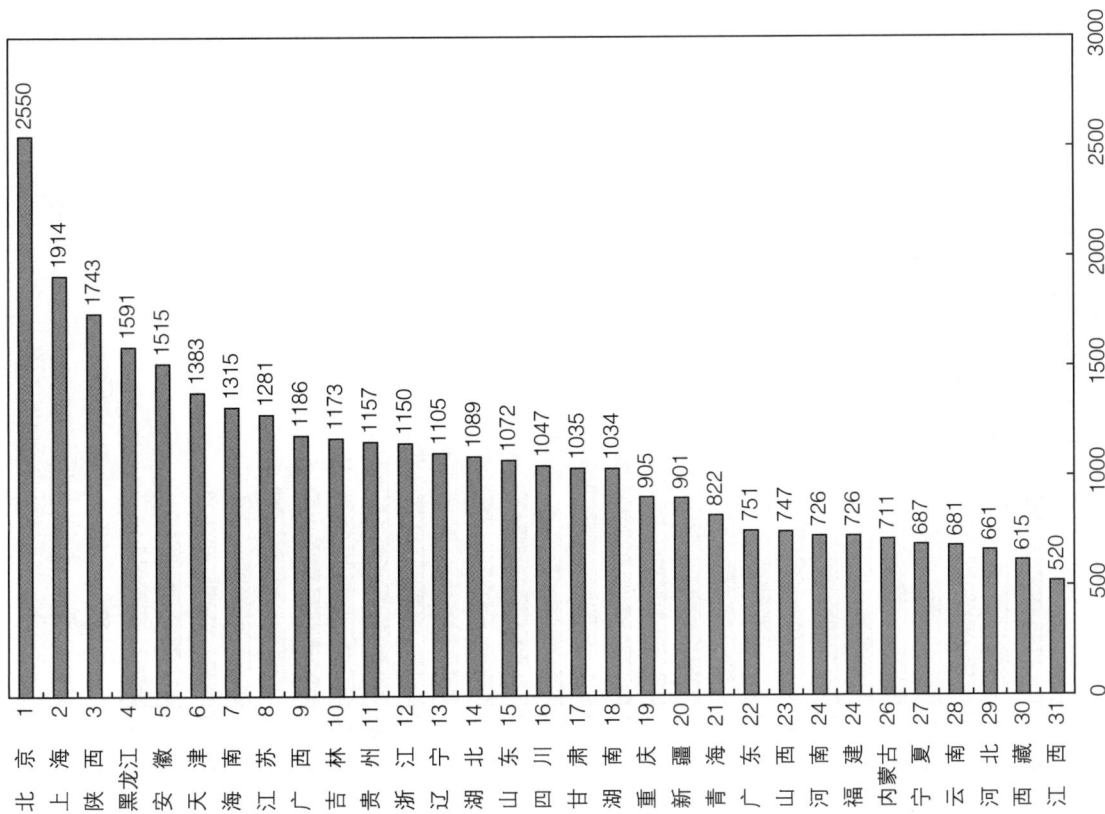

附图B-9 12103 发明专利申请受理数（不含企业）增长率（%）

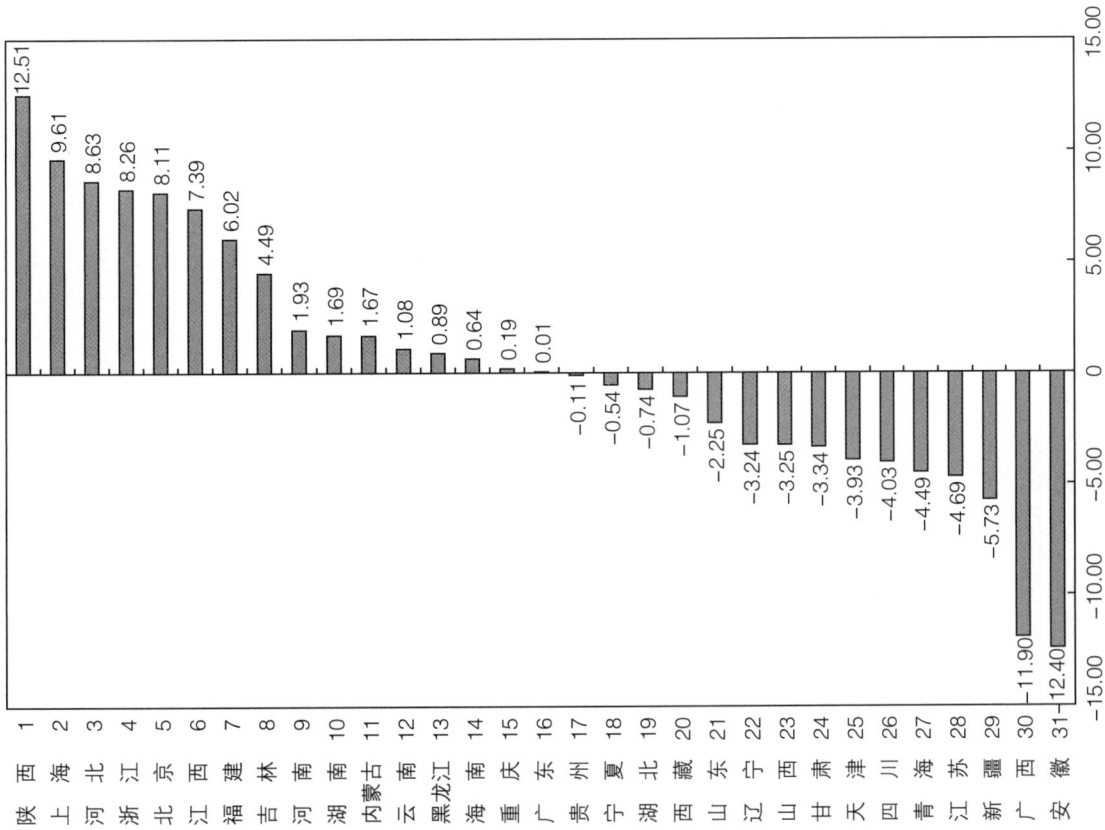

附图B-8 12102 每万名研发人员发明专利申请受理数（件）

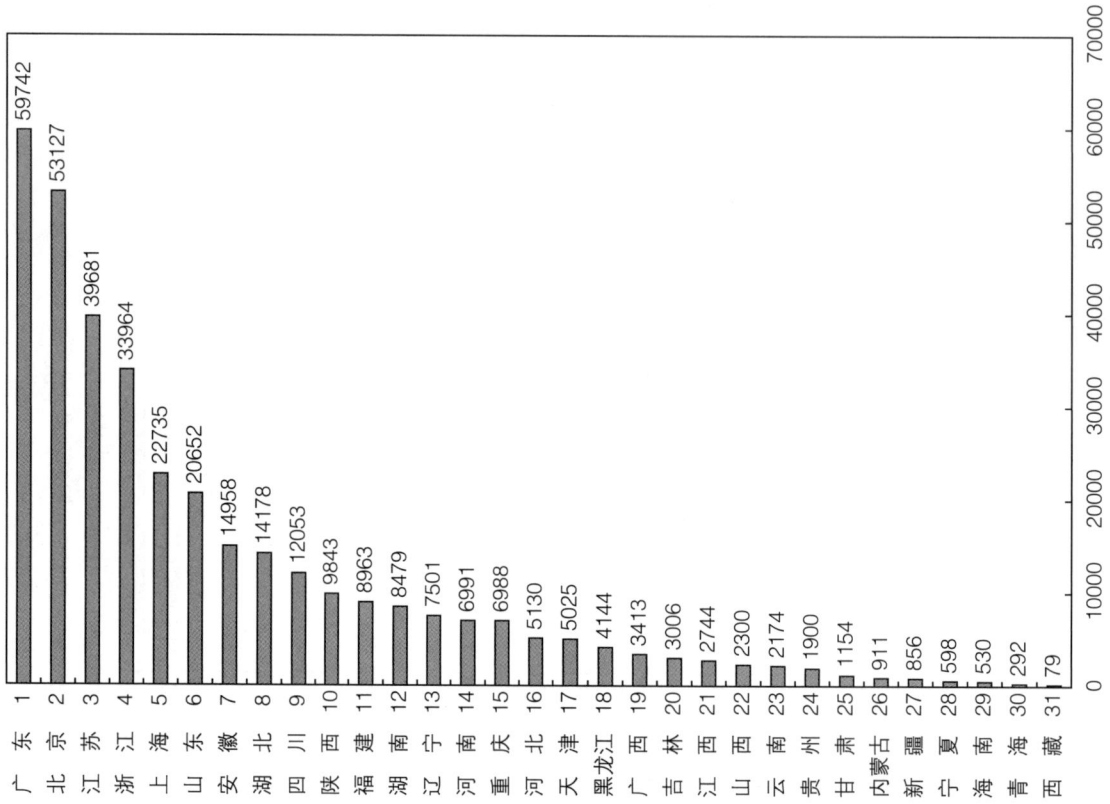

附图B-11 12201 发明专利授权数（件）

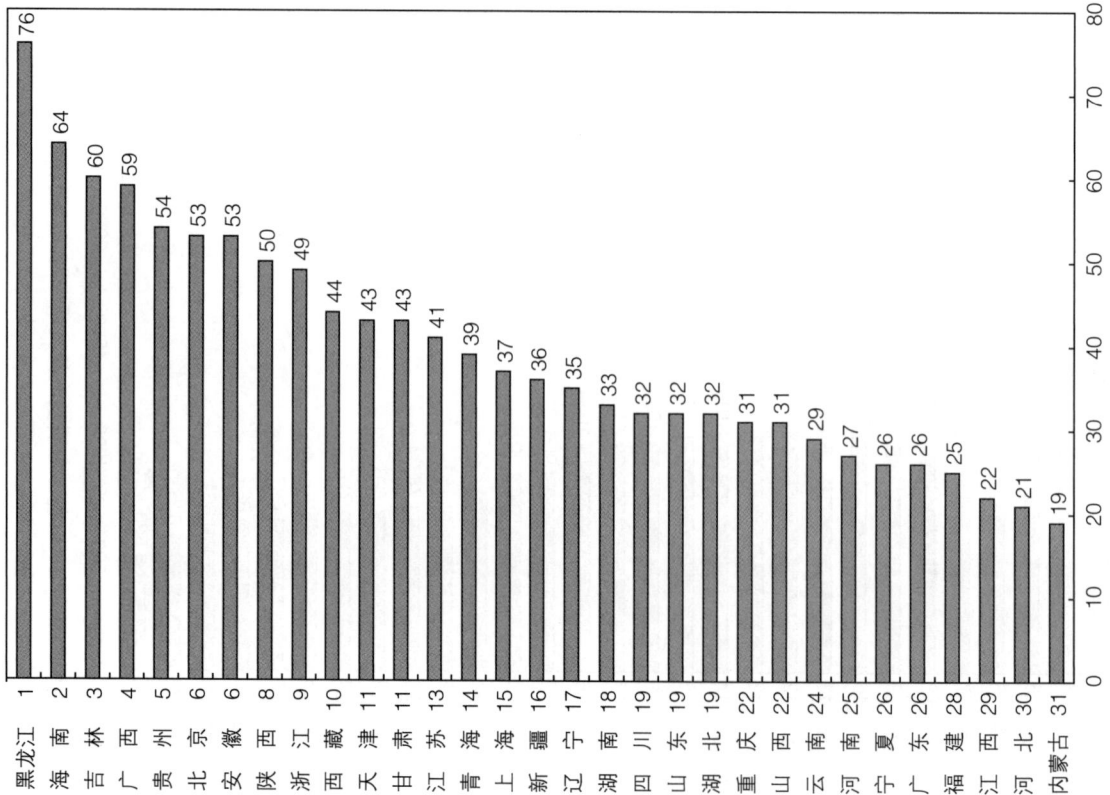

附图B-10 12104 每亿元研发经费内部支出产生的发明专利申请数（件）

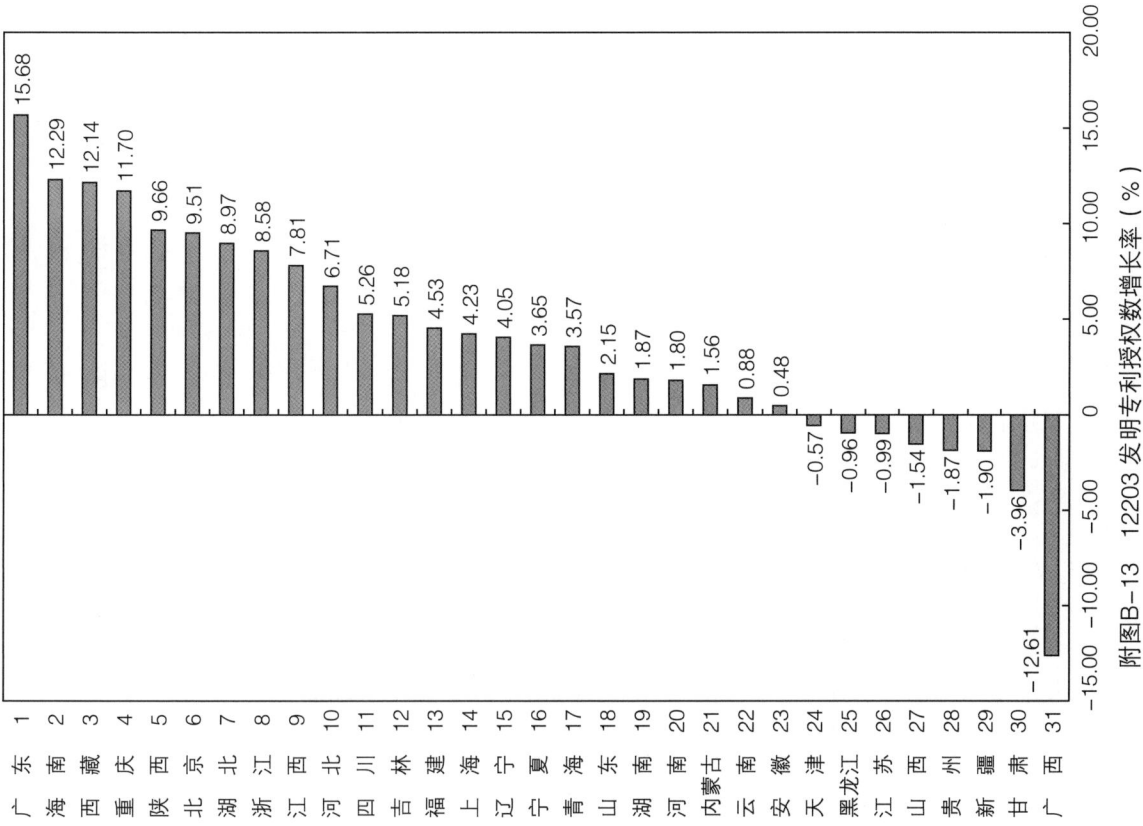

附图B-13 12203 发明专利授权数增长率（%）

排名	省份	发明专利授权数增长率（%）
1	广东	15.68
2	海南	12.29
3	西藏	12.14
4	重庆	11.70
5	陕西	9.66
6	北京	9.51
7	湖北	8.97
8	浙江	8.58
9	江西	7.81
10	河北	6.71
11	四川	5.26
12	吉林	5.18
13	福建	4.53
14	上海	4.23
15	辽宁	4.05
16	宁夏	3.65
17	青海	3.57
18	山东	2.15
19	湖南	1.87
20	河南	1.80
21	内蒙古	1.56
22	云南	0.88
23	安徽	0.48
24	天津	-0.57
25	黑龙江	-0.96
26	江苏	-0.99
27	山西	-1.54
28	贵州	-1.87
29	新疆	-1.90
30	甘肃	-3.96
31	广西	-12.61

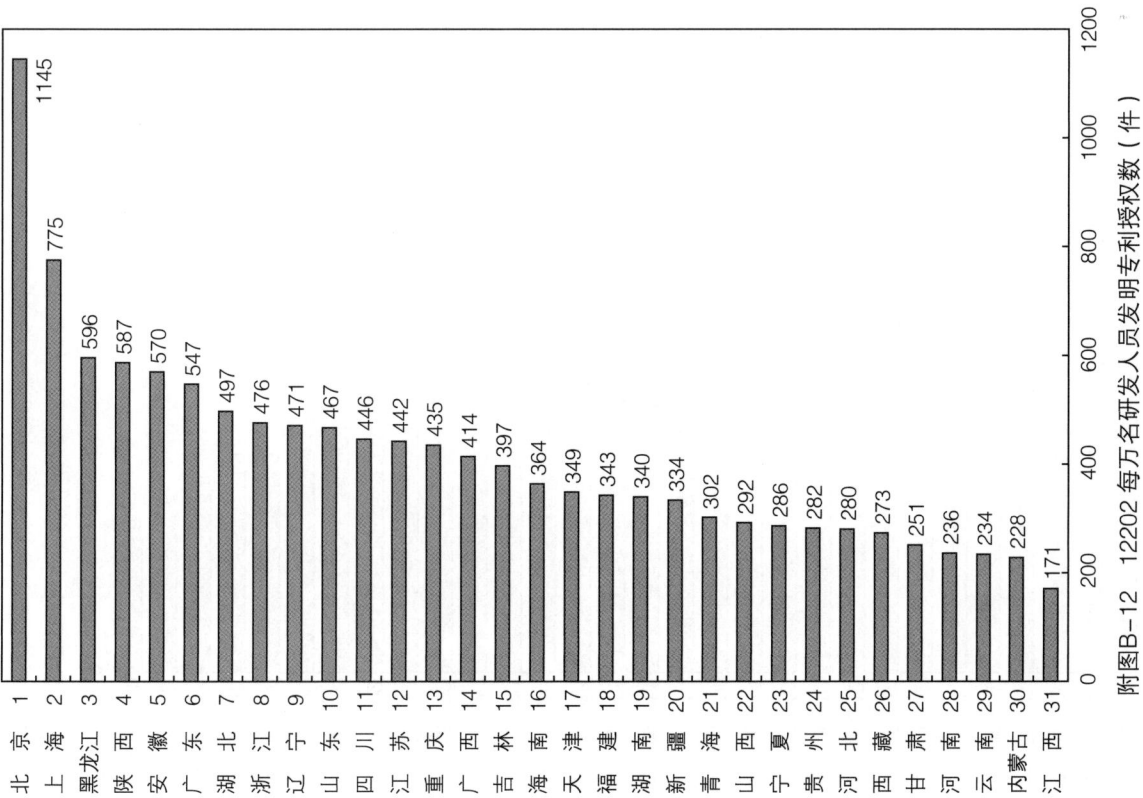

附图B-12 12202 每万名研发人员发明专利授权数（件）

排名	省份	每万名研发人员发明专利授权数（件）
1	北京	1145
2	上海	775
3	黑龙江	596
4	陕西	587
5	安徽	570
6	广东	547
7	湖北	497
8	浙江	476
9	辽宁	471
10	山东	467
11	四川	446
12	江苏	442
13	重庆	435
14	广西	414
15	吉林	397
16	海南	364
17	天津	349
18	福建	343
19	湖南	340
20	新疆	334
21	青海	302
22	山西	292
23	宁夏	286
24	贵州	282
25	河北	280
26	西藏	273
27	甘肃	251
28	河南	236
29	云南	234
30	内蒙古	228
31	江西	171

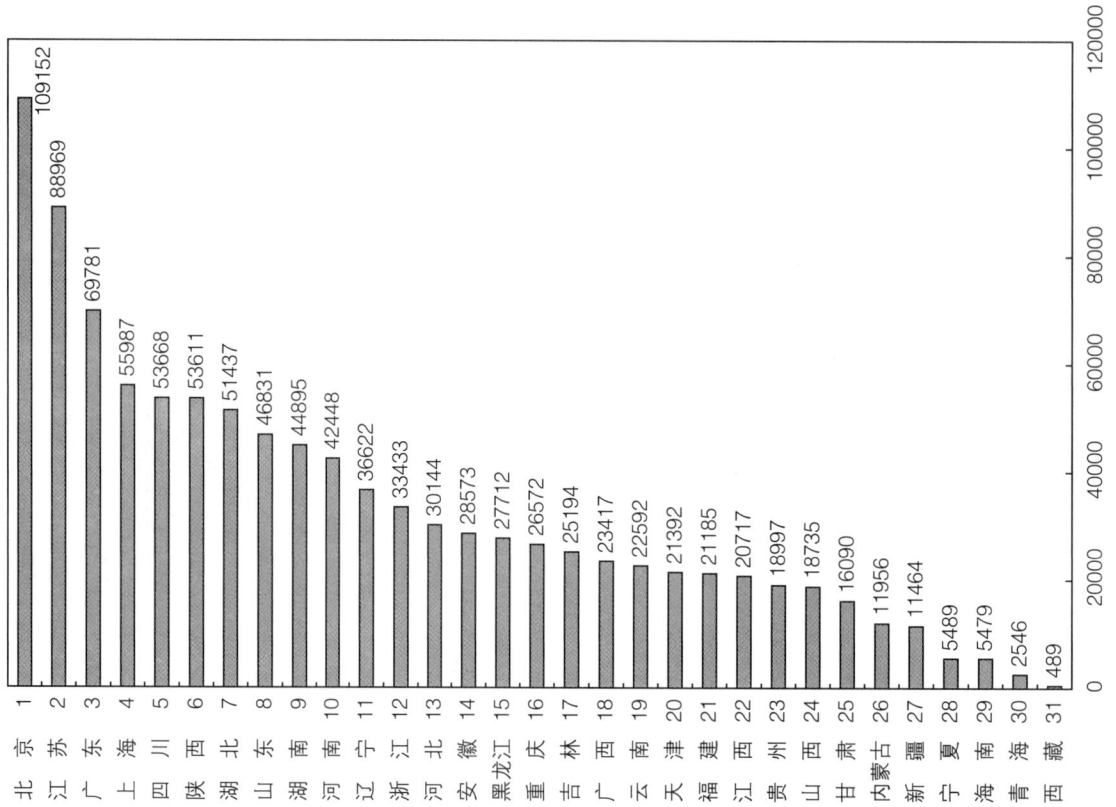

附图B-15 13101 国内论文数（篇）

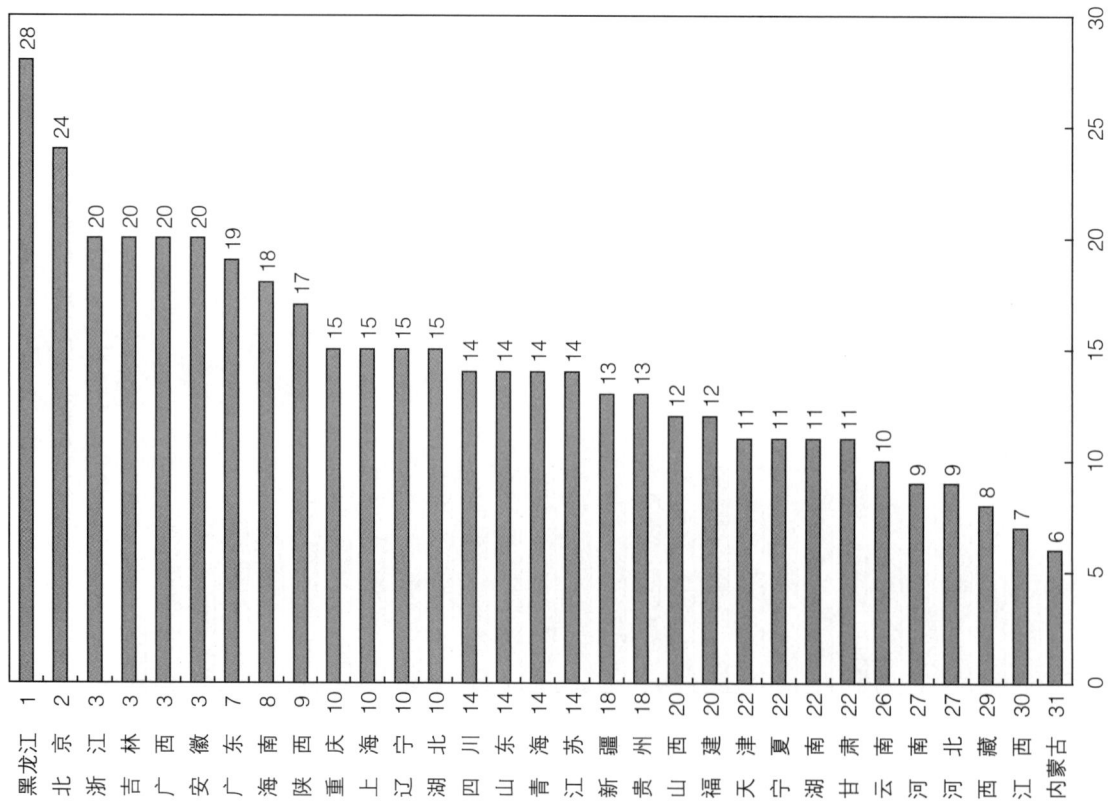

排名	地区	数值
1	北京	109152
2	江苏	88969
3	广东	69781
4	上海	55987
5	四川	53668
6	陕西	53611
7	湖北	51437
8	山东	46831
9	湖南	44895
10	河南	42248
11	辽宁	36622
12	浙江	33433
13	河北	30144
14	安徽	28573
15	黑龙江	27712
16	重庆	26572
17	吉林	25194
18	广西	23417
19	云南	22592
20	天津	21392
21	福建	21185
22	江西	20717
23	贵州	18997
24	山西	18735
25	甘肃	16090
26	内蒙古	11956
27	新疆	11464
28	宁夏	5489
29	海南	5479
30	青海	2546
31	西藏	489

附图B-14 12204 每亿元研发经费内部支出产生的发明专利授权数（件）

排名	地区	数值
1	黑龙江	28
2	北京	24
3	浙江	20
3	吉林	20
3	广西	20
3	安徽	20
7	广东	19
8	海南	18
9	陕西	17
10	重庆	15
10	上海	15
10	辽宁	15
10	湖北	15
14	四川	14
14	山东	14
14	青海	14
14	江苏	14
18	新疆	13
18	贵州	13
20	山西	12
20	福建	12
22	天津	11
22	宁夏	11
22	湖南	11
22	甘肃	11
26	云南	10
27	河南	9
27	河北	9
29	西藏	8
30	江西	7
31	内蒙古	6

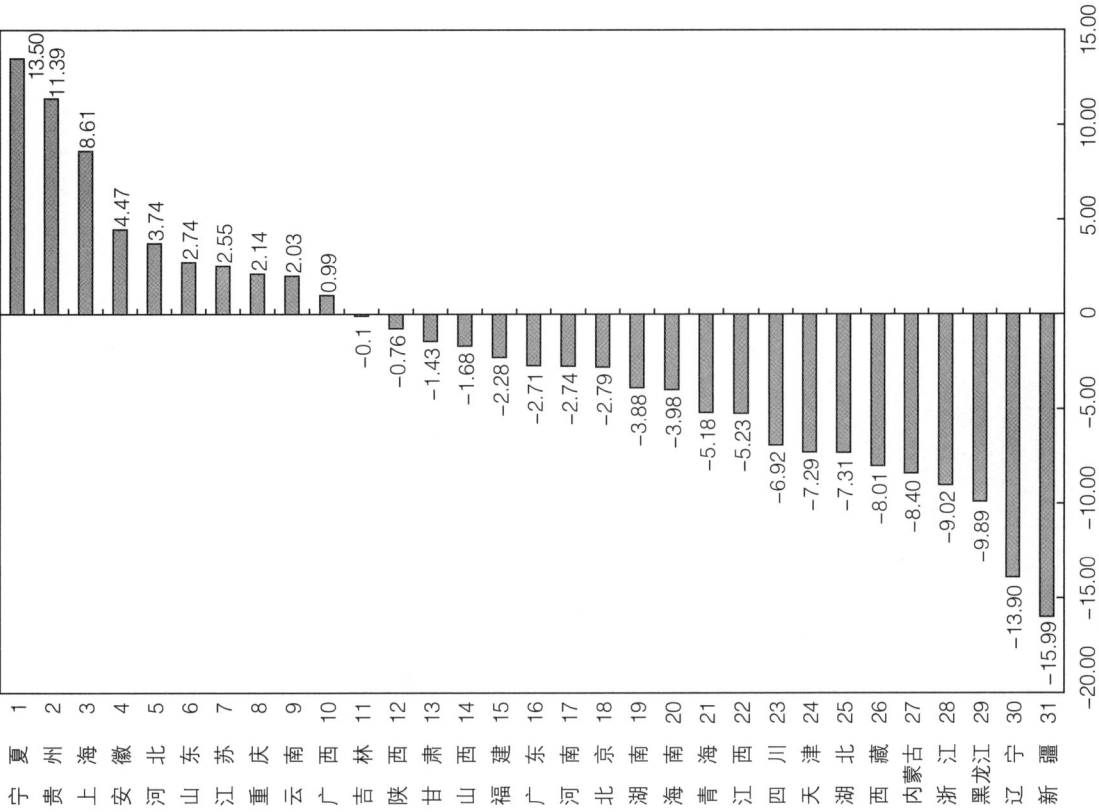

附图B-17 13103 国内论文数增长率（%）

序号	地区	增长率（%）
1	宁夏	13.50
2	贵州	11.39
3	上海	8.61
4	安徽	4.47
5	河北	3.74
6	山东	2.74
7	江苏	2.55
8	重庆	2.14
9	云南	2.03
10	广西	0.99
11	吉林	-0.1
12	陕西	-0.76
13	甘肃	-1.43
14	山西	-1.68
15	福建	-2.28
16	广东	-2.71
17	河南	-2.74
18	北京	-2.79
19	湖南	-3.88
20	海南	-3.98
21	青海	-5.18
22	江西	-5.23
23	四川	-6.92
24	天津	-7.29
25	湖北	-7.31
26	西藏	-8.01
27	内蒙古	-8.40
28	浙江	-9.02
29	黑龙江	-9.89
30	辽宁	-13.90
31	新疆	-15.99

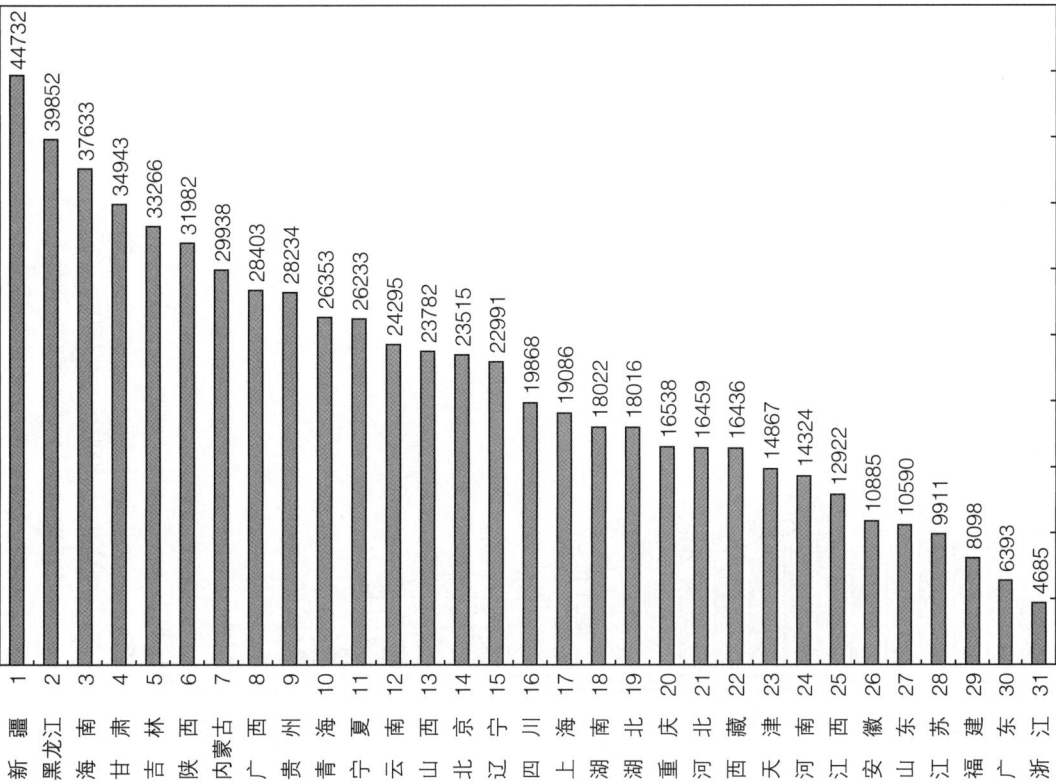

附图B-16 13102 每十万研发人员平均发表的国内论文数（篇）

序号	地区	论文数（篇）
1	新疆	44732
2	黑龙江	39852
3	海南	37633
4	甘肃	34943
5	吉林	33266
6	陕西	31982
7	内蒙古	29938
8	广西	28403
9	贵州	28234
10	青海	26353
11	宁夏	26233
12	云南	24295
13	山西	23782
14	北京	23515
15	辽宁	22991
16	四川	19868
17	上海	19086
18	湖南	18022
19	湖北	18016
20	重庆	16538
21	河北	16459
22	西藏	16436
23	天津	14867
24	河南	14324
25	江西	12922
26	安徽	10885
27	山东	10590
28	江苏	9911
29	福建	8098
30	广东	6393
31	浙江	4685

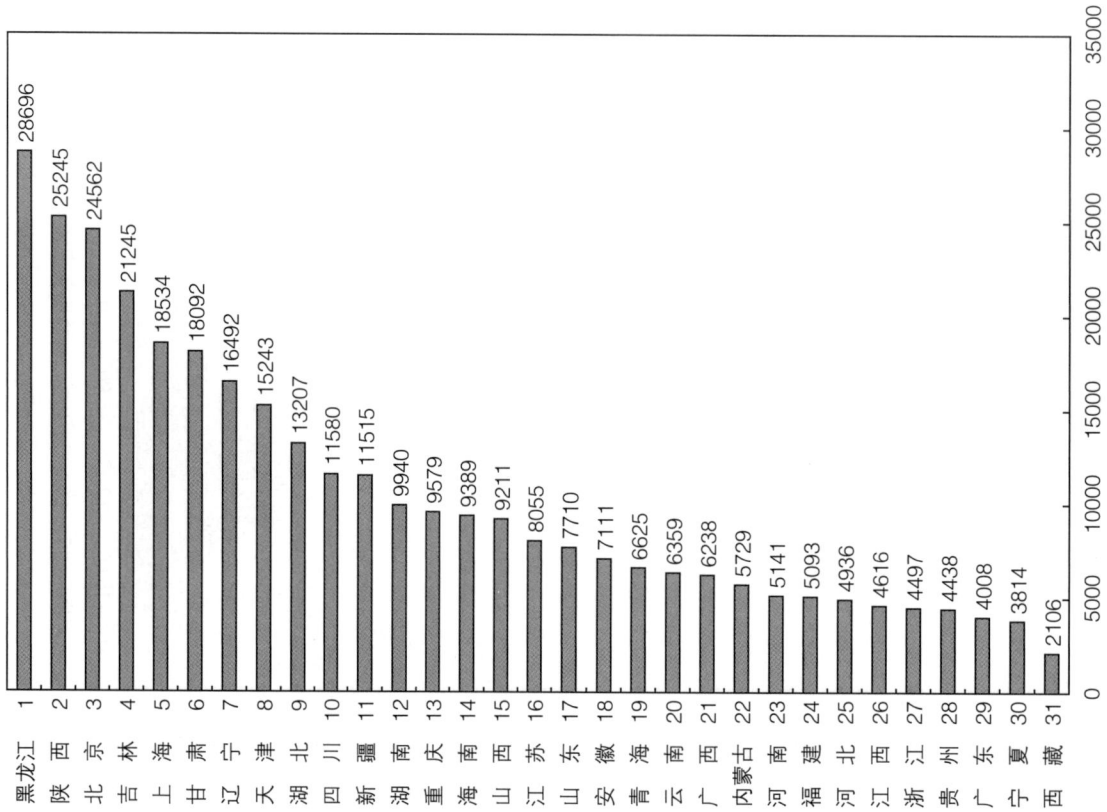

附图B-19　13202 每十万研发人员平均发表的国际论文数（篇）

黑龙江 1　28696
陕西 2　25245
北京 3　24562
吉林 4　21245
上海 5　18534
甘肃 6　18092
辽宁 7　16492
天津 8　15243
湖北 9　13207
四川 10　11580
新疆 11　11515
湖南 12　9940
重庆 13　9579
海南 14　9389
山西 15　9211
江苏 16　8055
山东 17　7710
安徽 18　7111
青海 19　6625
云南 20　6359
广西 21　6238
内蒙古 22　5729
河南 23　5141
福建 24　5093
河北 25　4936
江西 26　4616
浙江 27　4497
贵州 28　4438
广东 29　4008
宁夏 30　3814
西藏 31　2106

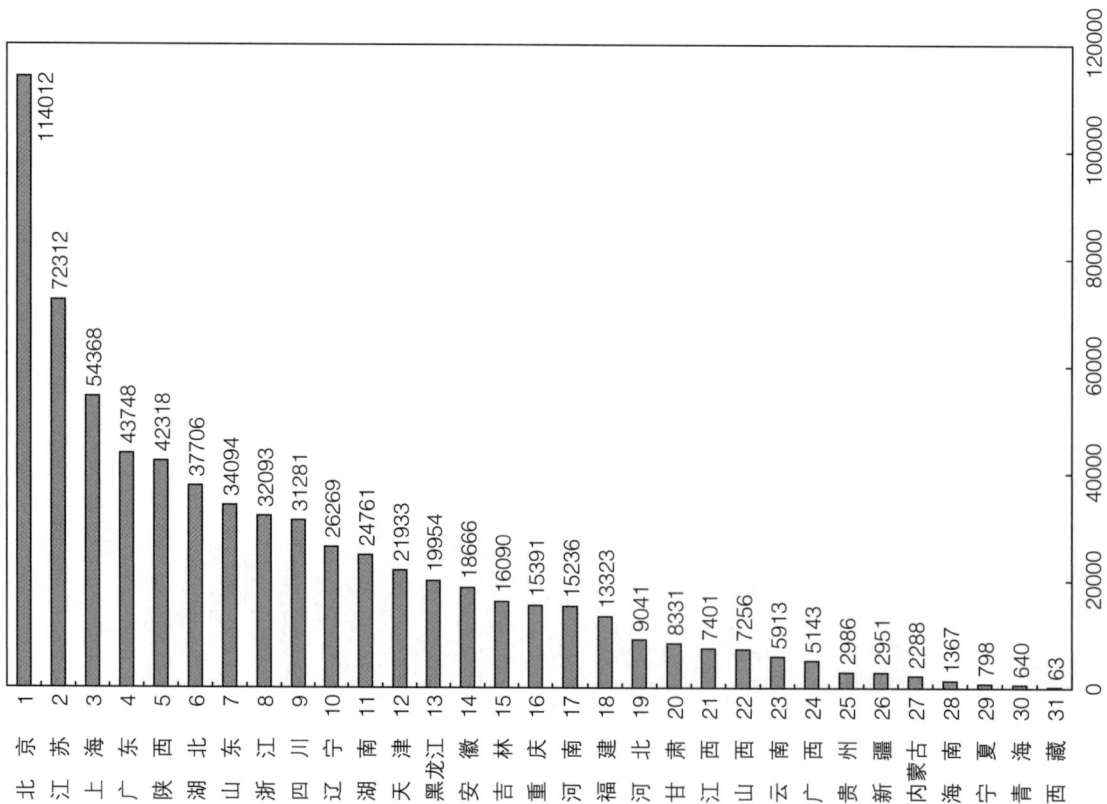

附图B-18　13201 国际论文数（篇）

北京 1　114012
江苏 2　72312
上海 3　54368
广东 4　43748
陕西 5　42318
湖北 6　37706
山东 7　34094
浙江 8　32093
四川 9　31281
辽宁 10　26269
湖南 11　24761
天津 12　21933
黑龙江 13　19954
安徽 14　18666
吉林 15　16090
重庆 16　15391
河南 17　15236
福建 18　13323
河北 19　9041
甘肃 20　8331
江西 21　7401
山西 22　7256
云南 23　5913
广西 24　5143
贵州 25　2986
新疆 26　2951
内蒙古 27　2288
海南 28　1367
宁夏 29　798
青海 30　640
西藏 31　63

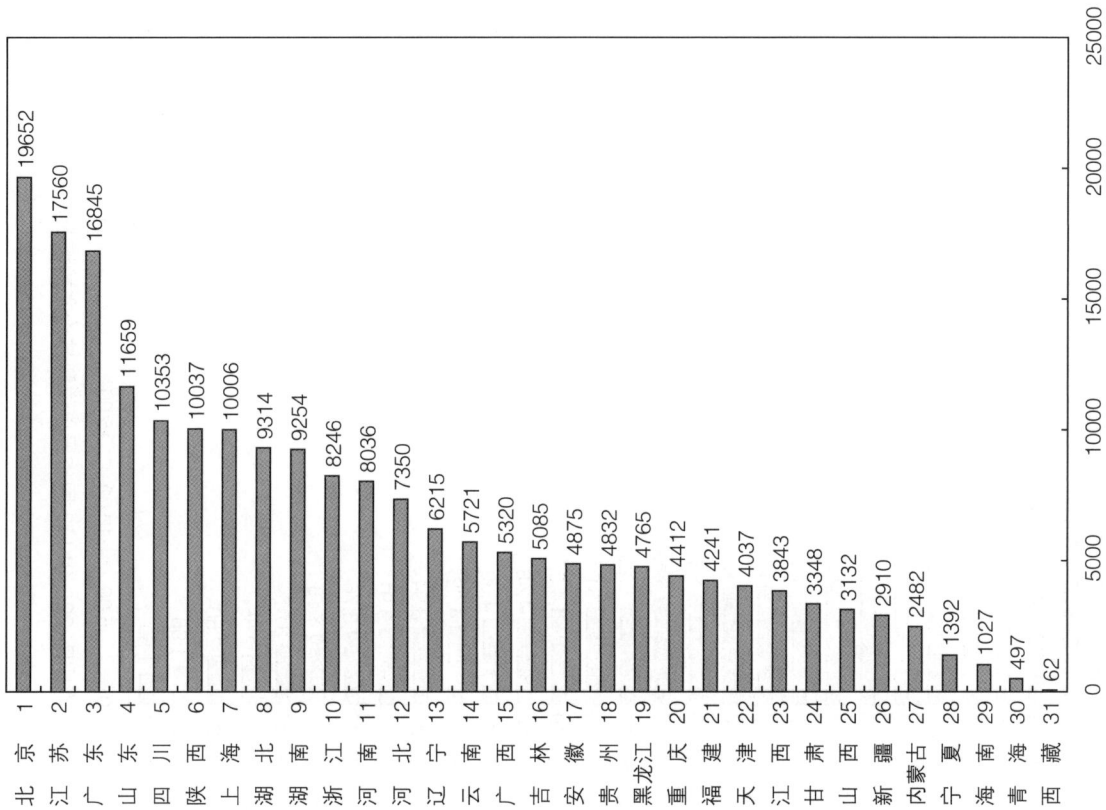

附图B-21 21111 作者同省异单位科技论文数（篇）

排名	地区	论文数
1	北京	19652
2	江苏	17560
3	广东	16845
4	山东	11659
5	四川	10353
6	陕西	10037
7	上海	10006
8	湖北	9314
9	湖南	9254
10	浙江	8246
11	河南	8036
12	河北	7350
13	辽宁	6215
14	云南	5721
15	广西	5320
16	吉林	5085
17	安徽	4875
18	贵州	4832
19	黑龙江	4765
20	重庆	4412
21	福建	4241
22	天津	4037
23	江西	3843
24	甘肃	3348
25	山西	3132
26	新疆	2910
27	内蒙古	2482
28	宁夏	1392
29	海南	1027
30	青海	497
31	西藏	62

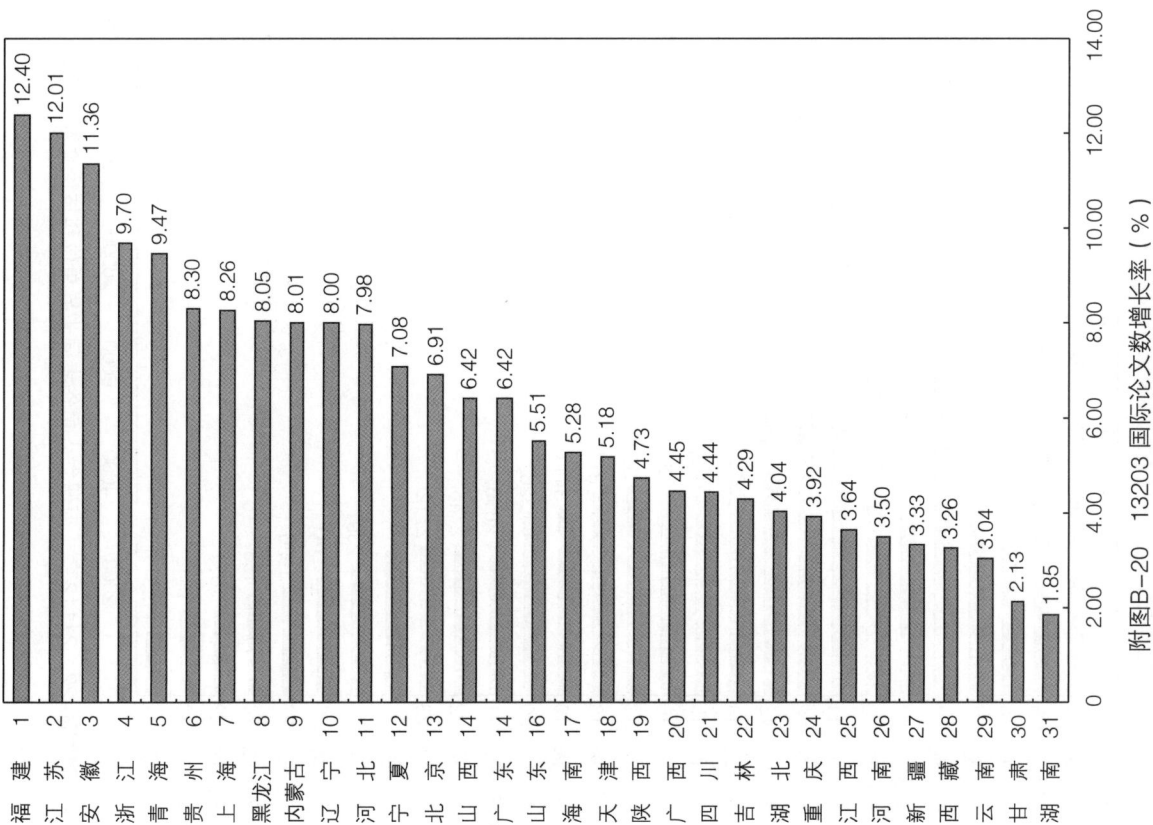

附图B-20 13203 国际论文数增长率（%）

排名	地区	增长率
1	福建	12.40
2	江苏	12.01
3	安徽	11.36
4	浙江	9.70
5	青海	9.47
6	贵州	8.30
7	上海	8.26
8	黑龙江	8.05
9	内蒙古	8.01
10	辽宁	8.00
11	河北	7.98
12	宁夏	7.08
13	北京	6.91
14	山西	6.42
14	广东	6.42
16	山东	5.51
17	海南	5.28
18	天津	5.18
19	陕西	4.73
20	广西	4.45
21	四川	4.44
22	吉林	4.29
23	湖北	4.04
24	重庆	3.92
25	江西	3.64
26	河南	3.50
27	新疆	3.33
28	西藏	3.26
29	云南	3.04
30	甘肃	2.13
31	湖南	1.85

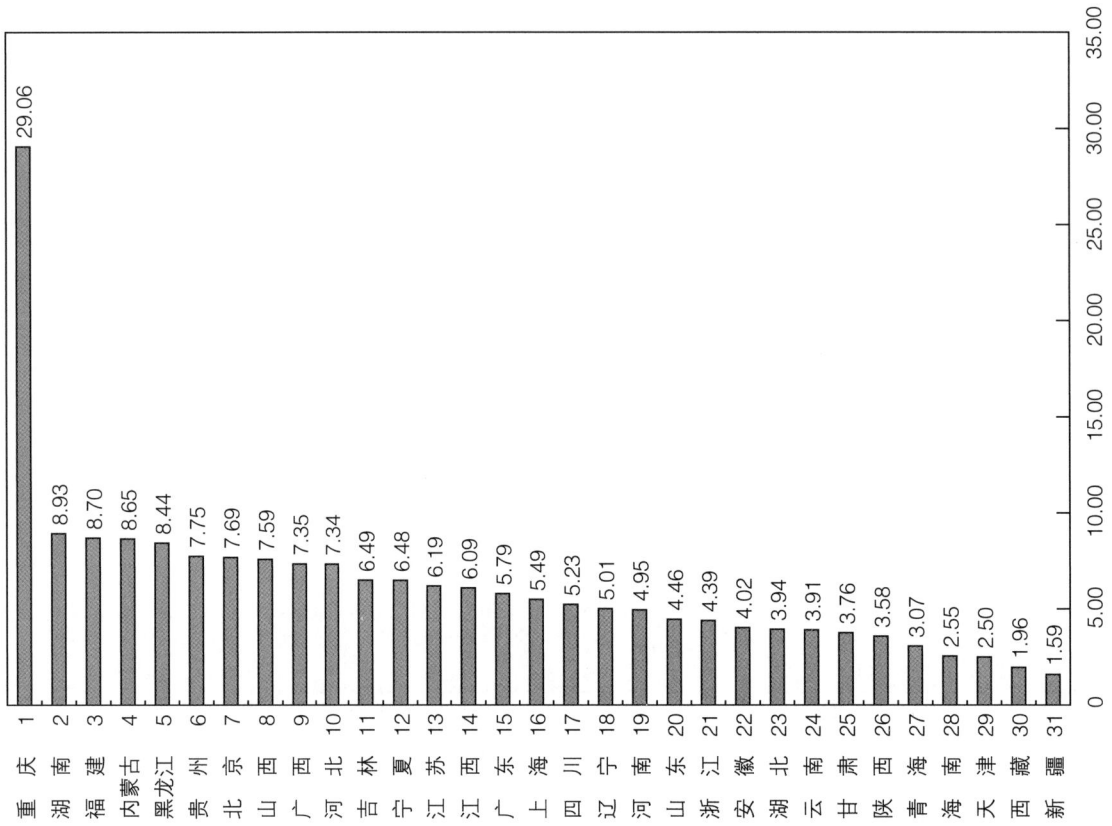

附图B-23 21113 同省异单位科技论文数增长率（%）

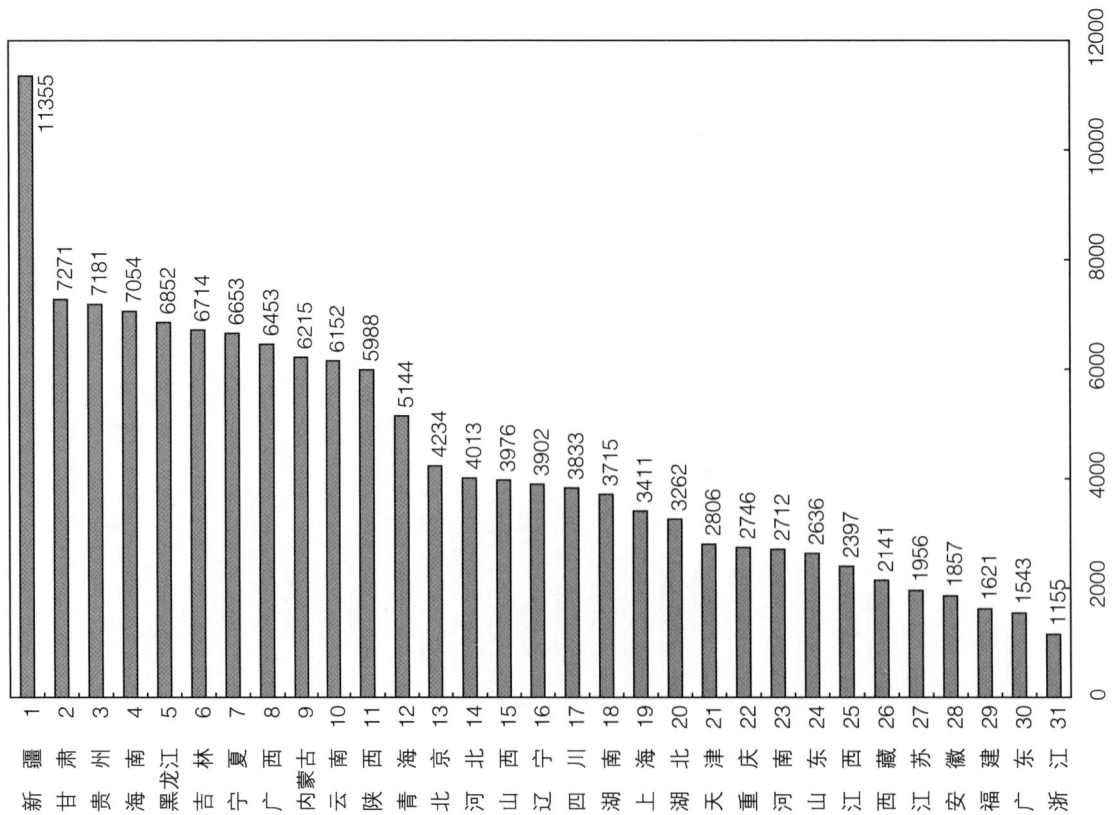

附图B-22 21112 每十万研发人员作者同省异单位科技论文数（篇）

附图B-25　21122 每十万研发人员作者异省科技论文数（篇）

新疆 1 6598
海南 2 5838
黑龙江 3 5452
甘肃 4 5182
吉林 5 5028
内蒙古 6 4878
贵州 7 4847
青海 8 4585
宁夏 9 4363
陕西 10 4222
北京 11 3846
山西 12 3680
广西 13 3403
西藏 14 3280
辽宁 15 3142
云南 16 2985
湖南 17 2737
四川 18 2669
湖北 19 2421
重庆 20 2418
天津 21 2372
河南 22 2306
江西 23 2225
河北 24 2198
上海 25 2128
山东 26 1641
安徽 27 1512
江苏 28 1276
福建 29 993
广东 30 762
浙江 31 597

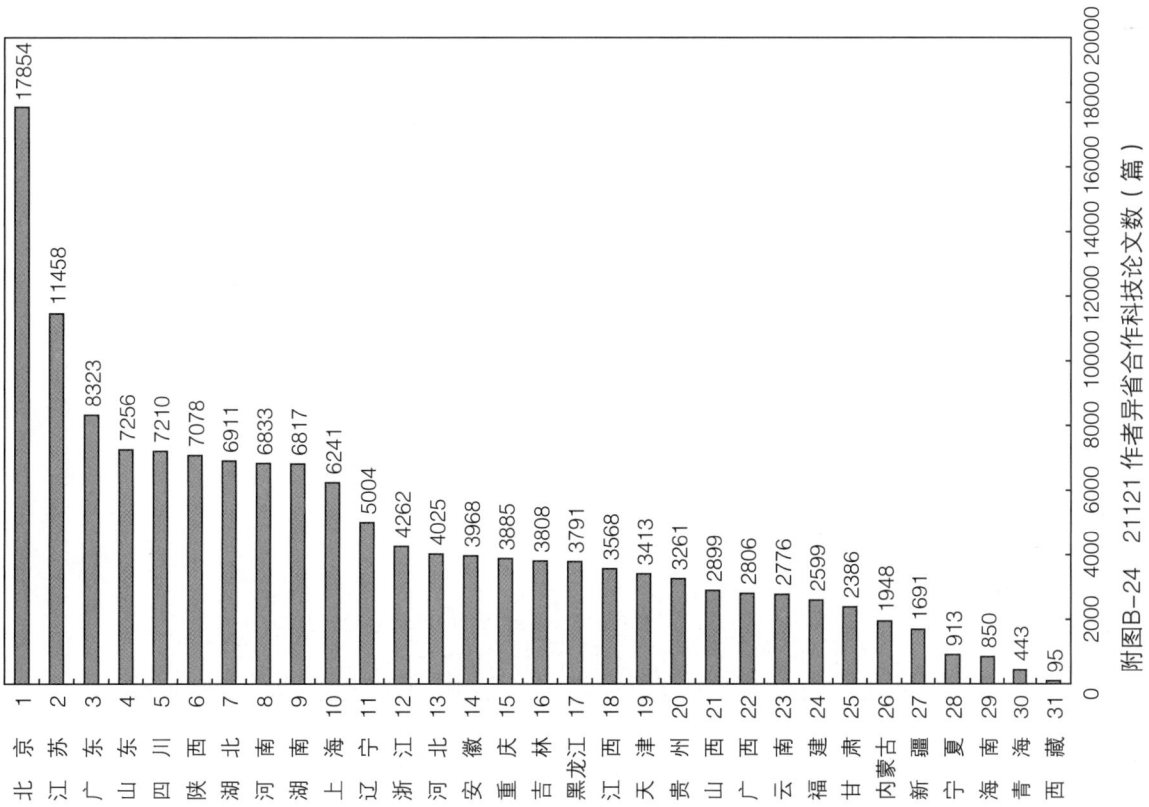

附图B-24　21121 作者异省合作科技论文数（篇）

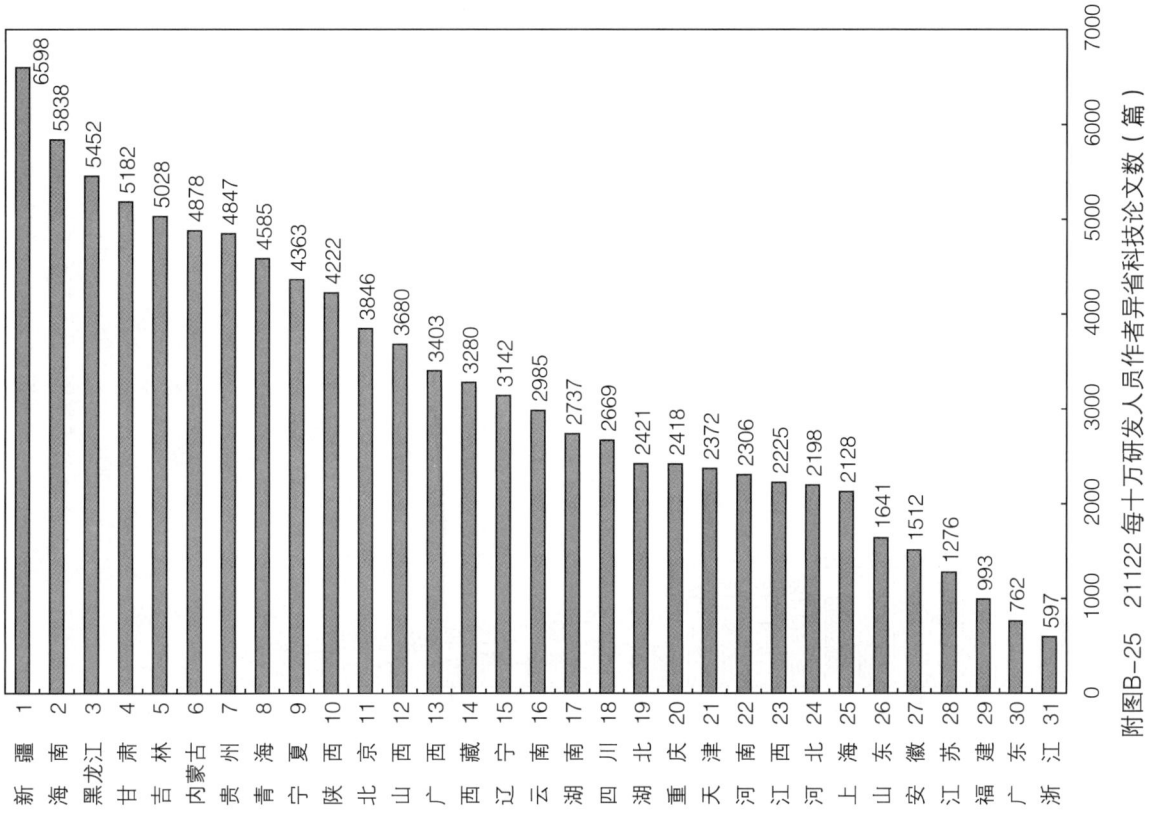

北京 1 17854
江苏 2 11458
广东 3 8323
山东 4 7256
四川 5 7210
陕西 6 7078
湖北 7 6911
河南 8 6833
湖南 9 6817
上海 10 6241
辽宁 11 5004
浙江 12 4262
河北 13 4025
安徽 14 3968
重庆 15 3885
吉林 16 3808
黑龙江 17 3791
江西 18 3568
天津 19 3413
贵州 20 3261
山西 21 2899
广西 22 2806
云南 23 2776
福建 24 2599
甘肃 25 2386
内蒙古 26 1948
新疆 27 1691
宁夏 28 913
海南 29 850
青海 30 443
西藏 31 95

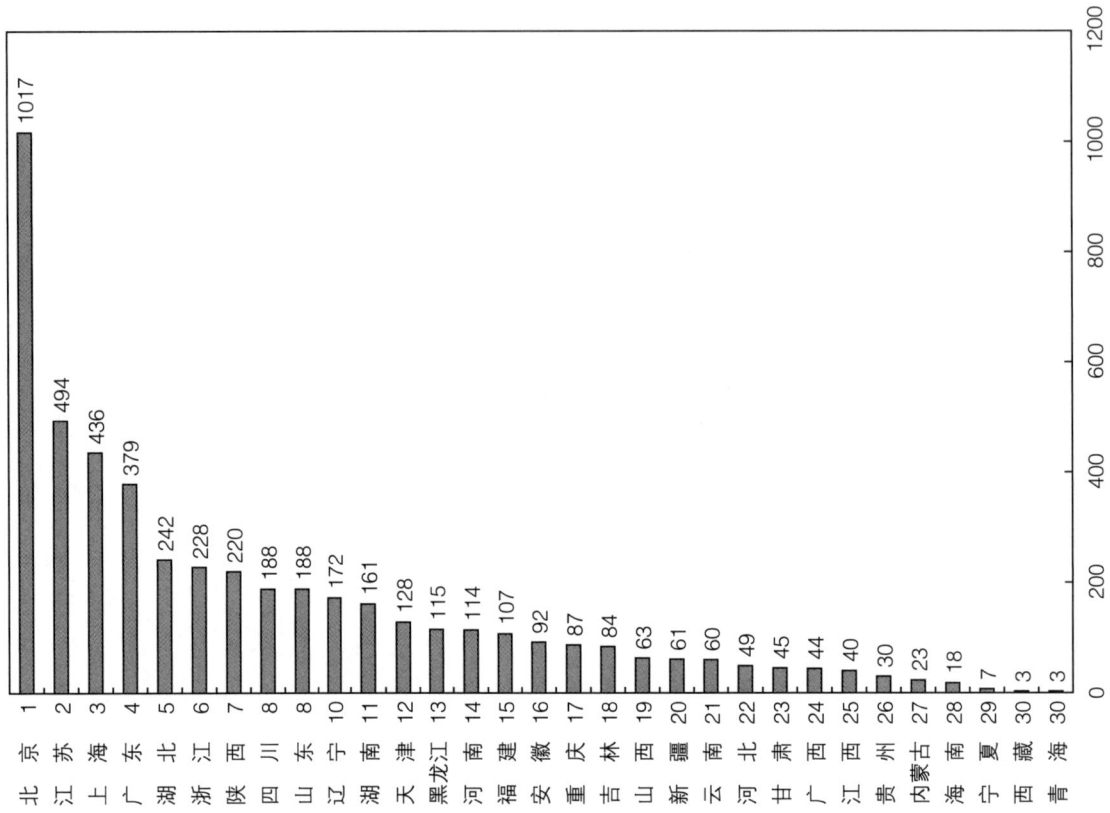

附图B-27　21131 作者异国合作科技论文数（篇）

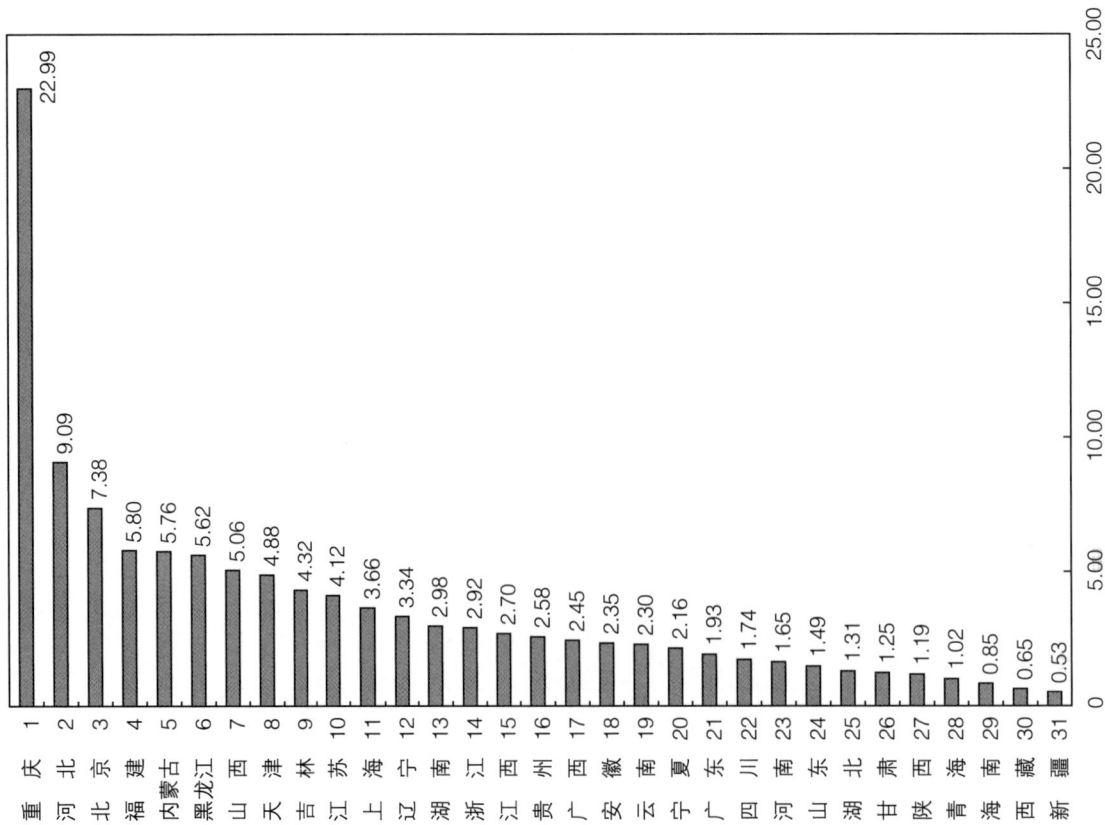

附图B-26　21123 作者异省科技论文数增长率（%）

附图B-29 21133 作者异国科技论文数增长率（%）

排名	地区	数值
1	重庆	10.86
2	河南	7.45
3	天津	5.73
4	陕西	4.72
5	山西	4.54
6	广东	3.55
7	浙江	3.29
8	宁夏	3.19
9	新疆	3.17
9	内蒙古	3.17
11	湖南	2.82
12	上海	2.68
13	辽宁	2.64
14	四川	2.24
15	山东	2.01
16	江苏	1.90
17	贵州	1.89
18	湖北	1.85
19	江西	1.78
20	安徽	1.74
21	黑龙江	1.66
22	福建	1.48
23	北京	1.23
24	吉林	1.07
25	甘肃	0.88
26	河北	0.77
26	广西	0.77
28	海南	0.56
29	云南	0.55
30	西藏	0
30	青海	0

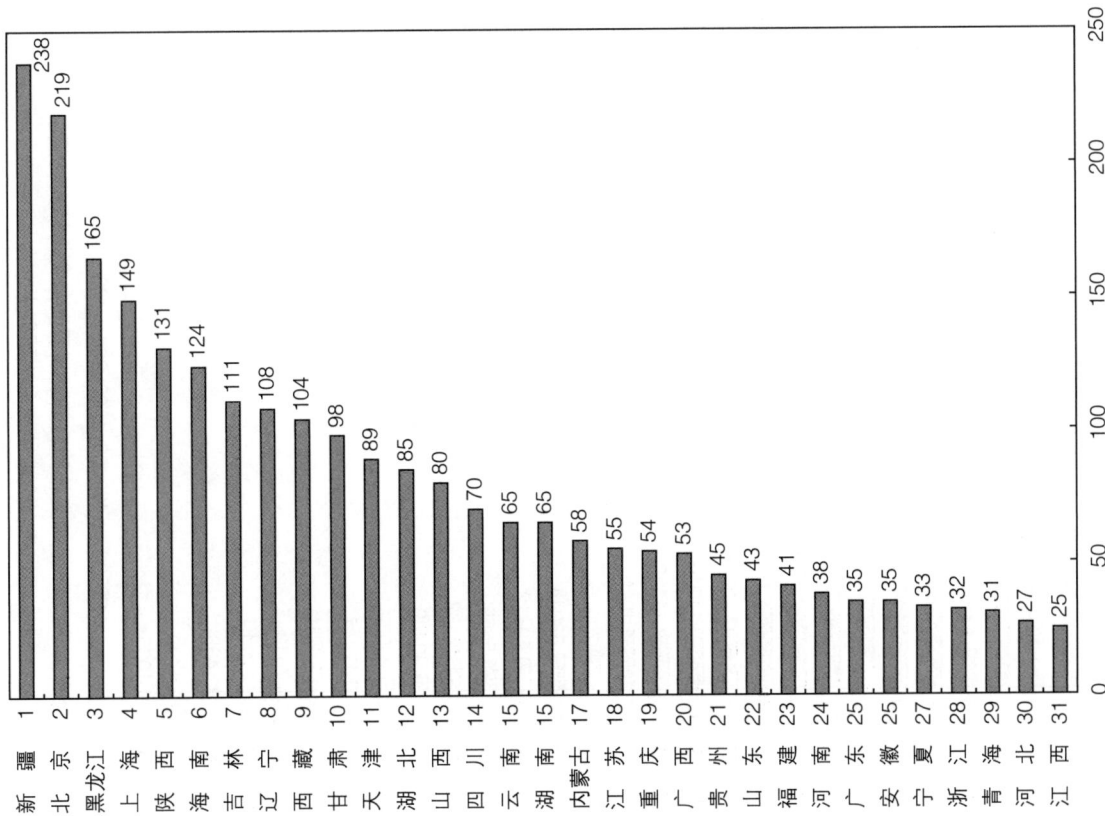

附图B-28 21132 每十万研发人员作者异国科技论文数（篇）

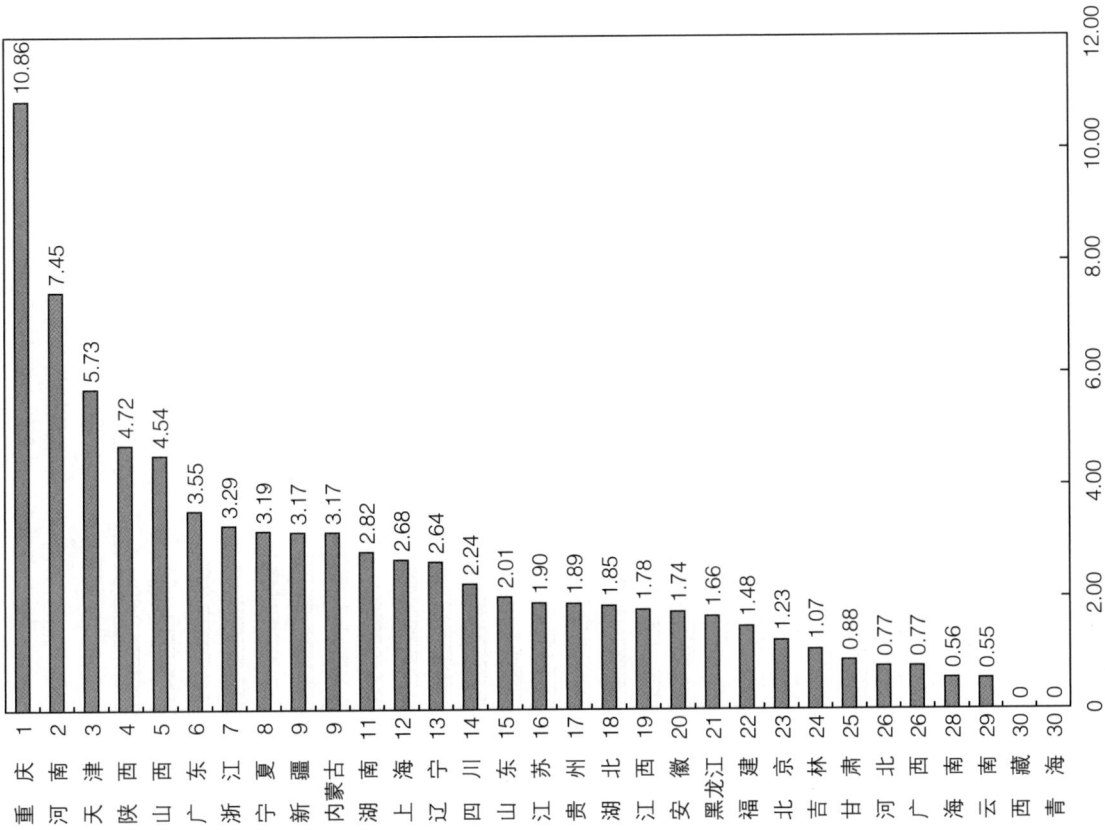

排名	地区	数值
1	新疆	238
2	北京	219
3	黑龙江	165
4	上海	149
5	陕西	131
6	海南	124
7	吉林	111
8	辽宁	108
9	西藏	104
10	甘肃	98
11	天津	89
12	湖北	85
13	山西	80
14	四川	70
15	云南	65
15	湖南	65
17	内蒙古	58
18	江苏	55
19	重庆	54
20	广西	53
21	贵州	45
22	山东	43
23	福建	41
24	河南	38
25	广东	35
25	安徽	35
27	宁夏	33
28	浙江	32
29	青海	31
30	河北	27
31	江西	25

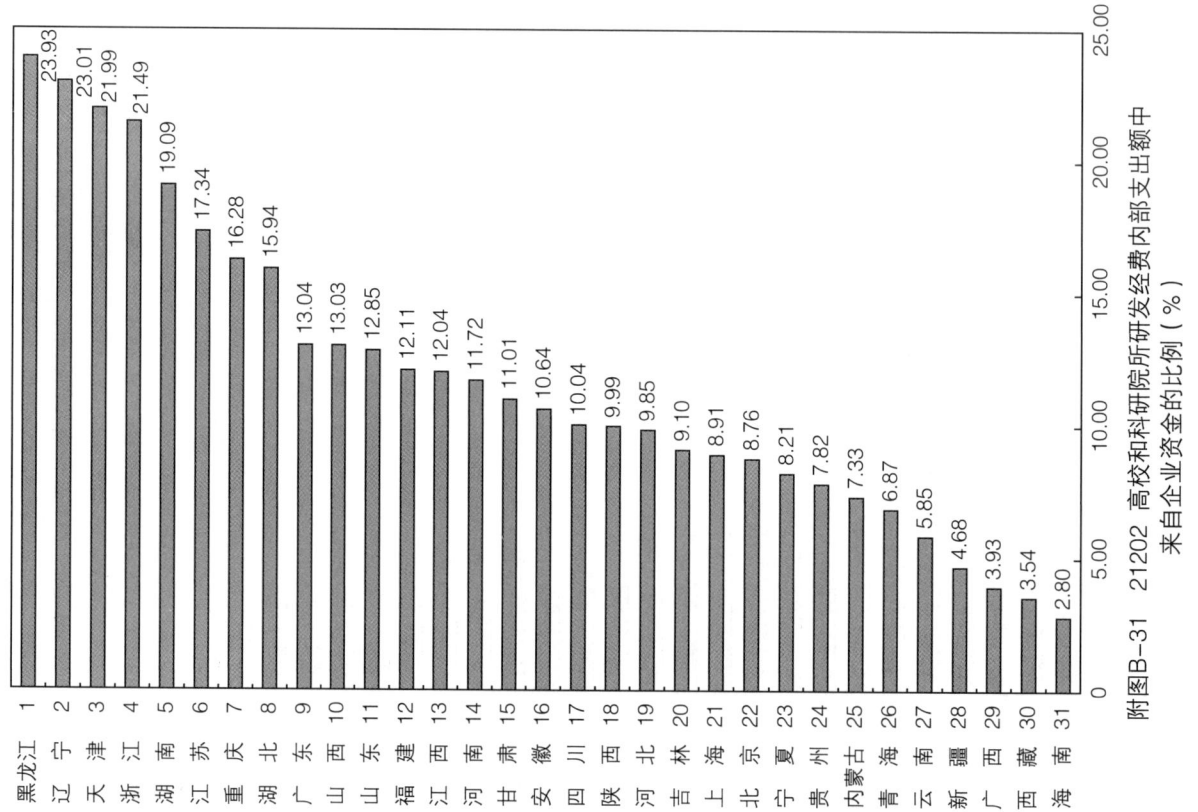

附图 B-31　21202 高校和科研院所研发经费内部支出额中来自企业资金的比例（％）

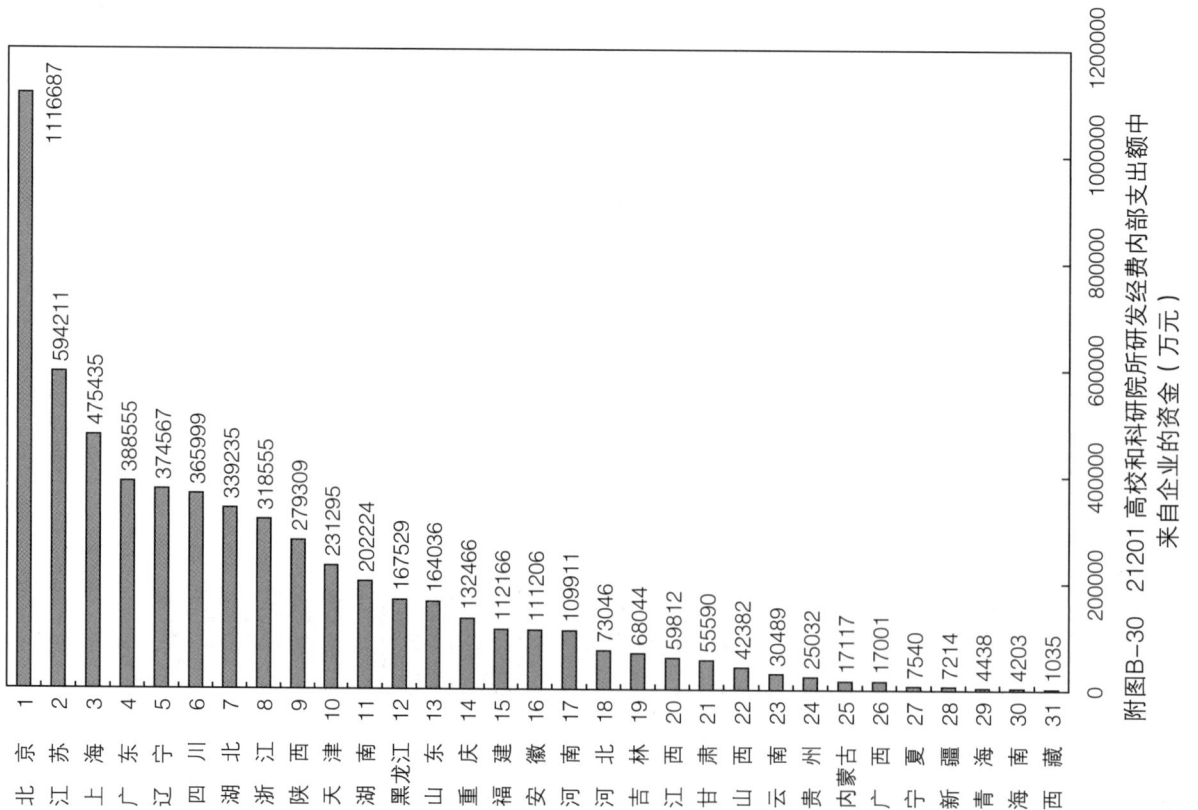

排名	地区	数值
1	黑龙江	23.93
2	辽宁	23.01
3	天津	21.99
4	浙江	21.49
5	湖南	19.09
6	江苏	17.34
7	重庆	16.28
8	湖北	15.94
9	广东	13.04
10	山西	13.03
11	山东	12.85
12	福建	12.11
13	江西	12.04
14	河南	11.72
15	甘肃	11.01
16	安徽	10.64
17	四川	10.04
18	陕西	9.99
19	河北	9.85
20	吉林	9.10
21	上海	8.91
22	北京	8.76
23	宁夏	8.21
24	贵州	7.82
25	内蒙古	7.33
26	青海	6.87
27	云南	5.85
28	新疆	4.68
29	广西	3.93
30	西藏	3.54
31	海南	2.80

附图 B-30　21201 高校和科研院所研发经费内部支出额中来自企业的资金（万元）

排名	地区	数值
1	北京	1116687
2	江苏	594211
3	上海	475435
4	广东	388555
5	辽宁	374567
6	四川	365999
7	湖北	339235
8	浙江	318555
9	陕西	279309
10	天津	231295
11	湖南	202224
12	黑龙江	167529
13	山东	164036
14	重庆	132466
15	福建	112166
16	安徽	111206
17	河南	109911
18	河北	73046
19	吉林	68044
20	江西	59812
21	甘肃	55590
22	山西	42382
23	云南	30489
24	贵州	25032
25	内蒙古	17117
26	广西	17001
27	宁夏	7540
28	新疆	7214
29	青海	4438
30	海南	4203
31	西藏	1035

附图B-33 技术市场交易金额（按流向）（万元）

序号	地区	金额
1	北京	32237824.04
2	广东	31256930.23
3	江苏	17673662.64
4	浙江	11151567.45
5	山东	11109982.95
6	湖北	9447835.88
7	上海	8806900.97
8	四川	8147275.13
9	陕西	6926312.84
10	安徽	6100148.61
11	河北	5835793.68
12	吉林	4659198.21
13	天津	4615189.11
14	山西	4446688.87
15	福建	4201391.04
16	河南	4155088.19
17	贵州	3989215.22
18	辽宁	3558535.66
19	湖南	3437257.33
20	广西	3167211.73
21	江西	2988142.76
22	重庆	2523162.87
23	甘肃	2395555.31
24	云南	2150068.68
25	内蒙古	1794584.40
26	新疆	1758195.62
27	黑龙江	1161358.49
28	西藏	1122274.72
29	青海	1048158.18
30	海南	710454.21
31	宁夏	507719.25

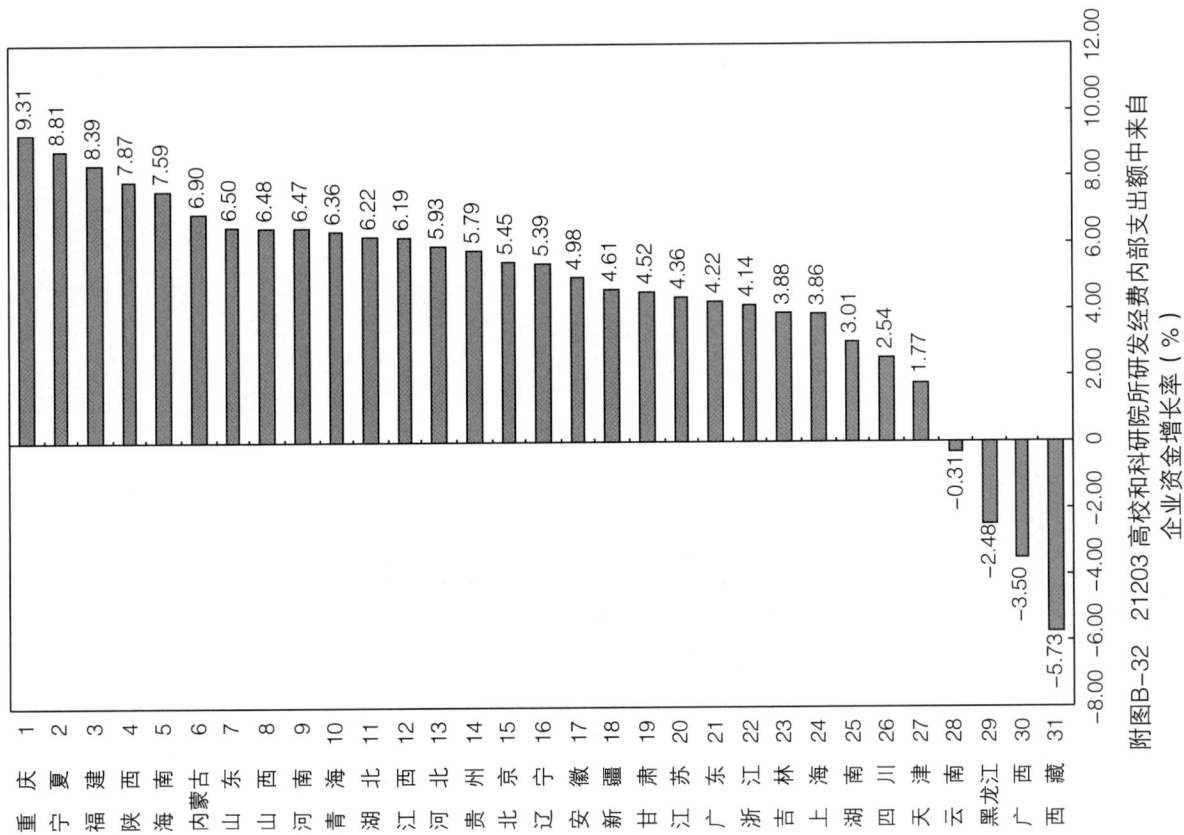

附图B-32 高校和科研院所研发经费内部支出额中来自企业资金增长率（%）

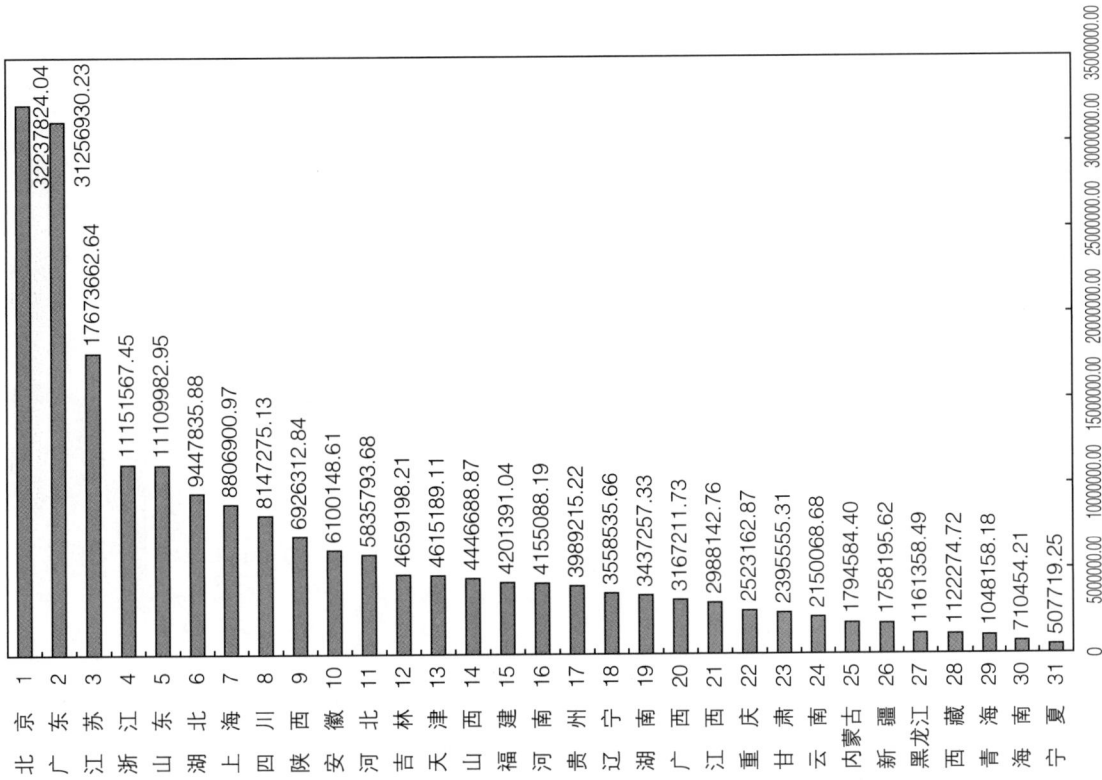

序号	地区	增长率
1	重庆	9.31
2	宁夏	8.81
3	福建	8.39
4	陕西	7.87
5	海南	7.59
6	内蒙古	6.90
7	山东	6.50
8	山西	6.48
9	河南	6.47
10	青海	6.36
11	湖北	6.22
12	江西	6.19
13	河北	5.93
14	贵州	5.79
15	北京	5.45
16	辽宁	5.39
17	安徽	4.98
18	新疆	4.61
19	甘肃	4.52
20	江苏	4.36
21	广东	4.22
22	浙江	4.14
23	吉林	3.88
24	上海	3.86
25	湖南	3.01
26	四川	2.54
27	天津	1.77
28	云南	-0.31
29	黑龙江	-2.48
30	广西	-3.50
31	西藏	-5.73

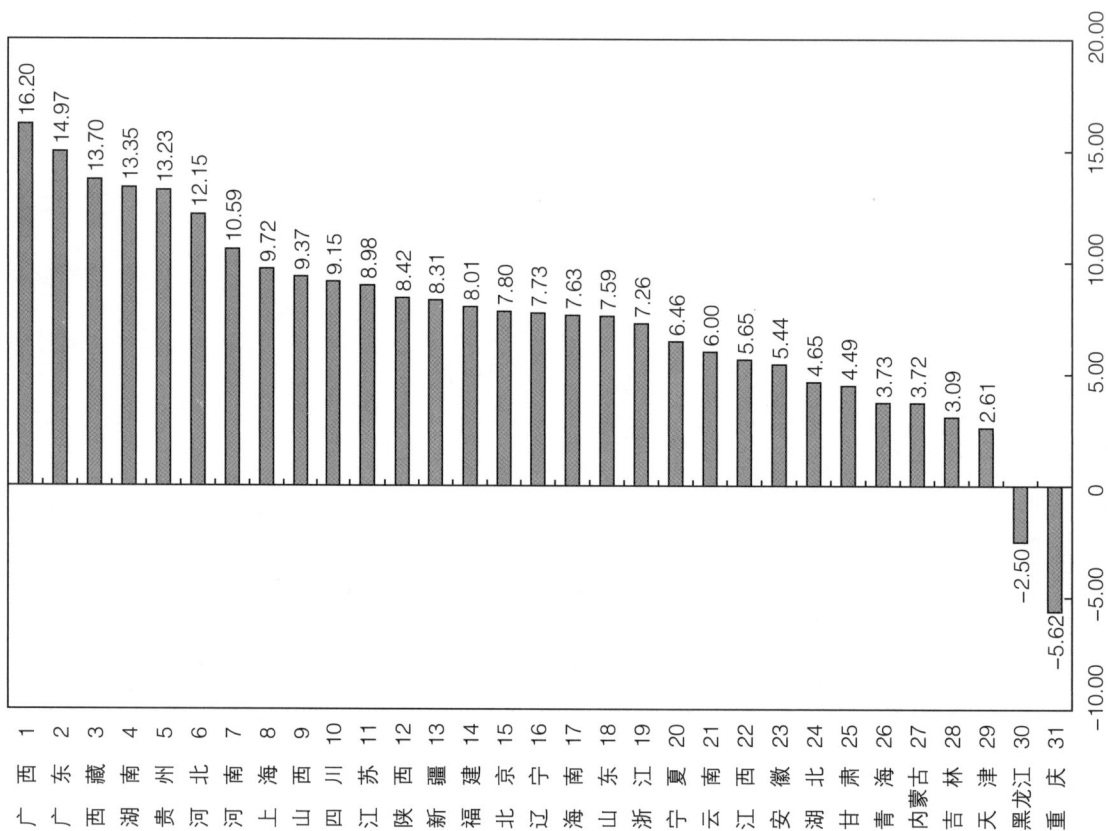

附图B-34 22102 技术市场企业平均交易额（按流向）（万元/项）

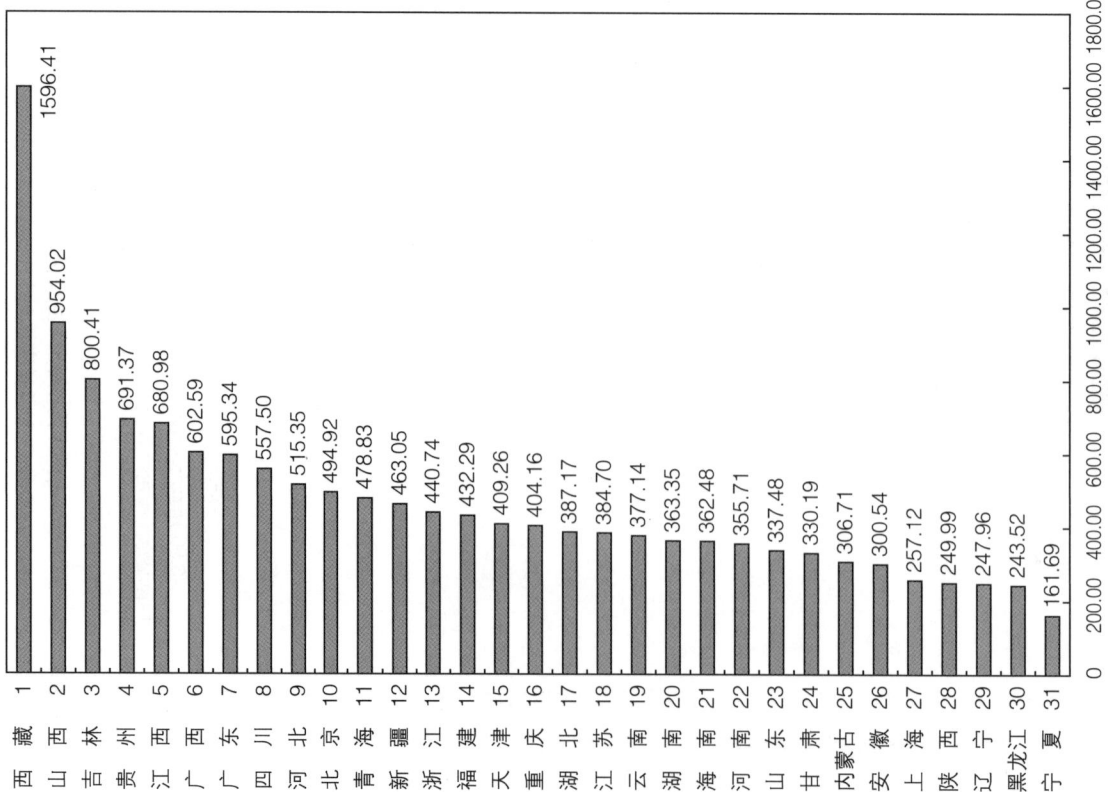

附图B-35 22103 技术市场交易金额的增长率（按流向）（%）

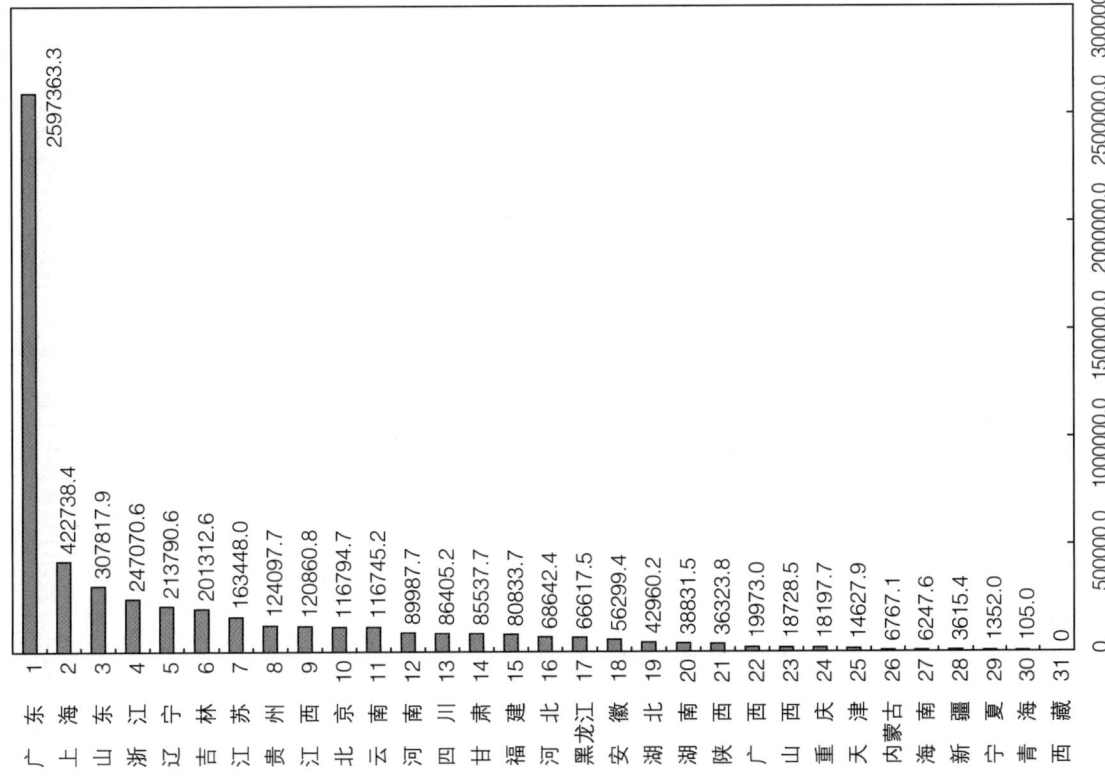

附图B-36 22201 规模以上工业企业国内技术成交金额（万元）

排序	地区	成交金额（万元）
1	广东	2597363.3
2	上海	422738.4
3	山东	307817.9
4	浙江	247070.6
5	辽宁	213790.6
6	吉林	201312.6
7	江苏	163448.0
8	贵州	124097.7
9	江西	120860.8
10	北京	116794.7
11	云南	116745.2
12	河南	89987.7
13	四川	86405.2
14	甘肃	85537.7
15	福建	80833.7
16	河北	68642.4
17	黑龙江	66617.5
18	安徽	56299.4
19	湖北	42960.2
20	湖南	38831.5
21	陕西	36323.8
22	广西	19973.0
23	山西	18728.5
24	重庆	18197.7
25	天津	14627.9
26	内蒙古	6767.1
27	海南	6247.6
28	新疆	3615.4
29	宁夏	1352.0
30	青海	105.0
31	西藏	0

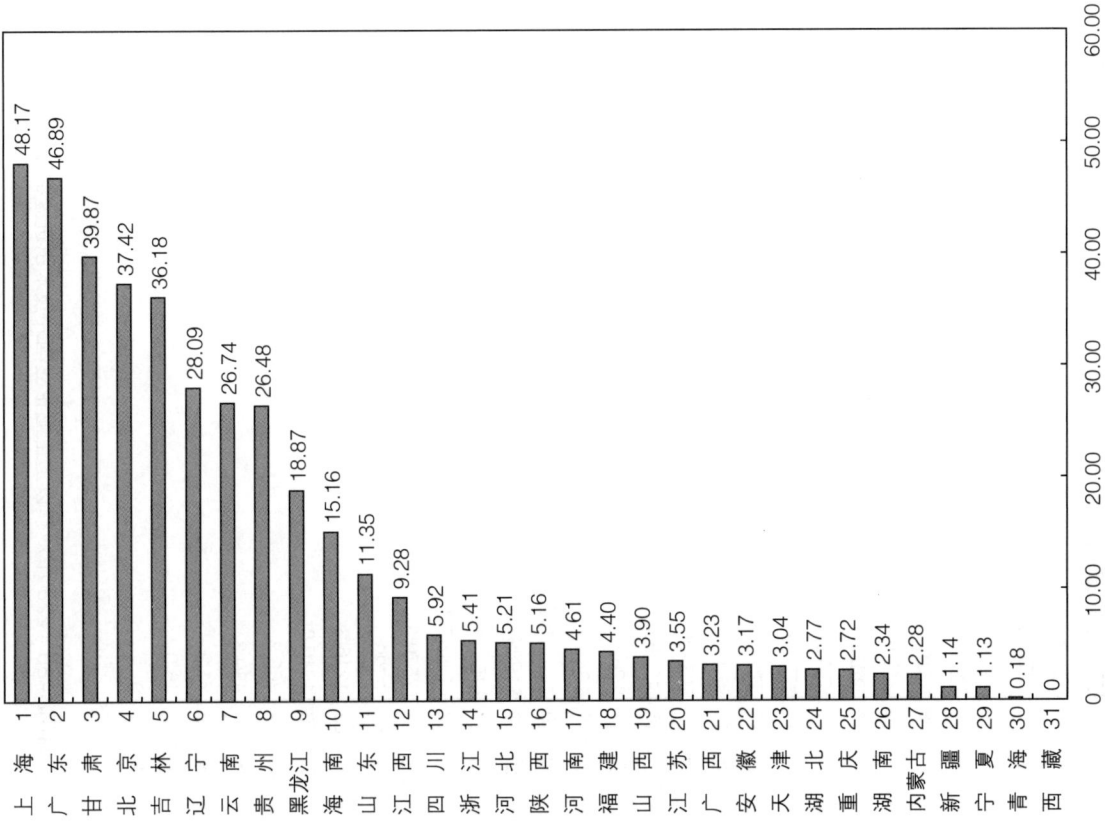

附图B-37 22202 规模以上工业企业平均国内技术成交金额（万元/项）

排序	地区	平均成交金额（万元/项）
1	上海	48.17
2	广东	46.89
3	甘肃	39.87
4	北京	37.42
5	吉林	36.18
6	辽宁	28.09
7	云南	26.74
8	贵州	26.48
9	黑龙江	18.87
10	海南	15.16
11	山东	11.35
12	江西	9.28
13	四川	5.92
14	浙江	5.41
15	河北	5.21
16	陕西	5.16
17	河南	4.61
18	福建	4.40
19	山西	3.90
20	江苏	3.55
21	广西	3.23
22	安徽	3.17
23	天津	3.04
24	湖北	2.77
25	重庆	2.72
26	湖南	2.34
27	内蒙古	2.28
28	新疆	1.14
29	宁夏	1.13
30	青海	0.18
31	西藏	0

附图B-38　22203 规模以上工业企业国内技术成交金额增长率（%）

排名	地区	数值
1	内蒙古	22.62
2	广西	13.50
3	贵州	13.08
4	甘肃	12.06
5	吉林	12.00
6	广东	11.03
7	河南	10.65
8	北京	10.51
9	辽宁	9.16
10	重庆	8.53
11	河北	8.06
12	天津	7.28
13	海南	5.68
14	新疆	4.72
15	安徽	4.55
16	云南	4.26
17	江西	4.05
18	四川	3.62
19	上海	3.29
20	山东	3.28
21	湖南	3.18
22	浙江	2.37
23	山西	1.99
24	湖北	1.29
25	陕西	0.32
26	江西	0.06
27	青海	0
27	福建	0
29	黑龙江	-0.62
30	宁夏	-5.88
31		-7.24

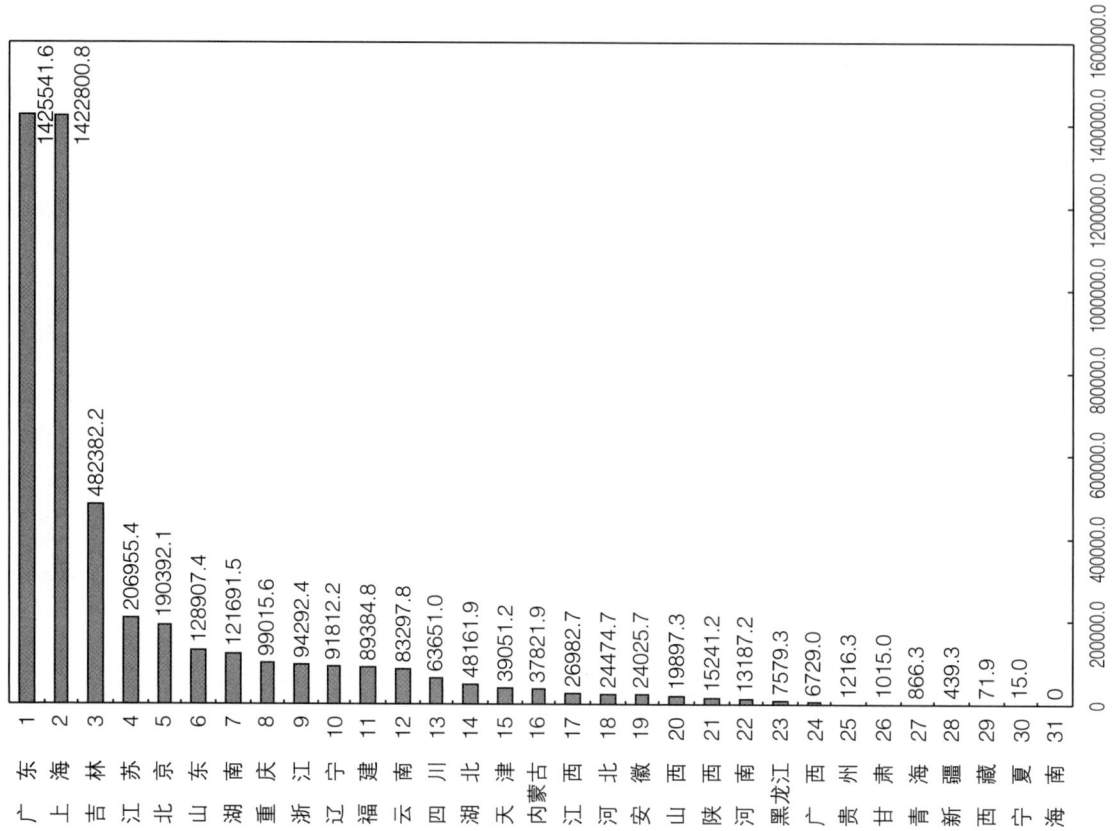

附图B-39　22301 规模以上工业企业国外技术引进金额（万元）

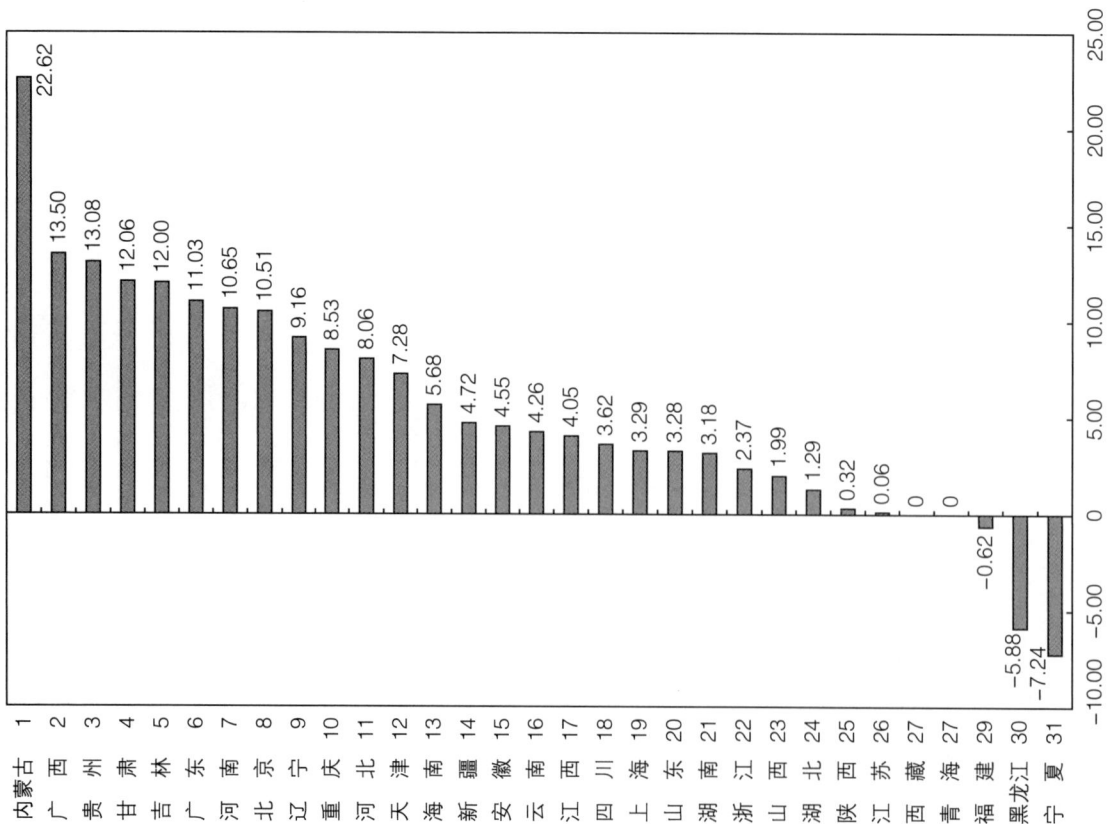

排名	地区	数值
1	广东	1425541.6
2	上海	1422800.8
3	吉林	482382.2
4	江苏	206955.4
5	北京	190392.1
6	山东	128907.4
7	湖南	121691.5
8	重庆	99015.6
9	浙江	94292.4
10	辽宁	91812.2
11	福建	89384.8
12	云南	83297.8
13	四川	63651.0
14	湖北	48161.9
15	天津	39051.2
16	内蒙古	37821.9
17	江西	26982.7
18	河北	24474.7
19	安徽	24025.7
20	山西	19897.3
21	陕西	15241.2
22	河南	13187.2
23	黑龙江	7579.3
24	广西	6729.0
25	贵州	1216.3
26	甘肃	1015.0
27	青海	866.3
28	新疆	439.3
29	西藏	71.9
30	宁夏	15.0
31	海南	0

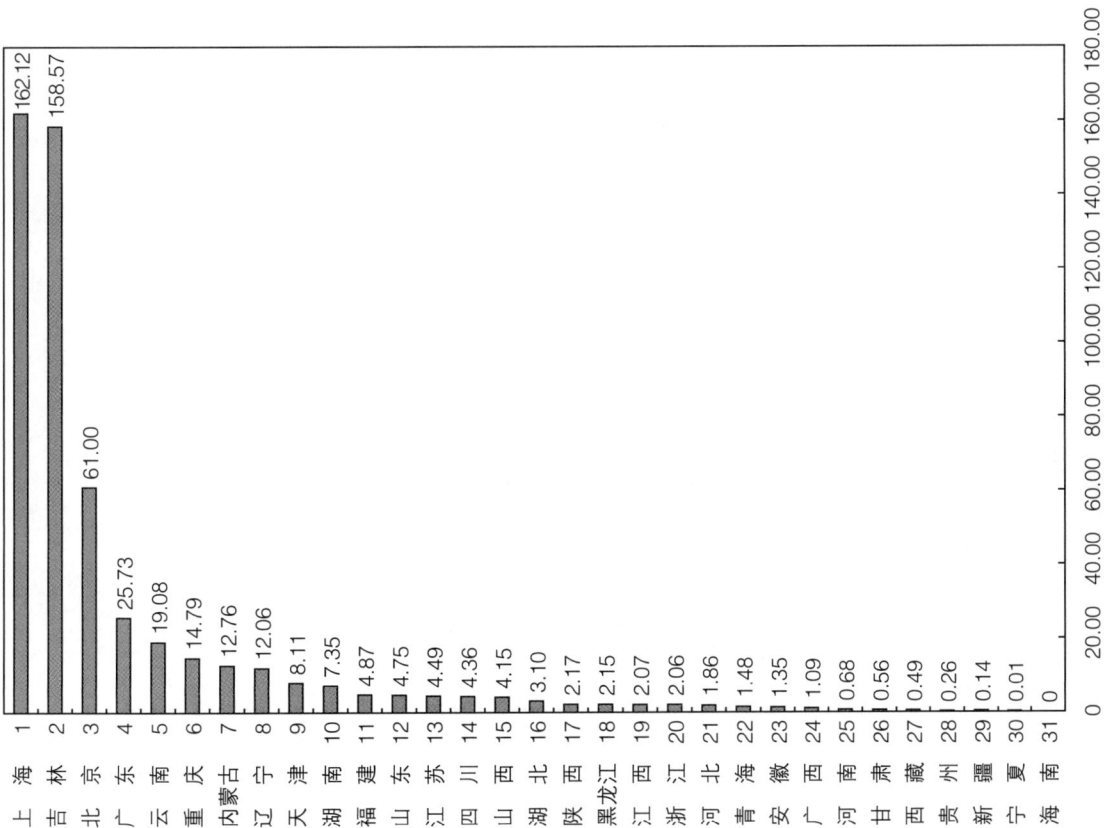

附图B-41 22303 规模以上工业企业国外技术引进金额增长率（%）

排名	地区	增长率（%）
1	辽宁	21.21
2	贵州	20.27
3	甘肃	17.88
4	吉林	17.69
5	西藏	16.67
5	青海	16.67
7	广西	12.73
8	四川	12.48
9	云南	10.50
10	河南	9.51
11	安徽	7.98
12	山东	7.43
13	湖南	6.31
14	黑龙江	5.57
15	内蒙古	5.49
16	江西	2.75
17	浙江	0.96
18	陕西	0.04
19	海南	0
20	宁夏	-0.28
21	上海	-1.32
22	福建	-3.53
23	广东	-4.81
24	天津	-5.80
25	重庆	-6.70
26	江苏	-6.77
27	新疆	-7.18
28	北京	-7.96
29	山西	-11.96
30	河北	-12.74
31	湖北	-12.79

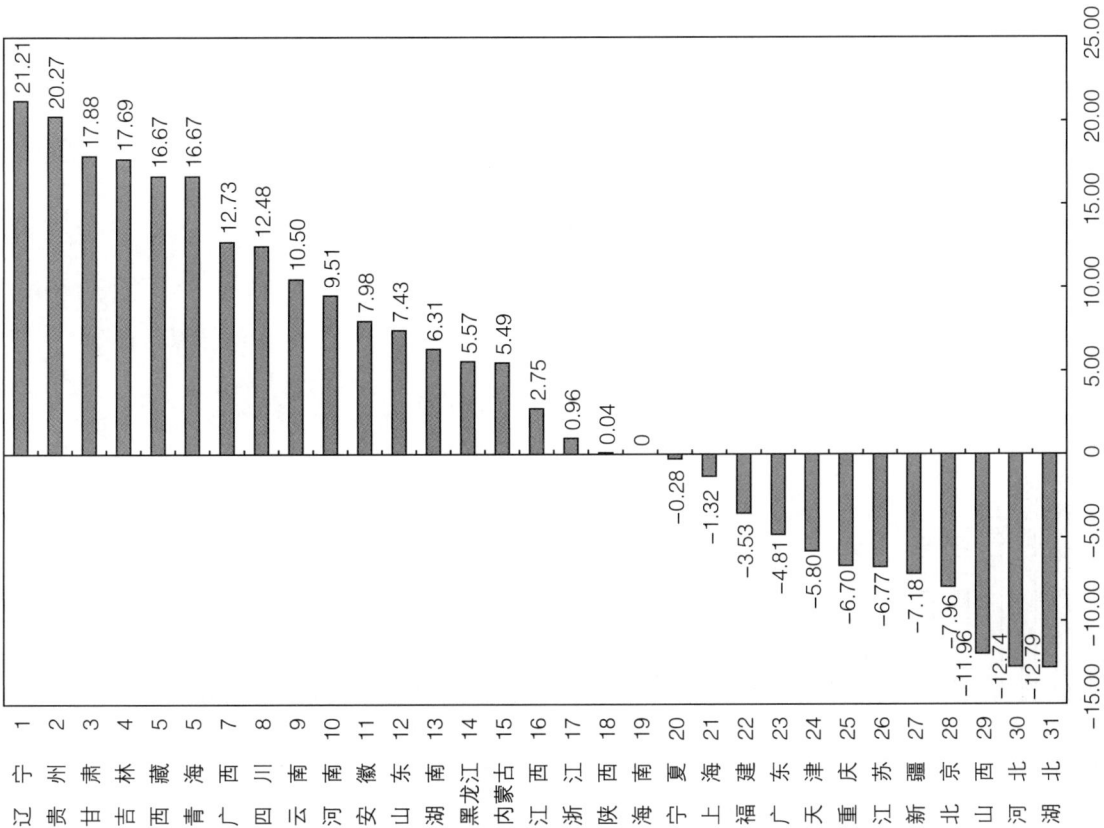

附图B-40 22302 规模以上工业企业平均国外技术引进金额（万元/项）

排名	地区	平均金额（万元/项）
1	上海	162.12
2	吉林	158.57
3	北京	61.00
4	广东	25.73
5	云南	19.08
6	重庆	14.79
7	内蒙古	12.76
8	辽宁	12.06
9	天津	8.11
10	湖南	7.35
11	福建	4.87
12	山东	4.75
13	江苏	4.36
14	四川	4.15
15	山西	3.49
16	湖北	3.10
17	陕西	2.17
18	黑龙江	2.15
19	江西	2.07
20	浙江	2.06
21	河北	1.86
22	青海	1.48
23	安徽	1.35
24	广西	1.09
25	河南	0.68
26	甘肃	0.56
27	西藏	0.49
28	贵州	0.26
29	新疆	0.14
30	宁夏	0.01
31	海南	0

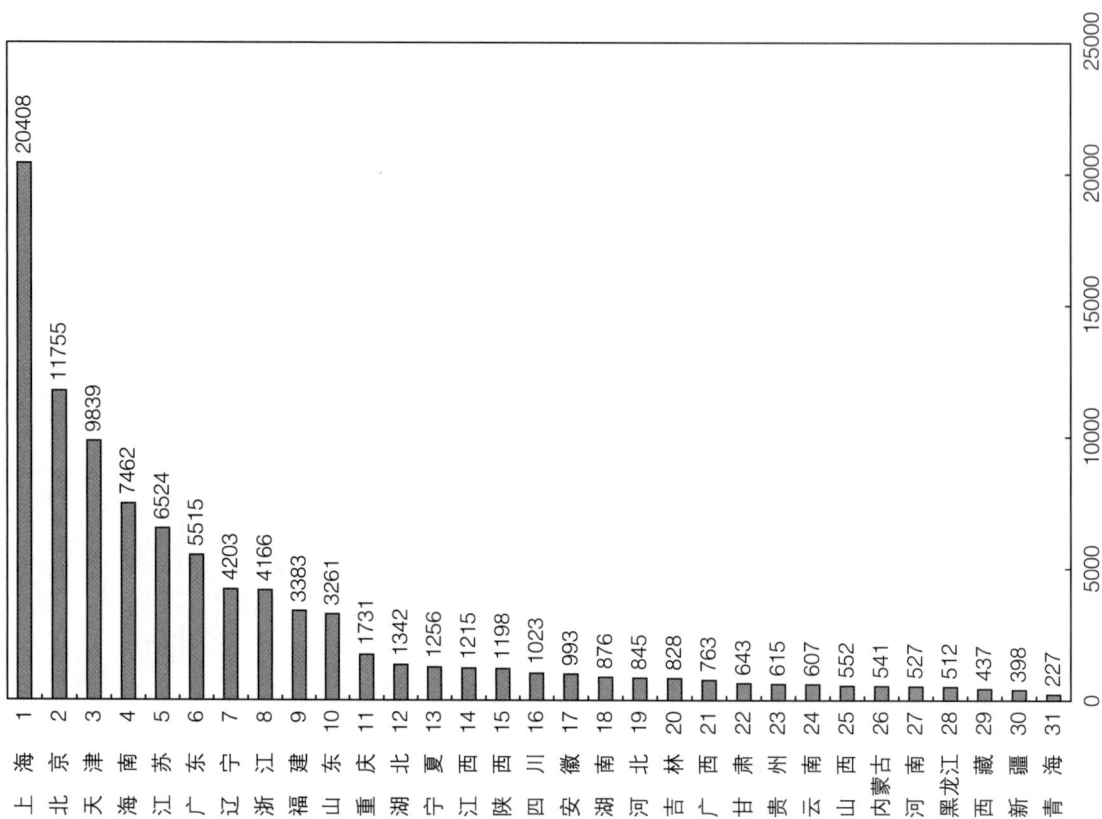

附图B-43　23002 人均外商投资企业年底注册资金中外资部分（万美元）

省份	排名	数值
上海	1	20408
北京	2	11755
天津	3	9839
海南	4	7462
江苏	5	6524
广东	6	5515
辽宁	7	4203
浙江	8	4166
福建	9	3383
山东	10	3261
重庆	11	1731
湖北	12	1342
宁夏	13	1256
江西	14	1215
陕西	15	1198
四川	16	1023
安徽	17	993
湖南	18	876
河北	19	845
吉林	20	828
广西	21	763
甘肃	22	643
贵州	23	615
云南	24	607
山西	25	552
内蒙古	26	541
河南	27	527
黑龙江	28	512
西藏	29	437
新疆	30	398
青海	31	227

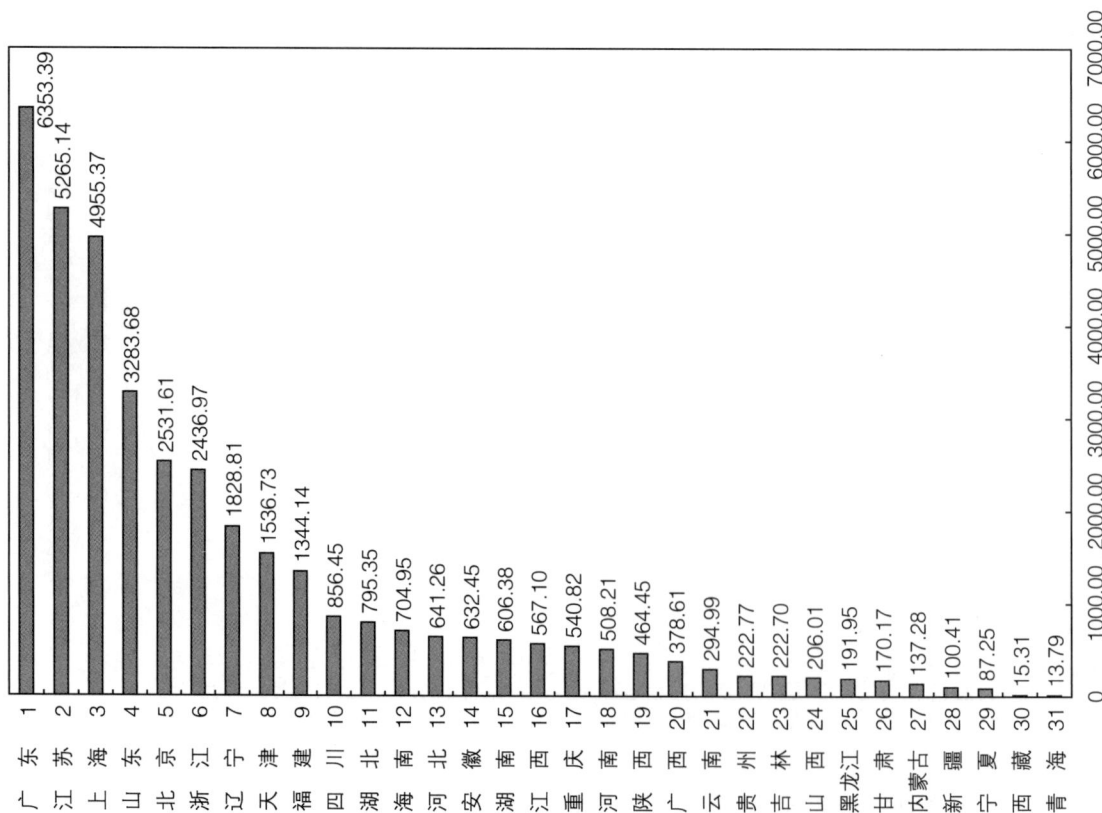

附图B-42　23001 外商投资企业年底注册资金中外资部分（亿美元）

省份	排名	数值
广东	1	6353.39
江苏	2	5265.14
上海	3	4955.37
山东	4	3283.68
北京	5	2531.61
浙江	6	2436.97
辽宁	7	1828.81
天津	8	1536.73
福建	9	1344.14
四川	10	856.45
湖北	11	795.35
海南	12	704.95
河北	13	641.26
安徽	14	632.45
湖南	15	606.38
江西	16	567.10
重庆	17	540.82
河南	18	508.21
陕西	19	464.45
广西	20	378.61
云南	21	294.99
贵州	22	222.77
吉林	23	222.70
山西	24	206.01
黑龙江	25	191.95
甘肃	26	170.17
内蒙古	27	137.28
新疆	28	100.41
宁夏	29	87.25
西藏	30	15.31
青海	31	13.79

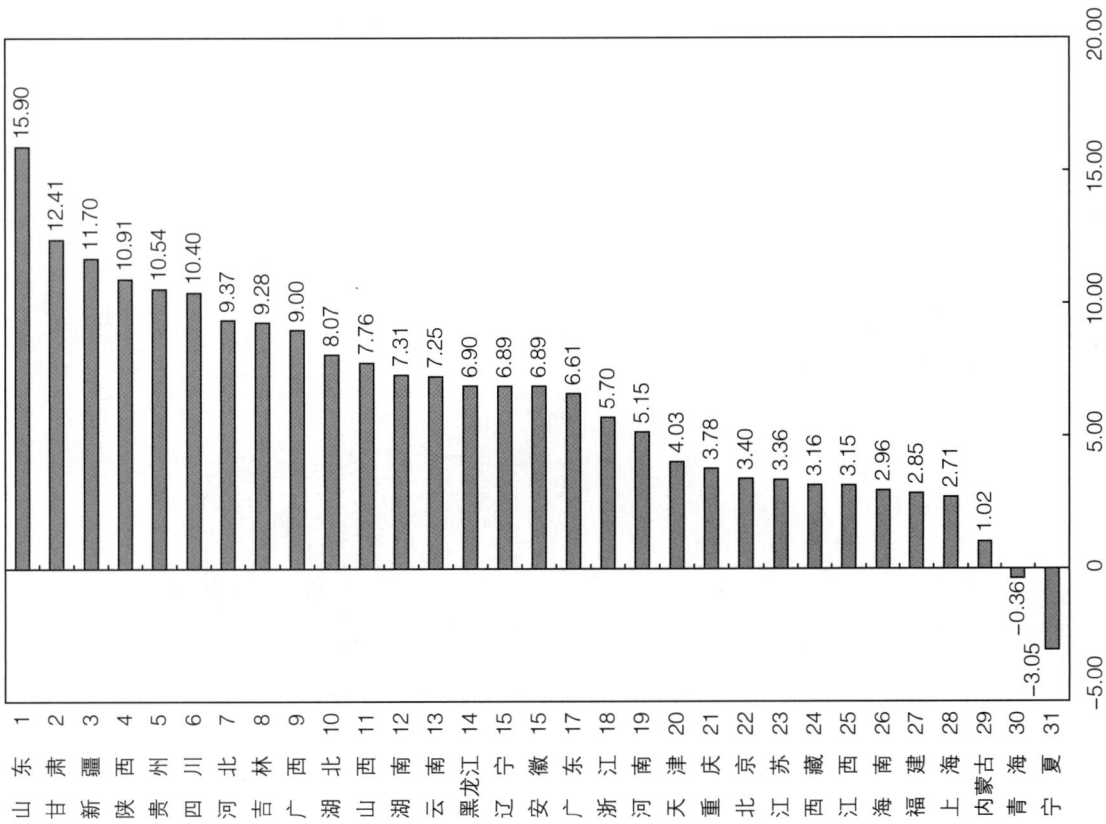

附图B-44　23003　外商投资企业年底注册资金中外资部分增长率（%）

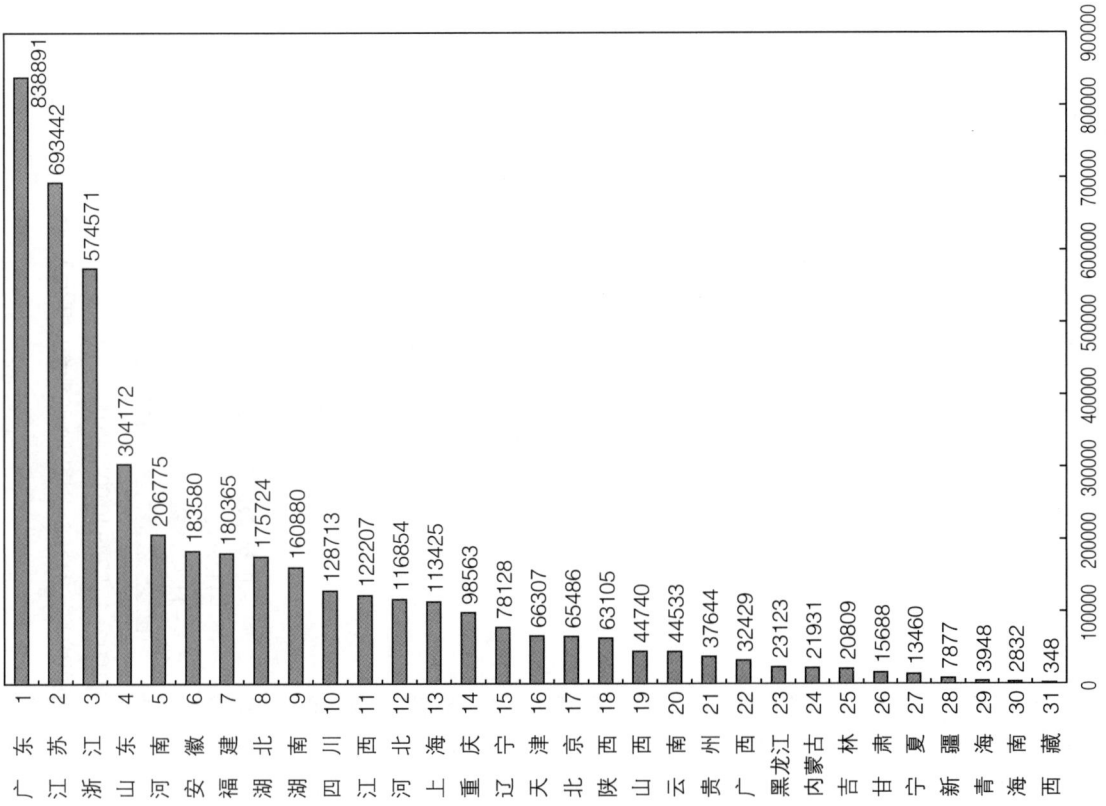

序号	地区	增长率
1	山东	15.90
2	甘肃	12.41
3	新疆	11.70
4	陕西	10.91
5	贵州	10.54
6	四川	10.40
7	河北	9.37
8	吉林	9.28
9	广西	9.00
10	湖北	8.07
11	山西	7.76
12	湖南	7.31
13	云南	7.25
14	黑龙江	6.90
15	辽宁	6.89
15	安徽	6.89
17	广东	6.61
18	浙江	5.70
19	河南	5.15
20	天津	4.03
21	重庆	3.78
22	北京	3.40
23	江苏	3.36
24	西藏	3.16
25	江西	3.15
26	海南	2.96
27	福建	2.85
28	上海	2.71
29	内蒙古	1.02
30	青海	-0.36
31	宁夏	-3.05

附图B-45　31101　规模以上工业企业研发人员数（万人）

序号	地区	人数
1	广东	838891
2	江苏	693442
3	浙江	574571
4	山东	304172
5	河南	206775
6	安徽	183580
7	福建	180365
8	湖北	175724
9	湖南	160880
10	四川	128713
11	江西	122207
12	河北	116854
13	上海	113425
14	重庆	98563
15	辽宁	78128
16	天津	66307
17	北京	65486
18	陕西	63105
19	山西	44740
20	云南	44533
21	贵州	37644
22	广西	32429
23	黑龙江	23123
24	内蒙古	21931
25	吉林	20809
26	甘肃	15688
27	宁夏	13460
28	新疆	7877
29	青海	3948
30	海南	2832
31	西藏	348

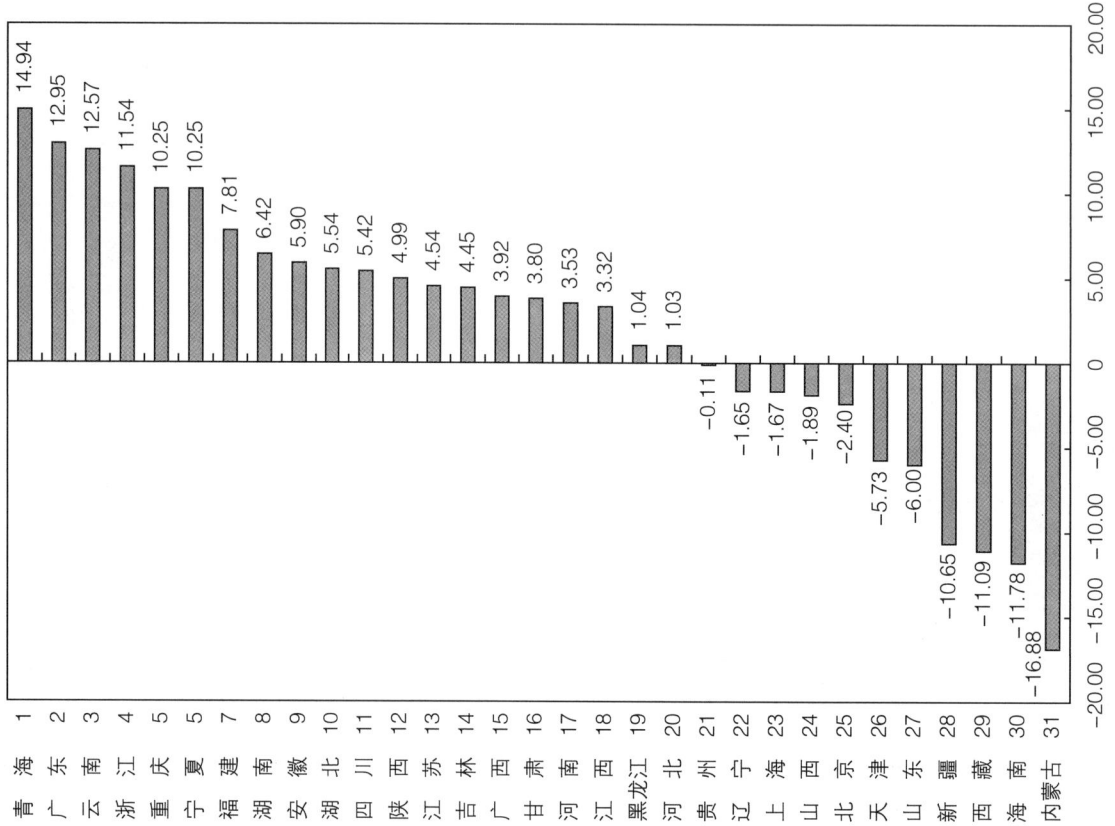

附图B-47　31103 规模以上工业企业研发人员增长率（%）

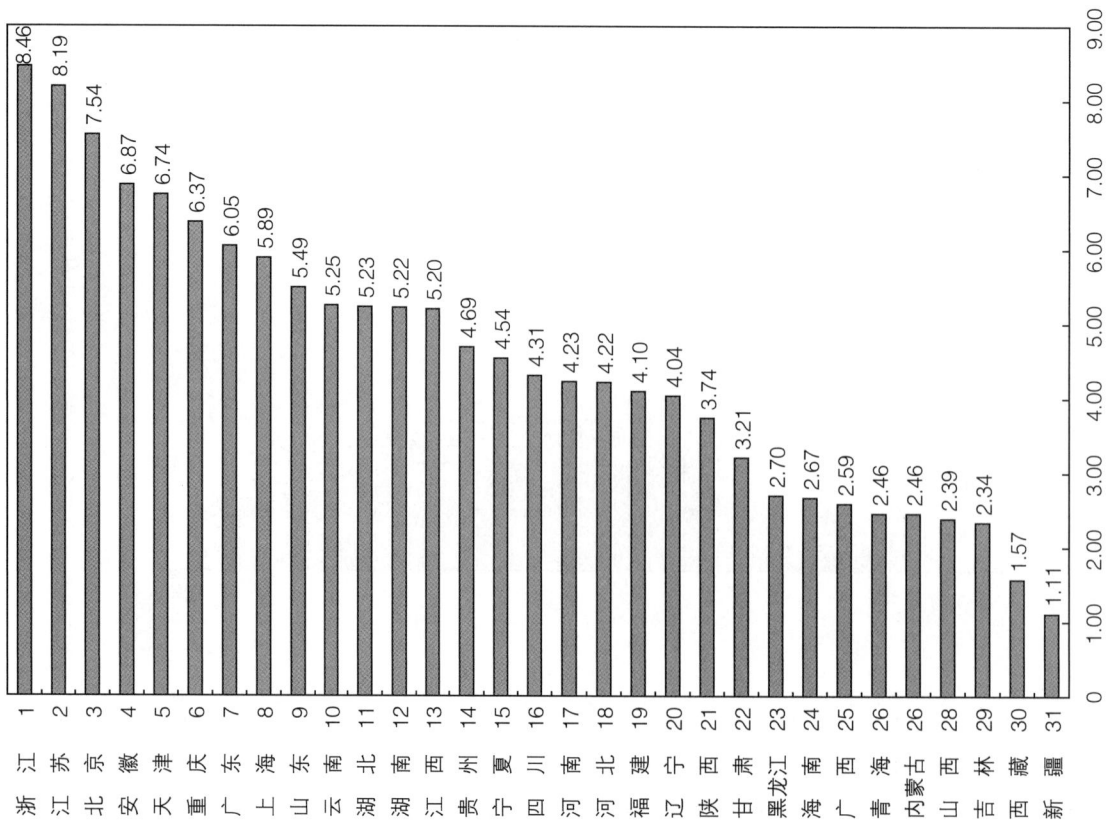

青海 1	14.94
广东 2	12.95
云南 3	12.57
浙江 4	11.54
重庆 5	10.25
宁夏 5	10.25
福建 7	7.81
湖南 8	6.42
安徽 9	5.90
湖北 10	5.54
四川 11	5.42
陕西 12	4.99
江苏 13	4.54
吉林 14	4.45
广西 15	3.92
甘肃 16	3.80
河南 17	3.53
江西 18	3.32
黑龙江 19	1.04
河北 20	1.03
贵州 21	-0.11
辽宁 22	-1.65
上海 23	-1.67
山西 24	-1.89
北京 25	-2.40
天津 26	-5.73
山东 27	-6.00
新疆 28	-10.65
西藏 29	-11.09
海南 30	-11.78
内蒙古 31	-16.88

附图B-46　31102 规模以上工业企业就业人员中研发人员比重（%）

浙江 1	8.46
江苏 2	8.19
北京 3	7.54
安徽 4	6.87
天津 5	6.74
重庆 6	6.37
广东 7	6.05
上海 8	5.89
山东 9	5.49
云南 10	5.25
湖北 11	5.23
湖南 12	5.22
江西 13	5.20
贵州 14	4.69
宁夏 15	4.54
四川 16	4.31
河南 17	4.23
河北 18	4.22
福建 19	4.10
辽宁 20	4.04
陕西 21	3.74
甘肃 22	3.21
黑龙江 23	2.70
海南 24	2.67
广西 25	2.59
青海 26	2.46
内蒙古 26	2.46
山西 28	2.39
吉林 29	2.34
西藏 30	1.57
新疆 31	1.11

附图B-49　31202 规模以上工业企业研发活动经费内部支出总额占销售收入的比例（%）

	1	江苏	1.86
	2	浙江	1.68
	3	广东	1.58
	4	重庆	1.57
	5	湖南	1.56
	6	安徽	1.54
	7	上海	1.48
	8	山东	1.46
	9	湖北	1.29
	10	河南	1.22
	10	北京	1.22
	12	天津	1.13
	13	河北	1.07
	14	福建	1.04
	15	辽宁	0.98
	16	陕西	0.93
	16	贵州	0.93
	18	江西	0.91
	19	云南	0.88
	19	四川	0.88
	21	宁夏	0.84
	22	黑龙江	0.71
	23	内蒙古	0.70
	24	甘肃	0.67
	25	山西	0.65
	26	广西	0.60
	27	吉林	0.49
	28	海南	0.47
	29	青海	0.39
	30	新疆	0.38
	31	西藏	0.19

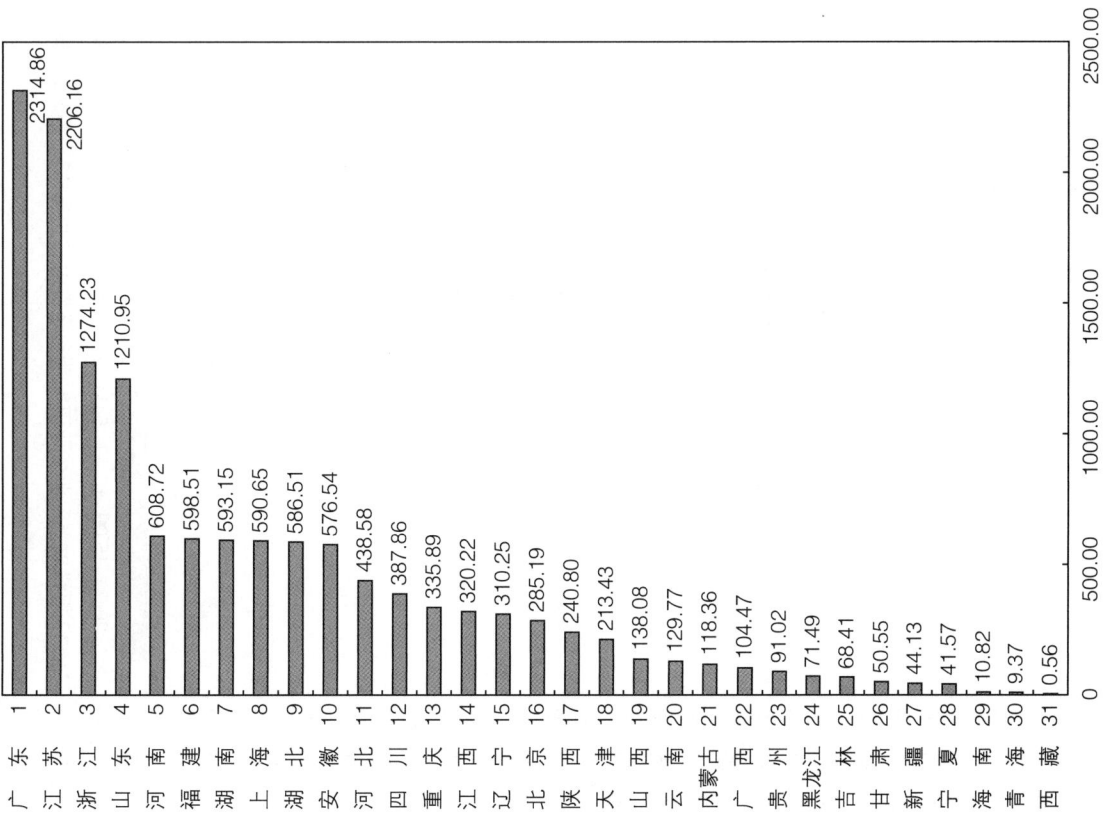

附图B-48　31201 规模以上工业企业研发活动经费内部支出总额（亿元）

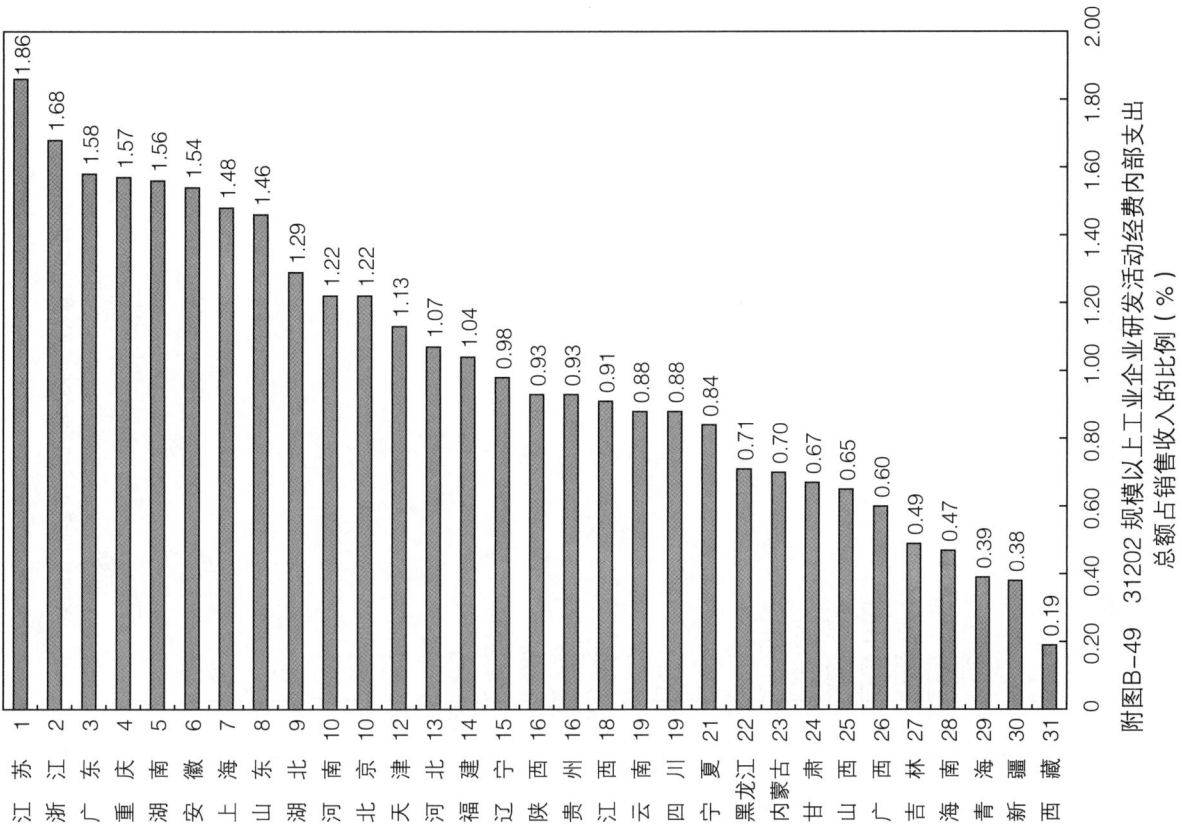

1	广东	2314.86
2	江苏	2206.16
3	浙江	1274.23
4	山东	1210.95
5	河南	608.72
6	福建	598.51
7	湖南	593.15
8	上海	590.65
9	湖北	586.51
10	安徽	576.54
11	河北	438.58
12	四川	387.86
13	重庆	335.89
14	江西	320.22
15	辽宁	310.25
16	北京	285.19
17	陕西	240.80
18	天津	213.43
19	山西	138.08
20	云南	129.77
21	内蒙古	118.36
22	广西	104.47
23	贵州	91.02
24	黑龙江	71.49
25	吉林	68.41
26	甘肃	50.55
27	新疆	44.13
28	宁夏	41.57
29	海南	10.82
30	青海	9.37
31	西藏	0.56

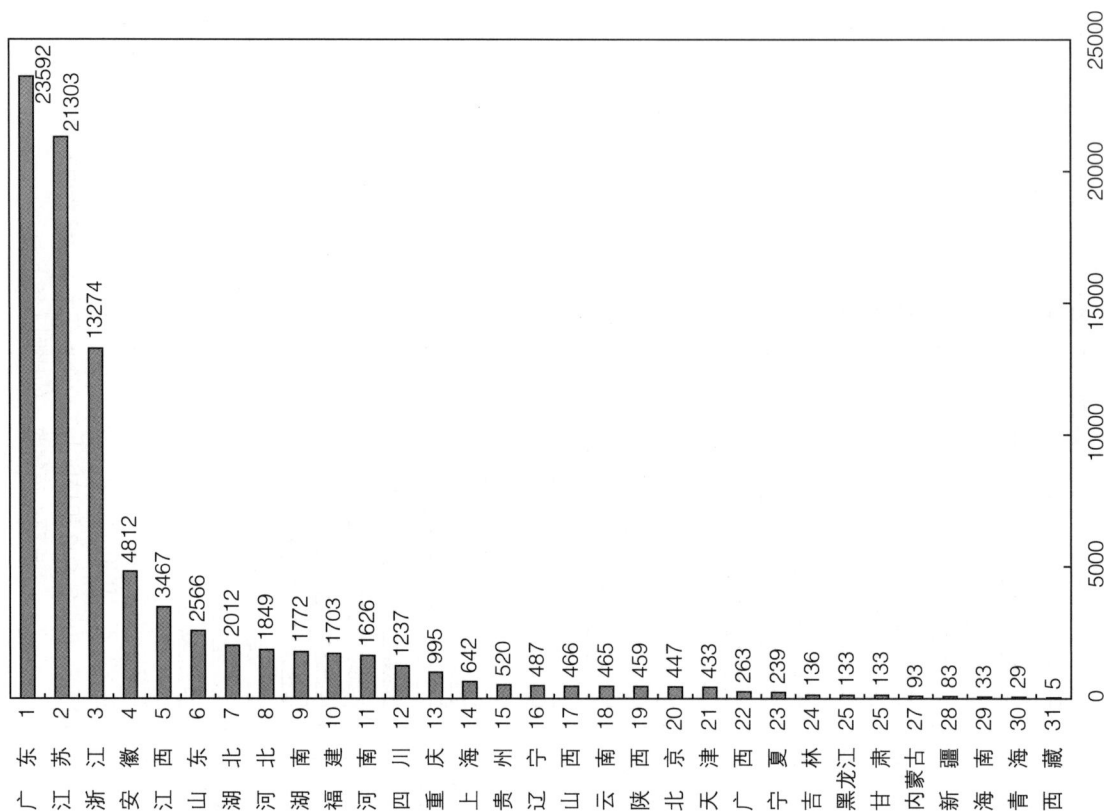

附图B-51 31301 规模以上工业企业有研发机构的企业数（个）

排名	地区	数值
1	广东	23592
2	江苏	21303
3	浙江	13274
4	安徽	4812
5	江西	3467
6	山东	2566
7	湖北	2012
8	河北	1849
9	湖南	1772
10	福建	1703
11	河南	1626
12	四川	1237
13	重庆	995
14	上海	642
15	贵州	520
16	辽宁	487
17	山西	466
18	云南	465
19	陕西	459
20	北京	447
21	天津	433
22	广西	263
23	宁夏	239
24	吉林	136
25	黑龙江	133
25	甘肃	133
27	内蒙古	93
28	新疆	83
29	海南	33
30	青海	29
31	西藏	5

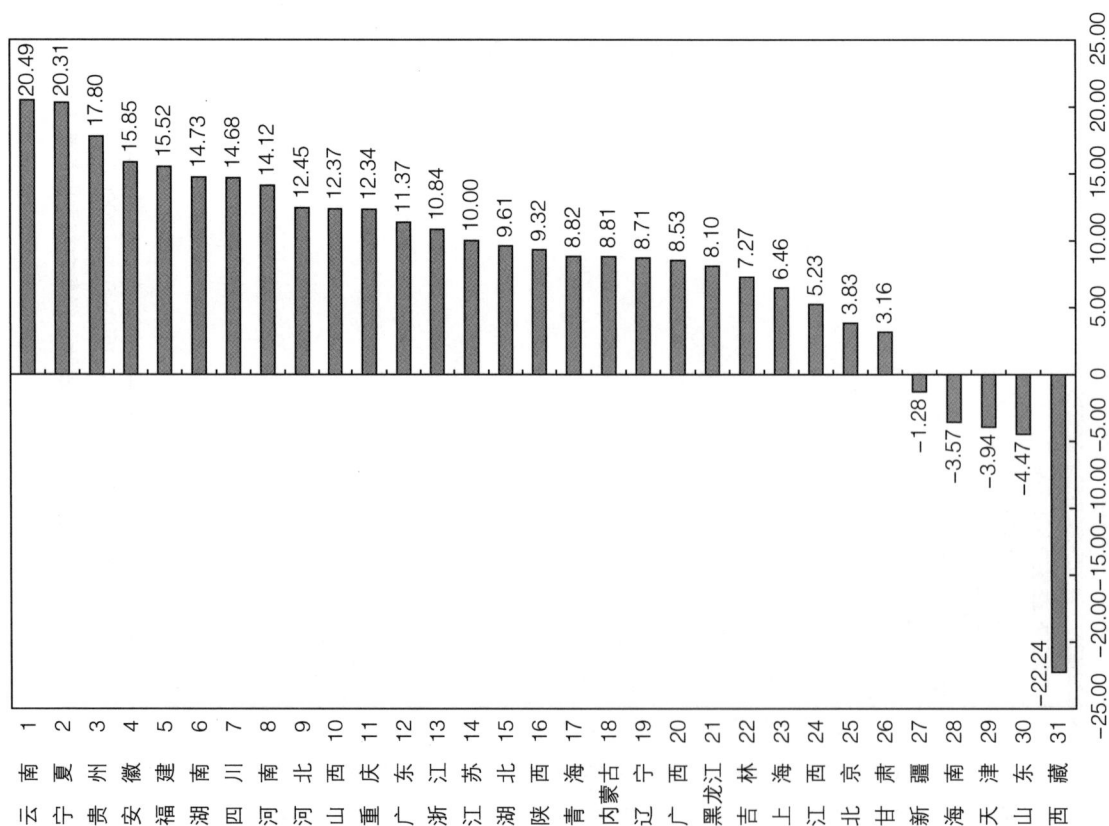

附图B-50 31203 规模以上工业企业研发活动经费内部支出总额增长率（%）

排名	地区	数值
1	云南	20.49
2	宁夏	20.31
3	贵州	17.80
4	安徽	15.85
5	福建	15.52
6	湖南	14.73
7	四川	14.68
8	河南	14.12
9	河北	12.45
10	山西	12.37
11	重庆	12.34
12	广东	11.37
13	浙江	10.84
14	江苏	10.00
15	湖北	9.61
16	陕西	9.32
17	青海	8.82
18	内蒙古	8.81
19	辽宁	8.71
20	广西	8.53
21	黑龙江	8.10
22	吉林	7.27
23	上海	6.46
24	江西	5.23
25	北京	3.83
26	甘肃	3.16
27	新疆	-1.28
28	海南	-3.57
29	天津	-3.94
30	山东	-4.47
31	西藏	-22.24

附图B-53　31303 规模以上工业企业有研发机构的企业数量增长率（%）

排名	省份	增长率
1	广东	37.65
2	湖北	27.66
3	宁夏	21.41
4	山西	15.67
5	四川	15.59
6	浙江	12.97
7	贵州	12.44
8	安徽	11.34
9	海南	10.66
10	黑龙江	10.38
11	河北	8.94
12	河南	8.06
13	天津	7.44
14	福建	6.70
15	西藏	6.67
16	江西	6.28
17	辽宁	5.87
18	广西	5.10
19	内蒙古	4.49
20	湖南	4.21
21	新疆	4.12
22	甘肃	3.71
23	陕西	3.06
24	上海	2.99
25	重庆	2.90
26	江苏	0.76
27	云南	-1.12
28	吉林	-3.89
29	山东	-6.05
30	青海	-9.17
31	北京	-9.68

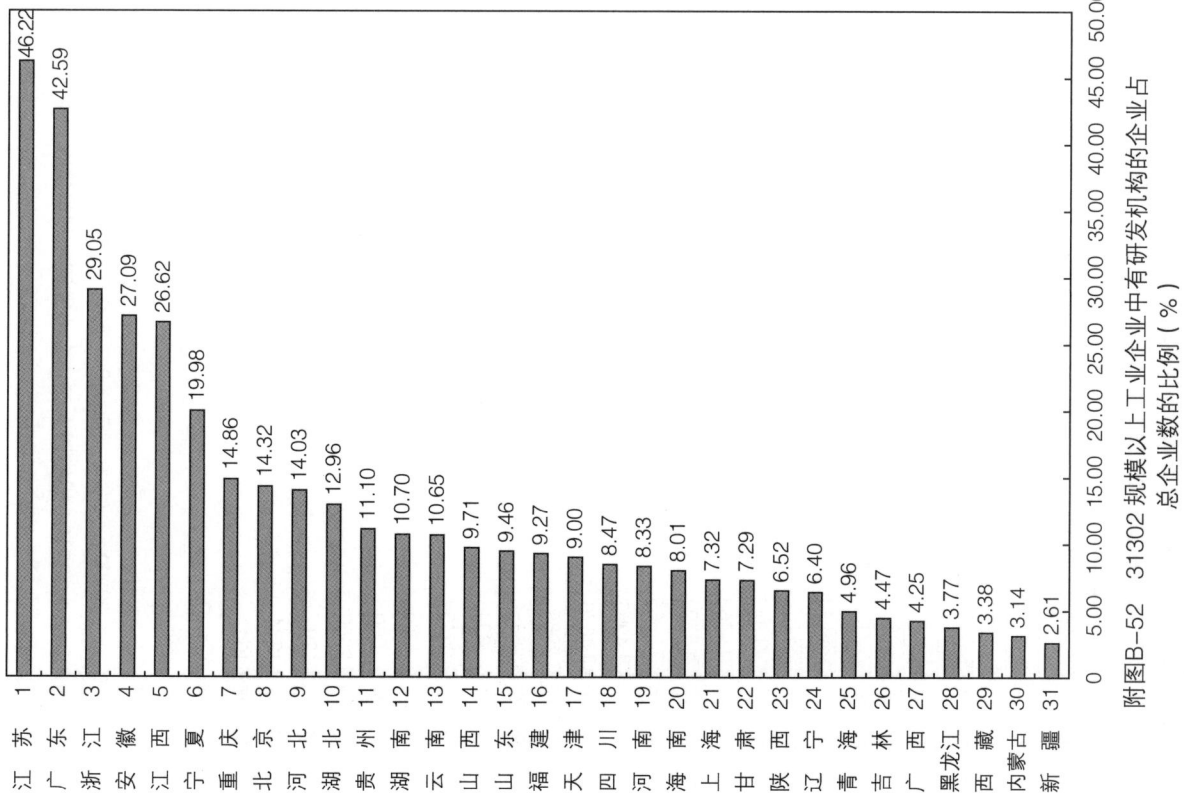

附图B-52　31302 规模以上工业企业中有研发机构的企业占总企业数的比例（%）

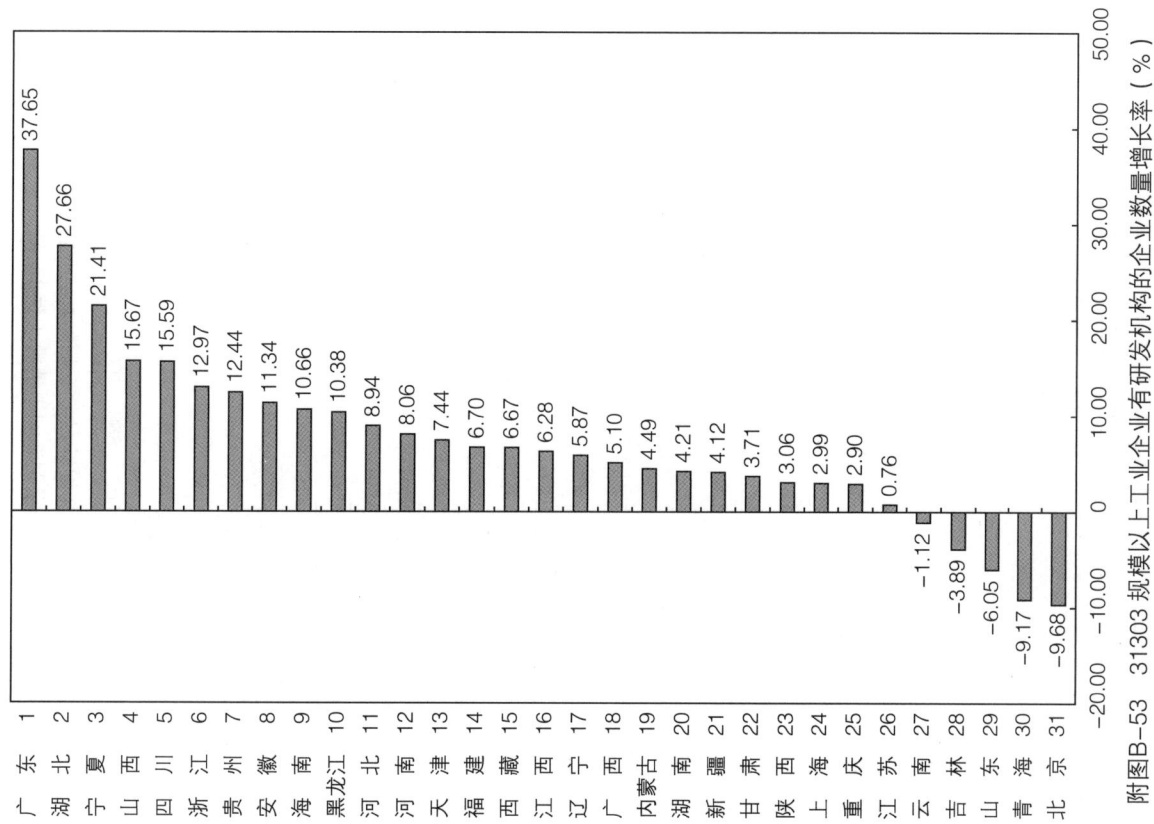

排名	省份	比例
1	江苏	46.22
2	广东	42.59
3	浙江	29.05
4	安徽	27.09
5	江西	26.62
6	宁夏	19.98
7	重庆	14.86
8	北京	14.32
9	河北	14.03
10	湖北	12.96
11	贵州	11.10
12	湖南	10.70
13	云南	10.65
14	山西	9.71
15	山东	9.46
16	福建	9.27
17	天津	9.00
18	四川	8.47
19	河南	8.33
20	海南	8.01
21	上海	7.32
22	甘肃	7.29
23	陕西	6.52
24	辽宁	6.40
25	青海	4.96
26	吉林	4.47
27	广西	4.25
28	黑龙江	3.77
29	西藏	3.38
30	内蒙古	3.14
31	新疆	2.61

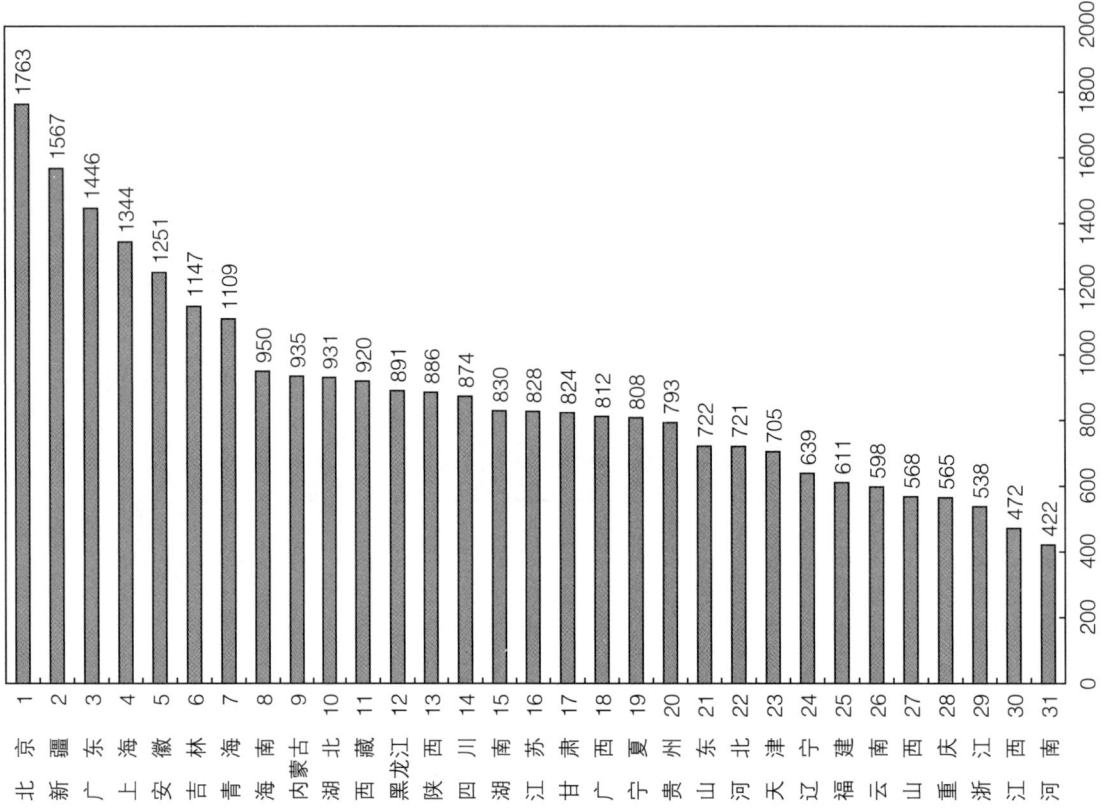

附图B-55　32102 规模以上工业企业每万名研发人员平均发明专利申请数（件）

排名	地区	数值
1	北京	1763
2	新疆	1567
3	广东	1446
4	上海	1344
5	安徽	1251
6	吉林	1147
7	青海	1109
8	湖南	950
9	内蒙古	935
10	湖北	931
11	西藏	920
12	黑龙江	891
13	陕西	886
14	四川	874
15	湖南	830
16	江苏	828
17	甘肃	824
18	广西	812
19	宁夏	808
20	贵州	793
21	山东	722
22	河北	721
23	天津	705
24	辽宁	639
25	福建	611
26	云南	598
27	山西	568
28	重庆	565
29	浙江	538
30	江西	472
31	河南	422

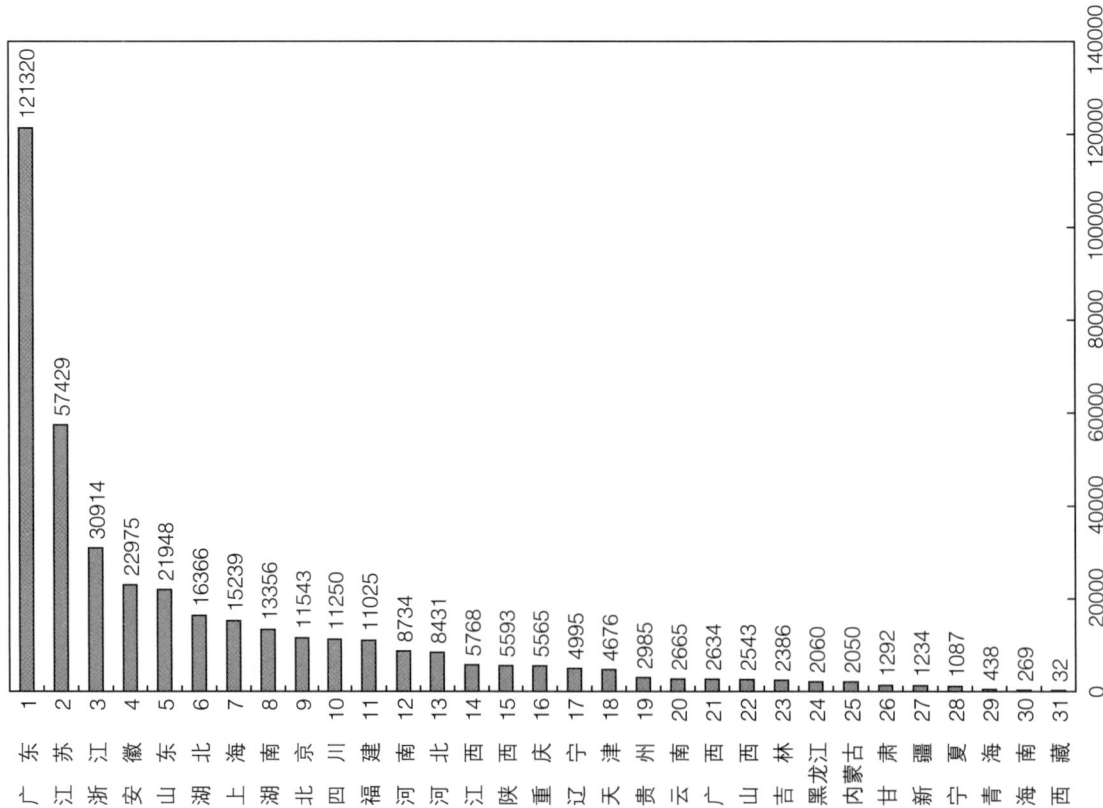

附图B-54　32101 规模以上工业企业发明专利申请数（件）

排名	地区	数值
1	广东	121320
2	江苏	57429
3	浙江	30914
4	安徽	22975
5	山东	21948
6	湖北	16366
7	上海	15239
8	湖南	13356
9	北京	11543
10	四川	11250
11	福建	11025
12	河南	8734
13	河北	8431
14	江西	5768
15	陕西	5593
16	重庆	5565
17	辽宁	4995
18	天津	4676
19	贵州	2985
20	云南	2665
21	广西	2634
22	山西	2543
23	吉林	2386
24	黑龙江	2060
25	内蒙古	2050
26	甘肃	1292
27	新疆	1234
28	宁夏	1087
29	青海	438
30	海南	269
31	西藏	32

附图B-56 和 附图B-57

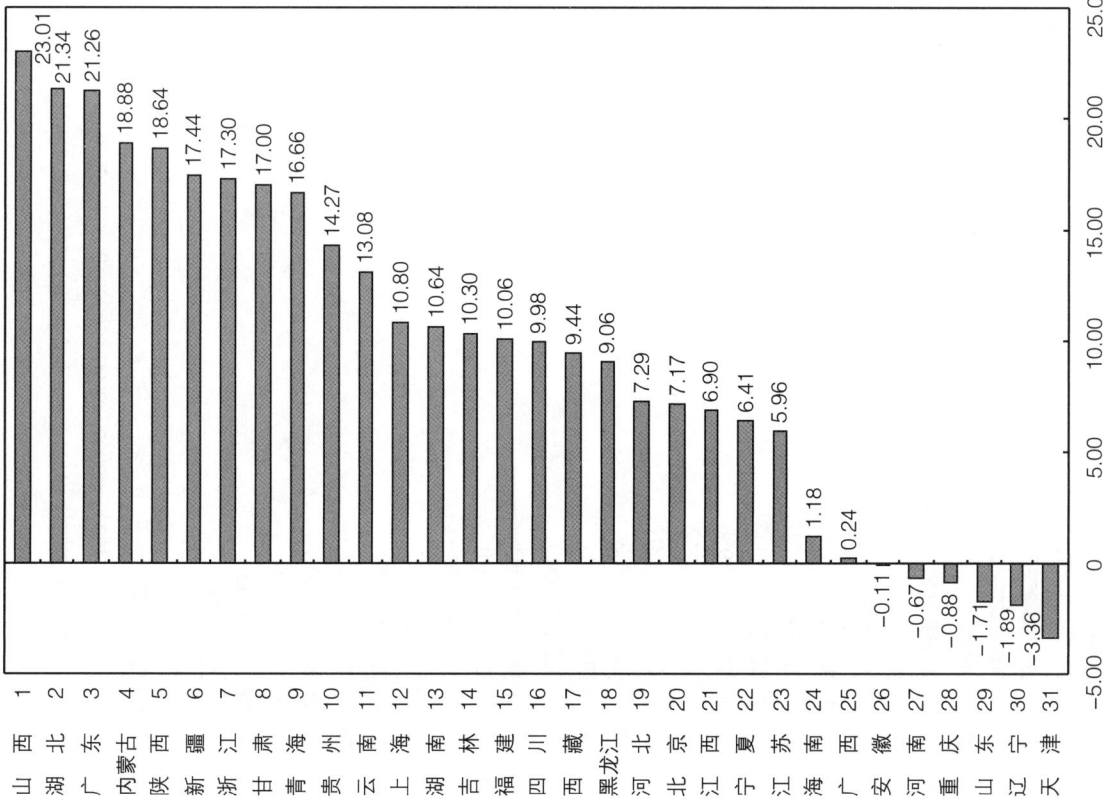

左图：附图B-56 32103 规模以上工业企业发明专利申请增长率（%）

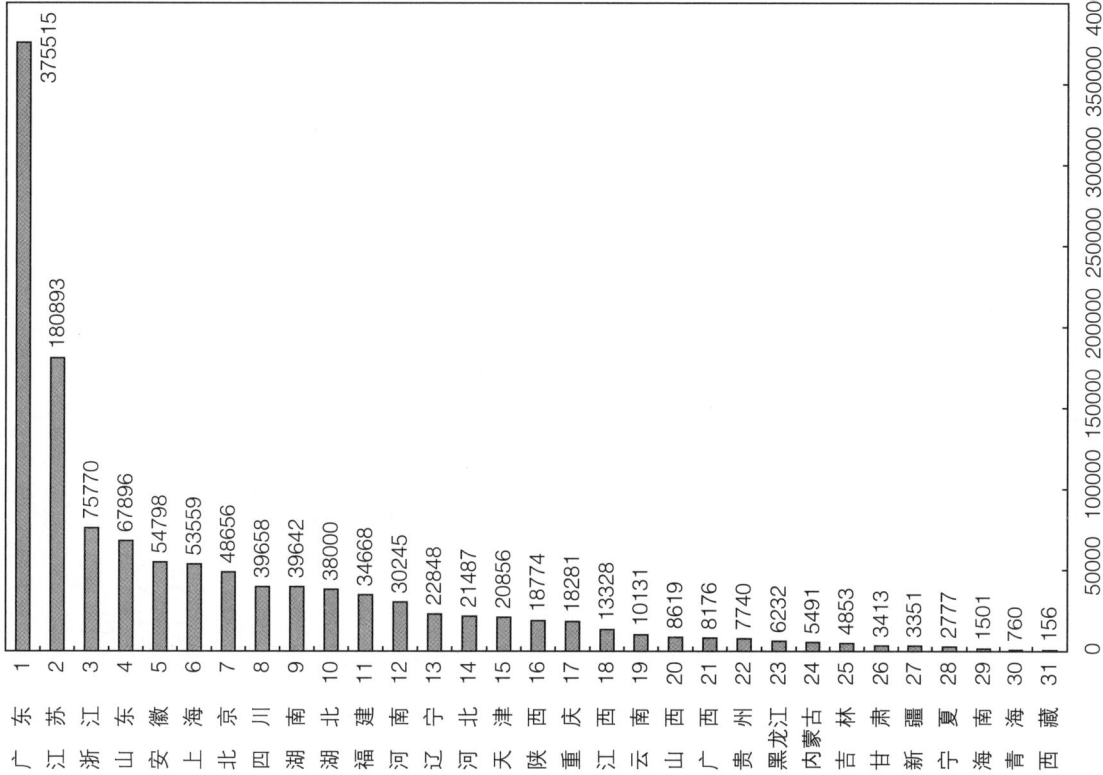

序号	地区	数值
1	山西	23.01
2	湖北	21.34
3	广东	21.26
4	内蒙古	18.88
5	陕西	18.64
6	新疆	17.44
7	浙江	17.30
8	甘肃	17.00
9	青海	16.66
10	贵州	14.27
11	云南	13.08
12	上海	10.80
13	湖南	10.64
14	吉林	10.30
15	福建	10.06
16	四川	9.98
17	西藏	9.44
18	黑龙江	9.06
19	河北	7.29
20	北京	7.17
21	江西	6.90
22	宁夏	6.41
23	江苏	5.96
24	海南	1.18
25	广西	0.24
26	安徽	-0.11
27	河南	-0.67
28	重庆	-0.88
29	山东	-1.71
30	辽宁	-1.89
31	天津	-3.36

右图：附图B-57 32201 规模以上工业企业有效发明专利数（件）

序号	地区	数值
1	广东	375515
2	江苏	180893
3	浙江	75770
4	山东	67896
5	安徽	54798
6	上海	53559
7	北京	48656
8	四川	39658
9	湖南	39642
10	湖北	38000
11	福建	34668
12	河南	30245
13	辽宁	22848
14	河北	21487
15	天津	20856
16	陕西	18774
17	重庆	18281
18	江西	13328
19	云南	10131
20	山西	8619
21	广西	8176
22	贵州	7740
23	黑龙江	6232
24	内蒙古	5491
25	吉林	4853
26	甘肃	3413
27	新疆	3351
28	宁夏	2777
29	海南	1501
30	青海	760
31	西藏	156

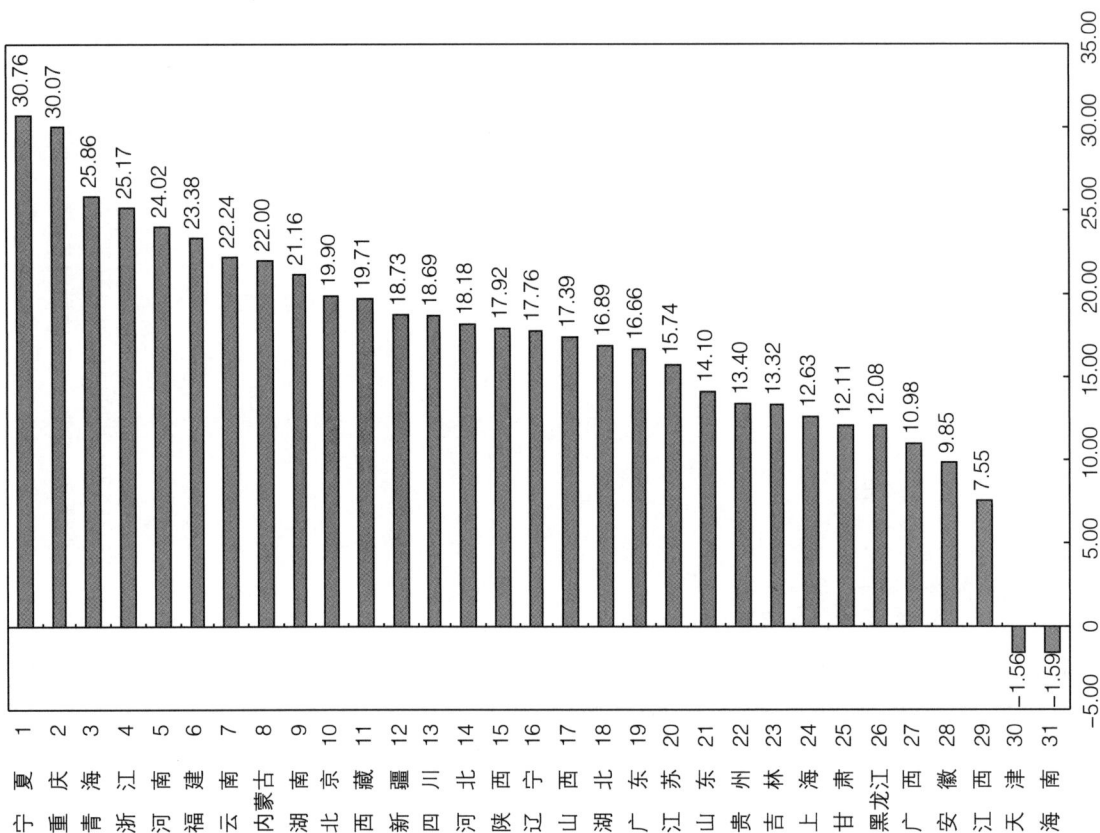

附图B-59 32203 规模以上工业企业有效发明专利增长率（%）

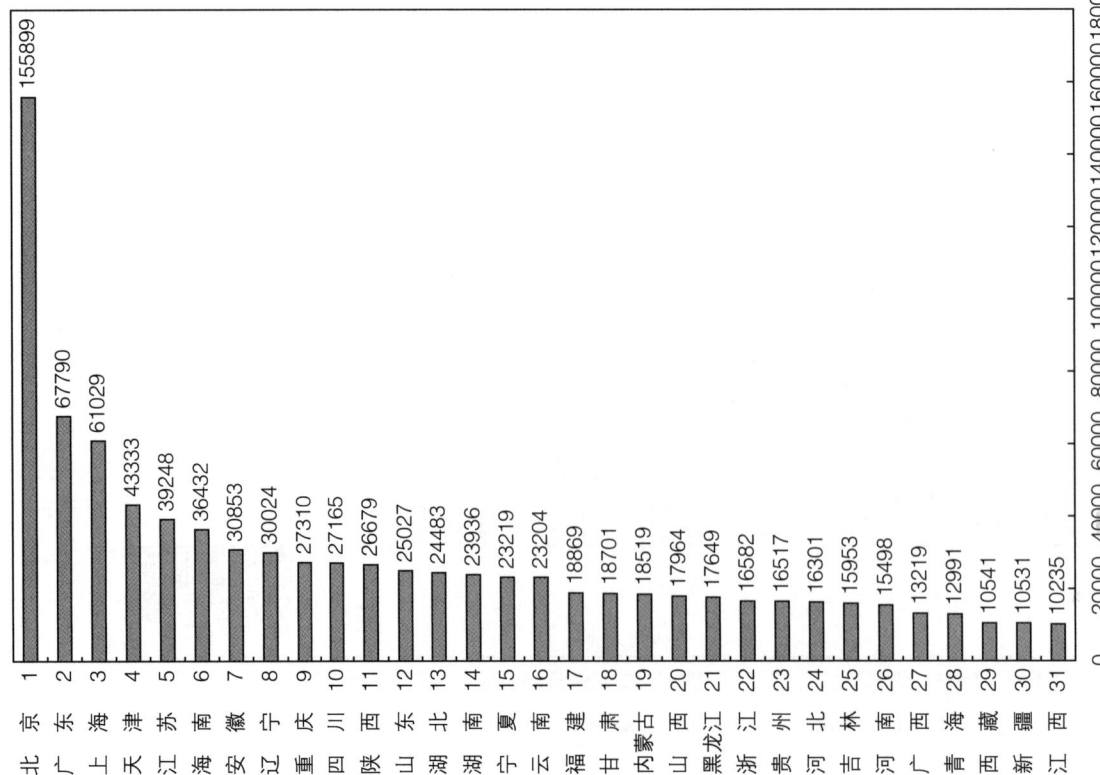

附图B-58 32202 每万家规模以上工业平均有效发明专利数（件）

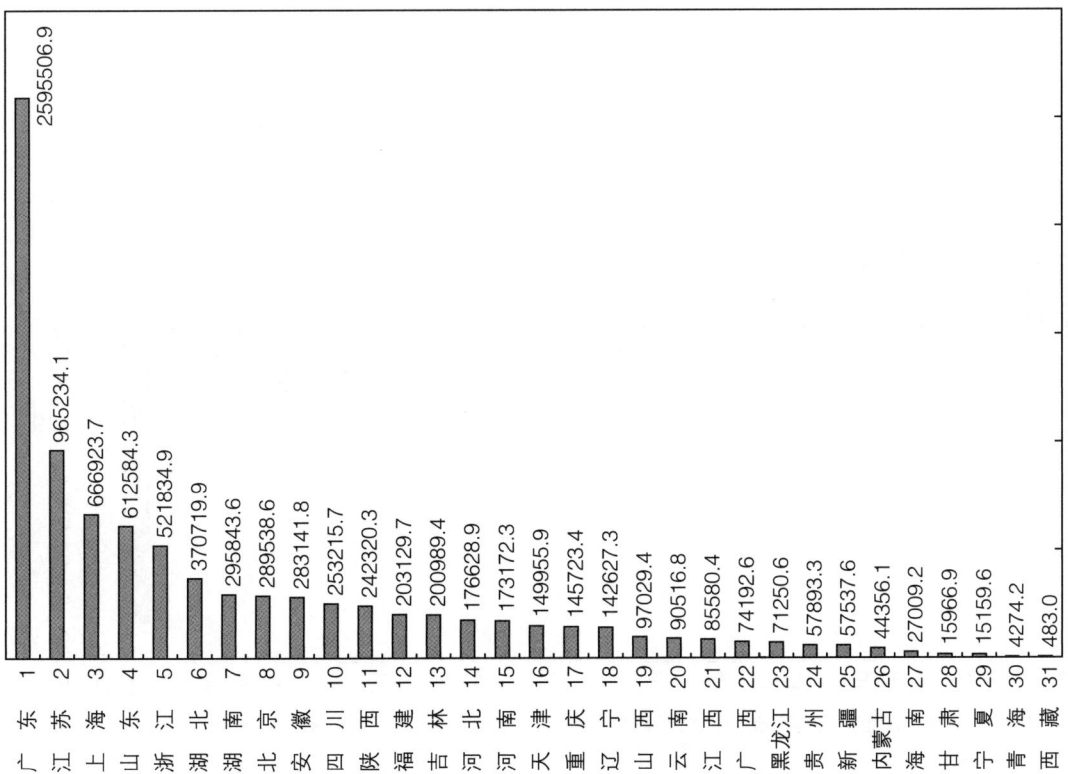

附图B-61　33102 规模以上工业企业平均研发经费外部支出（万元/个）

排名	地区	数值
1	北京	92.77
2	上海	75.99
3	海南	65.56
4	广东	46.86
5	吉林	36.07
6	陕西	34.44
7	天津	31.16
8	湖北	23.89
9	山东	22.58
10	重庆	21.77
11	江苏	20.94
12	云南	20.73
13	山西	20.22
14	黑龙江	20.18
15	辽宁	18.74
16	新疆	18.08
17	湖南	17.86
18	四川	17.34
19	安徽	15.94
20	内蒙古	14.96
21	河北	13.40
22	宁夏	12.68
23	贵州	12.35
24	广西	12.00
25	浙江	11.42
26	福建	11.06
27	河南	8.87
28	甘肃	8.75
29	青海	7.31
30	江西	6.57
31	西藏	3.26

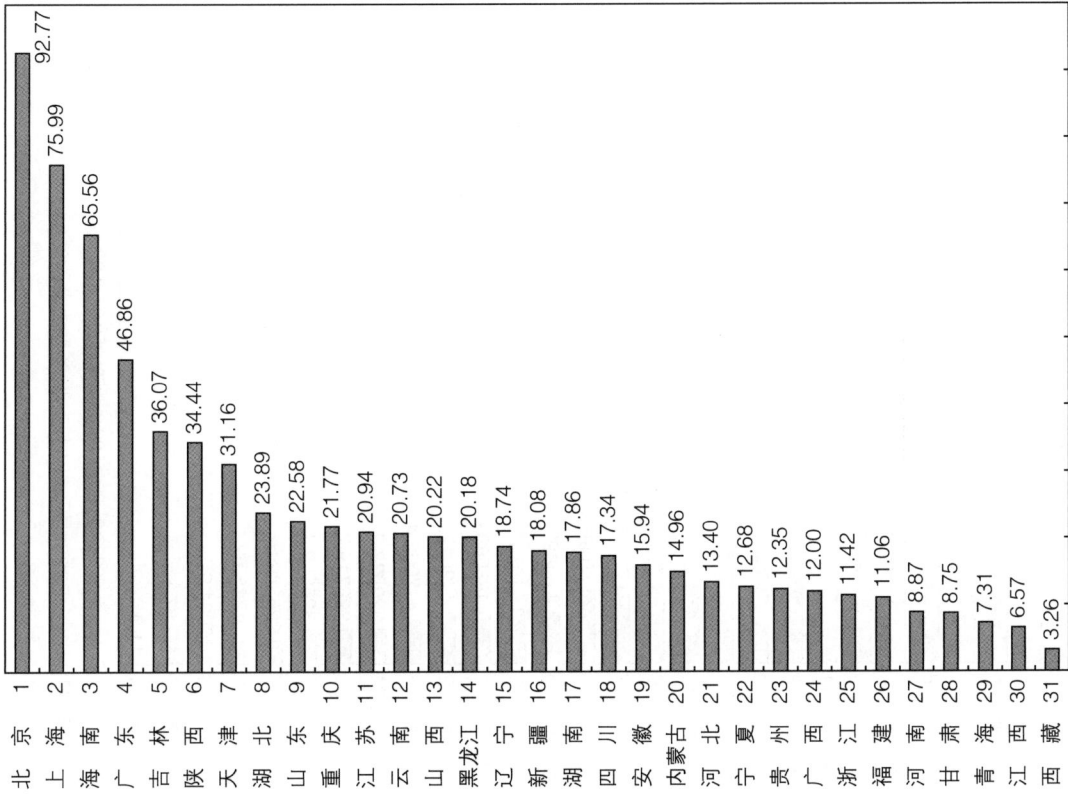

附图B-60　33101 规模以上工业企业研发经费外部支出（万元）

排名	地区	数值
1	广东	2595506.9
2	江苏	965234.1
3	上海	666923.7
4	山东	612584.3
5	浙江	521834.9
6	湖北	370719.9
7	湖南	295843.6
8	北京	289538.6
9	安徽	283141.8
10	四川	253215.7
11	陕西	242320.3
12	福建	203129.7
13	吉林	200989.4
14	河北	176628.9
15	河南	173172.3
16	天津	149955.9
17	重庆	145723.4
18	辽宁	142627.3
19	山西	97029.4
20	云南	90516.8
21	江西	85580.4
22	广西	74192.6
23	黑龙江	71250.6
24	贵州	57893.3
25	新疆	57537.6
26	内蒙古	44356.1
27	海南	27009.2
28	甘肃	15966.9
29	宁夏	15159.6
30	青海	4274.2
31	西藏	483.0

附图B-63　33201 规模以上工业企业技术改造经费支出（万元）

排名	地区	数值
1	广东	5646327.1
2	吉林	3897277.3
3	江苏	3562772.3
4	山东	2316033.3
5	浙江	2033198.8
6	上海	1960969.4
7	安徽	1952119.3
8	广西	1748773.1
9	湖南	1526900.8
10	福建	1221035.7
11	四川	1111248.4
12	湖北	1088146.2
13	河南	1062053.8
14	河北	1048085.7
15	辽宁	1012011.5
16	江西	725240.9
17	重庆	723307.7
18	云南	699956.6
19	山西	646951.8
20	甘肃	518758.8
21	陕西	486568.6
22	贵州	482822.3
23	宁夏	417002.4
24	黑龙江	329838.3
25	北京	326715.7
26	天津	326552.4
27	新疆	226349.6
28	内蒙古	217753.2
29	青海	70061.6
30	海南	16687.3
31	西藏	11.0

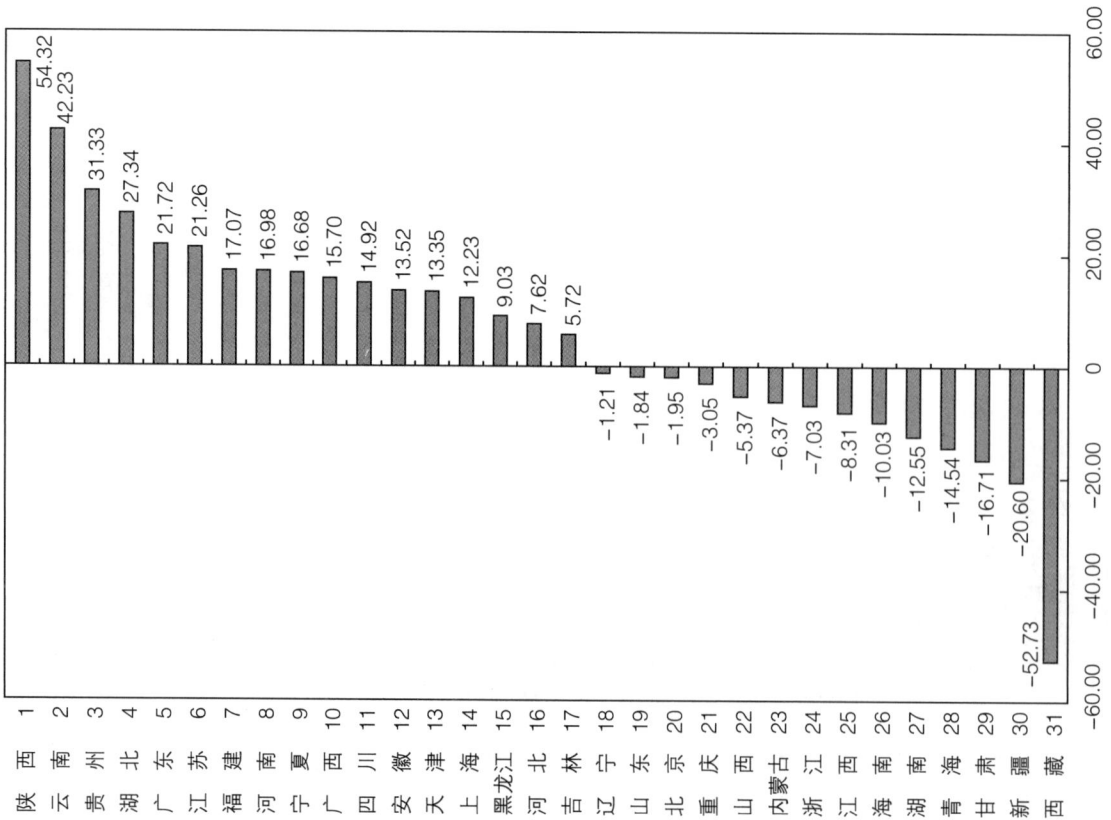

附图B-62　33103 规模以上工业企业研发经费外部支出增长率（%）

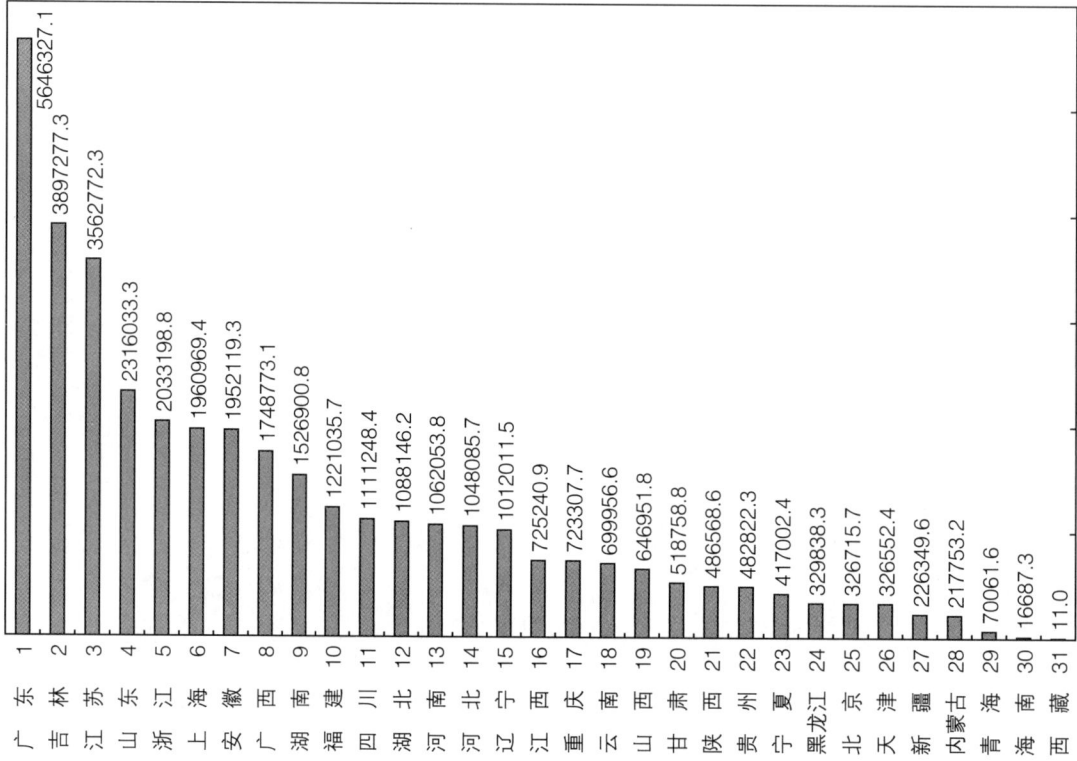

排名	地区	数值
1	陕西	54.32
2	云南	42.23
3	贵州	31.33
4	湖北	27.34
5	广东	21.72
6	江苏	21.26
7	福建	17.07
8	河南	16.98
9	宁夏	16.68
10	广西	15.70
11	四川	14.92
12	安徽	13.52
13	天津	13.35
14	上海	12.23
15	黑龙江	9.03
16	河北	7.62
17	吉林	5.72
18	辽宁	-1.21
19	山东	-1.84
20	北京	-1.95
21	重庆	-3.05
22	山西	-5.37
23	内蒙古	-6.37
24	浙江	-7.03
25	江西	-8.31
26	海南	-10.03
27	湖南	-12.55
28	青海	-14.54
29	甘肃	-16.71
30	新疆	-20.60
31	西藏	-52.73

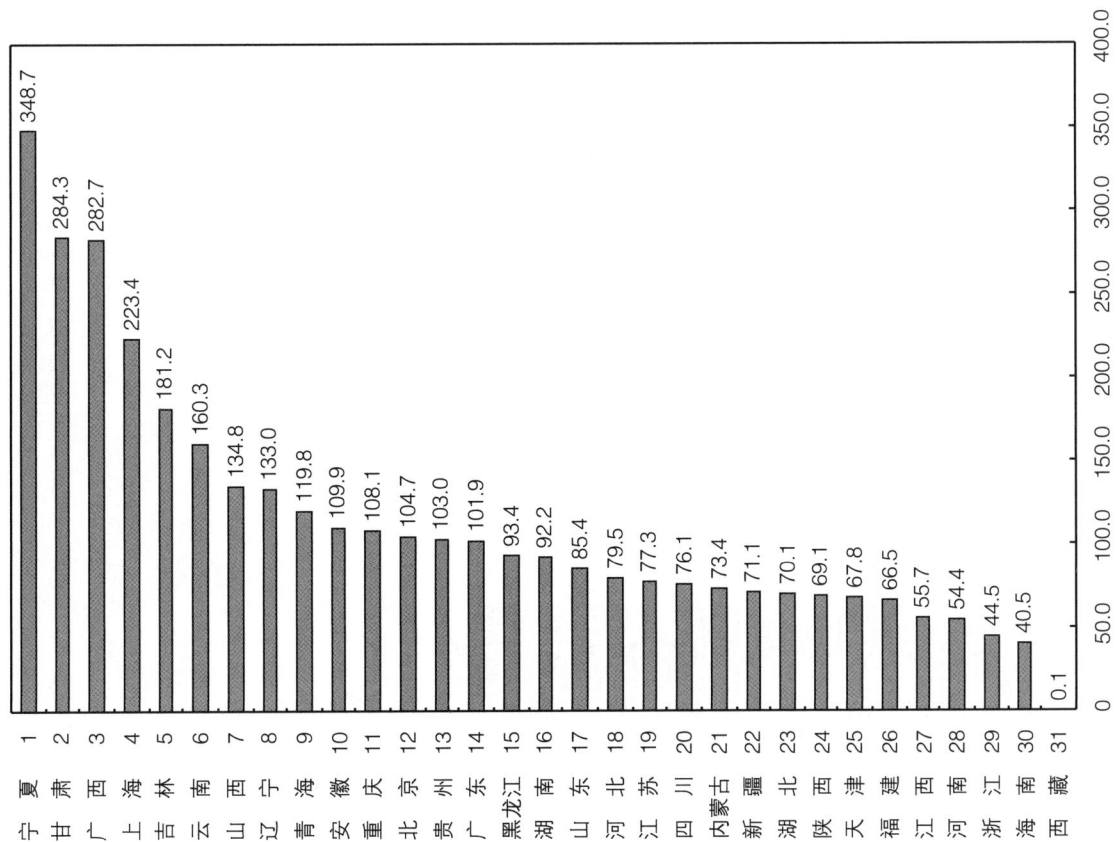

附图B-64 33202 规模以上工业企业平均技术改造经费支出（万元/个）

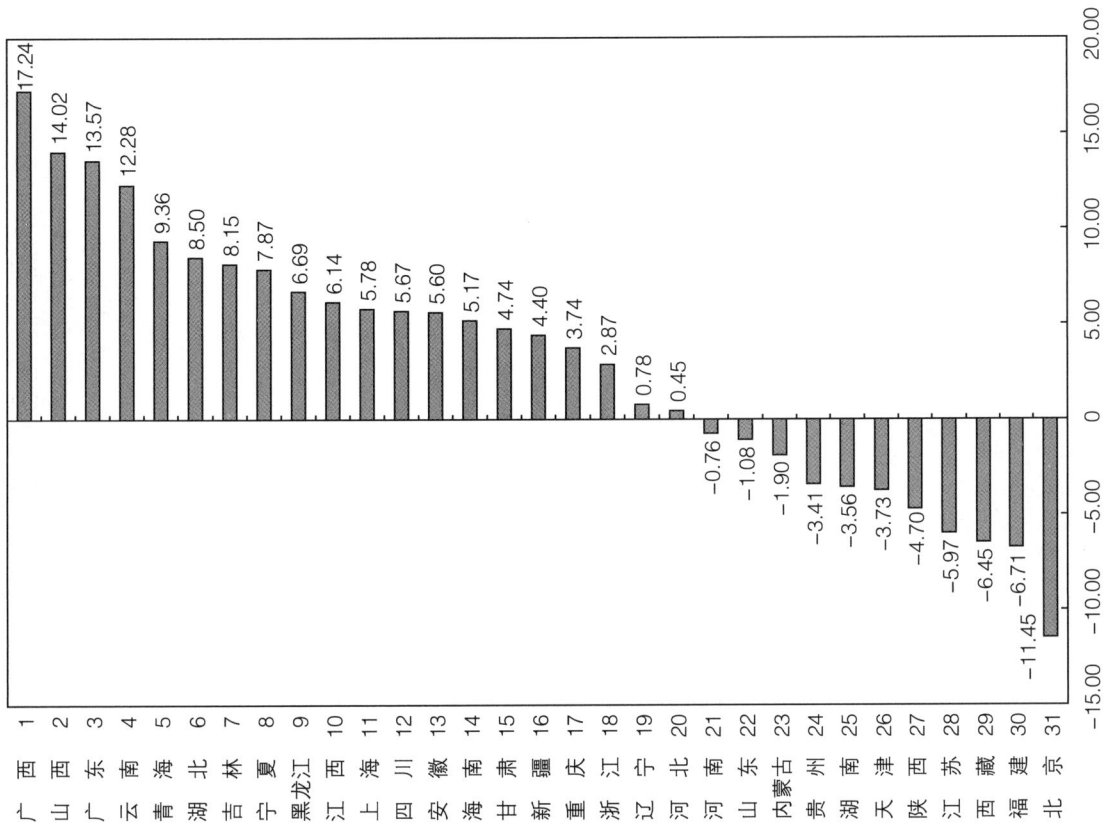

排名	地区	数值
1	宁夏	348.7
2	甘肃	284.3
3	广西	282.7
4	上海	223.4
5	吉林	181.2
6	云南	160.3
7	山西	134.8
8	辽宁	133.0
9	青海	119.8
10	安徽	109.9
11	重庆	108.1
12	北京	104.7
13	贵州	103.0
14	广东	101.9
15	黑龙江	93.4
16	湖南	92.2
17	山东	85.4
18	河北	79.5
19	江苏	77.3
20	四川	76.1
21	内蒙古	73.4
22	新疆	71.1
23	湖北	70.1
24	陕西	69.1
25	天津	67.8
26	福建	66.5
27	江西	55.7
28	河南	54.4
29	浙江	44.5
30	海南	40.5
31	西藏	0.1

附图B-65 33203 规模以上工业企业技术改造经费支出增长率（%）

排名	地区	数值
1	广西	17.24
2	山西	14.02
3	广东	13.57
4	云南	12.28
5	青海	9.36
6	湖北	8.50
7	吉林	8.15
8	宁夏	7.87
9	黑龙江	6.69
10	江西	6.14
11	上海	5.78
12	四川	5.67
13	安徽	5.60
14	海南	5.17
15	甘肃	4.74
16	新疆	4.40
17	重庆	3.74
18	浙江	2.87
19	辽宁	0.78
20	河北	0.45
21	河南	-0.76
22	山东	-1.08
23	内蒙古	-1.90
24	贵州	-3.41
25	湖南	-3.56
26	天津	-3.73
27	陕西	-4.70
28	江苏	-5.97
29	西藏	-6.45
30	福建	-6.71
31	北京	-11.45

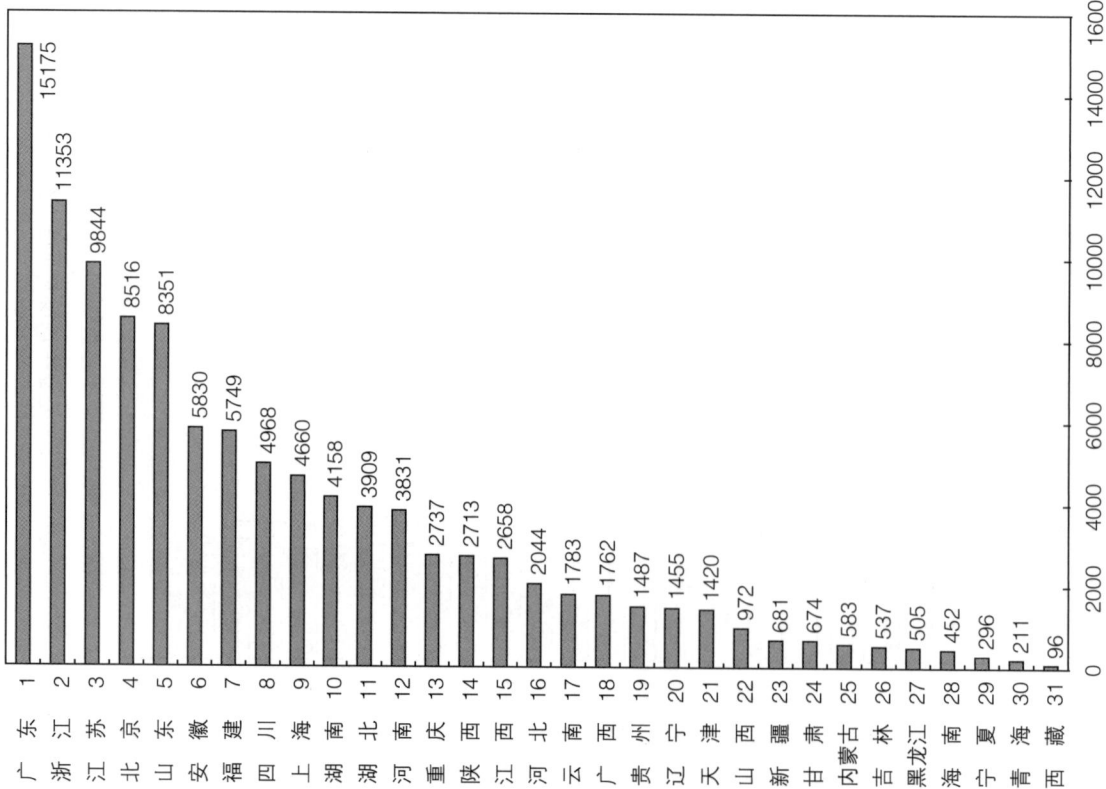

附图B-67 33302 有电子商务交易活动的企业数占总企业数的比例（%）

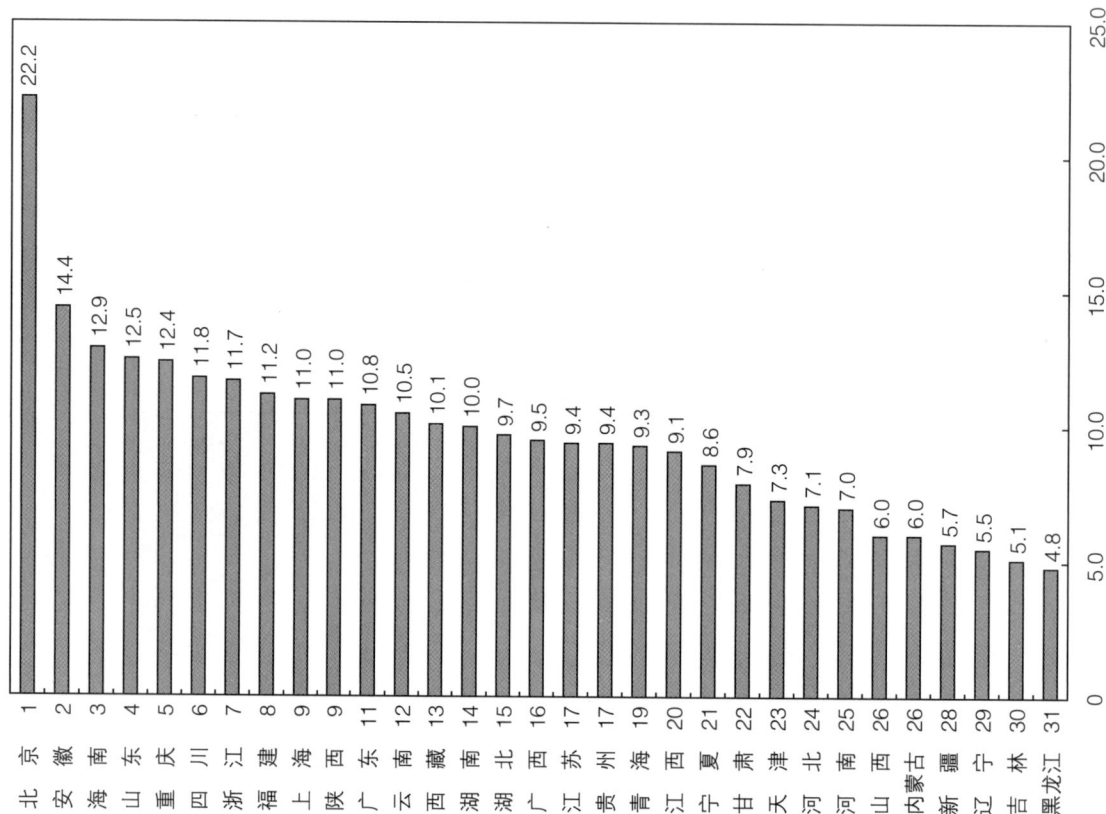

附图B-66 33301 有电子商务交易活动的企业数（个）

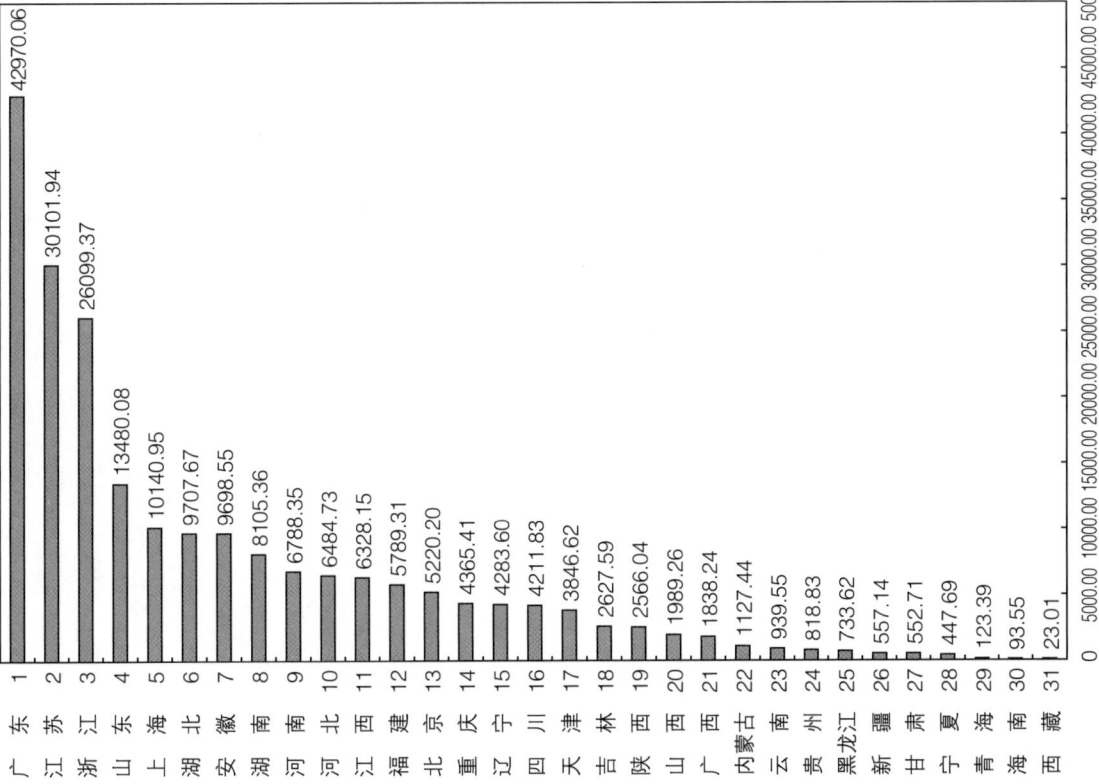

附图B-69 34001 规模以上工业企业新产品销售收入（亿元）

广 东	1	42970.06
江 苏	2	30101.94
浙 江	3	26099.37
山 东	4	13480.08
上 海	5	10140.95
湖 北	6	9707.67
安 徽	7	9698.55
湖 南	8	8105.36
河 南	9	6788.35
河 北	10	6484.73
江 西	11	6328.15
福 建	12	5789.31
北 京	13	5220.20
重 庆	14	4365.41
辽 宁	15	4283.60
四 川	16	4211.83
天 津	17	3846.62
吉 林	18	2627.59
陕 西	19	2566.04
山 西	20	1989.26
广 西	21	1838.24
内蒙古	22	1127.44
云 南	23	939.55
贵 州	24	818.83
黑龙江	25	733.62
新 疆	26	557.14
甘 肃	27	552.71
宁 夏	28	447.69
青 海	29	123.39
海 南	30	93.55
西 藏	31	23.01

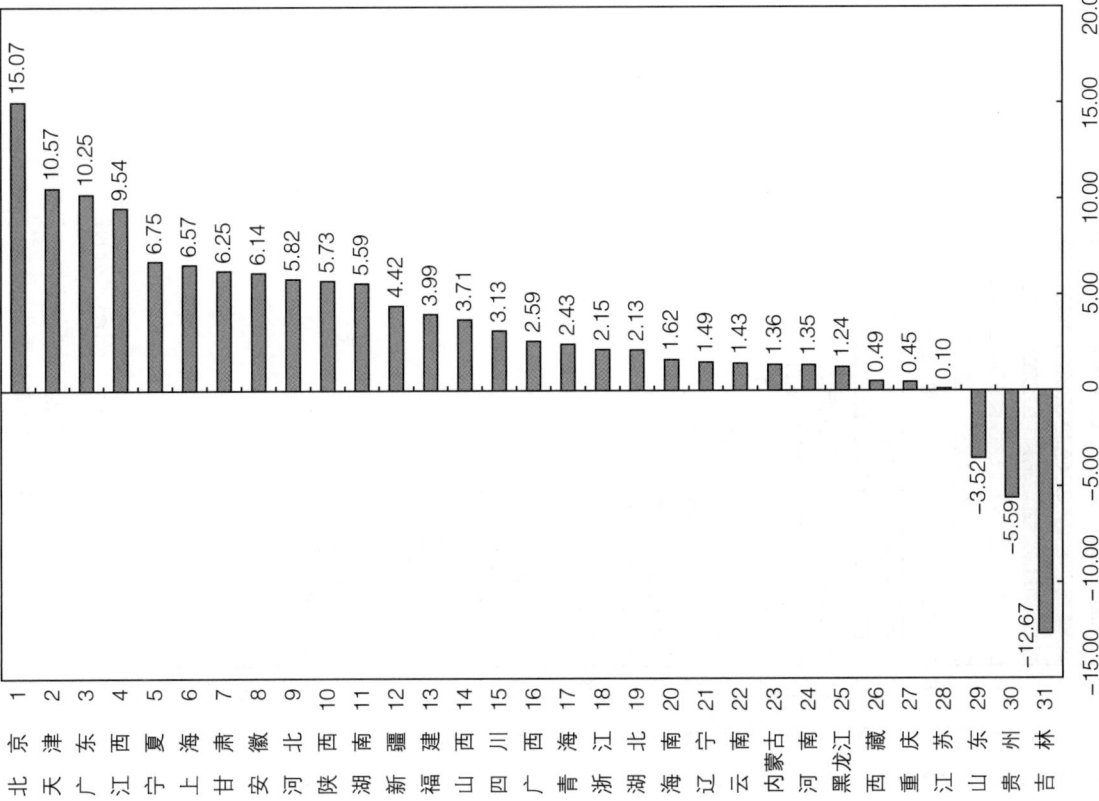

附图B-68 33303 有电子商务交易活动的企业数增长率（%）

北 京	1	15.07
天 津	2	10.57
广 东	3	10.25
江 西	4	9.54
宁 夏	5	6.75
上 海	6	6.57
甘 肃	7	6.25
安 徽	8	6.14
河 北	9	5.82
陕 西	10	5.73
湖 南	11	5.59
新 疆	12	4.42
福 建	13	3.99
山 西	14	3.71
四 川	15	3.13
广 西	16	2.59
青 海	17	2.43
浙 江	18	2.15
湖 北	19	2.13
海 南	20	1.62
辽 宁	21	1.49
云 南	22	1.43
内蒙古	23	1.36
河 南	24	1.35
黑龙江	25	1.24
西 藏	26	0.49
重 庆	27	0.45
江 苏	28	0.10
山 东	29	-3.52
贵 州	30	-5.59
吉 林	31	-12.67

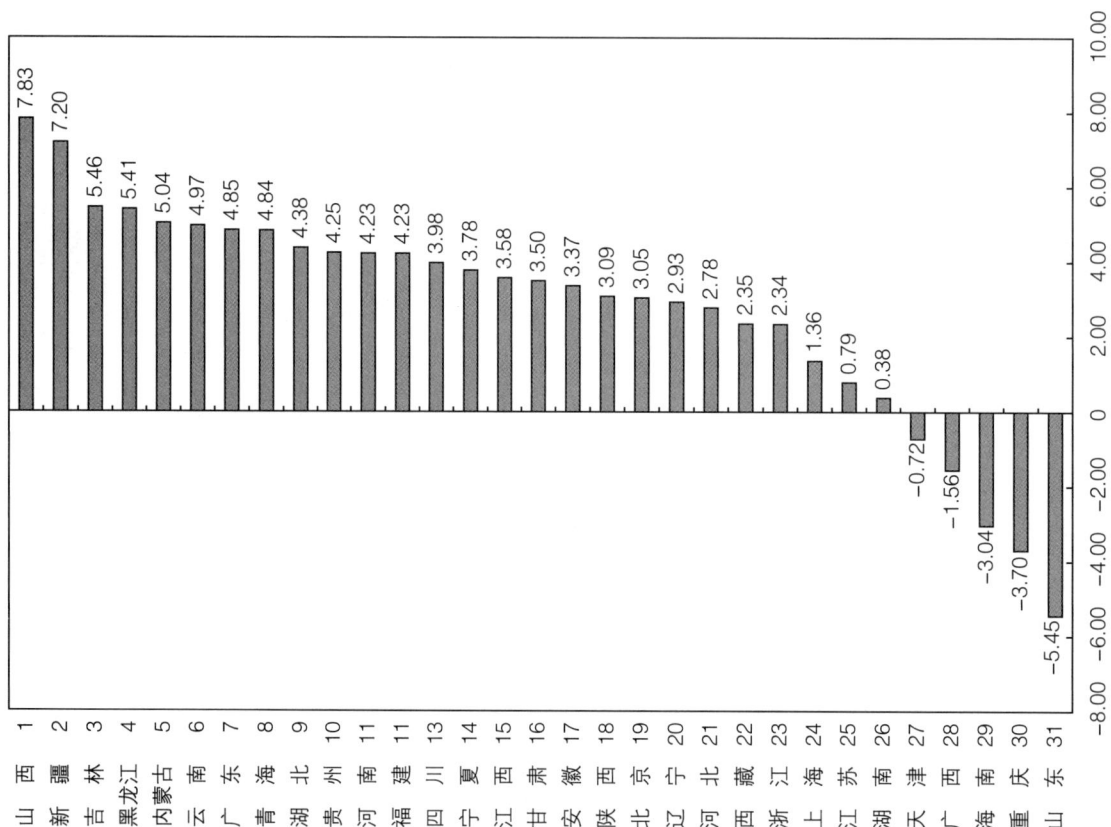

附图B-71 34003 规模以上工业企业新产品销售收入增长率（%）

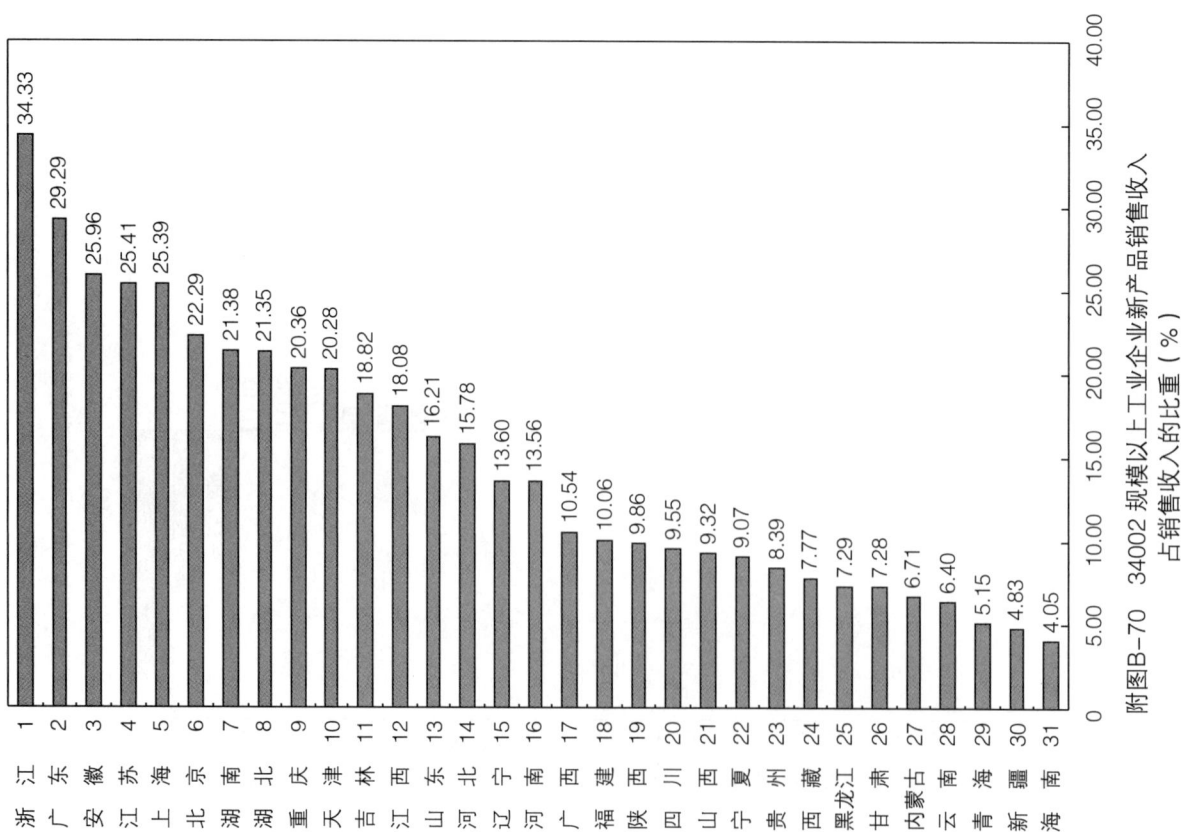

附图B-70 34002 规模以上工业企业新产品销售收入占销售收入的比重（%）

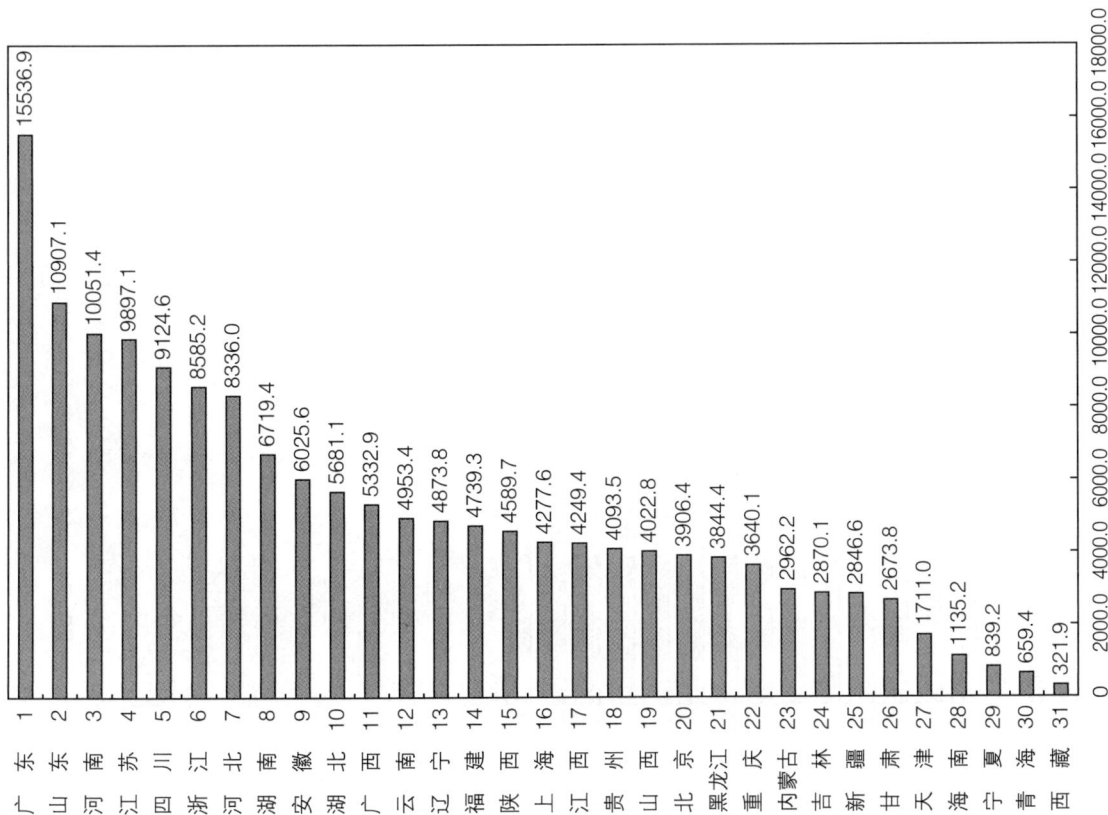

附图B-72 41111 移动电话用户数（万户）

排名	地区	移动电话用户数（万户）
1	广东	15536.9
2	山东	10907.1
3	河南	10051.4
4	江苏	9897.1
5	四川	9124.6
6	浙江	8585.2
7	河北	8336.0
8	湖南	6719.4
9	安徽	6025.6
10	湖北	5681.1
11	广西	5332.9
12	云南	4953.4
13	辽宁	4873.8
14	福建	4739.3
15	陕西	4589.7
16	上海	4277.6
17	江西	4249.4
18	贵州	4093.5
19	山西	4022.8
20	北京	3906.4
21	黑龙江	3844.4
22	重庆	3640.1
23	内蒙古	2962.2
24	吉林	2870.1
25	新疆	2846.6
26	甘肃	2673.8
27	天津	1711.0
28	海南	1135.2
29	宁夏	839.2
30	青海	659.4
31	西藏	321.9

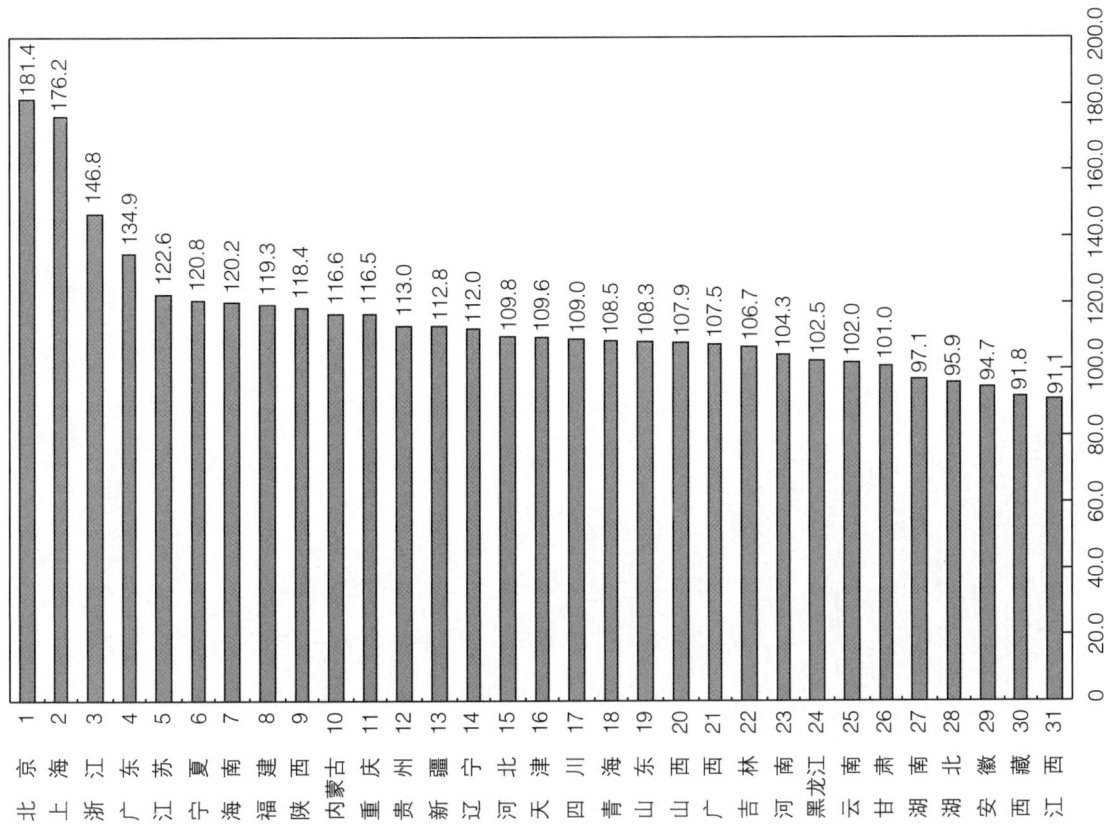

附图B-73 41112 移动电话普及率（部/百人）

排名	地区	移动电话普及率（部/百人）
1	北京	181.4
2	上海	176.2
3	浙江	146.8
4	广东	134.9
5	江苏	122.6
6	宁夏	120.8
7	海南	120.2
8	福建	119.3
9	陕西	118.4
10	内蒙古	116.6
11	重庆	116.5
12	贵州	113.0
13	新疆	112.8
14	辽宁	112.0
15	河北	109.8
16	天津	109.6
17	四川	109.0
18	青海	108.5
19	山东	108.3
20	山西	107.9
21	广西	107.5
22	吉林	106.7
23	河南	104.3
24	黑龙江	102.5
25	云南	102.0
26	甘肃	101.0
27	湖南	97.1
28	湖北	95.9
29	安徽	94.7
30	西藏	91.8
31	江西	91.1

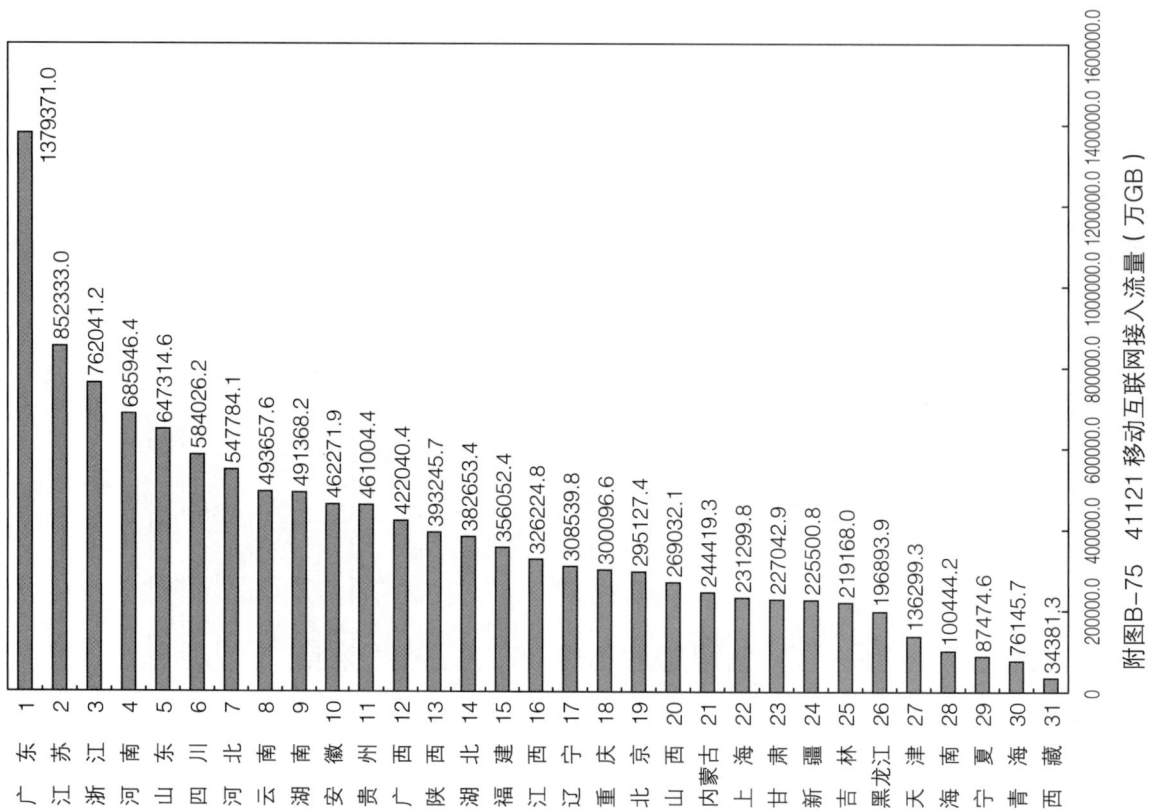

附图B-75　41121 移动互联网接入流量（万GB）

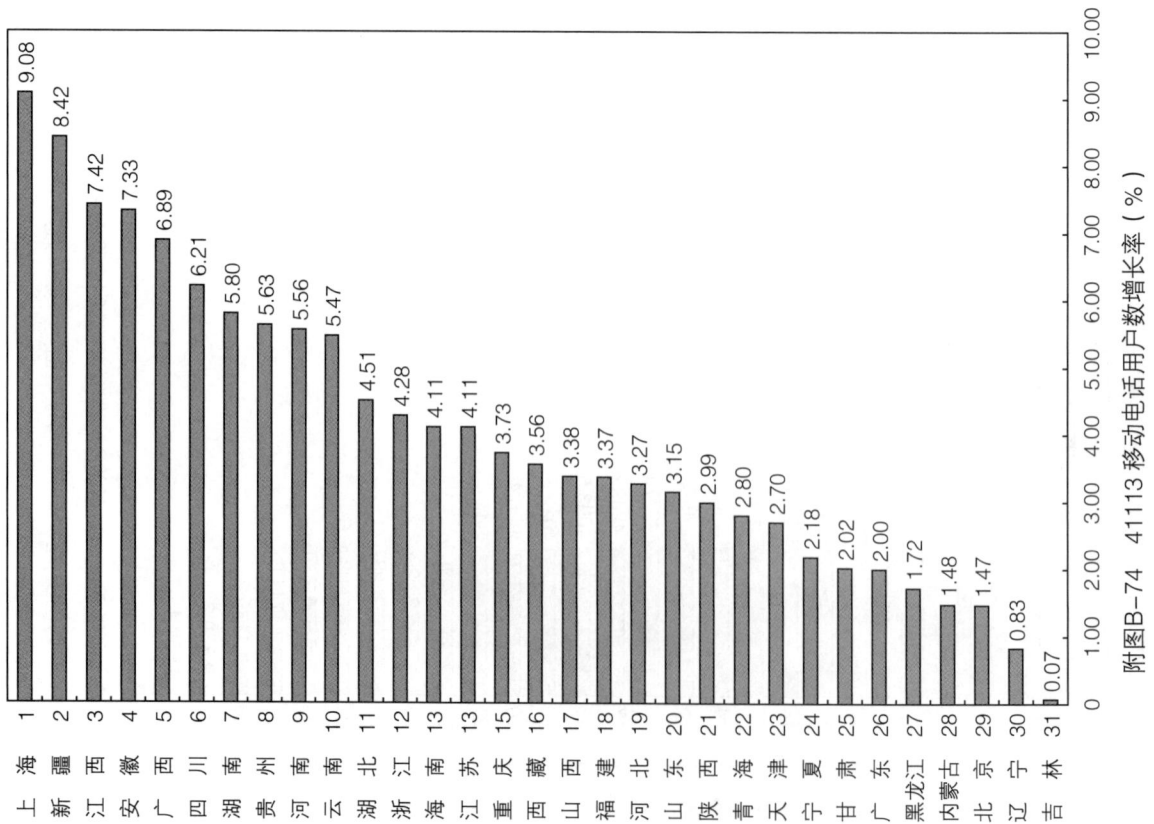

附图B-74　41113 移动电话用户数增长率（%）

附图B-77 41123 移动互联网接入流量增长率（%）

排名	地区	增长率（%）
1	陕西	33.38
2	山西	28.21
3	广西	28.17
4	贵州	27.97
5	安徽	27.86
6	河北	26.21
7	浙江	25.77
8	重庆	25.66
9	云南	25.25
10	上海	23.84
11	内蒙古	23.65
12	天津	23.55
13	福建	23.21
14	山东	22.94
15	宁夏	22.31
16	江苏	21.94
17	四川	21.37
18	黑龙江	21.28
19	西藏	21.26
20	广东	21.03
21	北京	20.92
22	辽宁	20.77
23	海南	20.72
24	吉林	20.55
25	河南	19.24
26	青海	17.89
27	湖南	16.02
28	新疆	15.39
29	湖北	15.26
30	甘肃	14.32
30	江西	14.32

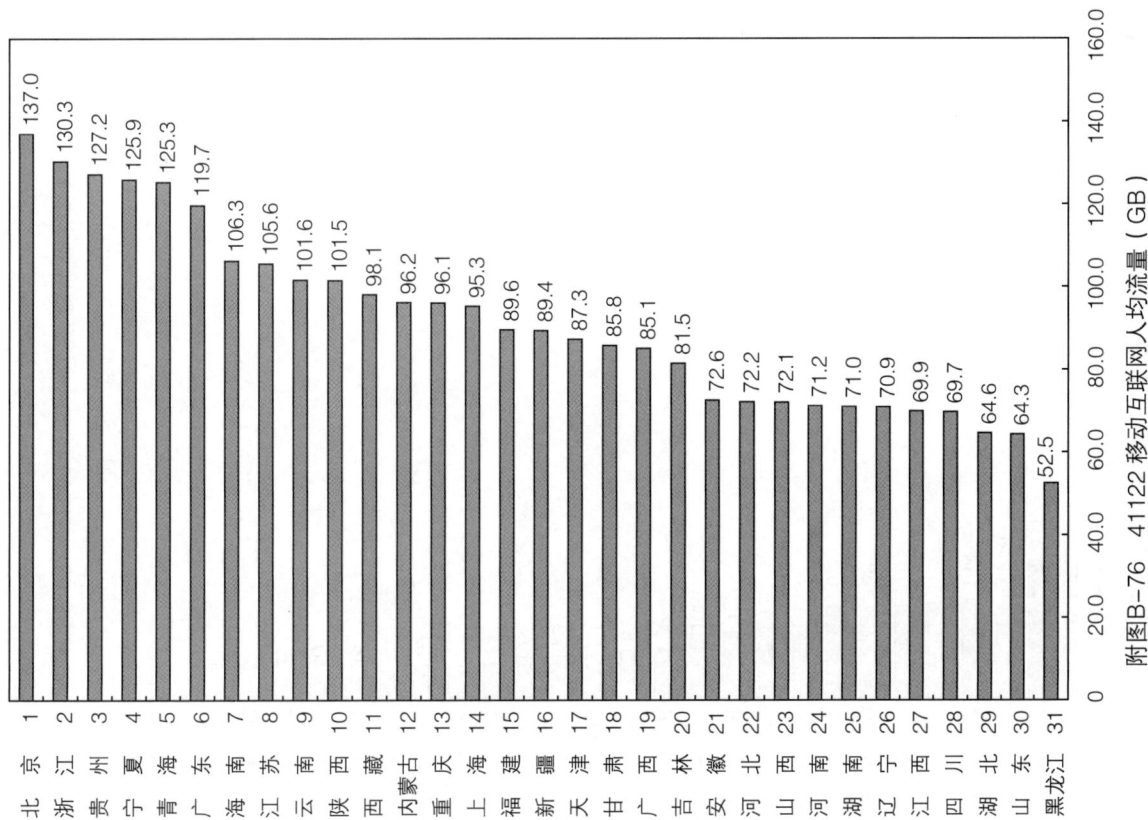

附图B-76 41122 移动互联网人均流量（GB）

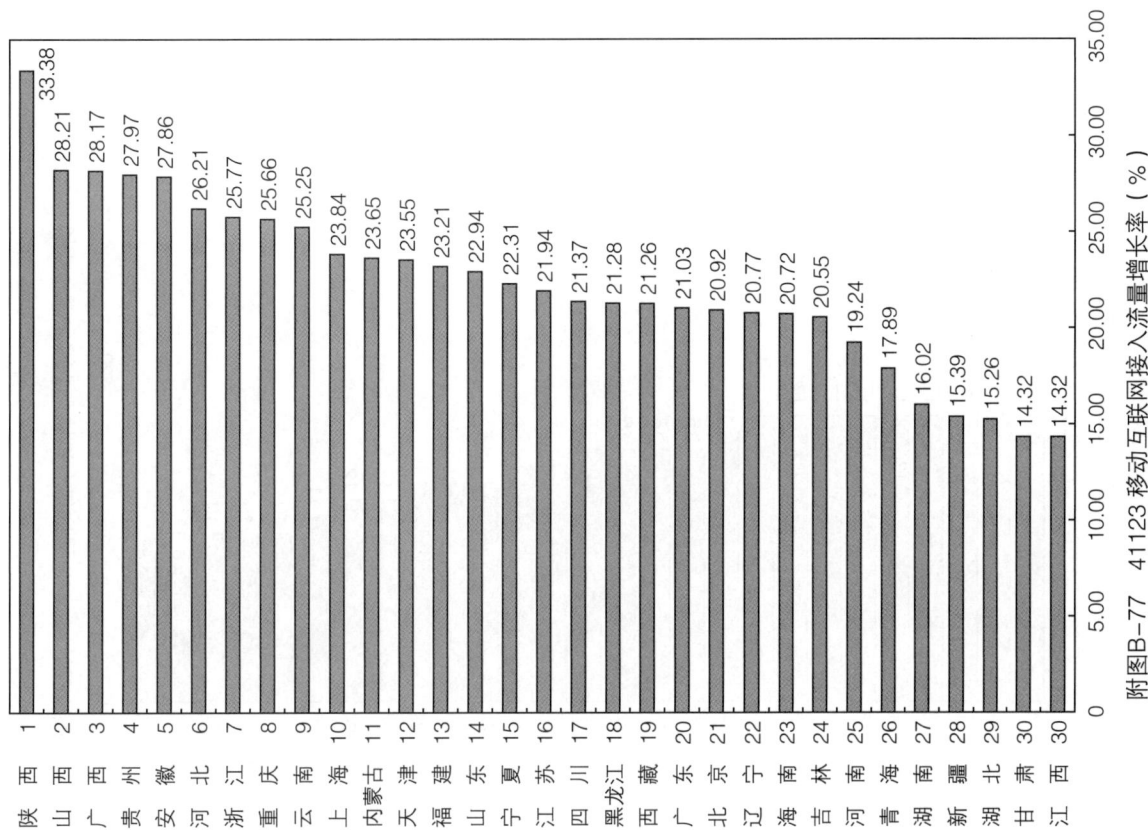

排名	地区	人均流量（GB）
1	北京	137.0
2	浙江	130.3
3	贵州	127.2
4	宁夏	125.9
5	青海	125.3
6	广东	119.7
7	海南	106.3
8	江苏	105.6
9	云南	101.6
10	陕西	101.5
11	西藏	98.1
12	内蒙古	96.2
13	重庆	96.1
14	上海	95.3
15	福建	89.6
16	新疆	89.4
17	天津	87.3
18	甘肃	85.8
19	广西	85.1
20	吉林	81.5
21	安徽	72.6
22	河北	72.2
23	山西	72.1
24	河南	71.2
25	湖南	71.0
26	辽宁	70.9
27	江西	69.9
28	四川	69.7
29	湖北	64.6
30	山东	64.3
31	黑龙江	52.5

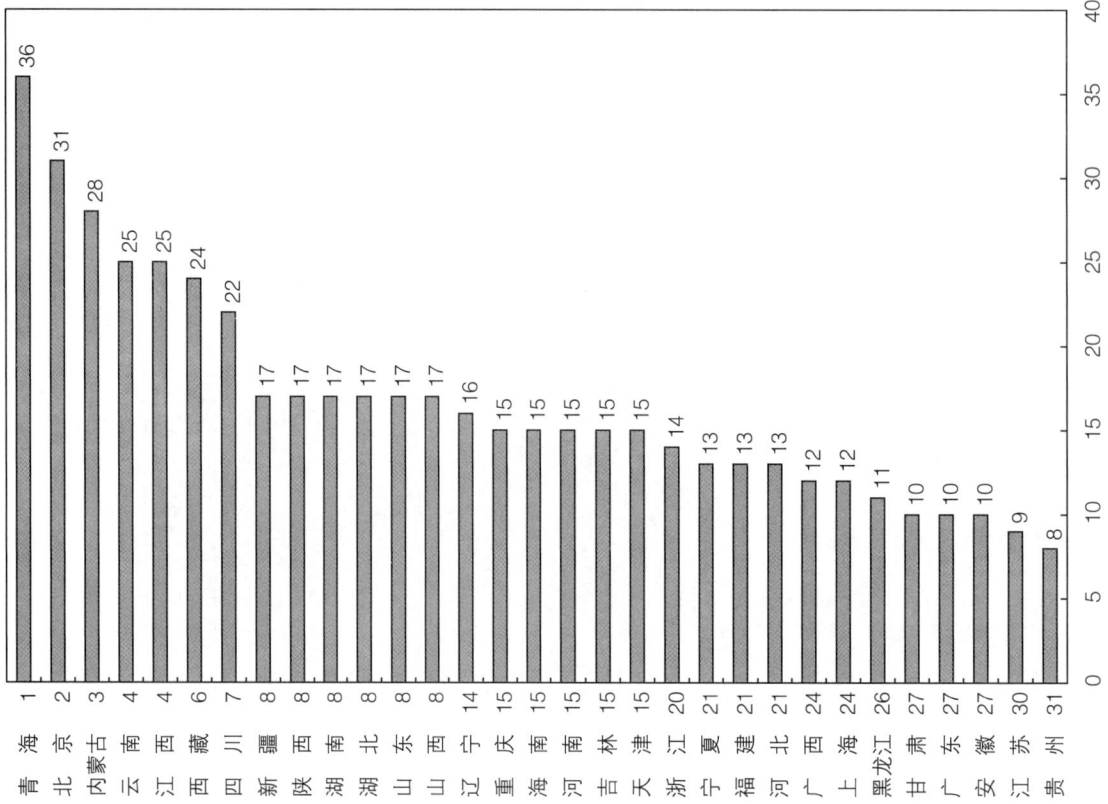

附图B-79　41212 平均每个科技企业孵化器创业导师人数（人）

排名	地区	数值
1	青海	36
2	北京	31
3	内蒙古	28
4	云南	25
4	江西	25
6	西藏	24
7	四川	22
8	新疆	17
8	陕西	17
8	湖南	17
8	湖北	17
8	山东	17
8	山西	17
14	辽宁	16
15	重庆	15
15	海南	15
15	河南	15
15	吉林	15
15	天津	15
20	浙江	14
21	宁夏	13
21	福建	13
21	河北	13
24	广西	12
24	上海	12
26	黑龙江	11
27	甘肃	10
27	广东	10
27	安徽	10
30	江苏	9
31	贵州	8

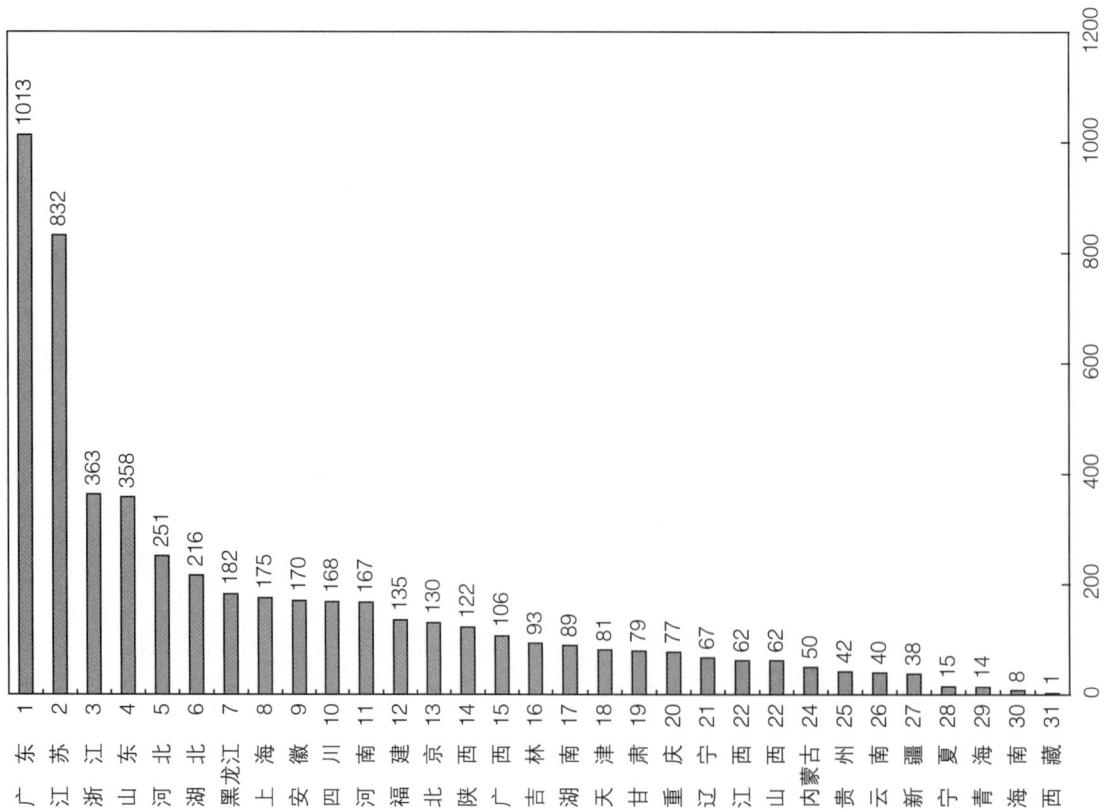

附图B-78　41211 科技企业孵化器数量（个）

排名	地区	数值
1	广东	1013
2	江苏	832
3	浙江	363
4	山东	358
5	河北	251
6	湖北	216
7	黑龙江	182
8	上海	175
9	安徽	170
10	四川	168
11	河南	167
12	福建	135
13	北京	130
14	陕西	122
15	广西	106
16	吉林	93
17	湖南	89
18	天津	81
19	甘肃	79
20	重庆	77
21	辽宁	67
22	江西	62
22	山西	62
24	内蒙古	50
25	贵州	42
26	云南	40
27	新疆	38
28	宁夏	15
29	青海	14
30	海南	8
31	西藏	1

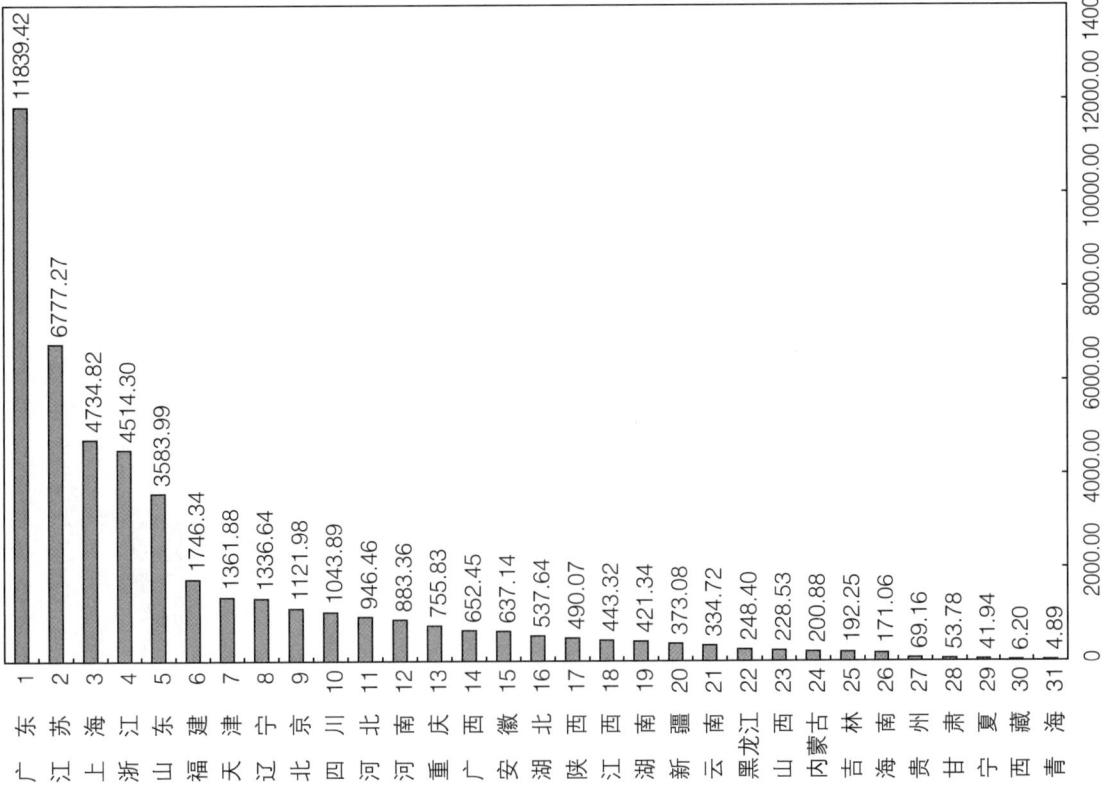

附图B-81 42101 按目的地和货源地划分进出口总额（亿美元）

排名	省份	数值
1	广东	11839.42
2	江苏	6777.27
3	上海	4734.82
4	浙江	4514.30
5	山东	3583.99
6	福建	1746.34
7	天津	1361.88
8	辽宁	1336.64
9	北京	1121.98
10	四川	1043.89
11	河北	946.46
12	河南	883.36
13	重庆	755.83
14	广西	652.45
15	安徽	637.14
16	湖北	537.64
17	陕西	490.07
18	江西	443.32
19	湖南	421.34
20	新疆	373.08
21	云南	334.72
22	黑龙江	248.40
23	山西	228.53
24	内蒙古	200.88
25	吉林	192.25
26	海南	171.06
27	贵州	69.16
28	甘肃	53.78
29	宁夏	41.94
30	西藏	6.20
31	青海	4.89

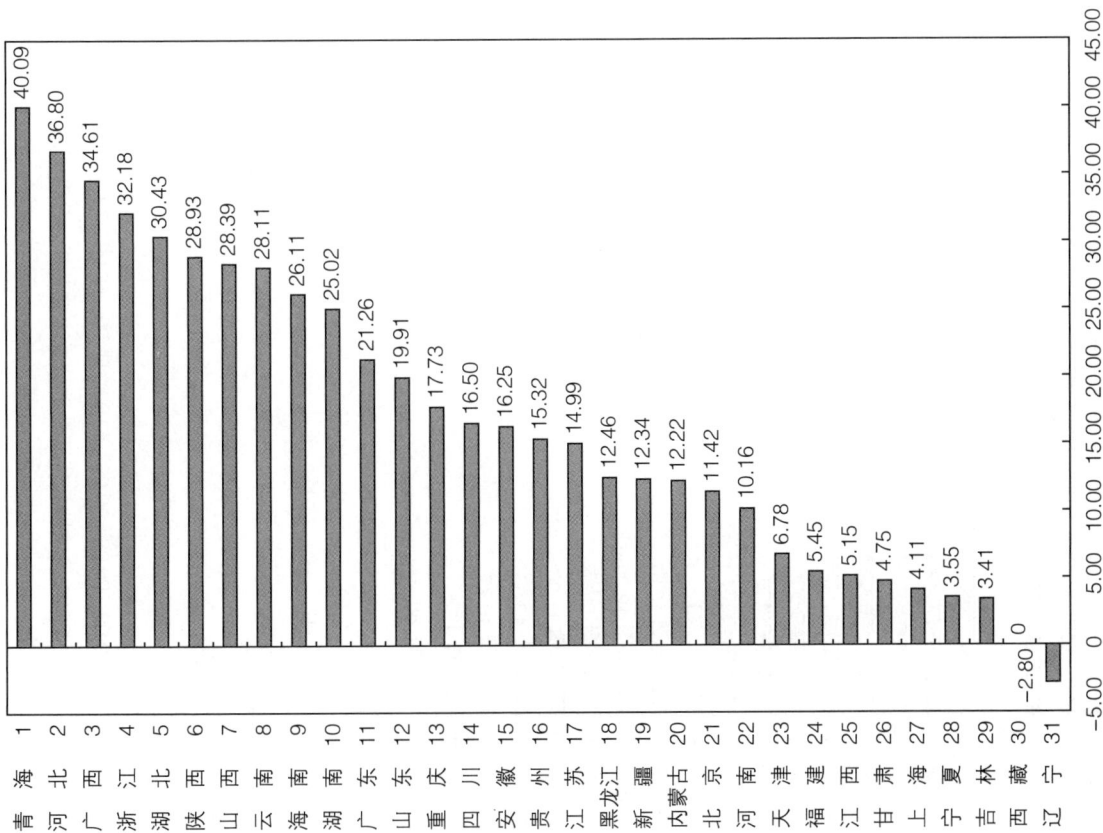

附图B-80 41213 科技企业孵化器增长率（%）

排名	省份	数值
1	青海	40.09
2	河北	36.80
3	广西	34.61
4	浙江	32.18
5	湖北	30.43
6	陕西	28.93
7	山西	28.39
8	云南	28.11
9	海南	26.11
10	湖南	25.02
11	广东	21.26
12	山东	19.91
13	重庆	17.73
14	四川	16.50
15	安徽	16.25
16	贵州	15.32
17	江苏	14.99
18	黑龙江	12.46
19	新疆	12.34
20	内蒙古	12.22
21	北京	11.42
22	河南	10.16
23	天津	6.78
24	福建	5.45
25	江西	5.15
26	甘肃	4.75
27	上海	4.11
28	宁夏	3.55
29	吉林	3.41
30	西藏	0
31	辽宁	-2.80

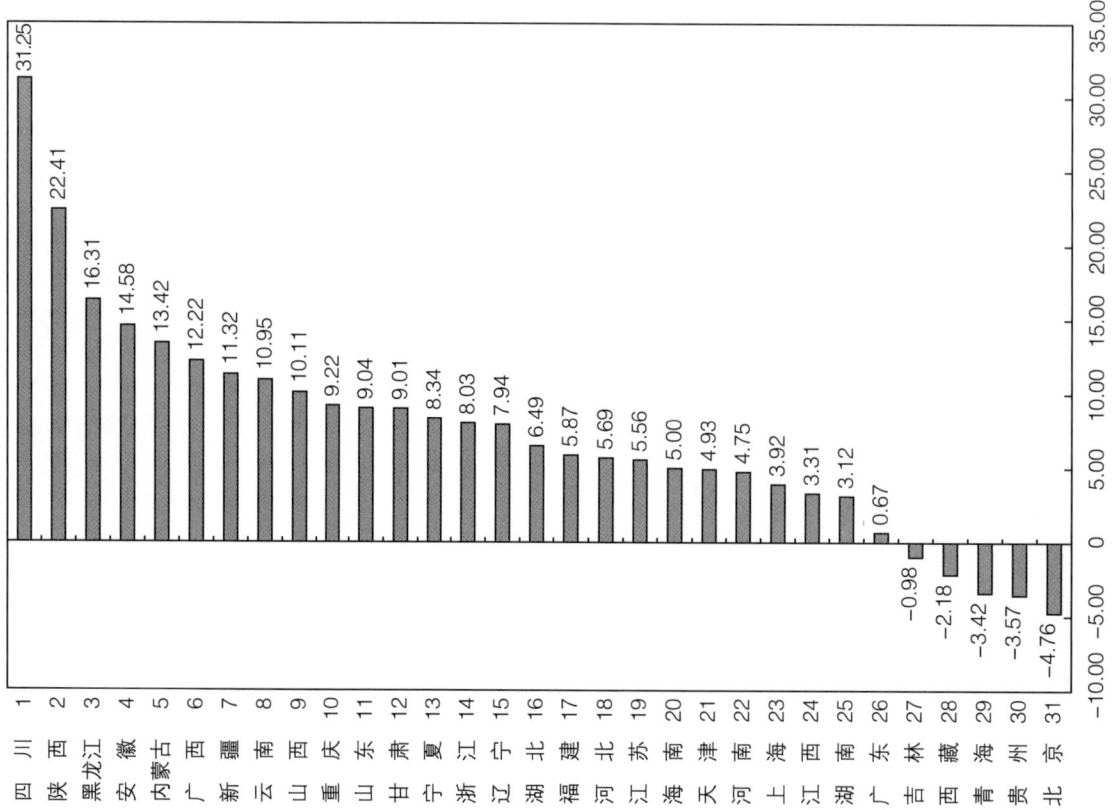

附图B-83　42103 按目的地和货源地划分进出口总额增长率（％）

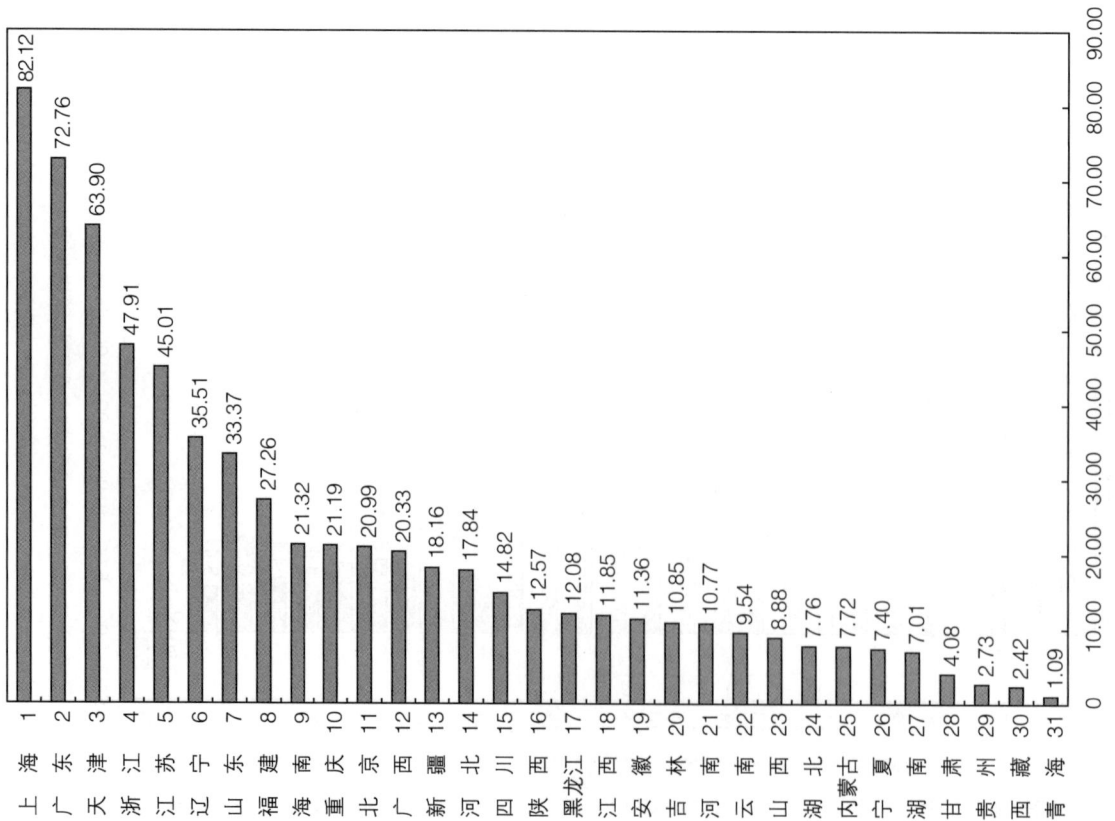

排名	地区	数值
1	四川	31.25
2	陕西	22.41
3	黑龙江	16.31
4	安徽	14.58
5	内蒙古	13.42
6	广西	12.22
7	新疆	11.32
8	云南	10.95
9	山西	10.11
10	重庆	9.22
11	山东	9.04
12	甘肃	9.01
13	宁夏	8.34
14	浙江	8.03
15	辽宁	7.94
16	湖北	6.49
17	福建	5.87
18	河北	5.69
19	江苏	5.56
20	海南	5.00
21	天津	4.93
22	河南	4.75
23	上海	3.92
24	江西	3.31
25	湖南	3.12
26	广东	0.67
27	吉林	-0.98
28	西藏	-2.18
29	青海	-3.42
30	贵州	-3.57
31	北京	-4.76

附图B-82　42102 按目的地和货源地划分进出口总额占GDP比重（％）

排名	地区	数值
1	上海	82.12
2	广东	72.76
3	天津	63.90
4	浙江	47.91
5	江苏	45.01
6	辽宁	35.51
7	山东	33.37
8	福建	27.26
9	海南	21.32
10	重庆	21.19
11	北京	20.99
12	广西	20.33
13	新疆	18.16
14	河北	17.84
15	四川	14.82
16	陕西	12.57
17	黑龙江	12.08
18	江西	11.85
19	安徽	11.36
20	吉林	10.85
21	河南	10.77
22	云南	9.54
23	山西	8.88
24	湖北	7.76
25	内蒙古	7.72
26	宁夏	7.40
27	湖南	7.01
28	甘肃	4.08
29	贵州	2.73
30	西藏	2.42
31	青海	1.09

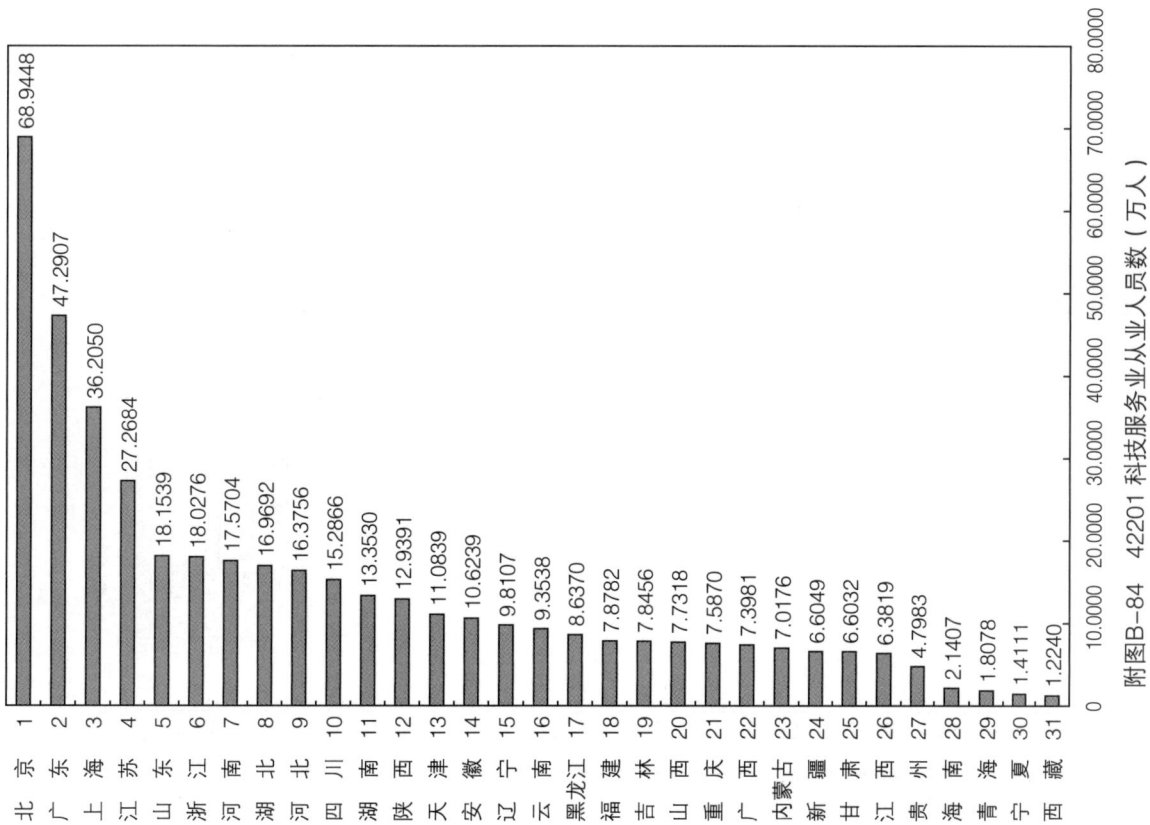

附图B-84 42201 科技服务业从业人员数（万人）

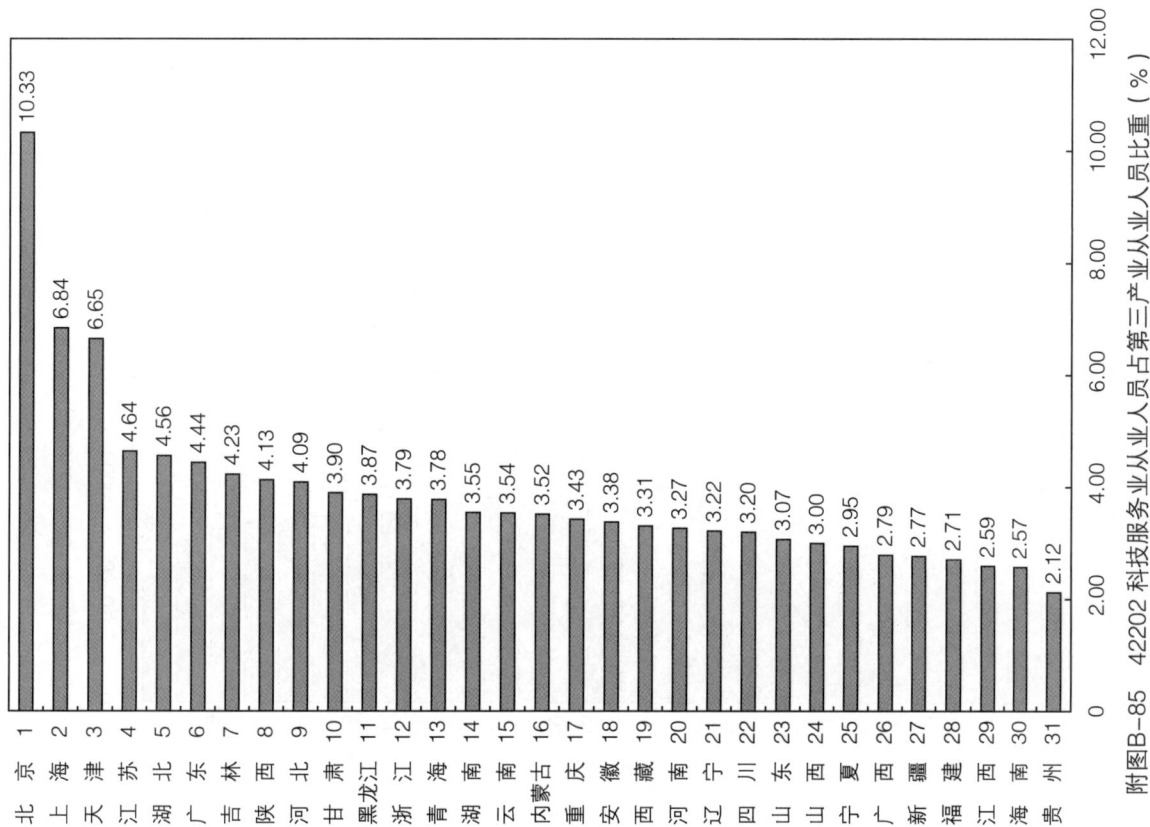

北京	1 — 68.9448
广东	2 — 47.2907
上海	3 — 36.2050
江苏	4 — 27.2684
山东	5 — 18.1539
浙江	6 — 18.0276
河南	7 — 17.5704
湖北	8 — 16.9692
河北	9 — 16.3756
四川	10 — 15.2866
湖南	11 — 13.3530
陕西	12 — 12.9391
天津	13 — 11.0839
安徽	14 — 10.6239
辽宁	15 — 9.8107
云南	16 — 9.3538
黑龙江	17 — 8.6370
福建	18 — 7.8782
吉林	19 — 7.8456
山西	20 — 7.7318
重庆	21 — 7.5870
广西	22 — 7.3981
内蒙古	23 — 7.0176
新疆	24 — 6.6049
甘肃	25 — 6.6032
江西	26 — 6.3819
贵州	27 — 4.7983
海南	28 — 2.1407
青海	29 — 1.8078
宁夏	30 — 1.4111
西藏	31 — 1.2240

附图B-85 42202 科技服务业从业人员占第三产业从业人员比重（%）

北京	1 — 10.33
上海	2 — 6.84
天津	3 — 6.65
江苏	4 — 4.64
湖北	5 — 4.56
广东	6 — 4.44
吉林	7 — 4.23
陕西	8 — 4.13
河北	9 — 4.09
甘肃	10 — 3.90
黑龙江	11 — 3.87
浙江	12 — 3.79
青海	13 — 3.78
湖南	14 — 3.55
云南	15 — 3.54
内蒙古	16 — 3.52
重庆	17 — 3.43
安徽	18 — 3.38
西藏	19 — 3.31
河南	20 — 3.27
辽宁	21 — 3.22
四川	22 — 3.20
山东	23 — 3.07
山西	24 — 3.00
宁夏	25 — 2.95
广西	26 — 2.79
新疆	27 — 2.77
福建	28 — 2.71
江西	29 — 2.59
海南	30 — 2.57
贵州	31 — 2.12

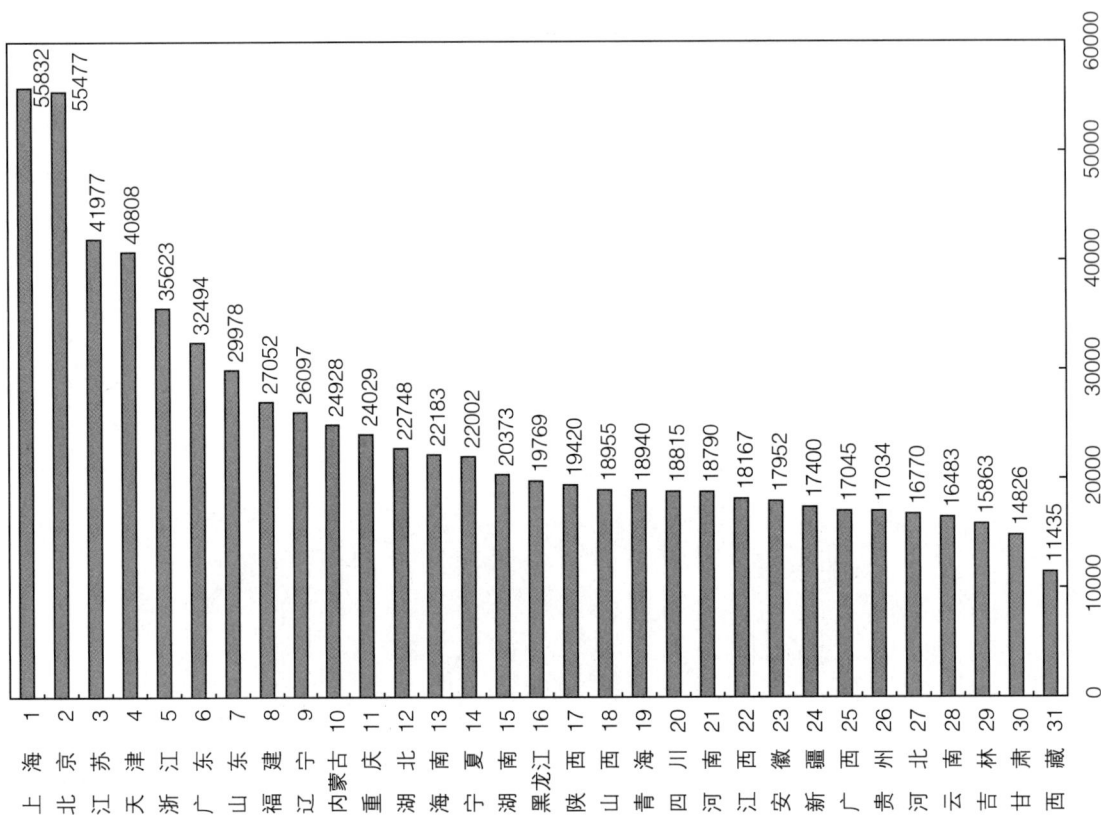

附图B-87　42301居民消费水平（元）

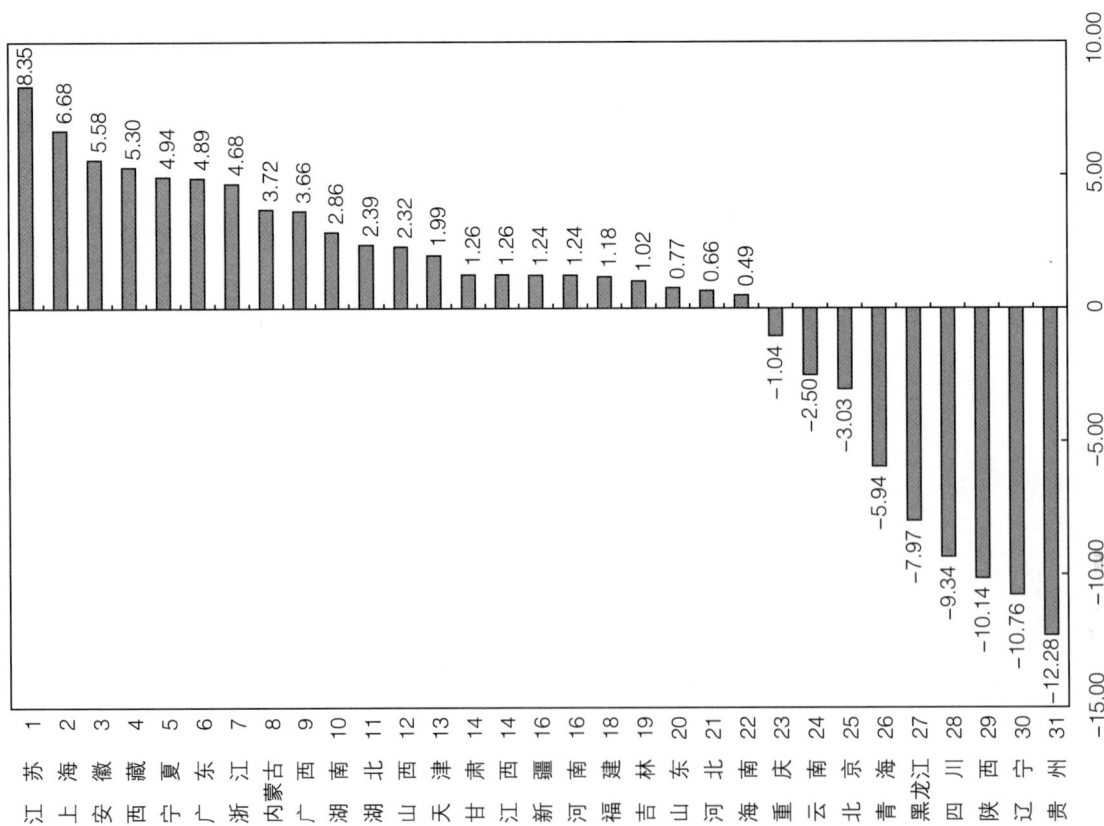

附图B-86　42203 科技服务业从业人员增长率（％）

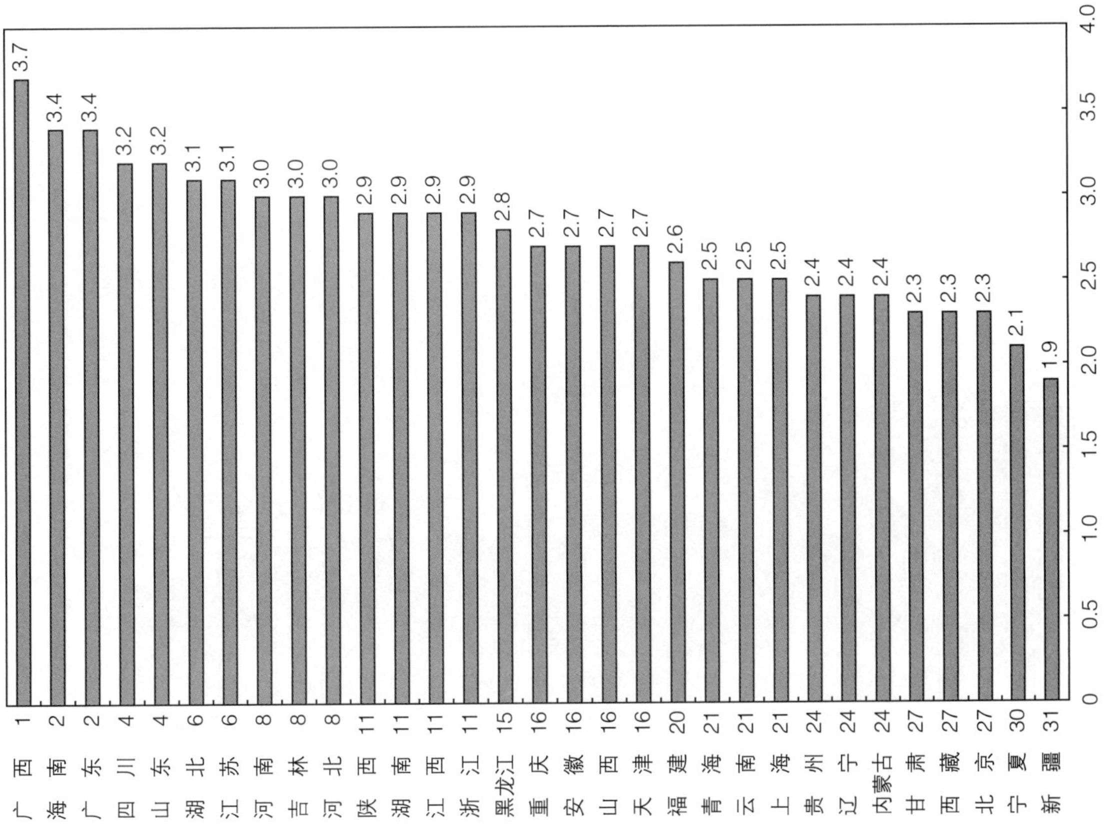

1 广西 3.7
2 海南 3.4
2 广东 3.4
4 四川 3.2
4 山东 3.2
6 湖北 3.1
6 江苏 3.1
8 河南 3.0
8 吉林 3.0
8 河北 3.0
11 陕西 2.9
11 湖南 2.9
11 江西 2.9
11 浙江 2.9
15 黑龙江 2.8
16 重庆 2.7
16 安徽 2.7
16 山西 2.7
16 天津 2.7
20 福建 2.6
21 青海 2.5
21 云南 2.5
21 上海 2.5
24 贵州 2.4
24 辽宁 2.4
24 内蒙古 2.4
27 甘肃 2.3
27 西藏 2.3
27 北京 2.3
30 宁夏 2.1
31 新疆 1.9
0 0.5 1.0 1.5 2.0 2.5 3.0 3.5 4.0

附图B-88 42303 居民消费水平增长率（%）

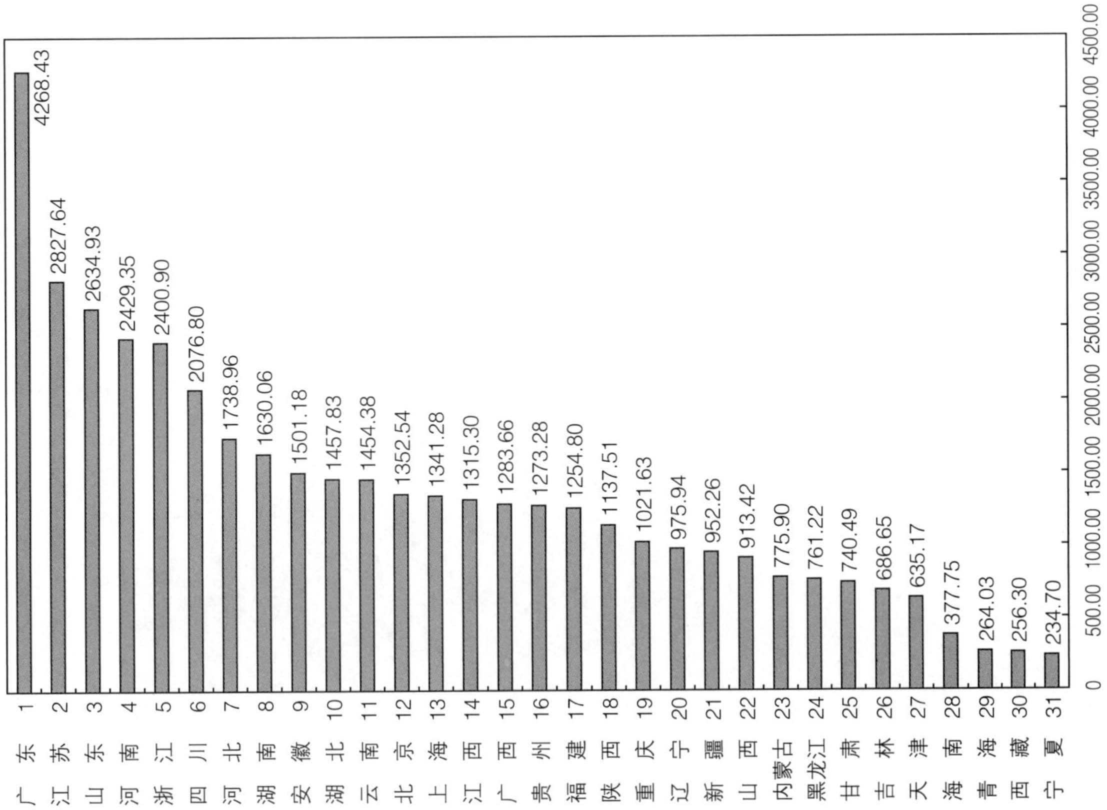

1 广东 4268.43
2 江苏 2827.64
3 山东 2634.93
4 河南 2429.35
5 浙江 2400.90
6 四川 2076.80
7 河北 1738.96
8 湖南 1630.06
9 安徽 1501.18
10 湖北 1457.83
11 云南 1454.38
12 北京 1352.54
13 上海 1341.28
14 江西 1315.30
15 广西 1283.66
16 贵州 1273.28
17 福建 1254.80
18 陕西 1137.51
19 重庆 1021.63
20 辽宁 975.94
21 新疆 952.26
22 山西 913.42
23 内蒙古 775.90
24 黑龙江 761.22
25 甘肃 740.49
26 吉林 686.65
27 天津 635.17
28 海南 377.75
29 青海 264.03
30 西藏 256.30
31 宁夏 234.70
0 500.00 1000.00 1500.00 2000.00 2500.00 3000.00 3500.00 4000.00 4500.00

附图B-89 43101 教育经费支出(亿元)

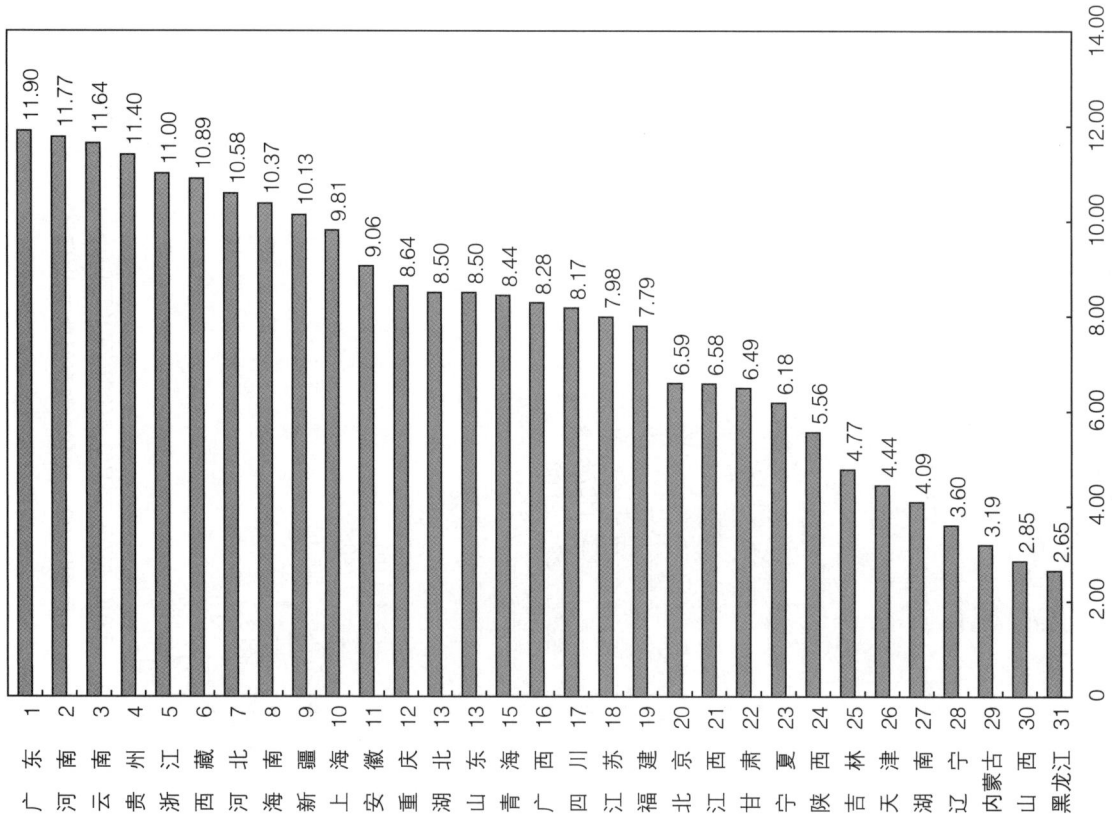

附图B-91 43103 教育经费支出增长率（%）

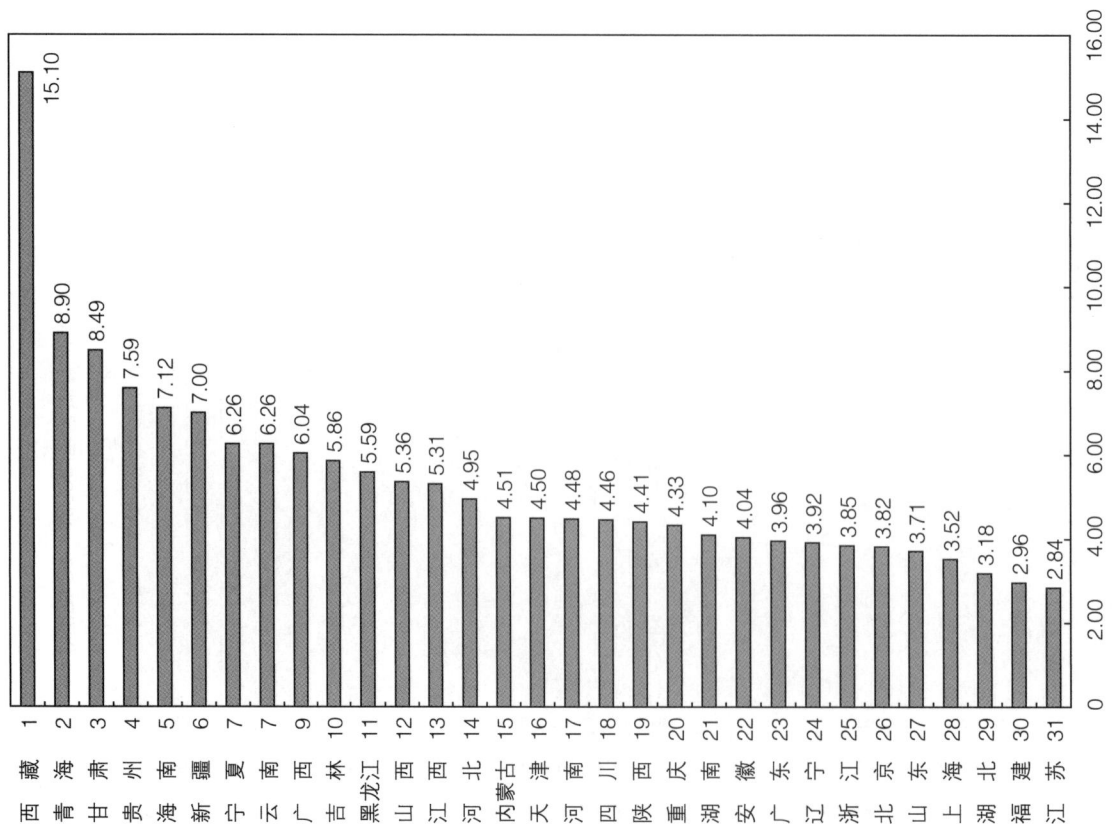

排名	地区	数值
1	广东	11.90
2	河南	11.77
3	云南	11.64
4	贵州	11.40
5	浙江	11.00
6	西藏	10.89
7	河北	10.58
8	海南	10.37
9	新疆	10.13
10	上海	9.81
11	安徽	9.06
12	重庆	8.64
13	湖北	8.50
13	山东	8.50
15	青海	8.44
16	广西	8.28
17	四川	8.17
18	江苏	7.98
19	福建	7.79
20	北京	6.59
21	江西	6.58
22	甘肃	6.49
23	宁夏	6.18
24	陕西	5.56
25	吉林	4.77
26	天津	4.44
27	湖南	4.09
28	辽宁	3.60
29	内蒙古	3.19
30	山西	2.85
31	黑龙江	2.65

附图B-90 43102 教育经费支出占GDP的比例（%）

排名	地区	数值
1	西藏	15.10
2	青海	8.90
3	甘肃	8.49
4	贵州	7.59
5	海南	7.12
6	新疆	7.00
7	宁夏	6.26
7	云南	6.26
9	广西	6.04
10	吉林	5.86
11	黑龙江	5.59
12	山西	5.36
13	江西	5.31
14	河北	4.95
15	内蒙古	4.51
16	天津	4.50
17	河南	4.48
18	四川	4.46
19	陕西	4.41
20	重庆	4.33
21	湖南	4.10
22	安徽	4.04
23	广东	3.96
24	辽宁	3.92
25	浙江	3.85
26	北京	3.82
27	山东	3.71
28	上海	3.52
29	湖北	3.18
30	福建	2.96
31	江苏	2.84

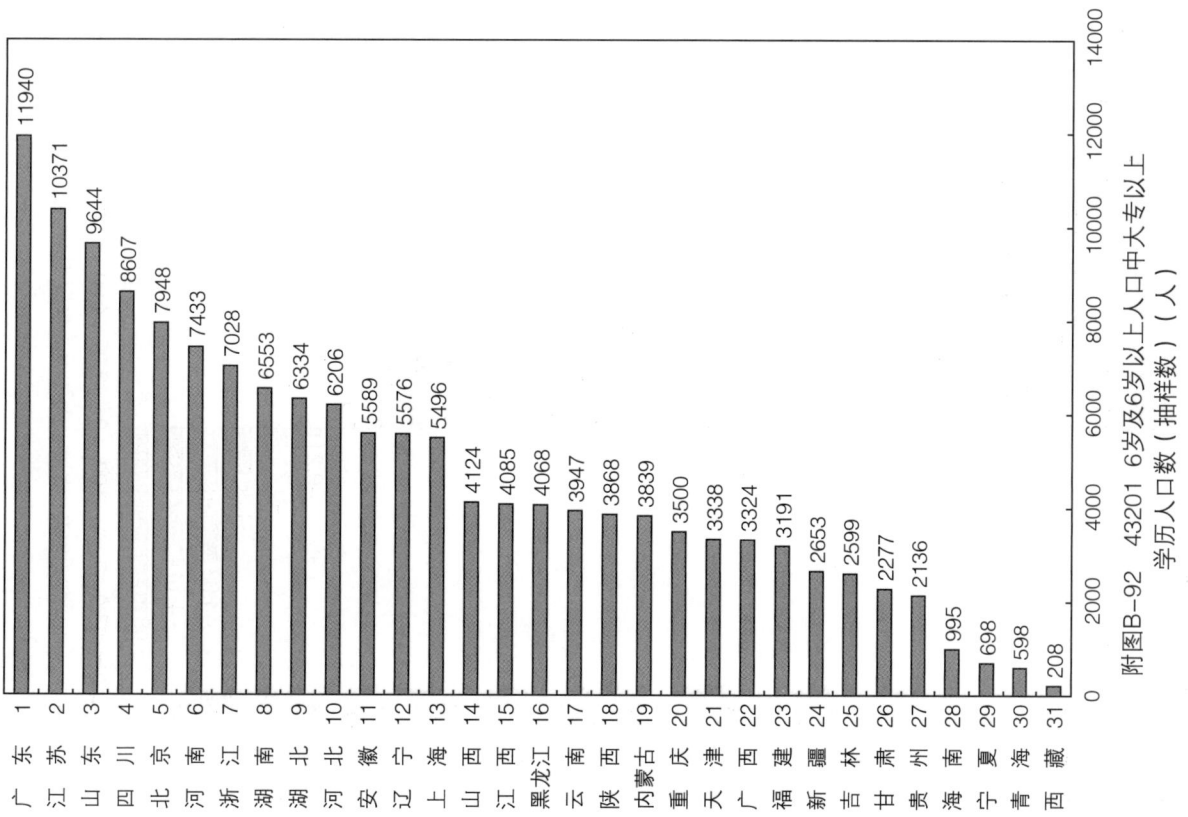

附图B-93 43202 6岁及6岁以上人口中大专以上学历所占的比例（%）

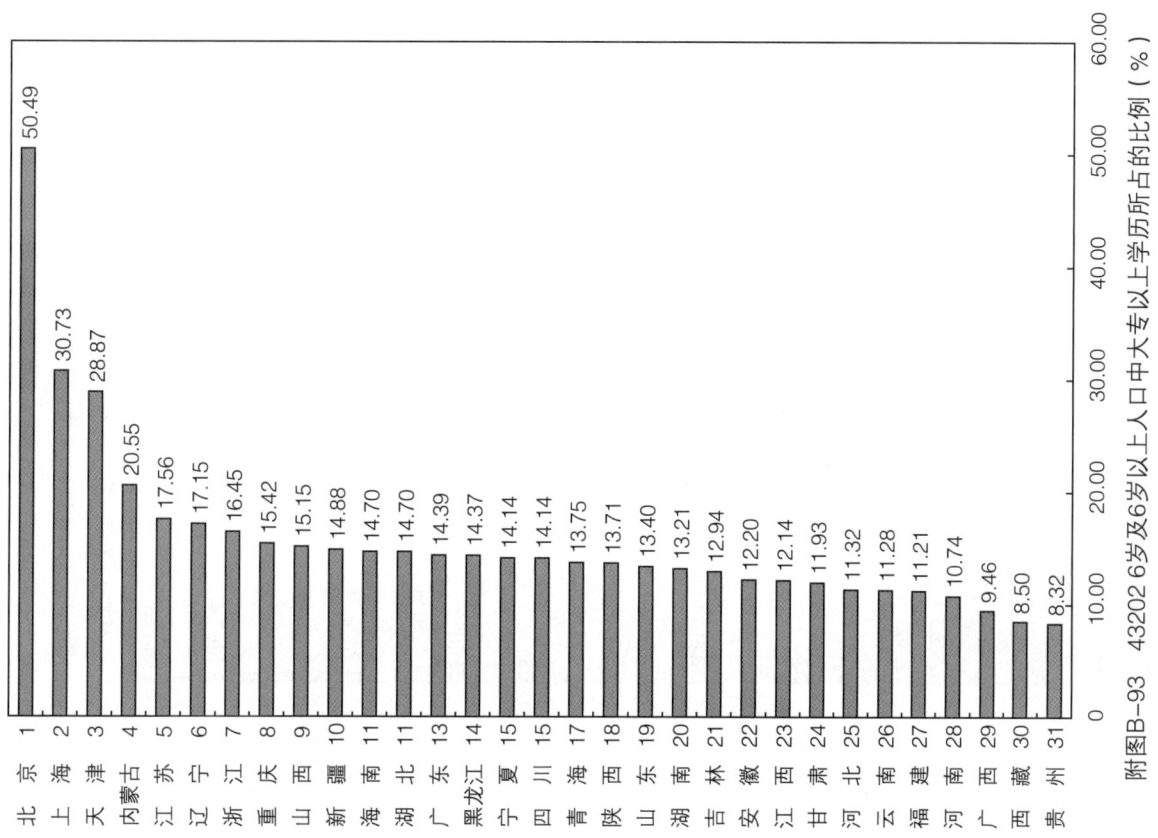

附图B-92 43201 6岁及6岁以上人口中大专以上学历人口数（抽样数）（人）

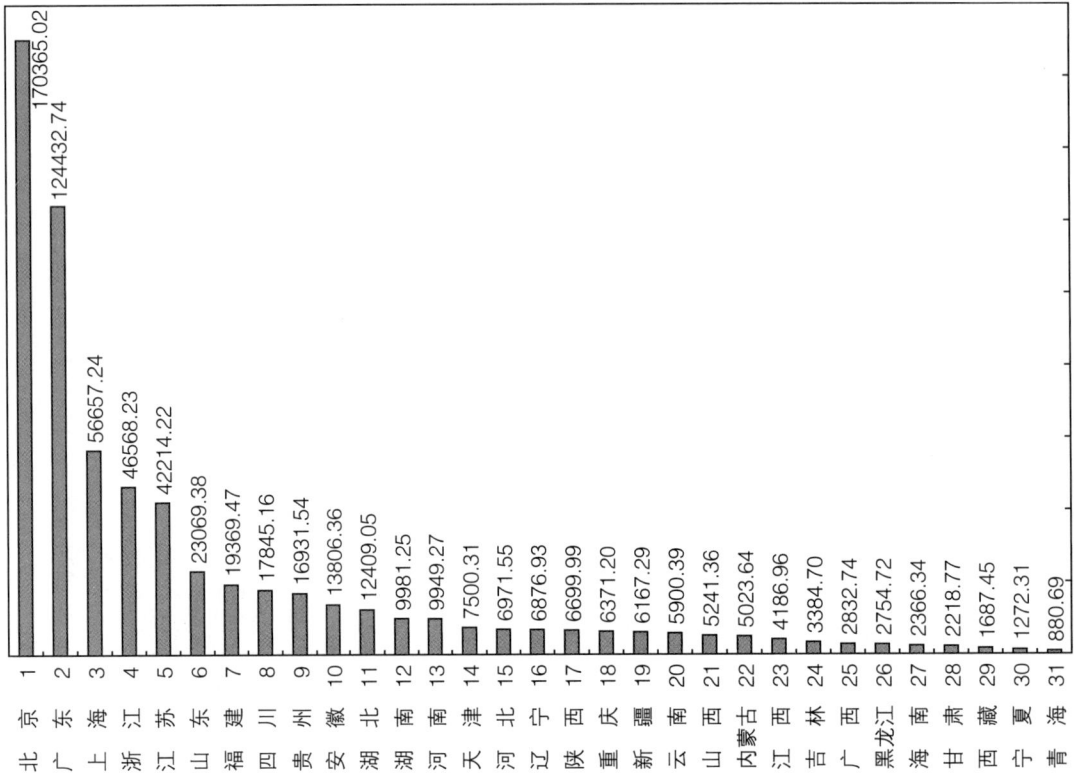

附图B-95　44111 本地区上市公司市值（亿元）

排名	地区	数值
1	北京	170365.02
2	广东	124432.74
3	上海	56657.24
4	浙江	46568.23
5	江苏	42214.22
6	山东	23069.38
7	福建	19369.47
8	四川	17845.16
9	贵州	16931.54
10	安徽	13806.36
11	湖北	12409.05
12	湖南	9981.25
13	河南	9949.27
14	天津	7500.31
15	河北	6971.55
16	辽宁	6876.93
17	陕西	6699.99
18	重庆	6371.20
19	新疆	6167.29
20	云南	5900.39
21	山西	5241.36
22	内蒙古	5023.64
23	江西	4186.96
24	吉林	3384.70
25	广西	2832.74
26	黑龙江	2754.72
27	海南	2366.34
28	甘肃	2218.77
29	西藏	1687.45
30	宁夏	1272.31
31	青海	880.69

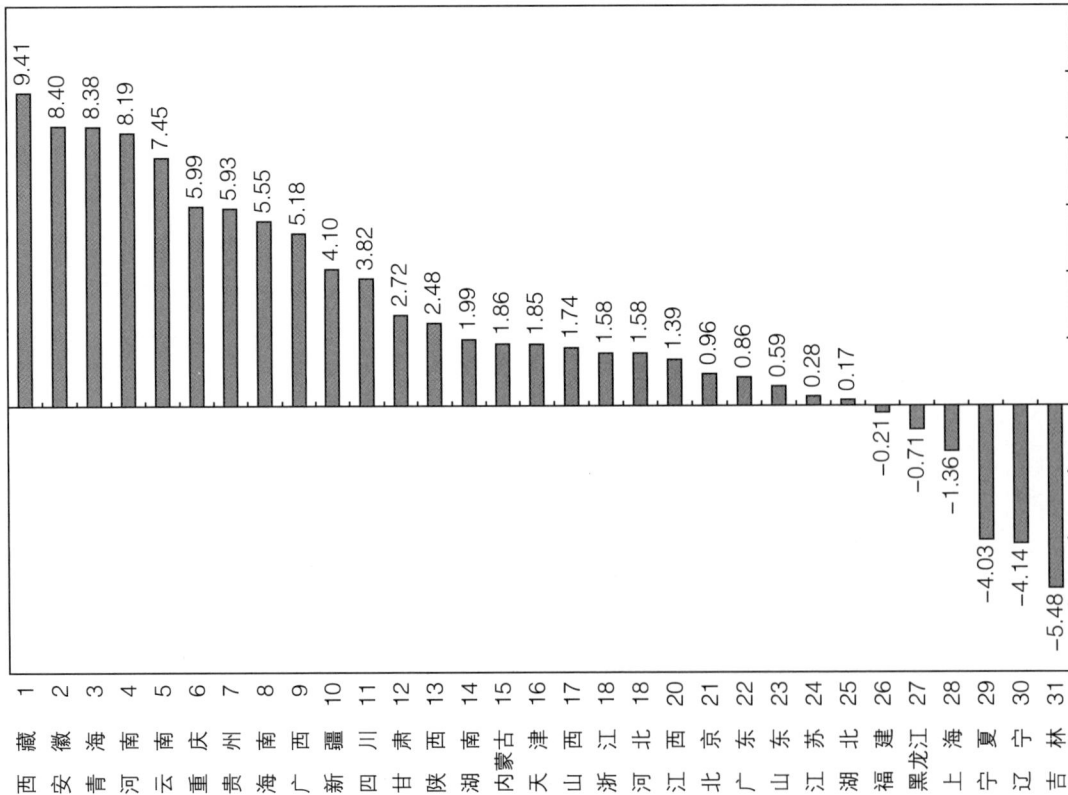

附图B-94　43203 6岁及6岁以上人口中大专以上学历人口增长率（%）

排名	地区	数值
1	西藏	9.41
2	安徽	8.40
3	青海	8.38
4	河南	8.19
5	云南	7.45
6	重庆	5.99
7	贵州	5.93
8	海南	5.55
9	广西	5.18
10	新疆	4.10
11	四川	3.82
12	甘肃	2.72
13	陕西	2.48
14	湖南	1.99
15	内蒙古	1.86
16	天津	1.85
17	山西	1.74
18	浙江	1.58
18	河北	1.58
20	江西	1.39
21	北京	0.96
22	广东	0.86
23	山东	0.59
24	江苏	0.28
25	湖北	0.17
26	福建	-0.21
27	黑龙江	-0.71
28	上海	-1.36
29	宁夏	-4.03
30	辽宁	-4.14
31	吉林	-5.48

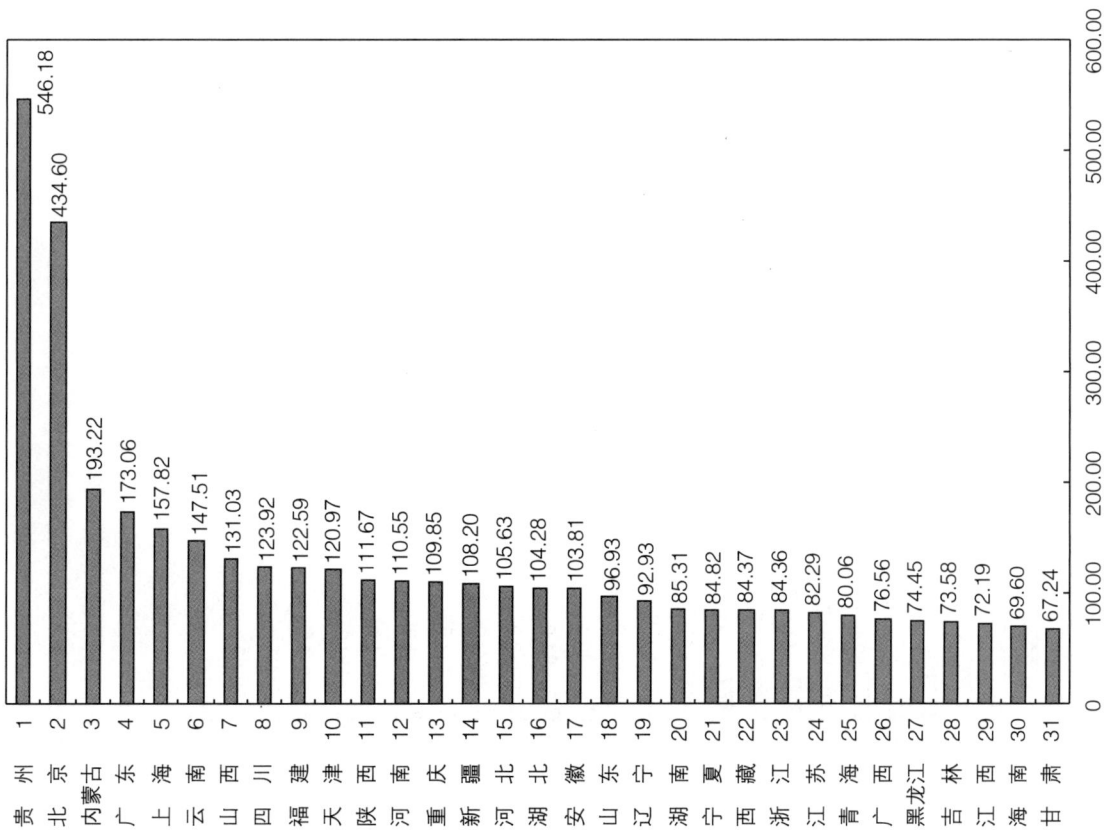

附图B-97 44113 本地区上市公司市值增长率（%）

		本地区上市公司市值增长率（%）
1	宁夏	102.91
2	安徽	62.11
3	山东	52.40
4	贵州	50.29
5	四川	48.37
6	广东	48.10
7	江苏	44.36
8	浙江	41.28
9	陕西	39.45
10	重庆	35.62
11	福建	32.87
12	吉林	32.50
13	云南	32.11
14	湖北	29.70
15	上海	29.54
16	天津	28.33
17	辽宁	25.22
18	河南	24.25
19	山西	23.08
20	甘肃	23.00
21	广西	22.42
22	湖南	20.54
23	西藏	19.37
24	北京	18.34
25	河北	17.15
26	内蒙古	17.09
27	江西	15.24
28	黑龙江	14.15
29	海南	13.63
30	新疆	12.45
31	青海	−1.29

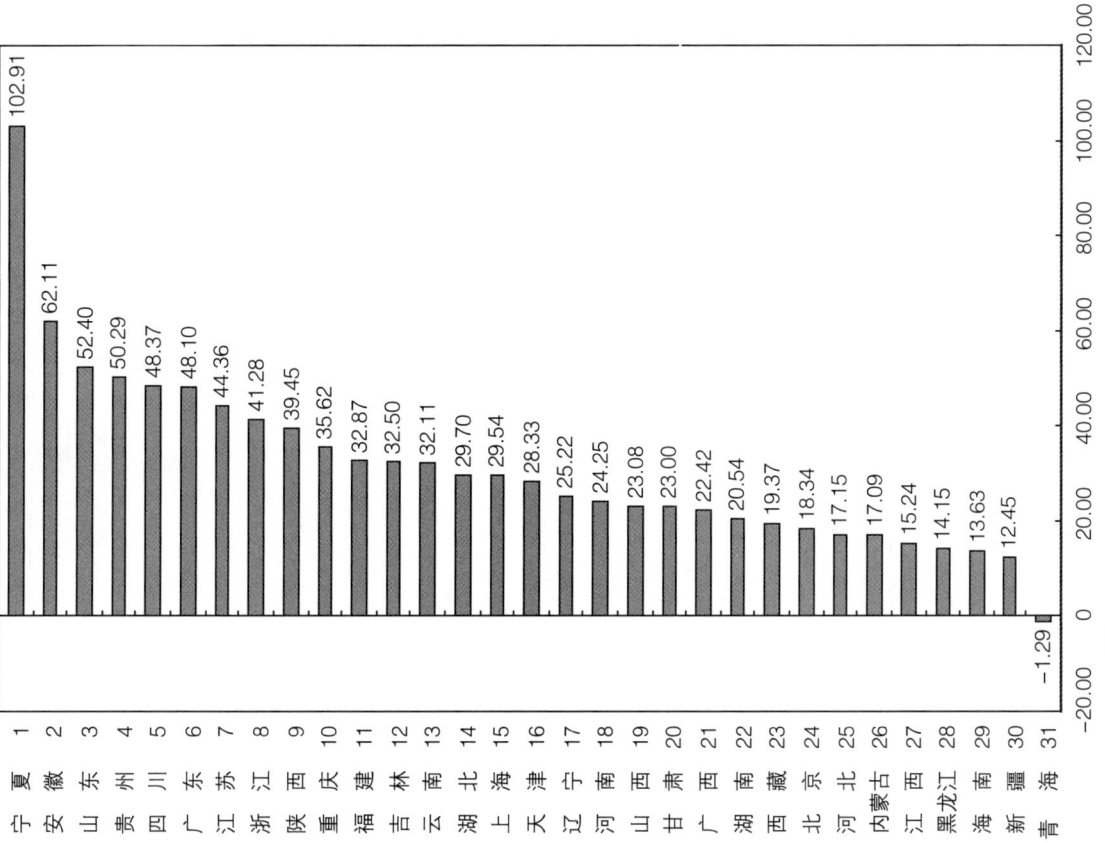

附图B-96 44112 本地区上市公司平均市值（亿元）

		本地区上市公司平均市值（亿元）
1	贵州	546.18
2	北京	434.60
3	内蒙古	193.22
4	广东	173.06
5	上海	157.82
6	云南	147.51
7	山西	131.03
8	四川	123.92
9	福建	122.59
10	天津	120.97
11	陕西	111.67
12	河南	110.55
13	重庆	109.85
14	新疆	108.20
15	河北	105.63
16	湖北	104.28
17	安徽	103.81
18	山东	96.93
19	辽宁	92.93
20	湖南	85.31
21	宁夏	84.82
22	西藏	84.37
23	浙江	84.36
24	江苏	82.29
25	青海	80.06
26	广西	76.56
27	黑龙江	74.45
28	吉林	73.58
29	江西	72.19
30	海南	69.60
31	甘肃	67.24

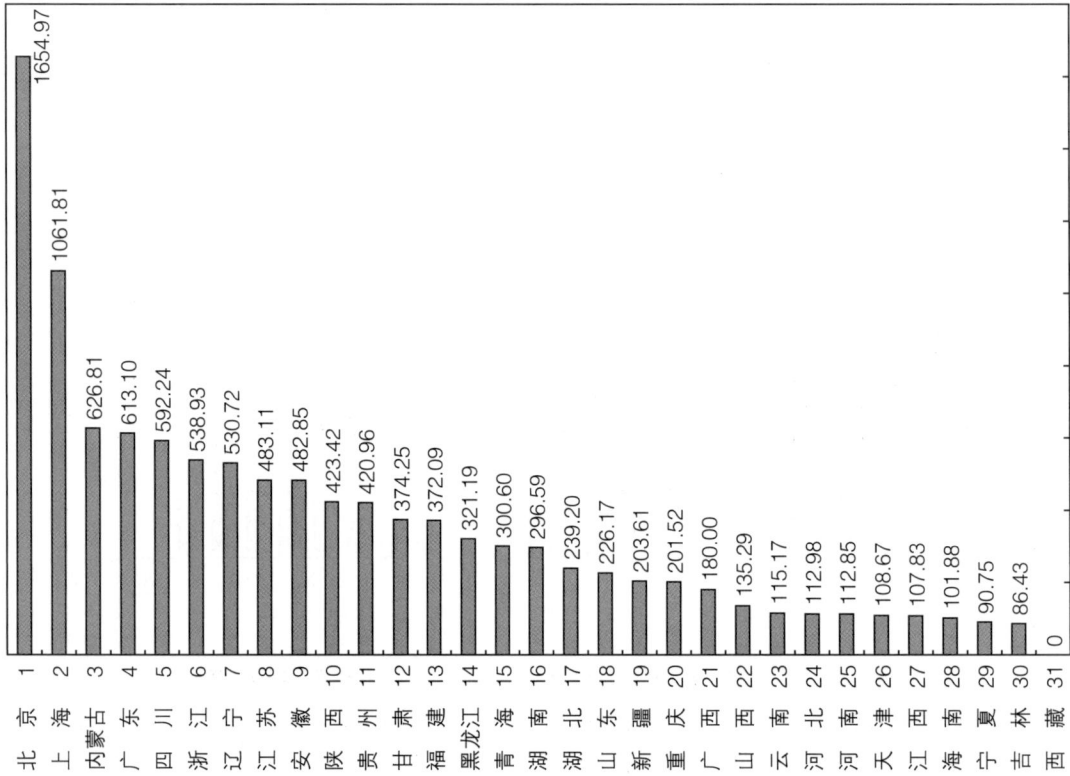

附图 B-99　44212 科技企业孵化器当年风险投资强度（万元/项）

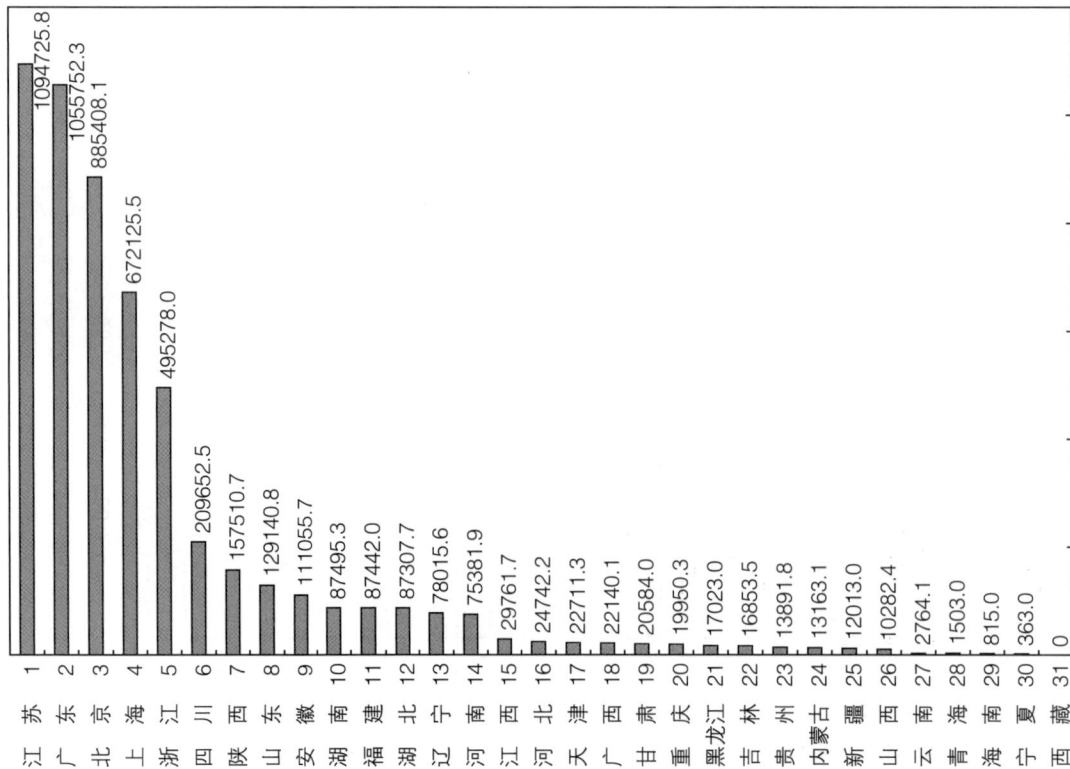

附图 B-98　44211 科技企业孵化器当年获风险投资额（万元）

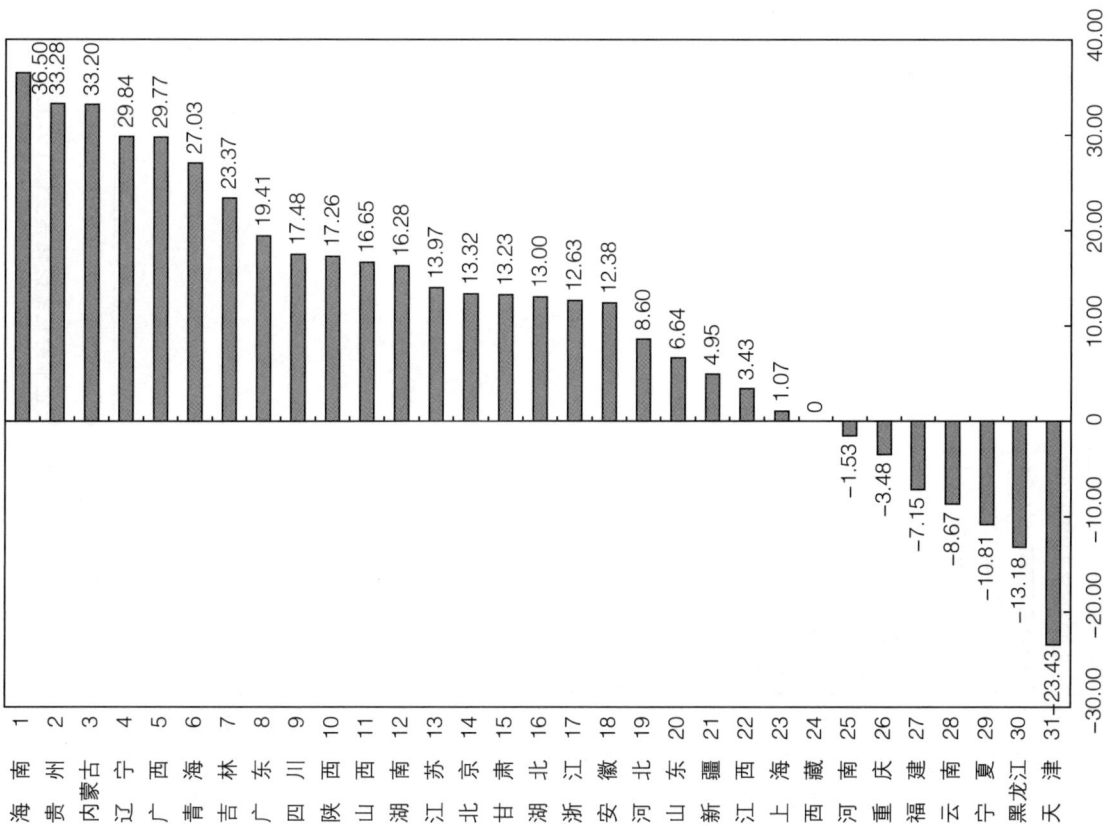

附图B-100 44213 科技企业孵化器当年获风险投资额增长率（%）

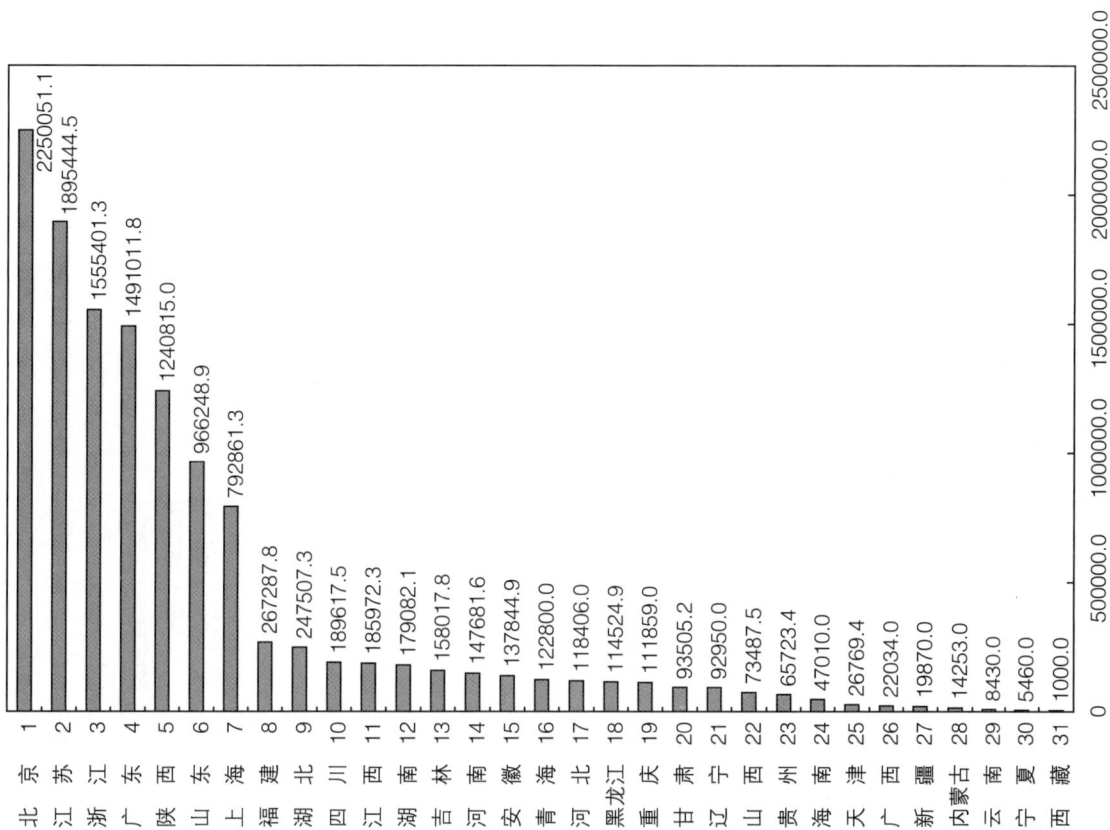

排名	地区	增长率（%）
1	海南	36.50
2	贵州	33.28
3	内蒙古	33.20
4	辽宁	29.84
5	广西	29.77
6	青海	27.03
7	吉林	23.37
8	广东	19.41
9	四川	17.48
10	陕西	17.26
11	山西	16.65
12	湖南	16.28
13	江苏	13.97
14	北京	13.32
15	甘肃	13.23
16	湖北	13.00
17	浙江	12.63
18	安徽	12.38
19	河北	8.60
20	山东	6.64
21	新疆	4.95
22	江西	3.43
23	上海	1.07
24	西藏	0
25	河南	-1.53
26	重庆	-3.48
27	福建	-7.15
28	云南	-8.67
29	宁夏	-10.81
30	黑龙江	-13.18
31	天津	-23.43

附图B-101 44221 科技企业孵化基金总额（万元）

排名	地区	基金总额（万元）
1	北京	2250051.1
2	江苏	1895444.5
3	浙江	1555401.3
4	广东	1491011.8
5	陕西	1240815.0
6	山东	966248.9
7	上海	792861.3
8	福建	267287.8
9	湖北	247507.3
10	四川	189617.5
11	江西	185972.3
12	湖南	179082.1
13	吉林	158017.8
14	河南	147681.6
15	安徽	137844.9
16	青海	122800.0
17	河北	118406.0
18	黑龙江	114524.9
19	重庆	111859.0
20	甘肃	93505.2
21	辽宁	92950.0
22	山西	73487.5
23	贵州	65723.4
24	海南	47010.0
25	天津	26769.4
26	广西	22034.0
27	新疆	19870.0
28	内蒙古	14253.0
29	云南	8430.0
30	宁夏	5460.0
31	西藏	1000.0

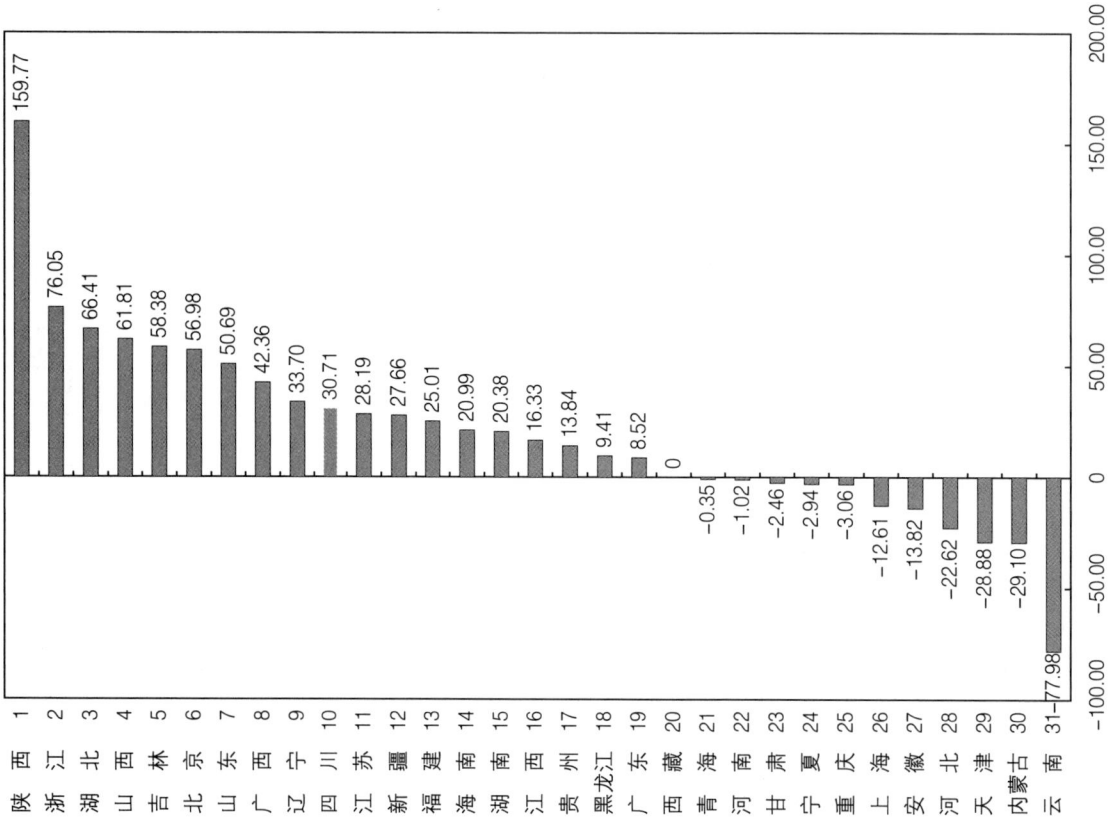

附图B-103　44223 科技企业孵化器孵化基金总额增长率（%）

排名	省份	数值
1	陕西	159.77
2	浙江	76.05
3	湖北	66.41
4	江西	61.81
5	吉林	58.38
6	北京	56.98
7	山东	50.69
8	广西	42.36
9	辽宁	33.70
10	四川	30.71
11	江苏	28.19
12	新疆	27.66
13	福建	25.01
14	海南	20.99
15	湖南	20.38
16	江西	16.33
17	贵州	13.84
18	黑龙江	9.41
19	广东	8.52
20	西藏	0
21	青海	-0.35
22	河南	-1.02
23	甘肃	-2.46
24	宁夏	-2.94
25	重庆	-3.06
26	上海	-12.61
27	安徽	-13.82
28	河北	-22.62
29	天津	-28.88
30	内蒙古	-29.10
31	云南	-77.98

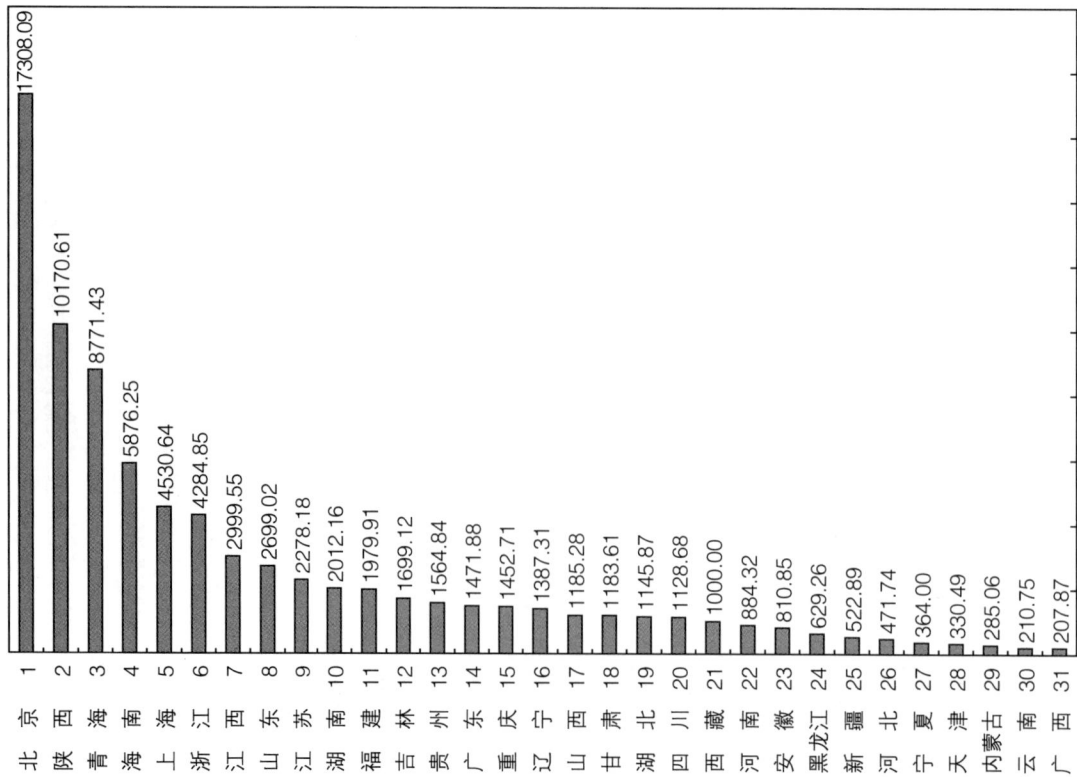

附图B-102　44222 平均每个科技企业孵化器孵化基金额（万元）

排名	省份	数值
1	北京	17308.09
2	陕西	10170.61
3	青海	8771.43
4	海南	5876.25
5	上海	4530.64
6	浙江	4284.85
7	江西	2999.55
8	山东	2699.02
9	江苏	2278.18
10	湖南	2012.16
11	福建	1979.91
12	吉林	1699.12
13	贵州	1564.84
14	广东	1471.88
15	重庆	1452.71
16	辽宁	1387.31
17	山西	1185.28
18	甘肃	1183.61
19	湖北	1145.87
20	四川	1128.68
21	西藏	1000.00
22	河南	884.32
23	安徽	810.85
24	黑龙江	629.26
25	新疆	522.89
26	河北	471.74
27	宁夏	364.00
28	天津	330.49
29	内蒙古	285.06
30	云南	210.75
31	广西	207.87

附图B-105　45102 高技术企业数占规模以上工业企业数比重（%）

排名	省份	数值
1	北京	27.33
2	广东	17.23
3	海南	14.56
4	上海	12.66
5	江西	11.52
6	重庆	11.16
7	江苏	11.09
8	吉林	10.22
9	天津	10.20
10	四川	9.74
11	陕西	9.71
12	贵州	9.13
13	湖南	8.34
14	安徽	8.25
15	湖北	7.92
16	西藏	7.43
17	浙江	6.89
18	辽宁	6.48
19	福建	6.44
20	青海	6.32
21	甘肃	5.97
22	广西	5.90
23	云南	5.86
24	山东	5.77
25	河南	5.67
26	河北	5.08
27	黑龙江	4.81
28	宁夏	4.10
29	山西	3.75
30	内蒙古	3.34
31	新疆	1.70

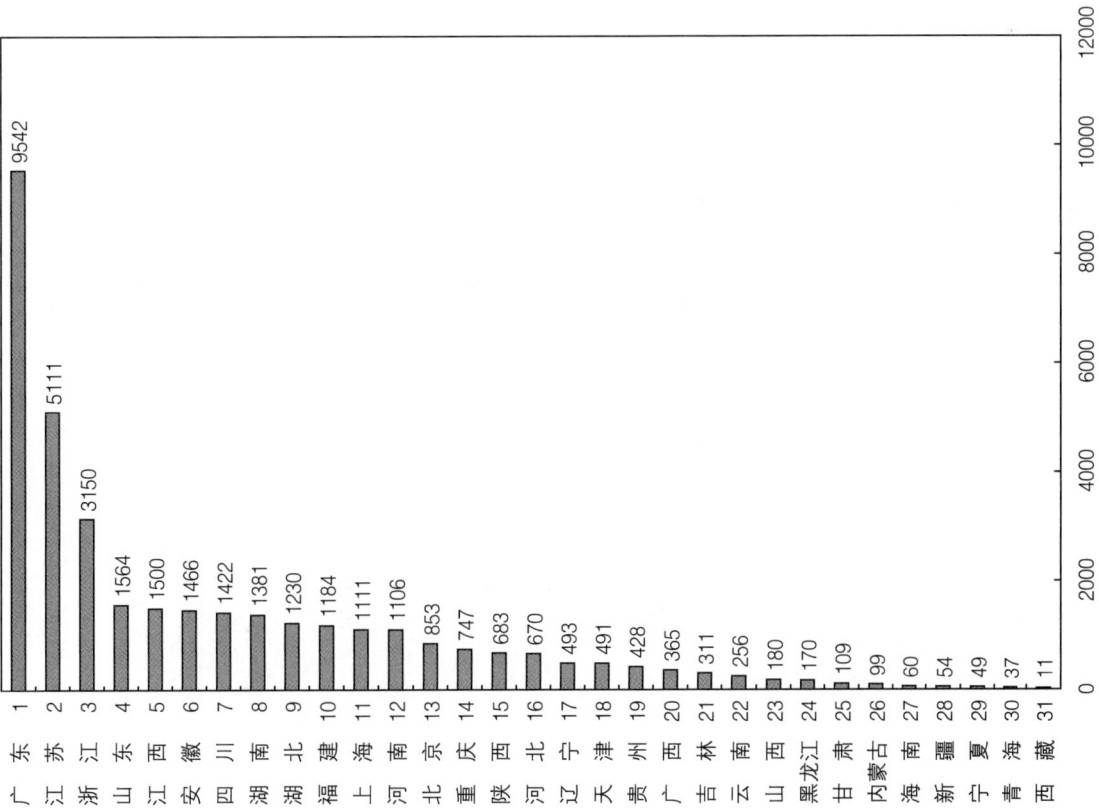

附图B-104　45101 高技术企业数（家）

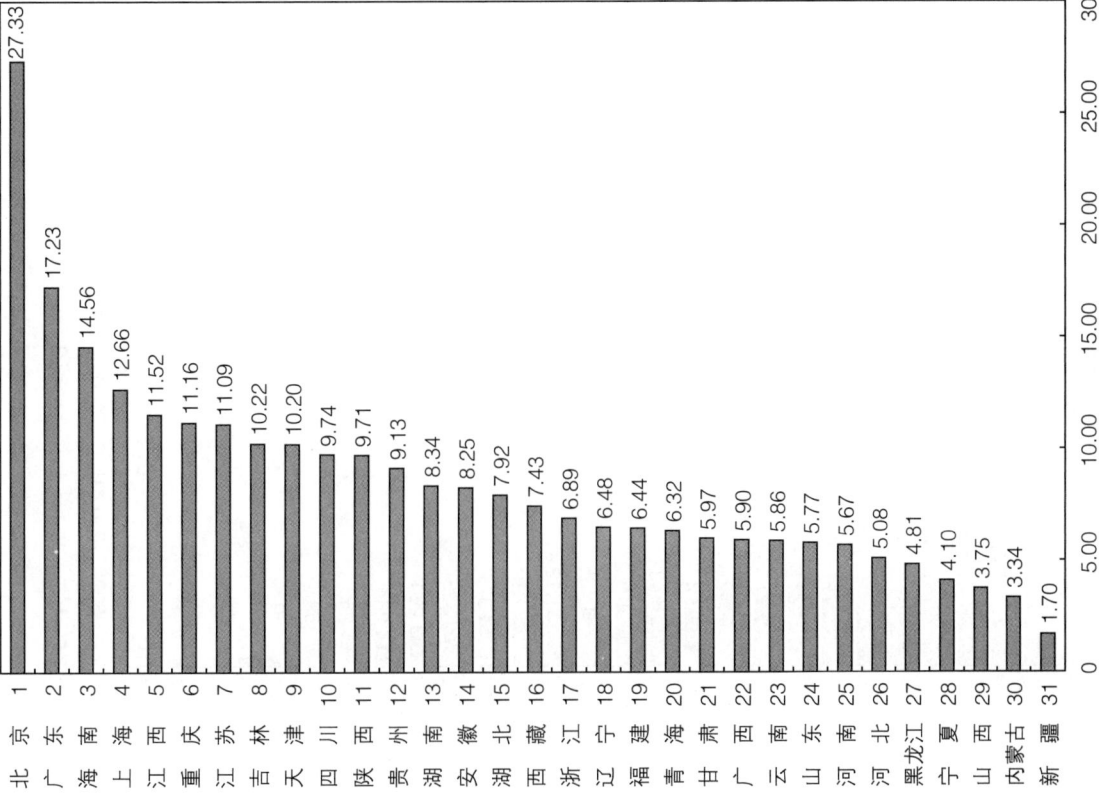

排名	省份	数值
1	广东	9542
2	江苏	5111
3	浙江	3150
4	山东	1564
5	江西	1500
6	安徽	1466
7	四川	1422
8	湖南	1381
9	湖北	1230
10	福建	1184
11	上海	1111
12	河南	1106
13	北京	853
14	重庆	747
15	陕西	683
16	河北	670
17	辽宁	493
18	天津	491
19	贵州	428
20	广西	365
21	吉林	311
22	云南	256
23	山西	180
24	黑龙江	170
25	甘肃	109
26	内蒙古	99
27	海南	60
28	新疆	54
29	宁夏	49
30	青海	37
31	西藏	11

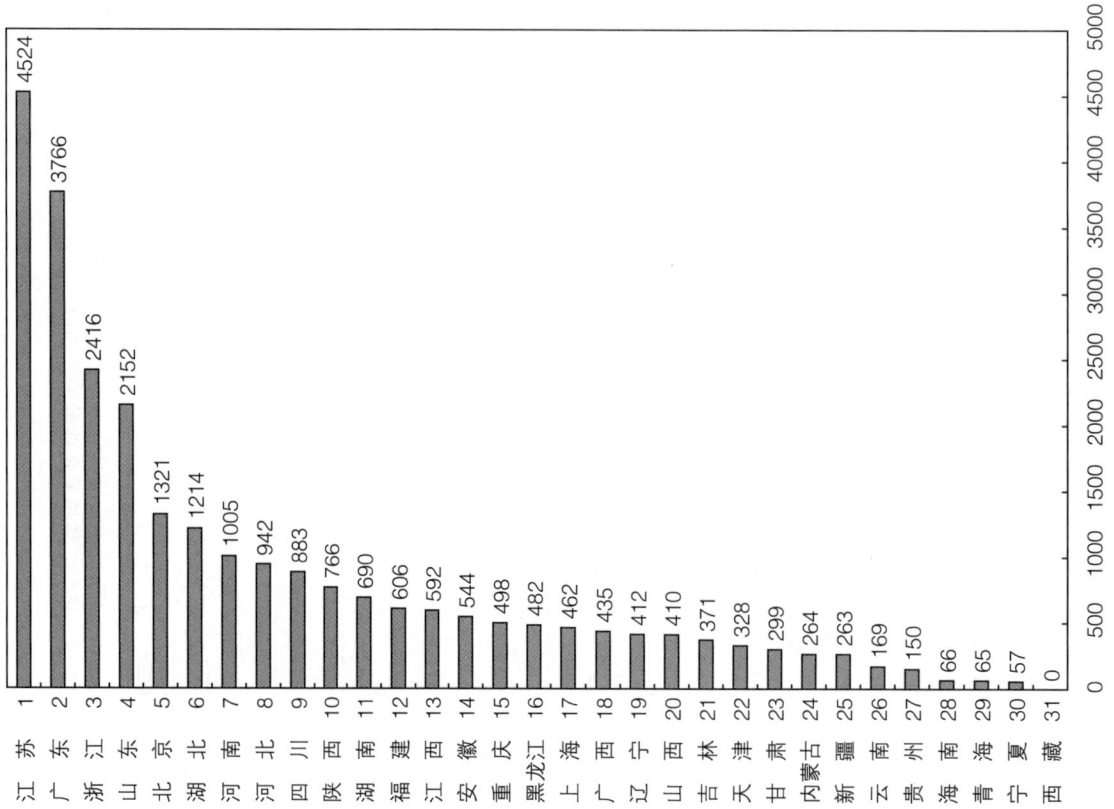

附图B-107　45201 科技企业孵化器当年毕业企业数（家）

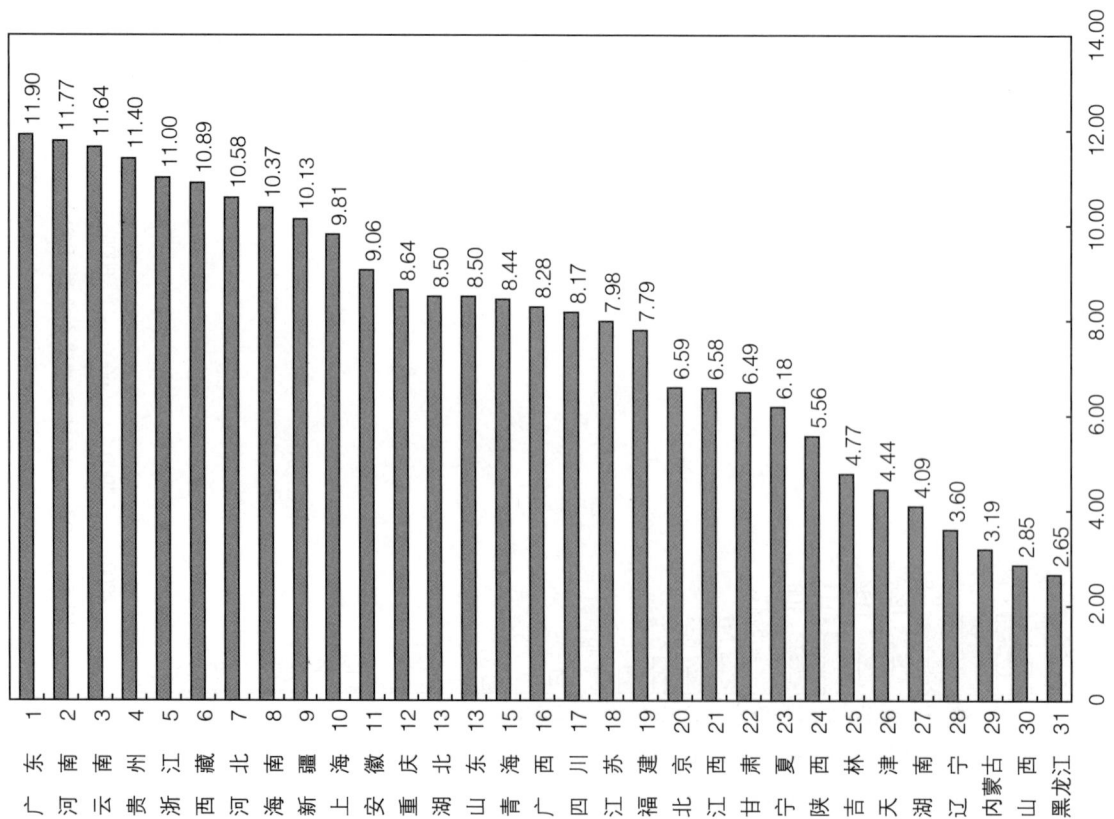

排名	地区	数值
1	江苏	4524
2	广东	3766
3	浙江	2416
4	山东	2152
5	北京	1321
6	湖北	1214
7	河南	1005
8	河北	942
9	四川	883
10	陕西	766
11	湖南	690
12	福建	606
13	江西	592
14	安徽	544
15	重庆	498
16	黑龙江	482
17	上海	462
18	广西	435
19	辽宁	412
20	山西	410
21	吉林	371
22	天津	328
23	甘肃	299
24	内蒙古	264
25	新疆	263
26	云南	169
27	贵州	150
28	海南	66
29	青海	65
30	宁夏	57
31	西藏	0

附图B-106　45103 高技术企业数增长率（%）

排名	地区	数值
1	广东	11.90
2	河南	11.77
3	云南	11.64
4	贵州	11.40
5	浙江	11.00
6	西藏	10.89
7	河北	10.58
8	海南	10.37
9	新疆	10.13
10	上海	9.81
11	安徽	9.06
12	重庆	8.64
13	湖北	8.50
13	山东	8.50
15	青海	8.44
16	广西	8.28
17	四川	8.17
18	江苏	7.98
19	福建	7.79
20	北京	6.59
21	江西	6.58
22	甘肃	6.49
23	宁夏	6.18
24	陕西	5.56
25	吉林	4.77
26	天津	4.44
27	湖南	4.09
28	辽宁	3.60
29	内蒙古	3.19
30	山西	2.85
31	黑龙江	2.65

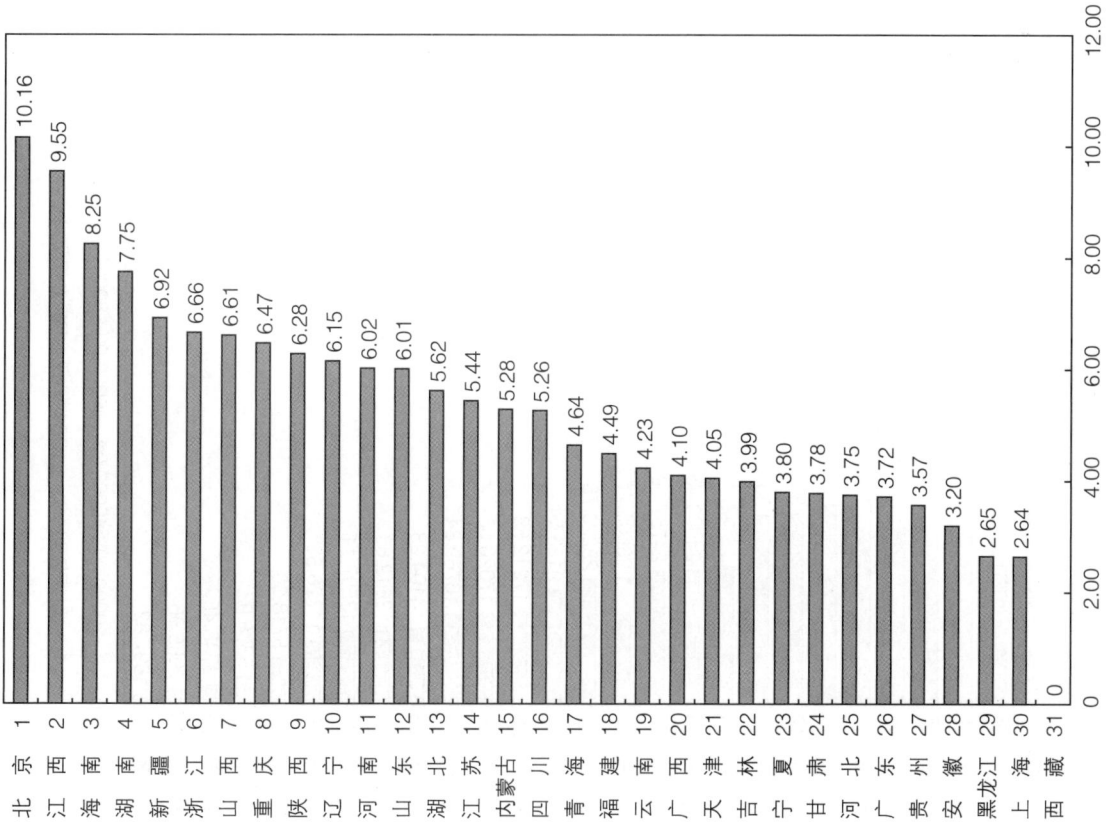

附图B-108 45202 平均每个科技企业孵化器当年毕业企业数（家）

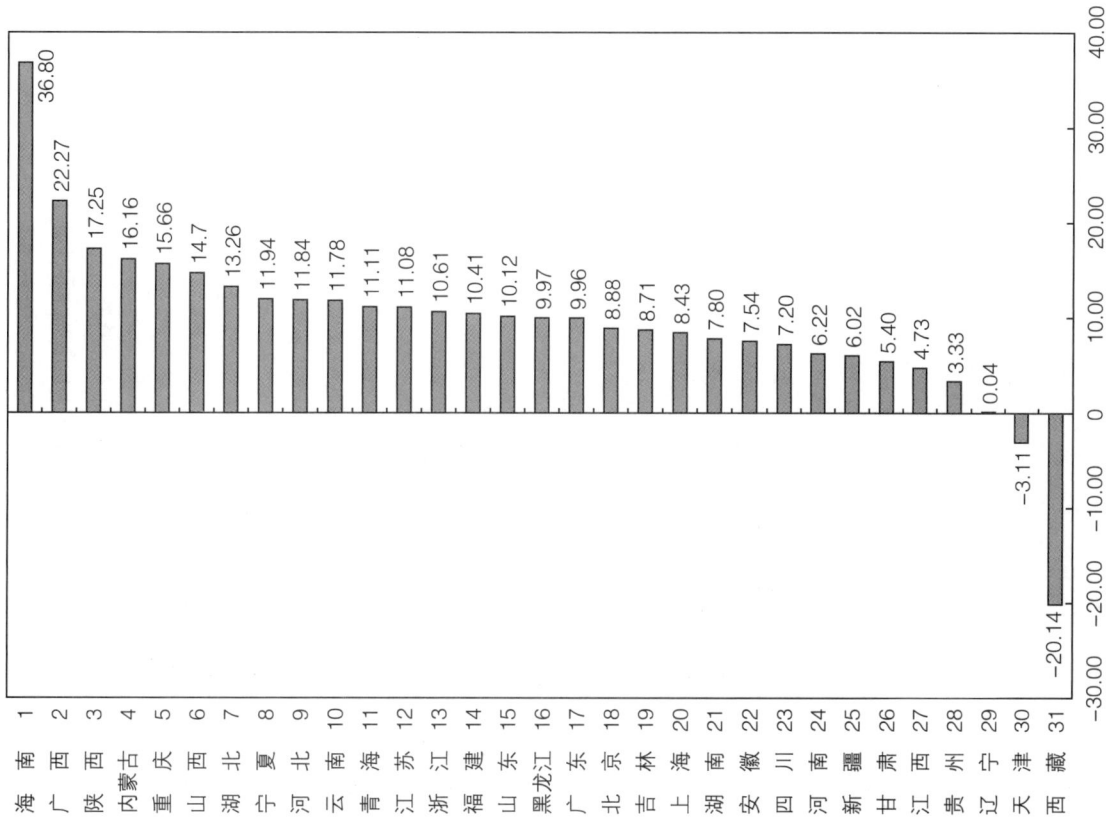

排名	地区	数值
1	北京	10.16
2	江西	9.55
3	海南	8.25
4	湖南	7.75
5	新疆	6.92
6	浙江	6.66
7	山西	6.61
8	重庆	6.47
9	陕西	6.28
10	辽宁	6.15
11	河南	6.02
12	山东	6.01
13	湖北	5.62
14	江苏	5.44
15	内蒙古	5.28
16	四川	5.26
17	青海	4.64
18	福建	4.49
19	云南	4.23
20	广西	4.10
21	天津	4.05
22	吉林	3.99
23	宁夏	3.80
24	甘肃	3.78
25	河北	3.75
26	广东	3.72
27	贵州	3.57
28	安徽	3.20
29	黑龙江	2.65
30	上海	2.64
31	西藏	0

附图B-109 45203 科技企业孵化器当年毕业企业数增长率（%）

排名	地区	数值
1	海南	36.80
2	广西	22.27
3	陕西	17.25
4	内蒙古	16.16
5	重庆	15.66
6	山西	14.7
7	湖北	13.26
8	宁夏	11.94
9	河北	11.84
10	云南	11.78
11	青海	11.11
12	江苏	11.08
13	浙江	10.61
14	福建	10.41
15	山东	10.12
16	黑龙江	9.97
17	广东	9.96
18	北京	8.88
19	吉林	8.71
20	上海	8.43
21	湖南	7.80
22	安徽	7.54
23	四川	7.20
24	河南	6.22
25	新疆	6.02
26	甘肃	5.40
27	江西	4.73
28	贵州	3.33
29	辽宁	0.04
30	天津	-3.11
31	西藏	-20.14

附图B-110 51001 地区GDP（亿元）

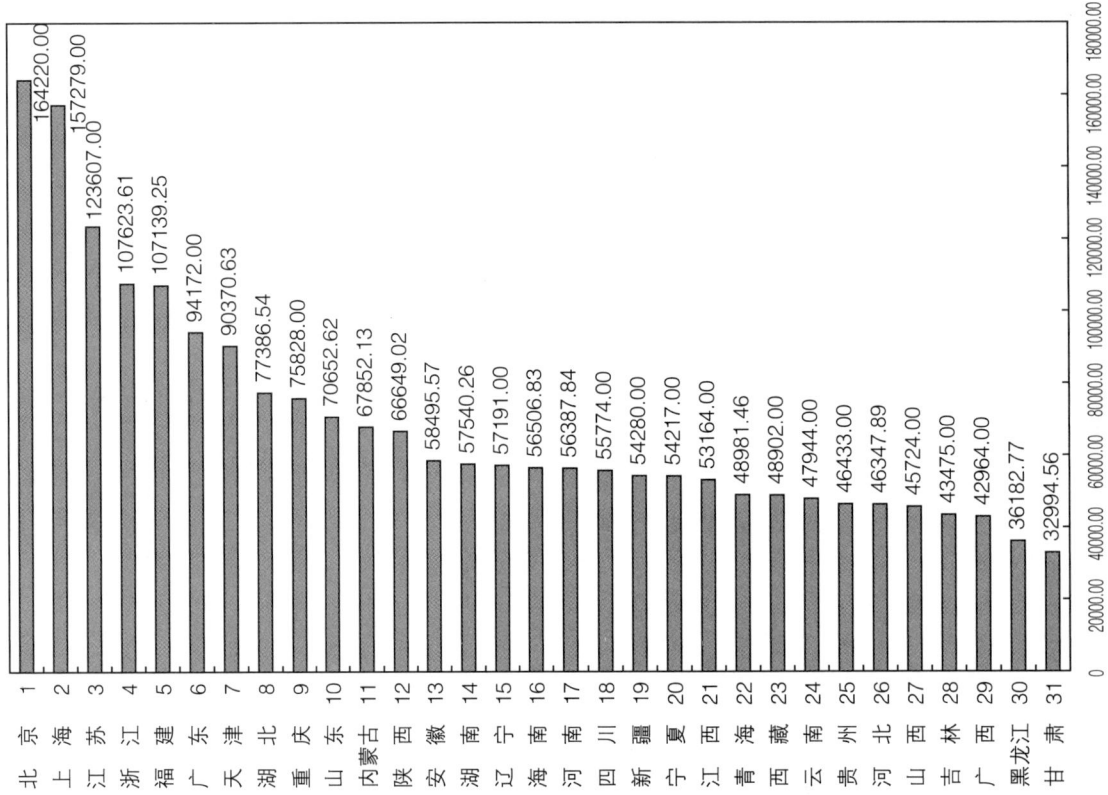

附图B-111 51002 人均GDP水平（元）

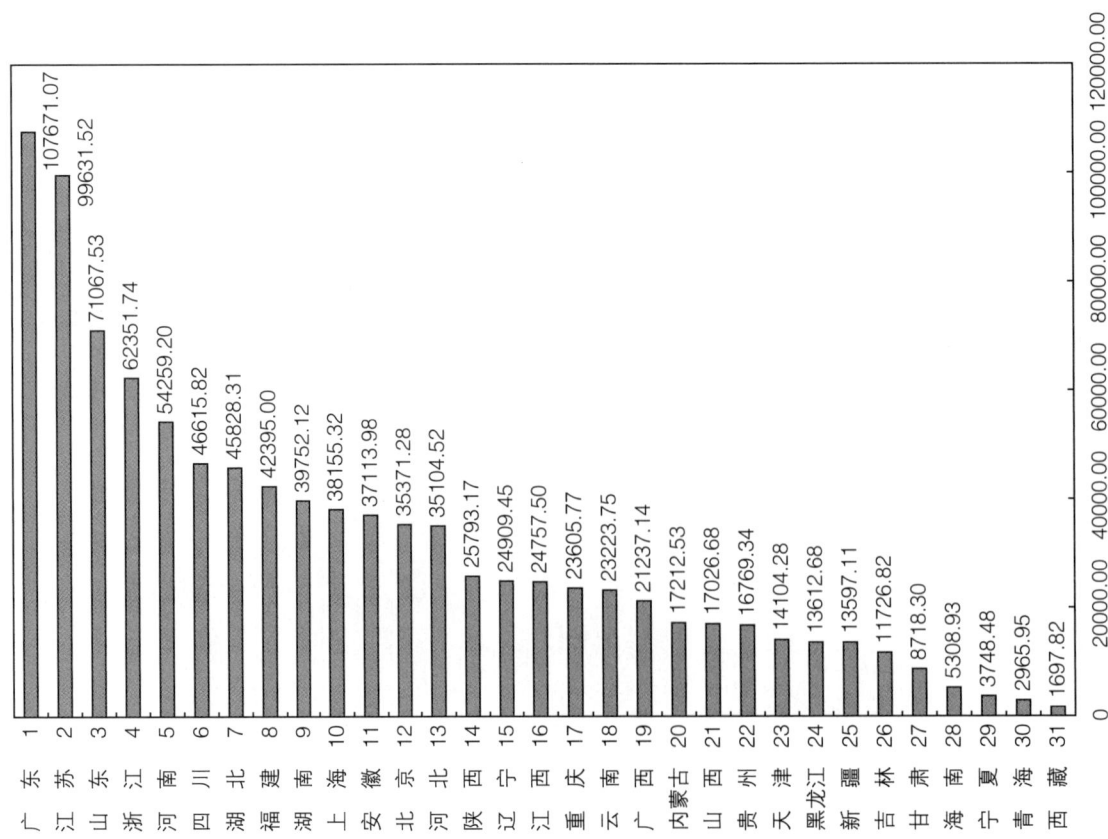

附图B-113　52101 第三产业增加值（亿元）

排名	地区	数值
1	广东	59773.38
2	江苏	51064.73
3	山东	37640.17
4	浙江	33687.76
5	北京	29542.53
6	上海	27752.28
7	河南	26018.01
8	四川	24443.25
9	湖北	22920.60
10	河南	21158.19
11	湖南	19217.03
12	福建	18860.38
13	安徽	17988.82
14	河北	13200.44
15	辽宁	12557.51
16	重庆	12224.55
17	云南	11821.49
18	陕西	11760.11
19	江西	10771.97
20	广西	8949.87
21	天津	8748.87
22	山西	8530.46
23	内蒙古	8430.33
24	贵州	7019.86
25	新疆	6815.03
26	黑龙江	6304.68
27	吉林	4805.40
28	甘肃	3129.83
29	海南	1883.83
30	宁夏	1504.30
31	青海	924.01
	西藏	

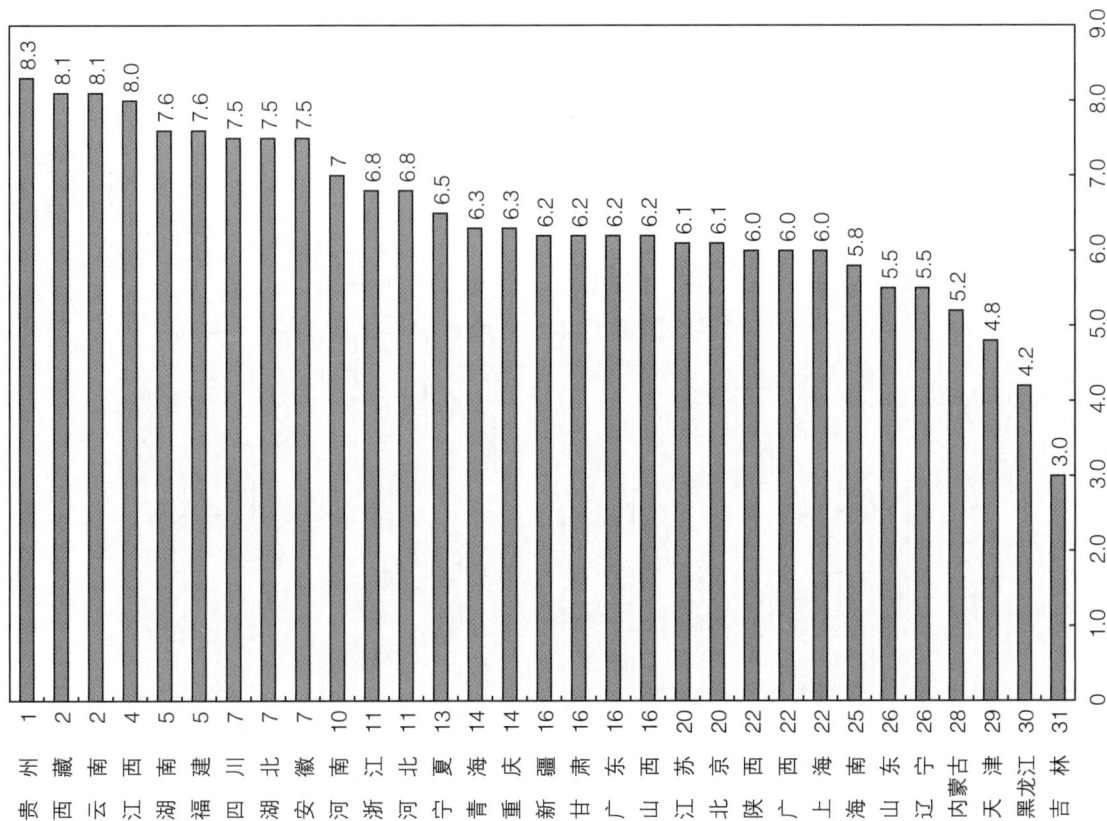

附图B-112　51003 地区GDP增长率（%）

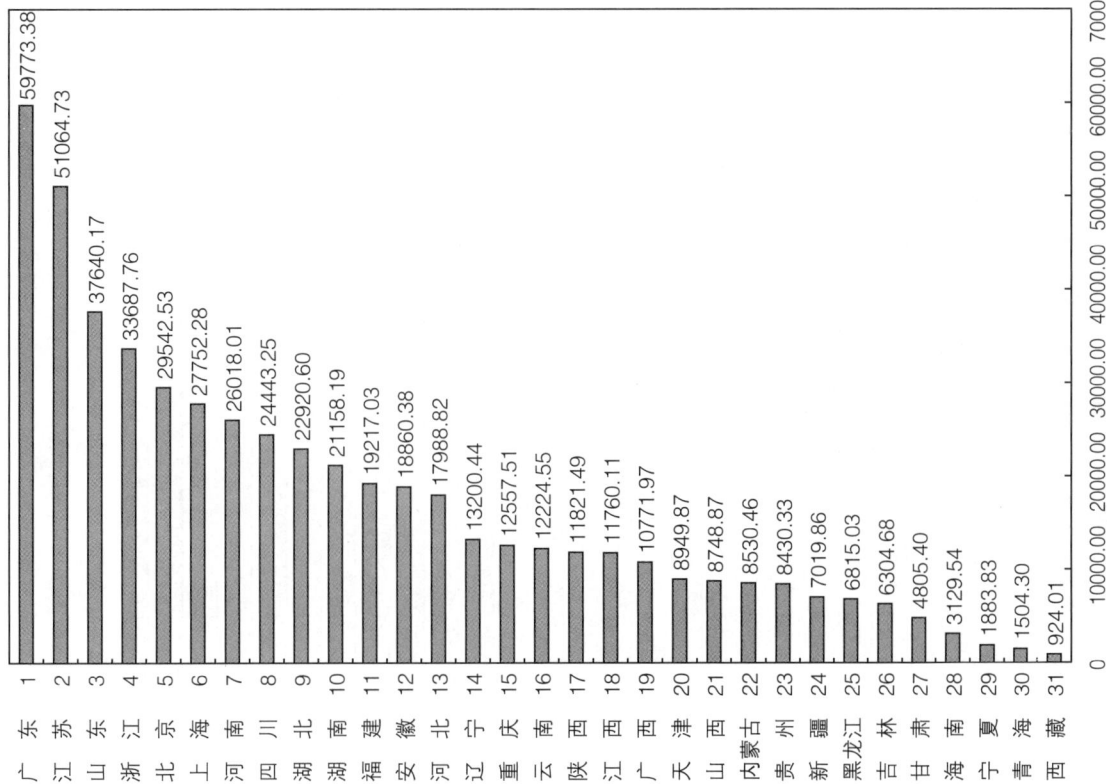

排名	地区	数值
1	贵州	8.3
2	西藏	8.1
2	云南	8.1
4	江西	8.0
5	湖南	7.6
5	福建	7.6
7	四川	7.5
7	湖北	7.5
7	安徽	7.5
10	河南	7
11	浙江	6.8
11	河北	6.8
13	宁夏	6.5
14	青海	6.3
14	重庆	6.3
16	新疆	6.2
16	甘肃	6.2
16	广东	6.2
16	山西	6.2
20	江苏	6.1
20	北京	6.1
22	陕西	6.0
22	广西	6.0
22	上海	6.0
25	海南	5.8
26	山东	5.5
26	辽宁	5.5
28	内蒙古	5.2
29	天津	4.8
30	黑龙江	4.2
31	吉林	3.0

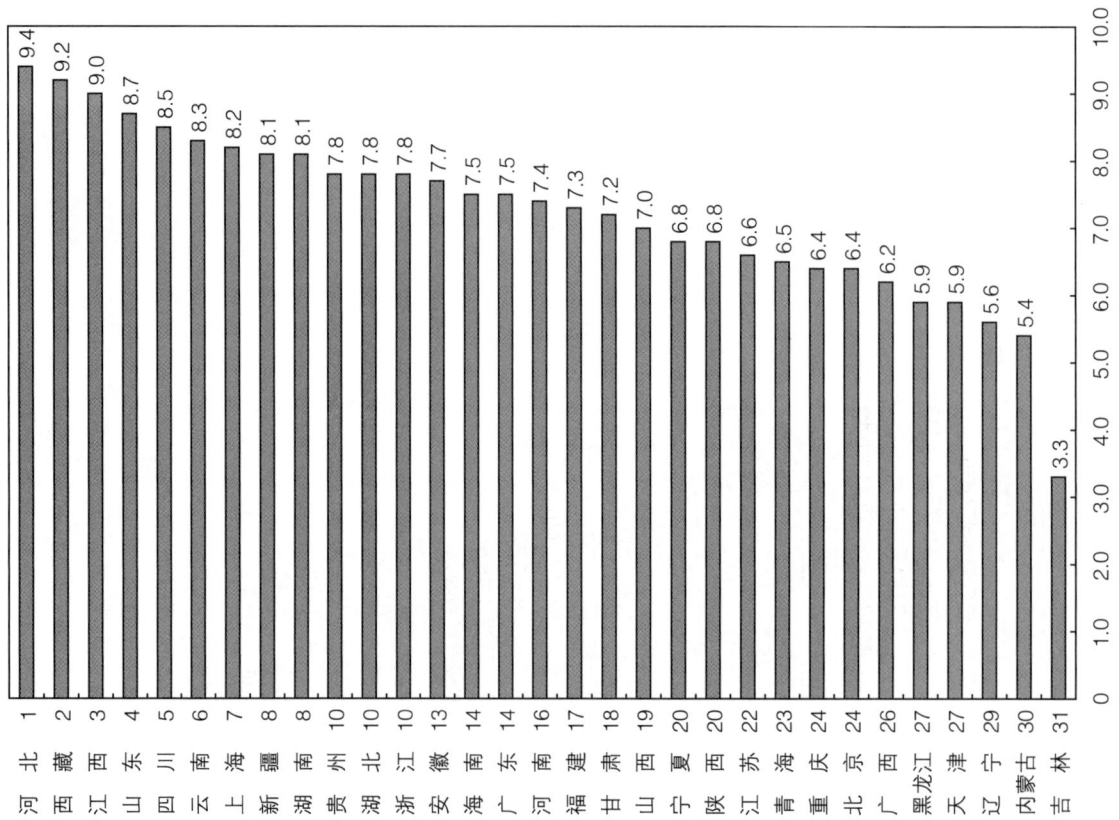

附图B-115 52103 第三产业增加值增长率（%）

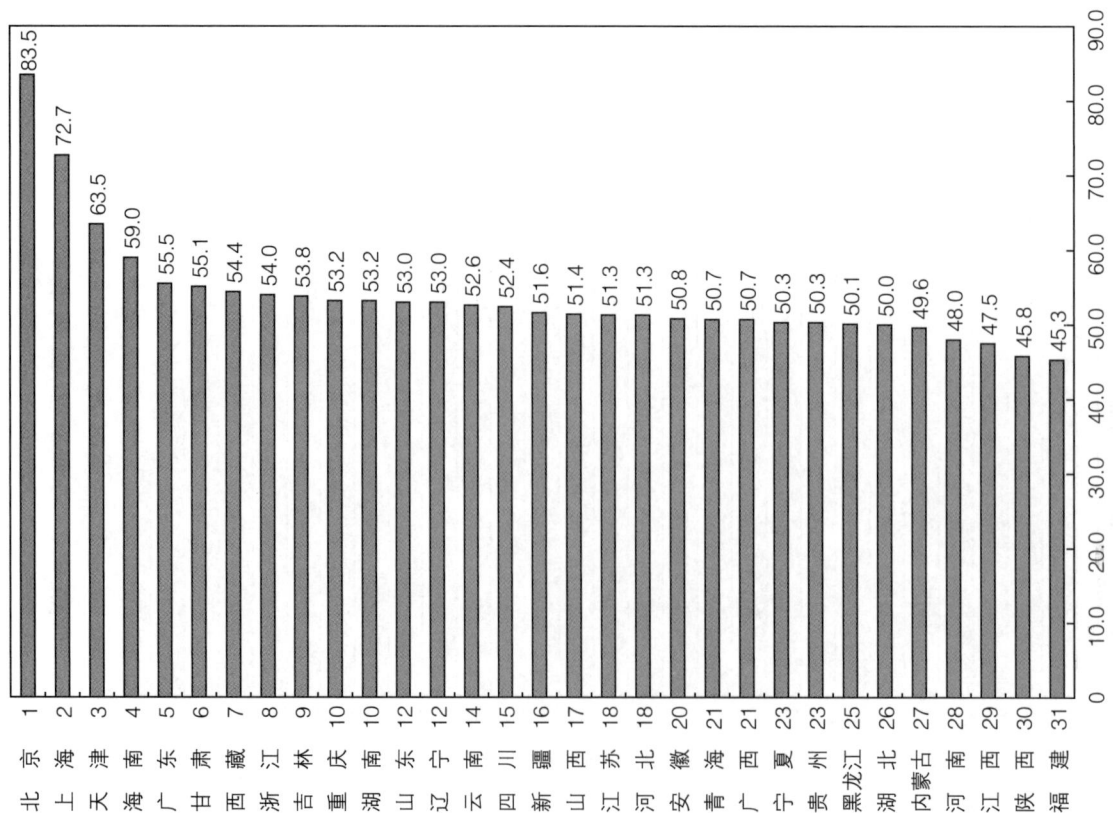

附图B-114 52102 第三产业增加值占GDP的比例（%）

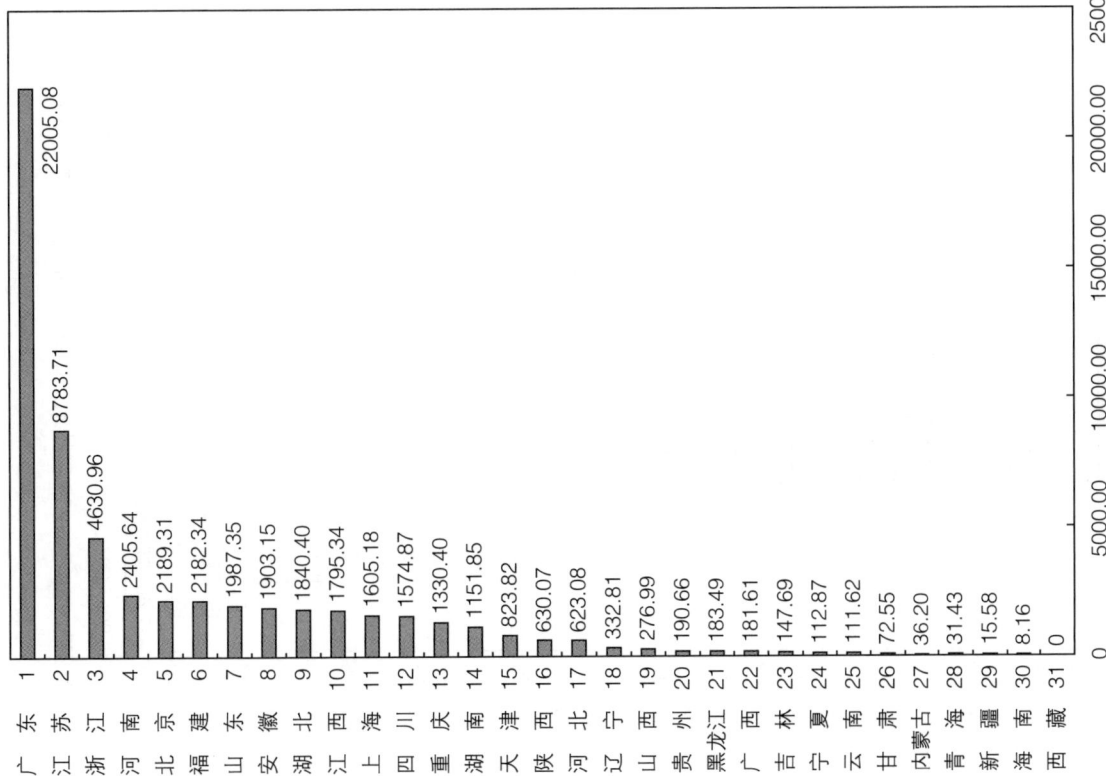

附图B-116　52201 高技术产业新产品销售收入（亿元）

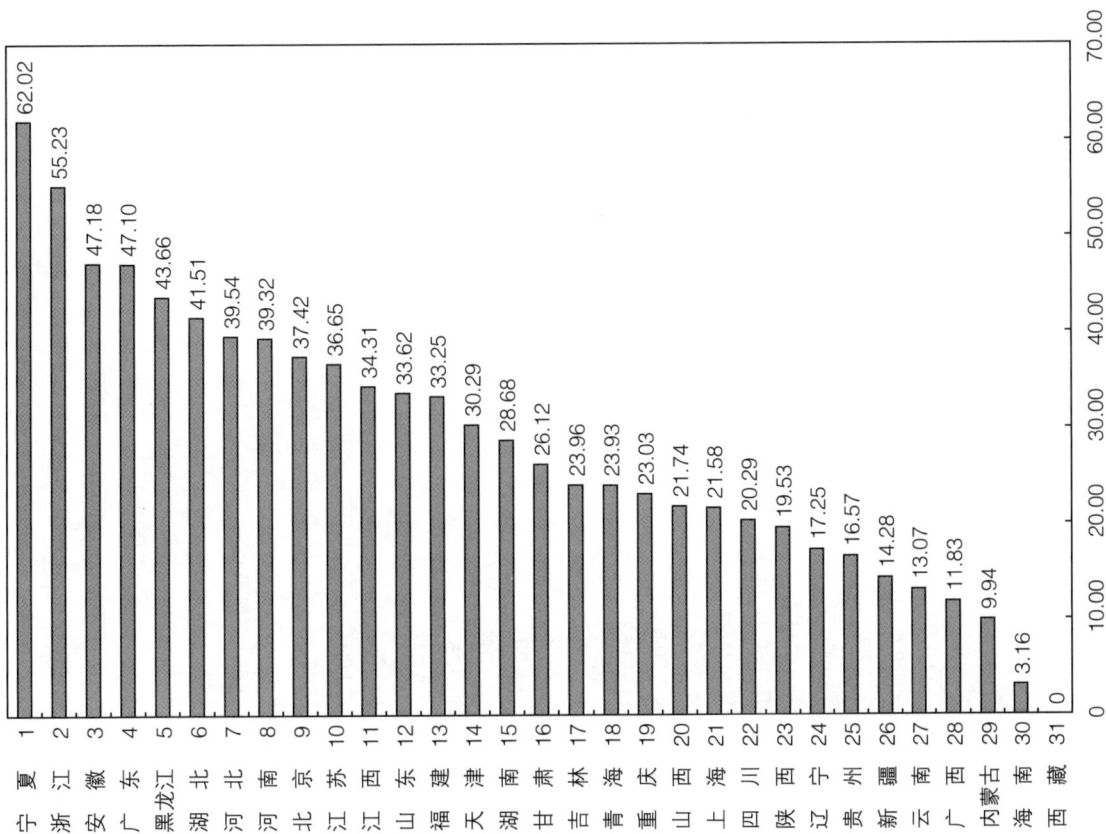

排名	地区	数值
1	广东	22005.08
2	江苏	8783.71
3	浙江	4630.96
4	河南	2405.64
5	北京	2189.31
6	福建	2182.34
7	山东	1987.35
8	安徽	1903.15
9	湖北	1840.40
10	江西	1795.34
11	上海	1605.18
12	四川	1574.87
13	重庆	1330.40
14	湖南	1151.85
15	天津	823.82
16	陕西	630.07
17	河北	623.08
18	辽宁	332.81
19	山西	276.99
20	贵州	190.66
21	黑龙江	183.49
22	广西	181.61
23	吉林	147.69
24	宁夏	112.87
25	云南	111.62
26	甘肃	72.55
27	内蒙古	36.20
28	青海	31.43
29	新疆	15.58
30	海南	8.16
31	西藏	0

附图B-117　52202 高技术产业新产品销售收入占主营业务收入的比重（%）

排名	地区	数值
1	宁夏	62.02
2	浙江	55.23
3	安徽	47.18
4	广东	47.10
5	黑龙江	43.66
6	湖北	41.51
7	河北	39.54
8	河南	39.32
9	北京	37.42
10	江苏	36.65
11	江西	34.31
12	山东	33.62
13	福建	33.25
14	天津	30.29
15	湖南	28.68
16	甘肃	26.12
17	吉林	23.96
18	青海	23.93
19	重庆	23.03
20	山西	21.74
21	上海	21.58
22	四川	20.29
23	陕西	19.53
24	辽宁	17.25
25	贵州	16.57
26	新疆	14.28
27	云南	13.07
28	广西	11.83
29	内蒙古	9.94
30	海南	3.16
31	西藏	0

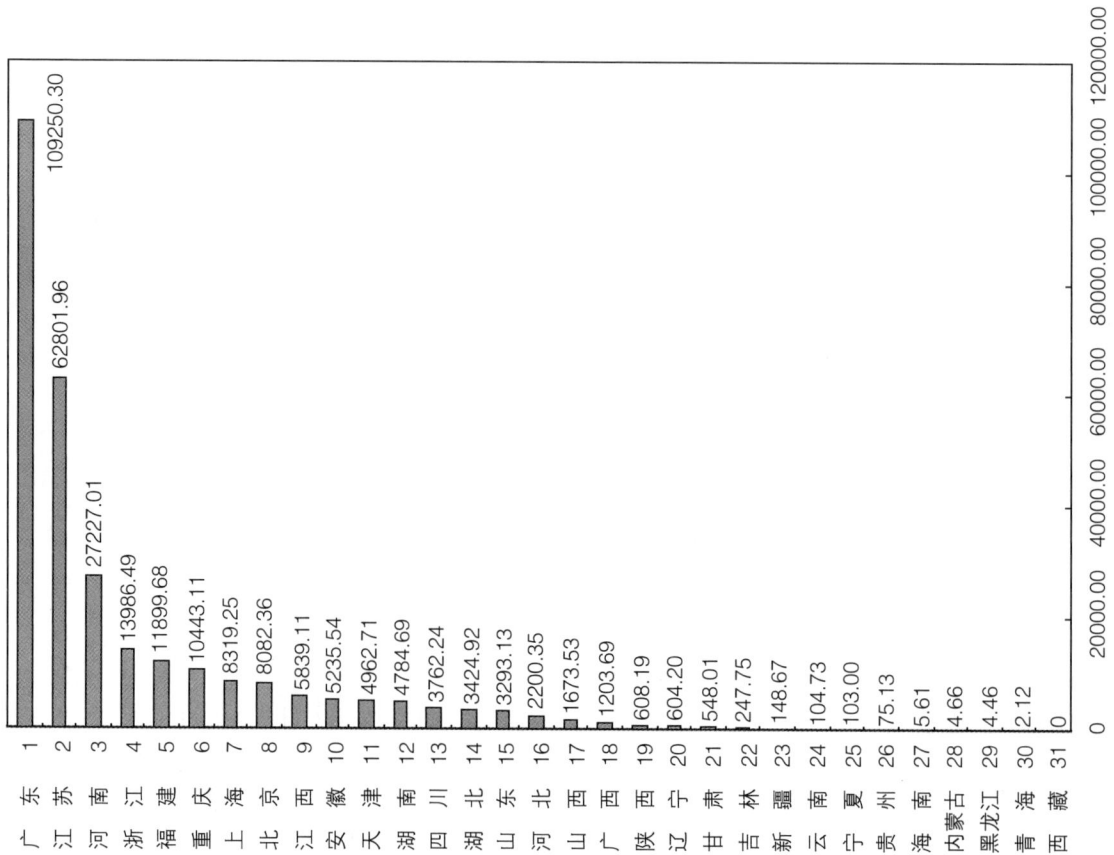

附图B-119　53001 高技术产品出口额（百万美元）

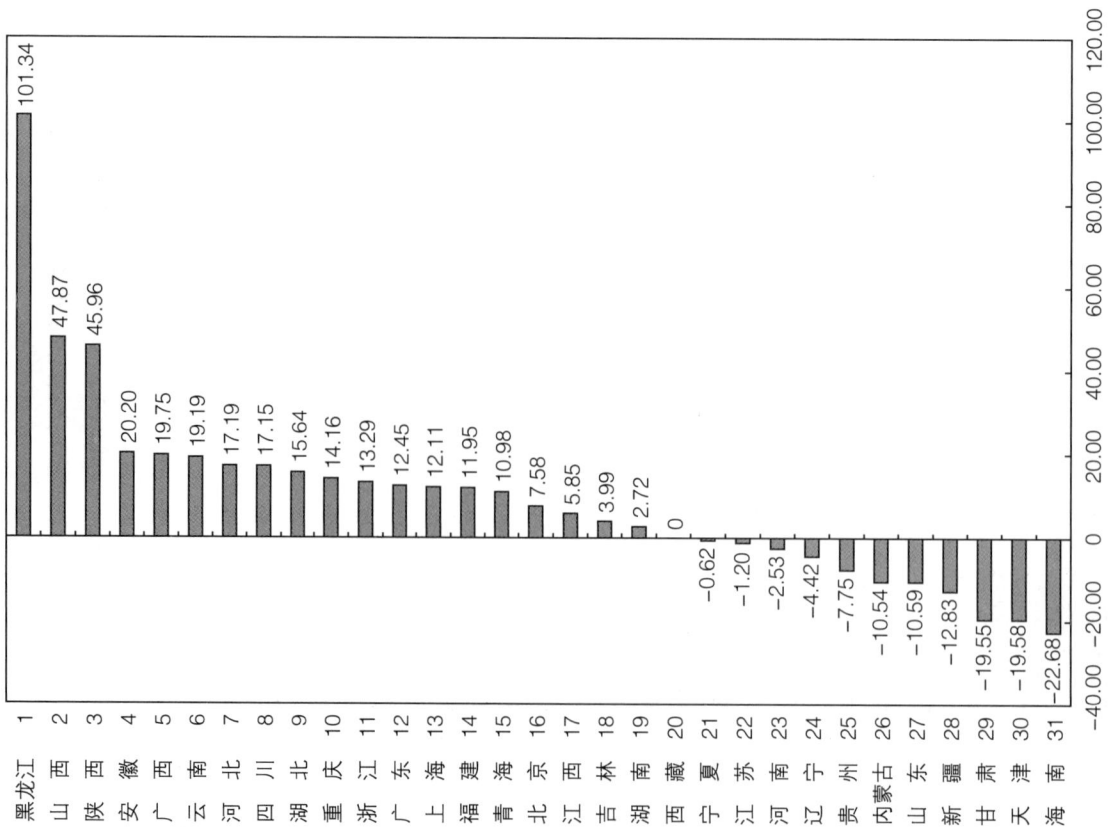

序号	地区	高技术产品出口额（百万美元）
1	广东	109250.30
2	江苏	62801.96
3	河南	27227.01
4	浙江	13986.49
5	福建	11899.68
6	重庆	10443.11
7	上海	8319.25
8	北京	8082.36
9	江西	5839.11
10	安徽	5235.54
11	天津	4962.71
12	湖南	4784.69
13	四川	3762.24
14	湖北	3424.92
15	山东	3293.13
16	河北	2200.35
17	山西	1673.53
18	广西	1203.69
19	陕西	608.19
20	辽宁	604.20
21	甘肃	548.01
22	吉林	247.75
23	新疆	148.67
24	云南	104.73
25	宁夏	103.00
26	贵州	75.13
27	海南	5.61
28	内蒙古	4.66
29	黑龙江	4.46
30	青海	2.12
31	西藏	0

附图B-118　52203 高技术产业新产品销售收入增长率（%）

序号	地区	高技术产业新产品销售收入增长率（%）
1	黑龙江	101.34
2	山西	47.87
3	陕西	45.96
4	安徽	20.20
5	广西	19.75
6	云南	19.19
7	河北	17.19
8	四川	17.15
9	湖北	15.64
10	重庆	14.16
11	浙江	13.29
12	广东	12.45
13	上海	12.11
14	福建	11.95
15	青海	10.98
16	北京	7.58
17	江西	5.85
18	吉林	3.99
19	湖南	2.72
20	西藏	0
21	宁夏	-0.62
22	江苏	-1.20
23	河南	-2.53
24	辽宁	-4.42
25	贵州	-7.75
26	内蒙古	-10.54
27	山东	-10.59
28	新疆	-12.83
29	甘肃	-19.55
30	天津	-19.58
31	海南	-22.68

附图B-121　53003 高技术产品出口额增长率（%）

排名	地区	数值
1	贵州	4.34
2	河北	2.56
3	海南	1.52
4	甘肃	1.36
5	安徽	1.22
6	青海	1.19
7	内蒙古	1.03
8	湖南	0.56
9	江西	0.54
10	四川	0.53
11	新疆	0.04
12	福建	0.02
13	西藏	0
14	广西	-0.82
15	浙江	-1.10
16	吉林	-1.25
17	宁夏	-1.49
17	北京	-1.49
19	江苏	-3.36
20	重庆	-3.82
21	广东	-4.92
22	辽宁	-5.28
23	湖北	-5.37
24	黑龙江	-5.93
25	山西	-6.27
26	云南	-6.38
27	天津	-7.27
28	陕西	-7.38
29	山东	-8.39
30	上海	-9.02
31	河南	-10.09

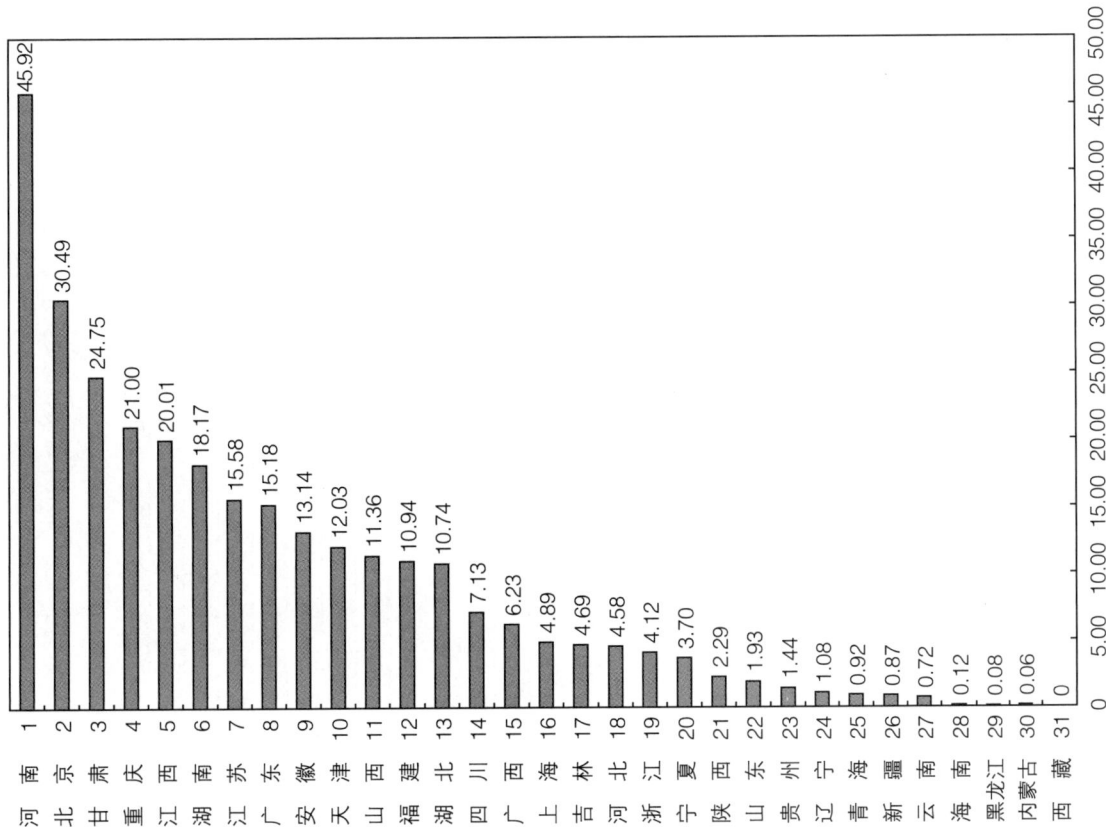

附图B-120　53002 高技术产品出口额占地区出口总额的比重（%）

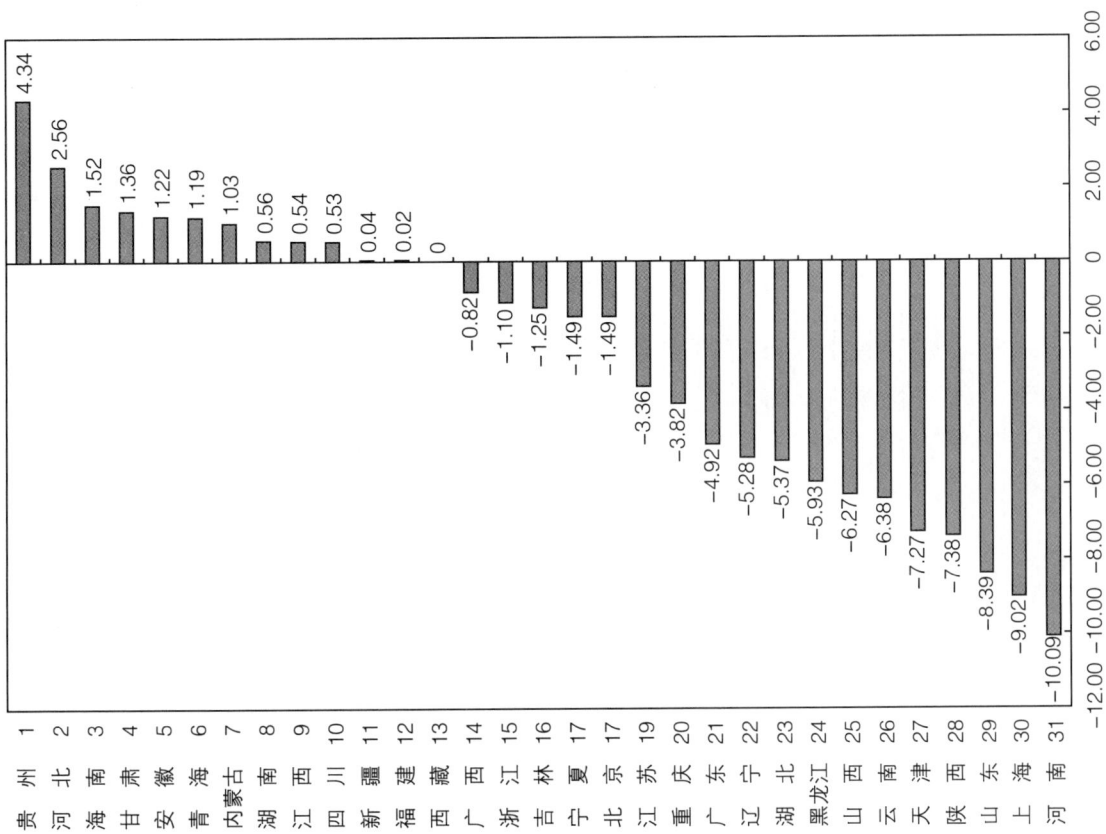

排名	地区	数值
1	河南	45.92
2	北京	30.49
3	甘肃	24.75
4	重庆	21.00
5	江西	20.01
6	湖南	18.17
7	江苏	15.58
8	广东	15.18
9	安徽	13.14
10	天津	12.03
11	山西	11.36
12	福建	10.94
13	湖北	10.74
14	四川	7.13
15	广西	6.23
16	上海	4.89
17	吉林	4.69
18	河北	4.58
19	浙江	4.12
20	宁夏	3.70
21	陕西	2.29
22	山东	1.93
23	贵州	1.44
24	辽宁	1.08
25	青海	0.92
26	新疆	0.87
27	云南	0.72
28	海南	0.12
29	黑龙江	0.08
30	内蒙古	0.06
31	西藏	0

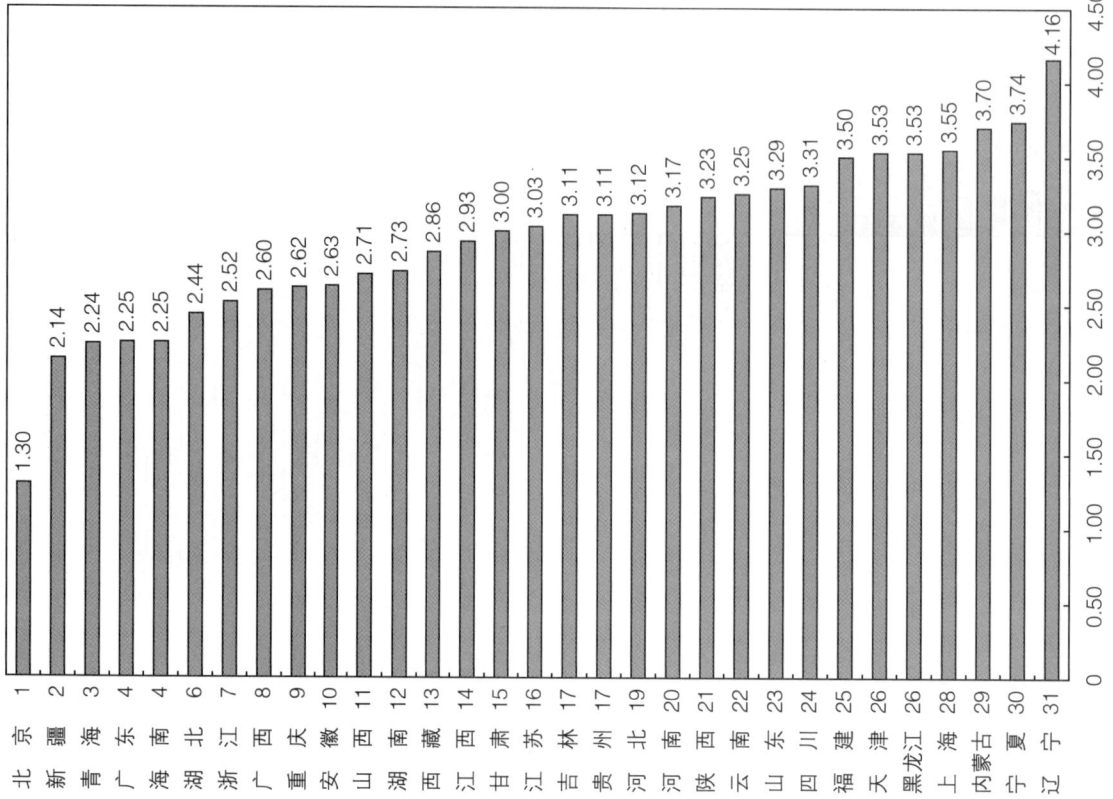

附图B-123 54102 城镇登记失业率（%）

排名	地区	数值
1	北京	1.30
2	新疆	2.14
3	青海	2.24
4	广东	2.25
4	海南	2.25
6	湖北	2.44
7	浙江	2.52
8	广西	2.60
9	重庆	2.62
10	安徽	2.63
11	山西	2.71
12	湖南	2.73
13	西藏	2.86
14	江西	2.93
15	甘肃	3.00
16	江苏	3.03
17	吉林	3.11
17	贵州	3.11
19	河北	3.12
20	河南	3.17
21	陕西	3.23
22	云南	3.25
23	山东	3.29
24	四川	3.31
25	福建	3.50
26	天津	3.53
26	黑龙江	3.53
28	上海	3.55
29	内蒙古	3.70
30	宁夏	3.74
31	辽宁	4.16

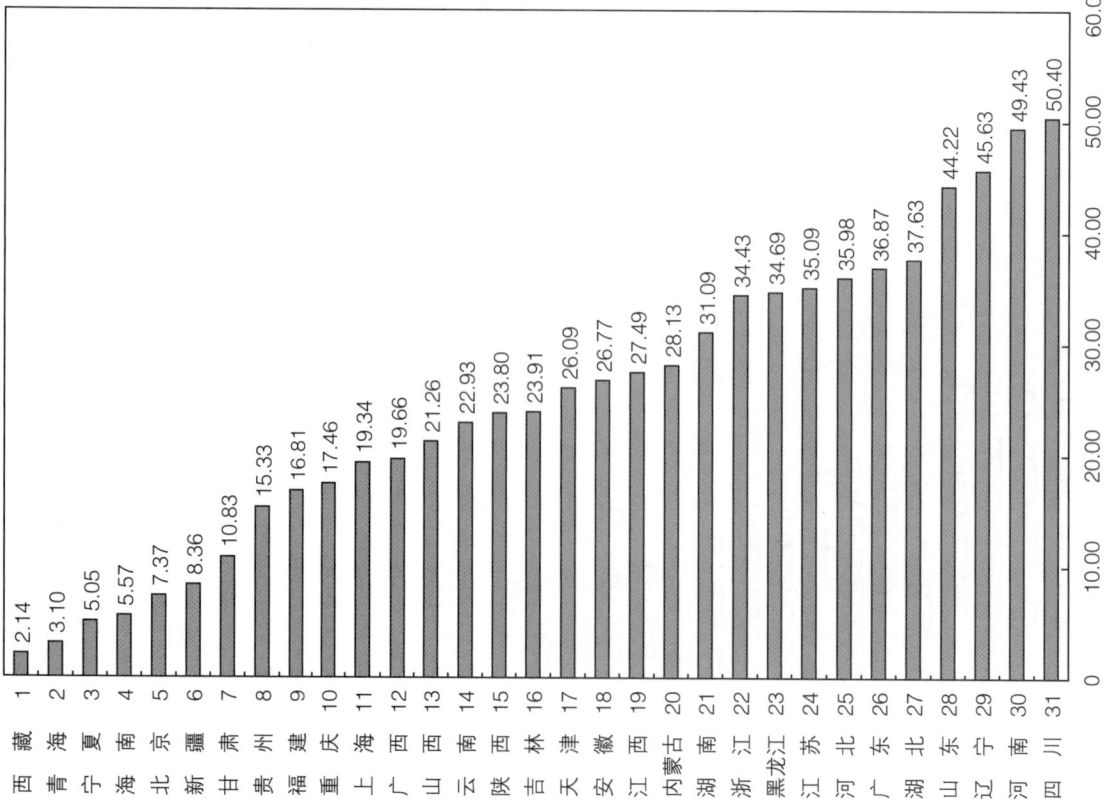

附图B-122 54101 城镇登记失业人员（万人）

排名	地区	数值
1	西藏	2.14
2	青海	3.10
3	宁夏	5.05
4	海南	5.57
5	北京	7.37
6	新疆	8.36
7	甘肃	10.83
8	贵州	15.33
9	福建	16.81
10	重庆	17.46
11	上海	19.34
12	广西	19.66
13	山西	21.26
14	云南	22.93
15	陕西	23.80
16	吉林	23.91
17	天津	26.09
18	安徽	26.77
19	江西	27.49
20	内蒙古	28.13
21	湖南	31.09
22	浙江	34.43
23	黑龙江	34.69
24	江苏	35.09
25	河北	35.98
26	广东	36.87
27	湖北	37.63
28	山东	44.22
29	辽宁	45.63
30	河南	49.43
31	四川	50.40

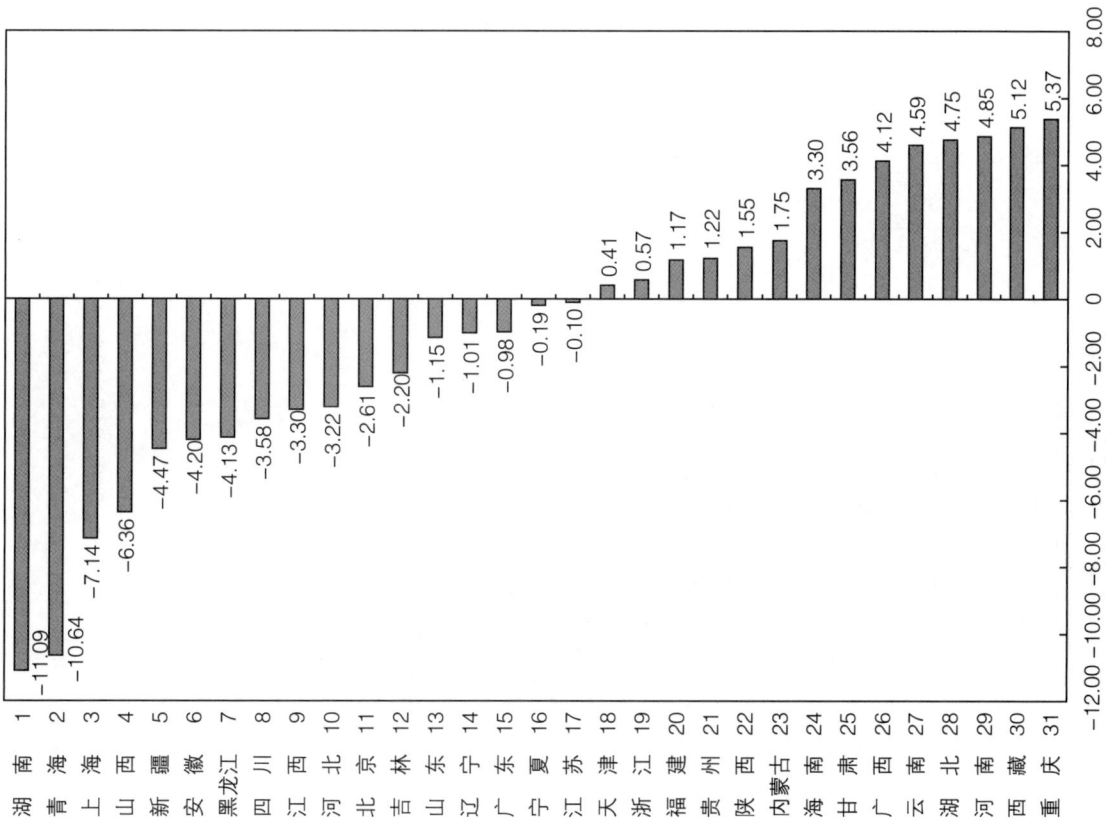

附图B-124 54103 城镇登记失业人员增长率（%）

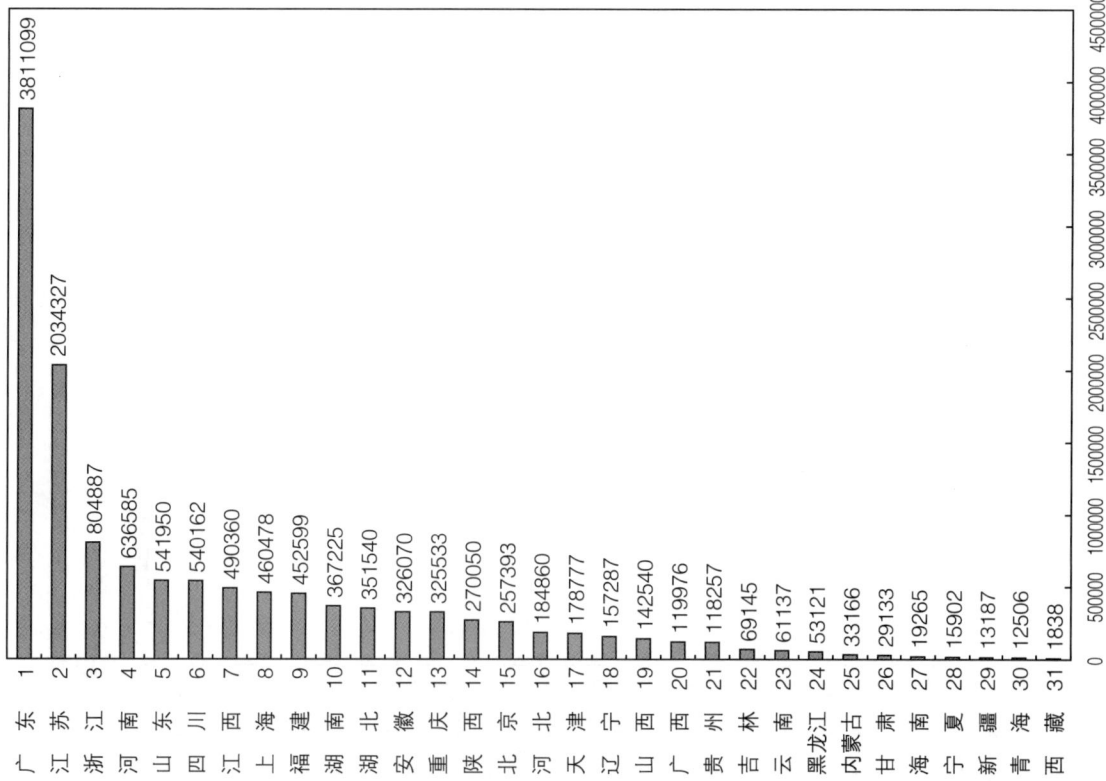

序号	省份	增长率（%）
1	湖南	-11.09
2	青海	-10.64
3	上海	-7.14
4	山西	-6.36
5	新疆	-4.47
6	安徽	-4.20
7	黑龙江	-4.13
8	四川	-3.58
9	江西	-3.30
10	河北	-3.22
11	北京	-2.61
12	吉林	-2.20
13	山东	-1.15
14	辽宁	-1.01
15	广东	-0.98
16	宁夏	-0.19
17	江苏	-0.10
18	天津	0.41
19	浙江	0.57
20	福建	1.17
21	贵州	1.22
22	陕西	1.55
23	内蒙古	1.75
24	海南	3.30
25	甘肃	3.56
26	广西	4.12
27	云南	4.59
28	湖北	4.75
29	河南	4.85
30	西藏	5.12
31	重庆	5.37

附图B-125 54201 高技术产业就业人数（人）

序号	省份	就业人数（人）
1	广东	3811099
2	江苏	2034327
3	浙江	804887
4	河南	636585
5	山东	541950
6	四川	540162
7	江西	490360
8	上海	460478
9	福建	452599
10	湖南	367225
11	湖北	351540
12	安徽	326070
13	重庆	325533
14	陕西	270050
15	北京	257393
16	河北	184860
17	天津	178777
18	辽宁	157287
19	山西	142540
20	广西	119976
21	贵州	118257
22	吉林	69145
23	云南	61137
24	黑龙江	53121
25	内蒙古	33166
26	甘肃	29133
27	海南	19265
28	宁夏	15902
29	新疆	13187
30	青海	12506
31	西藏	1838

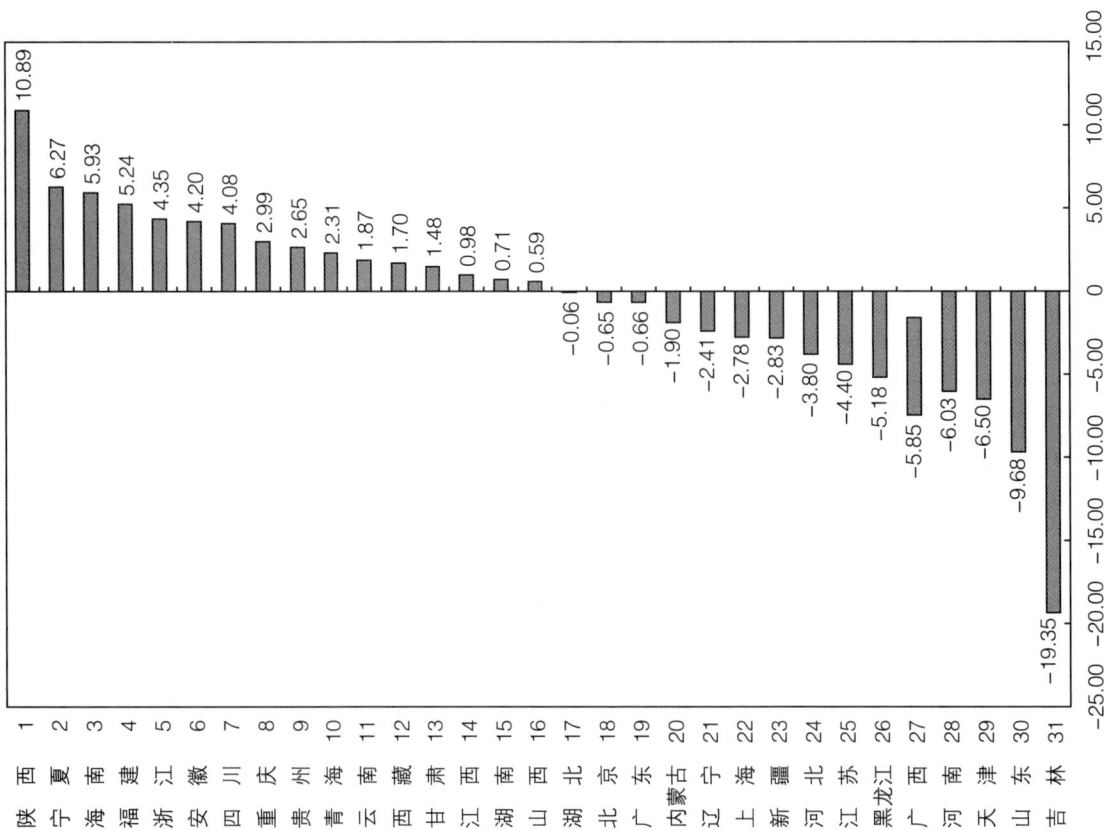

附图B-127 54203 高技术产业就业人数增长率（%）

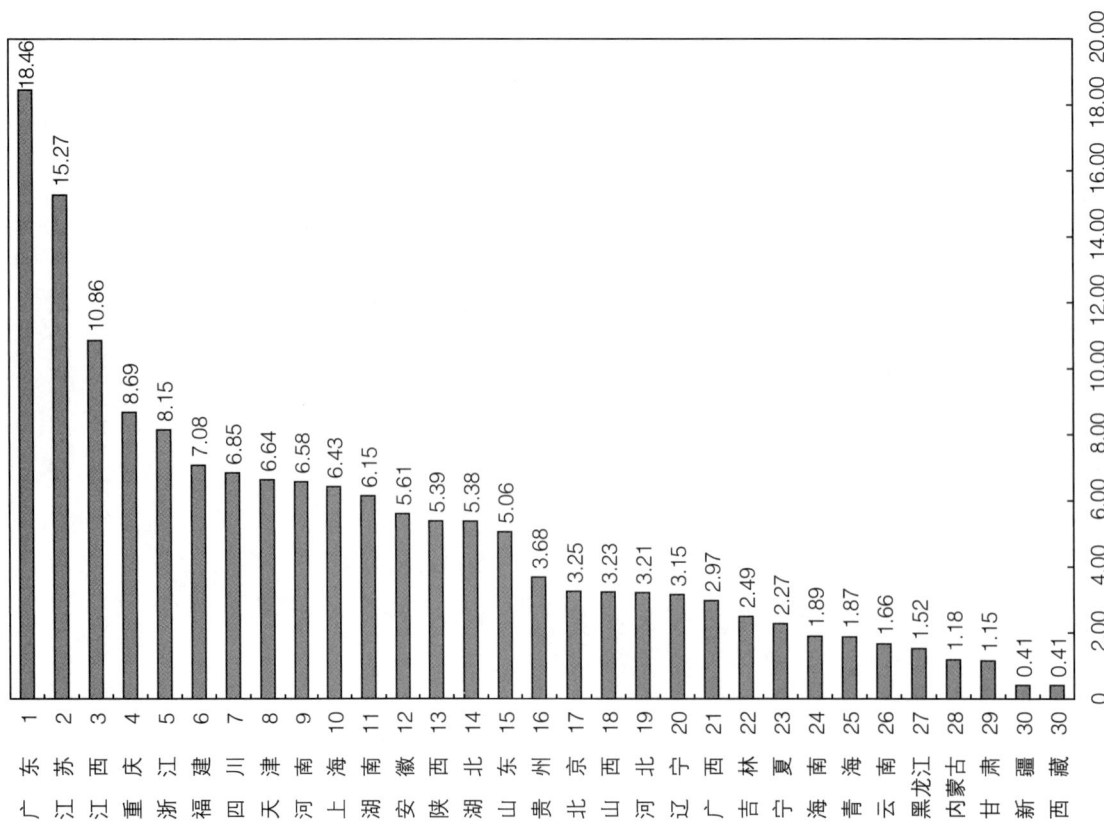

附图B-126 54202 高技术产业就业人数占总就业人数的比例（%）

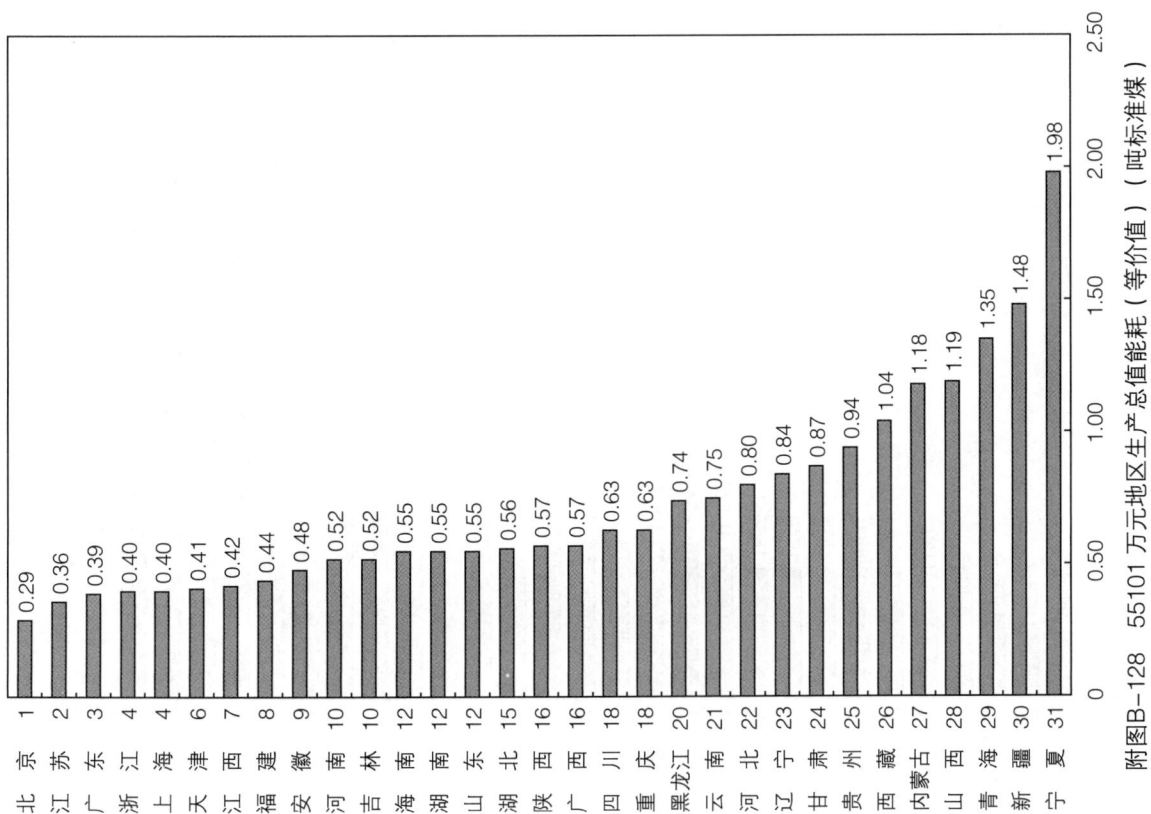

附图B-129 55103 万元地区生产总值能耗（等价值）增长率（%）

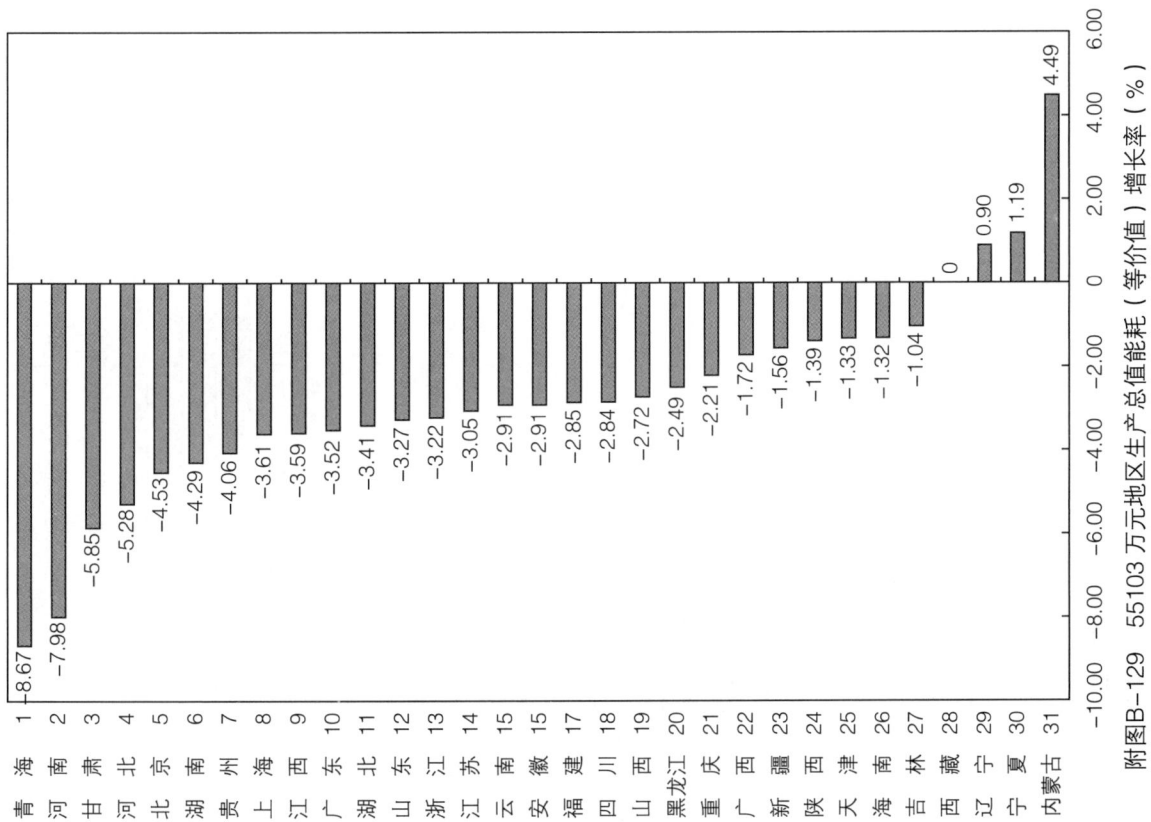

附图B-128 55101 万元地区生产总值能耗（等价值）（吨标准煤）

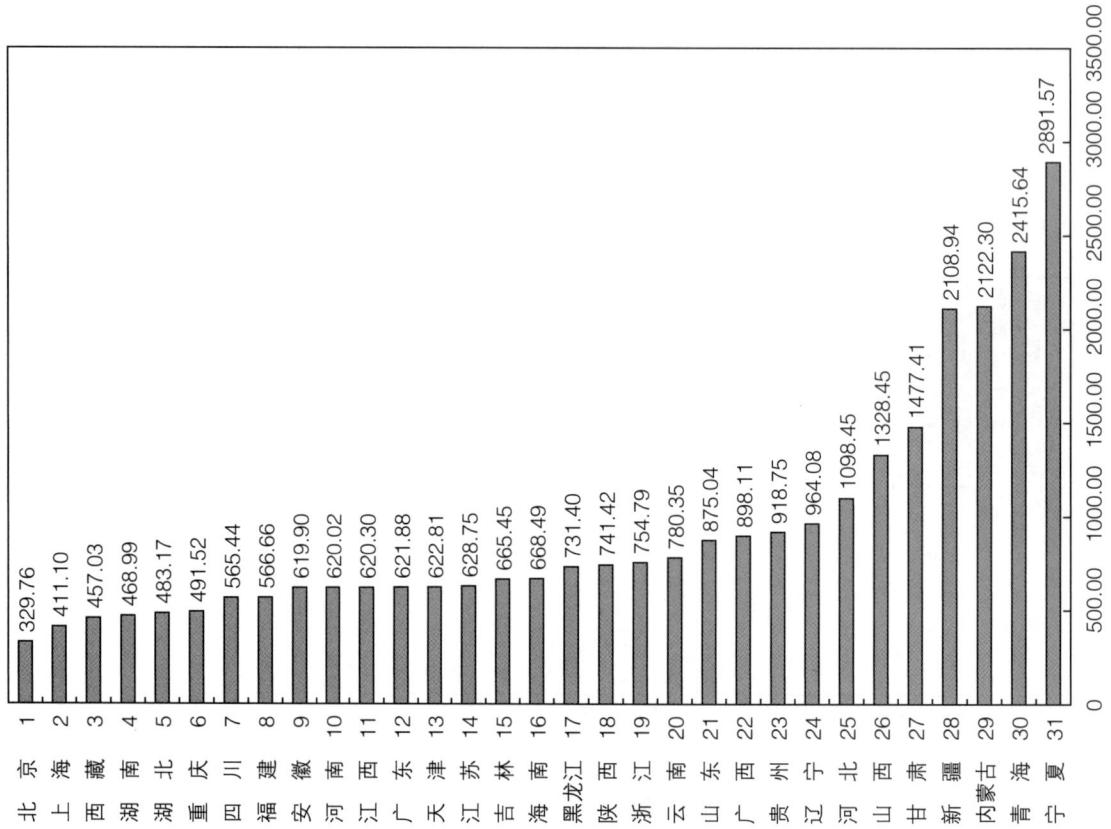

附图B-131　55202 每万元GDP电耗总量（千瓦时）

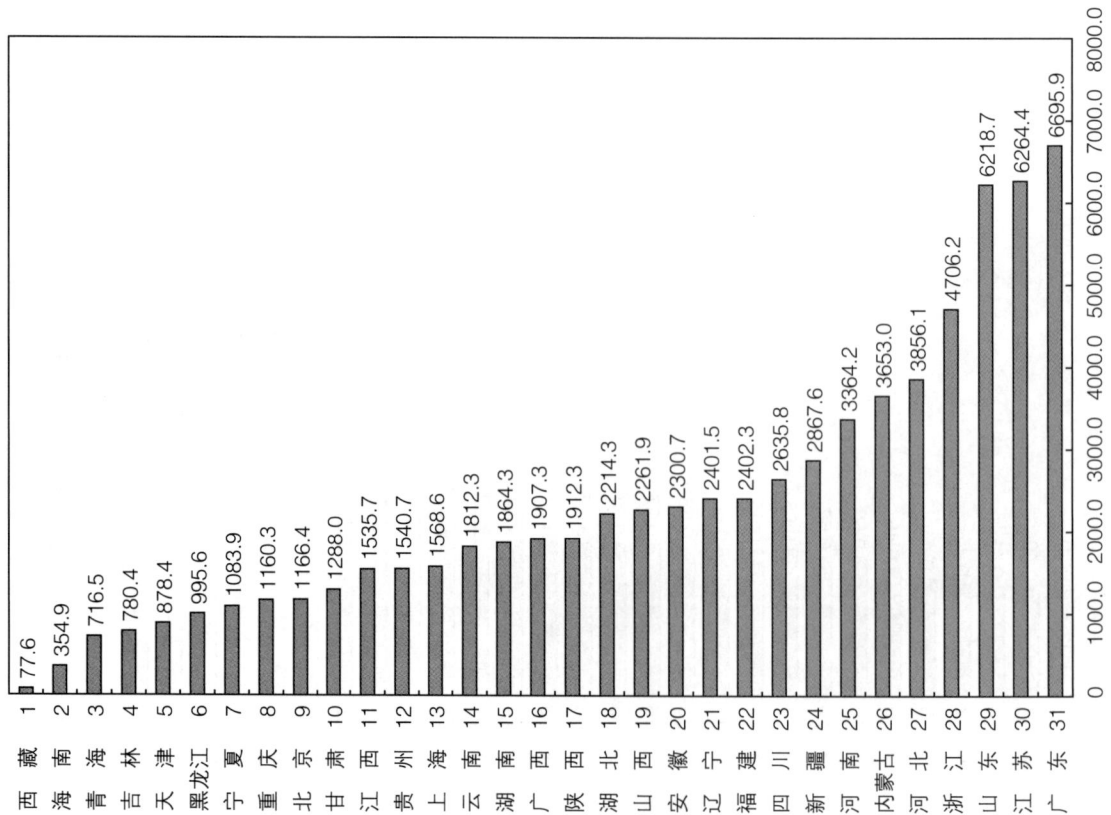

排名	地区	数值
1	北京	329.76
2	上海	411.10
3	西藏	457.03
4	湖南	468.99
5	湖北	483.17
6	重庆	491.52
7	四川	565.44
8	福建	566.66
9	安徽	619.90
10	河南	620.02
11	江西	620.30
12	广东	621.88
13	天津	622.81
14	江苏	628.75
15	吉林	665.45
16	海南	668.49
17	黑龙江	731.40
18	陕西	741.42
19	浙江	754.79
20	云南	780.35
21	山东	875.04
22	广西	898.11
23	贵州	918.75
24	辽宁	964.08
25	河北	1098.45
26	山西	1328.45
27	甘肃	1477.41
28	新疆	2108.94
29	内蒙古	2122.30
30	青海	2415.64
31	宁夏	2891.57

附图B-130　55201 电耗总量（亿千瓦时）

排名	地区	数值
1	西藏	77.6
2	海南	354.9
3	青海	716.5
4	吉林	780.4
5	天津	878.4
6	黑龙江	995.6
7	宁夏	1083.9
8	重庆	1160.3
9	北京	1166.4
10	甘肃	1288.0
11	江西	1535.7
12	贵州	1540.7
13	上海	1568.6
14	云南	1812.3
15	湖南	1864.3
16	广西	1907.3
17	陕西	1912.3
18	湖北	2214.3
19	山西	2261.9
20	安徽	2300.7
21	辽宁	2401.5
22	福建	2402.3
23	四川	2635.8
24	新疆	2867.6
25	河南	3364.2
26	内蒙古	3653.0
27	河北	3856.1
28	浙江	4706.2
29	山东	6218.7
30	江苏	6264.4
31	广东	6695.9

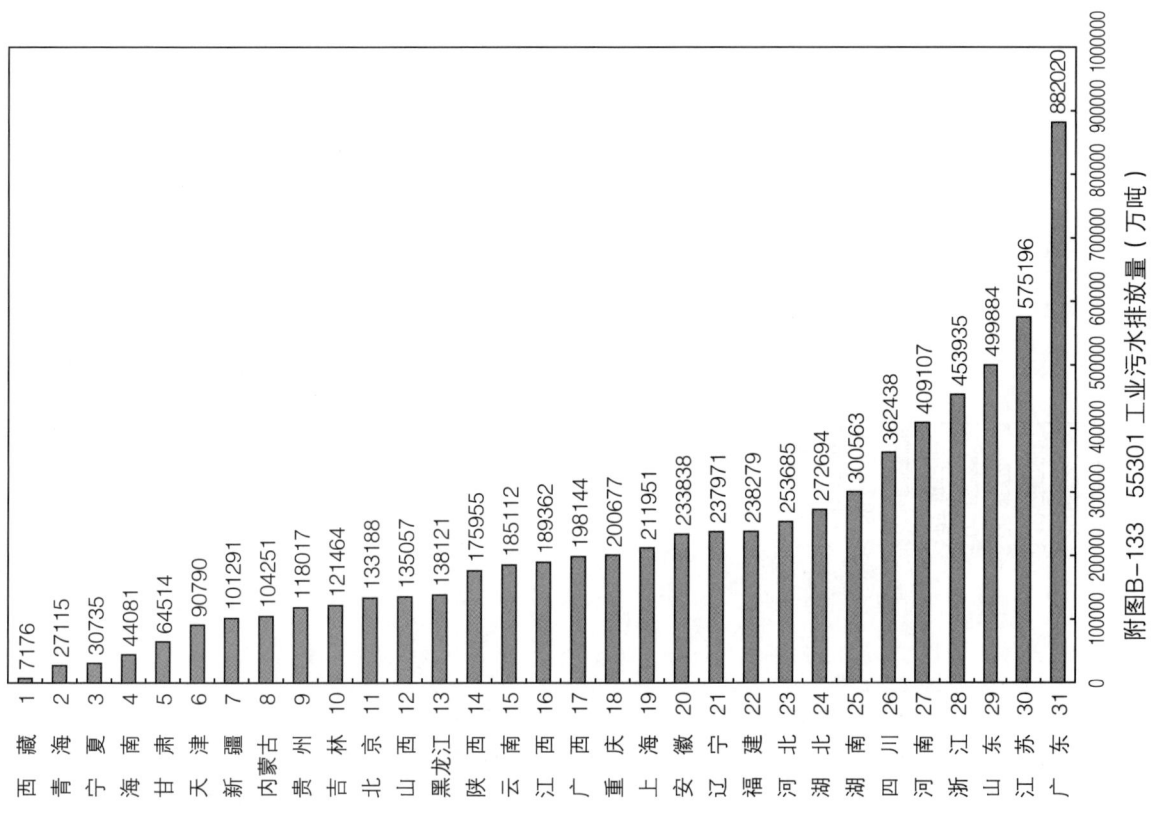

附图B-133　55301 工业污水排放量（万吨）

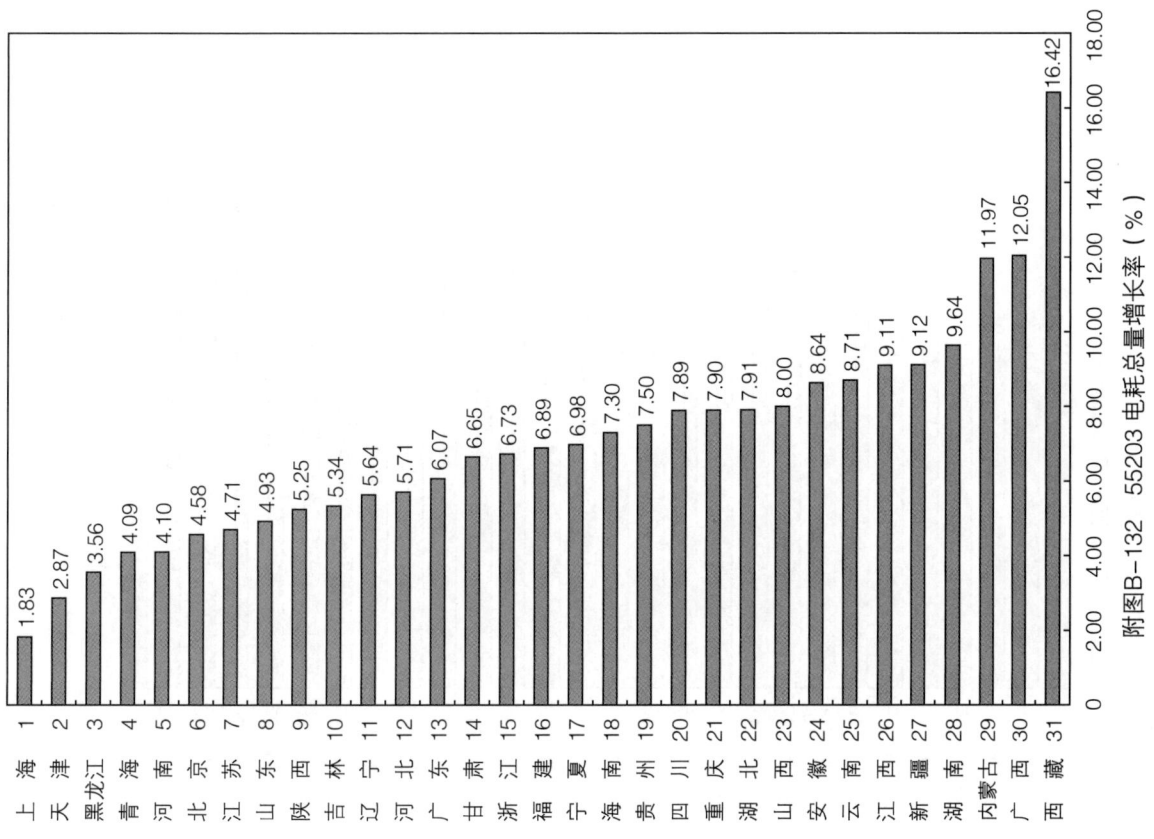

附图B-132　55203 电耗总量增长率（%）

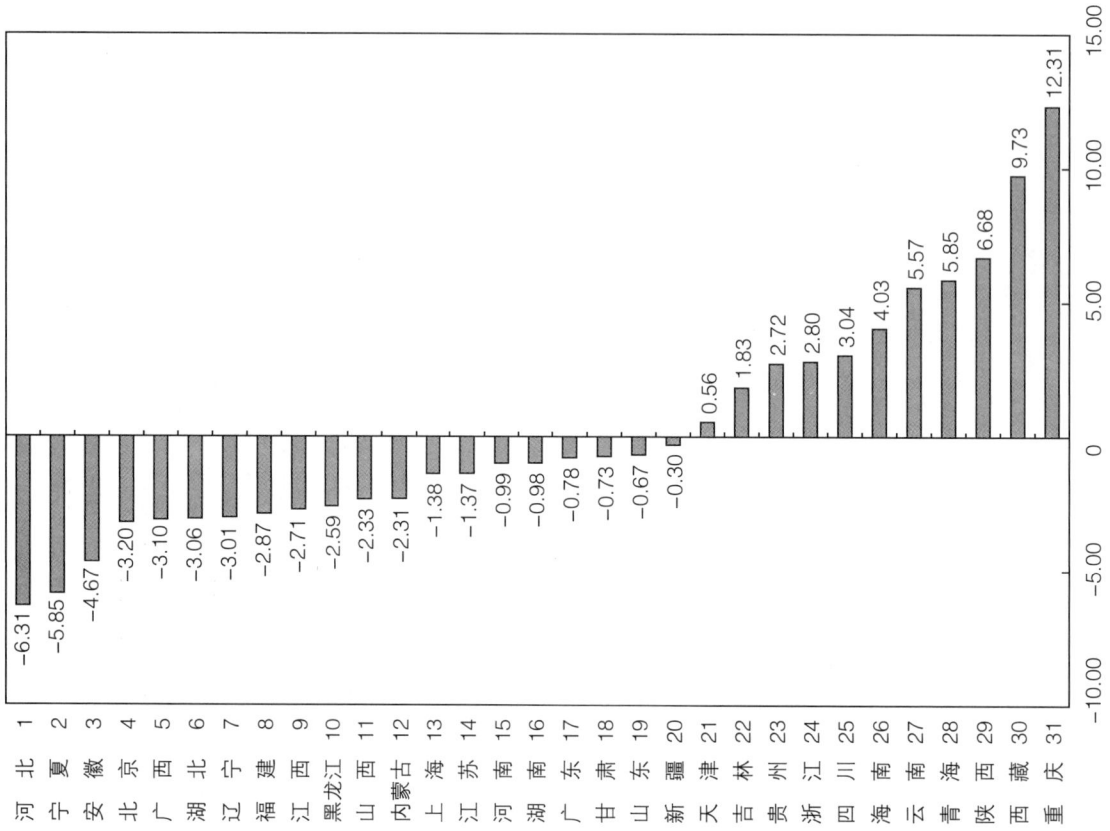

附图B-135 55303 工业污水排放总量增长率（%）

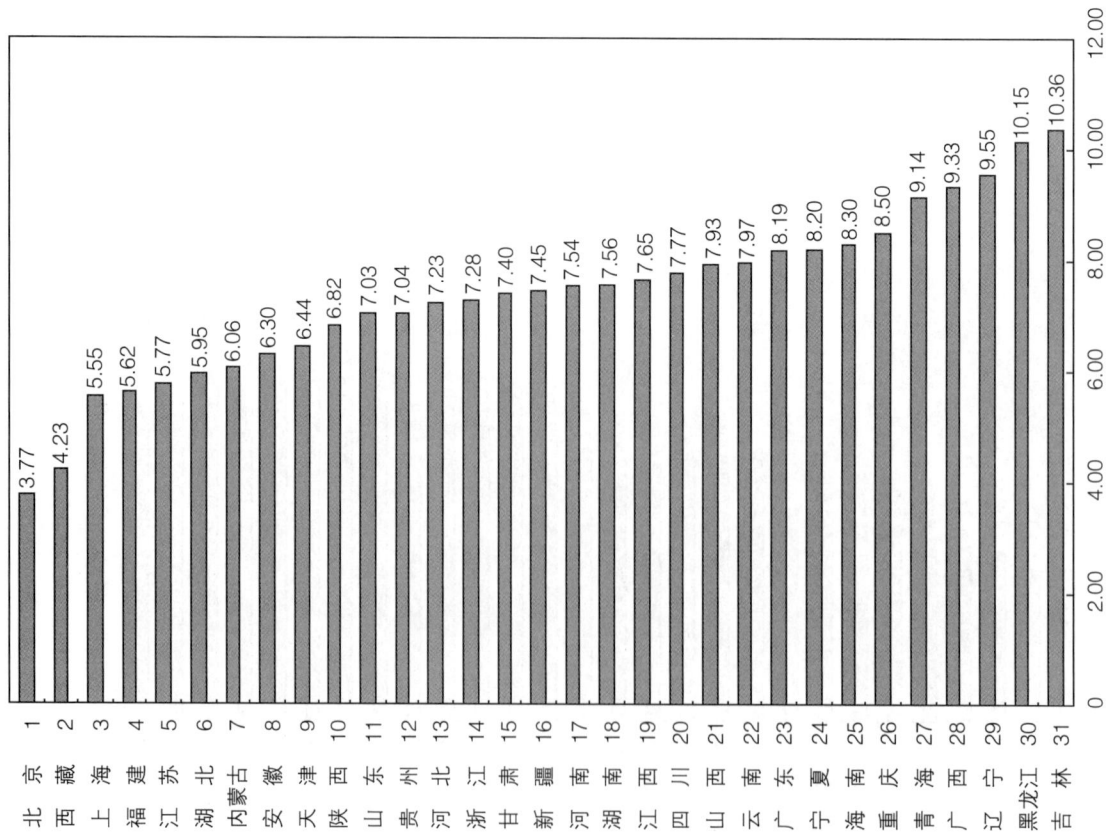

1 河北	-6.31
2 宁夏	-5.85
3 安徽	-4.67
4 北京	-3.20
5 广西	-3.10
6 湖北	-3.06
7 辽宁	-3.01
8 福建	-2.87
9 江西	-2.71
10 黑龙江	-2.59
11 山西	-2.33
12 内蒙古	-2.31
13 上海	-1.38
14 江苏	-1.37
15 河南	-0.99
16 湖南	-0.98
17 广东	-0.78
18 甘肃	-0.73
19 山东	-0.67
20 新疆	-0.30
21 天津	0.56
22 吉林	1.83
23 贵州	2.72
24 浙江	2.80
25 四川	3.04
26 海南	4.03
27 云南	5.57
28 青海	5.85
29 陕西	6.68
30 西藏	9.73
31 重庆	12.31

附图B-134 55302 每万元GDP工业污水排放量（吨）

1 北京	3.77
2 西藏	4.23
3 上海	5.55
4 福建	5.62
5 江苏	5.77
6 湖北	5.95
7 内蒙古	6.06
8 安徽	6.30
9 天津	6.44
10 陕西	6.82
11 山东	7.03
12 贵州	7.04
13 河北	7.23
14 浙江	7.28
15 甘肃	7.40
16 新疆	7.45
17 河南	7.54
18 湖南	7.56
19 江西	7.65
20 四川	7.77
21 山西	7.93
22 云南	7.97
23 广东	8.19
24 宁夏	8.20
25 海南	8.30
26 重庆	8.50
27 青海	9.14
28 广西	9.33
29 辽宁	9.55
30 黑龙江	10.15
31 吉林	10.36

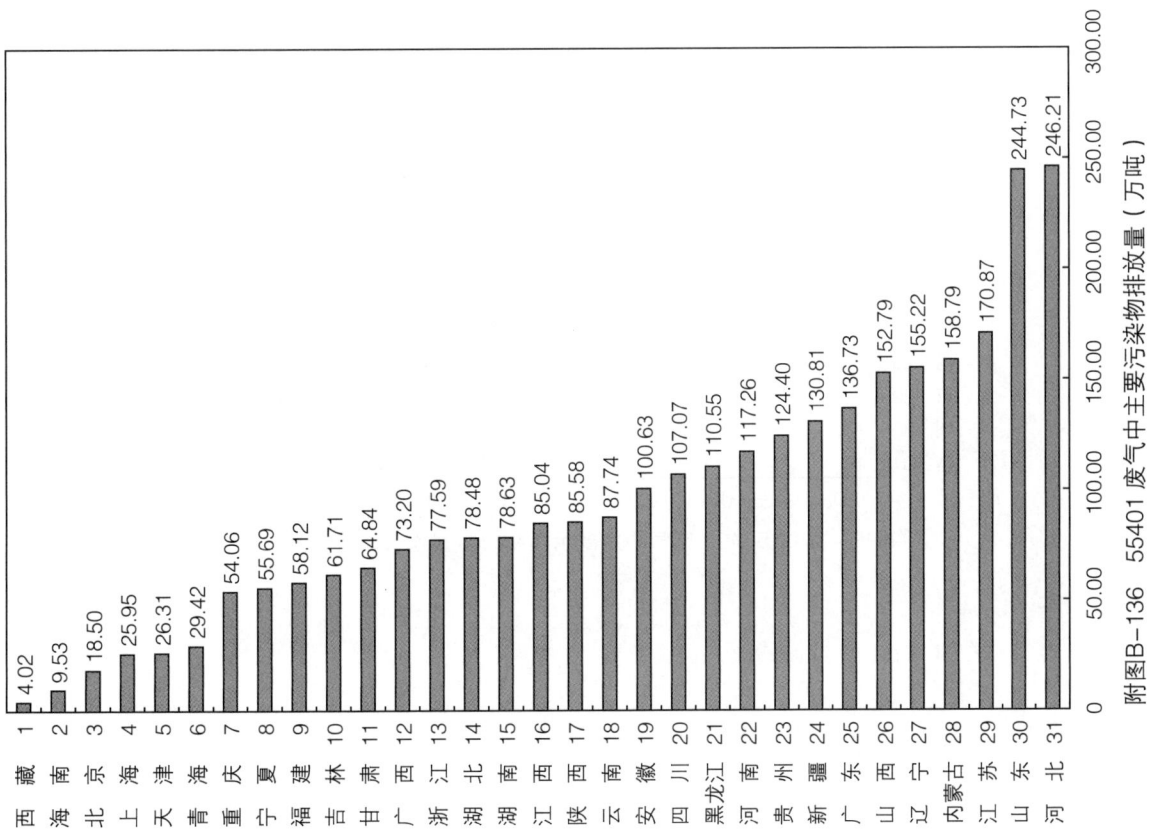

附图B-137 55402 每亿元GDP废气中主要污染物排放量（吨）

序号	地区	数值
1	北京	5.23
2	上海	6.80
3	浙江	12.44
4	广东	12.70
5	福建	13.71
6	湖北	17.12
7	江苏	17.15
8	海南	17.95
9	天津	18.65
10	河南	21.61
11	湖南	22.78
12	重庆	22.90
13	四川	22.97
14	西藏	23.68
15	安徽	27.11
16	陕西	30.18
17	江西	34.35
18	山东	34.44
19	广西	34.47
20	云南	37.78
21	吉林	52.62
22	辽宁	62.31
23	河北	70.14
24	贵州	74.18
25	甘肃	74.37
26	黑龙江	81.21
27	山西	89.74
28	内蒙古	92.25
29	新疆	96.20
30	青海	99.19
31	宁夏	148.57

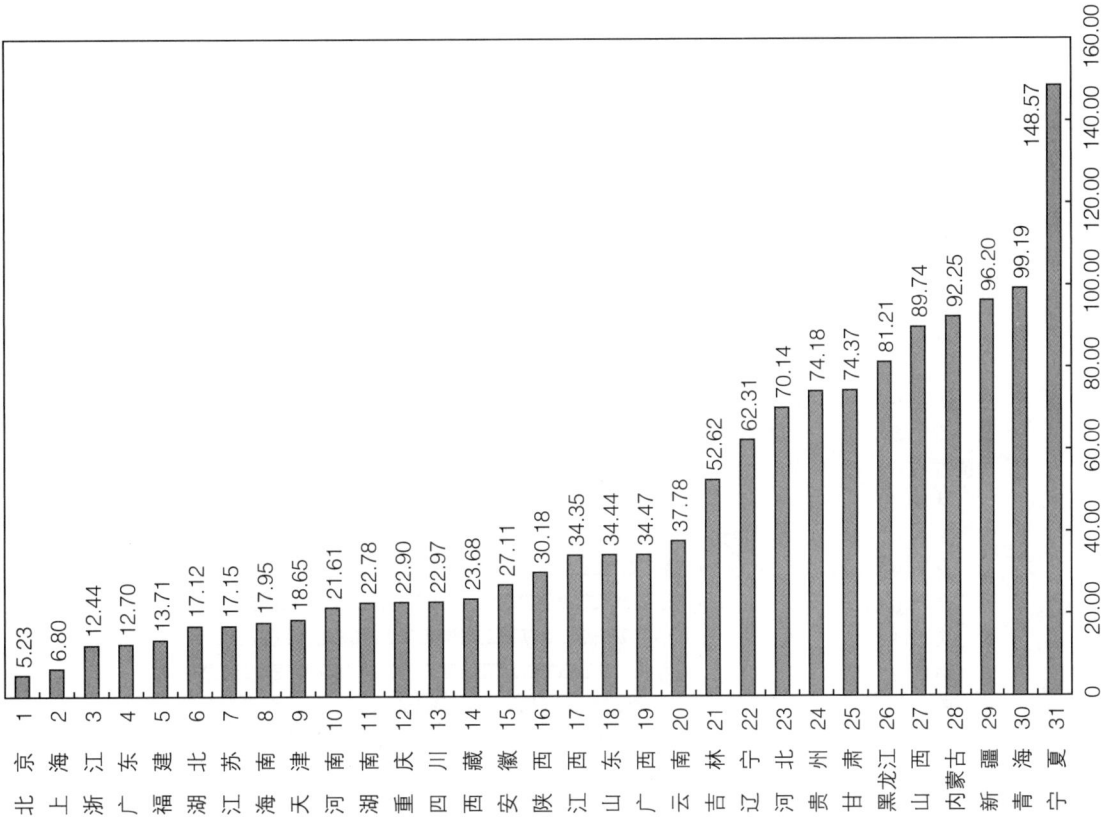

附图B-136 55401 废气中主要污染物排放量（万吨）

序号	地区	数值
1	西藏	4.02
2	海南	9.53
3	北京	18.50
4	上海	25.95
5	天津	26.31
6	青海	29.42
7	重庆	54.06
8	宁夏	55.69
9	福建	58.12
10	吉林	61.71
11	甘肃	64.84
12	广西	73.20
13	浙江	77.59
14	湖北	78.48
15	湖南	78.63
16	江西	85.04
17	陕西	85.58
18	云南	87.74
19	安徽	100.63
20	四川	107.07
21	黑龙江	110.55
22	河南	117.26
23	贵州	124.40
24	新疆	130.81
25	广东	136.73
26	山西	152.79
27	辽宁	155.22
28	内蒙古	158.79
29	江苏	170.87
30	山东	244.73
31	河北	246.21

地区	排名	数值
河 南	1	−28.45
上 海	2	−25.17
山 西	3	−24.78
陕 西	4	−24.50
天 津	5	−23.60
内蒙古	6	−22.36
吉 林	7	−21.64
湖 南	8	−21.53
湖 北	9	−21.32
浙 江	10	−20.14
重 庆	11	−19.65
新 疆	12	−19.55
甘 肃	13	−19.50
福 建	14	−19.11
安 徽	15	−18.79
辽 宁	16	−18.78
河 北	17	−18.03
黑龙江	18	−17.74
山 东	19	−17.43
宁 夏	20	−17.41
江 西	21	−17.04
青 海	22	−16.95
广 西	23	−16.72
江 苏	24	−16.03
云 南	25	−15.95
四 川	26	−15.67
广 东	27	−15.51
海 南	28	−13.32
北 京	29	−11.25
贵 州	30	−11.03
西 藏	31	−10.73

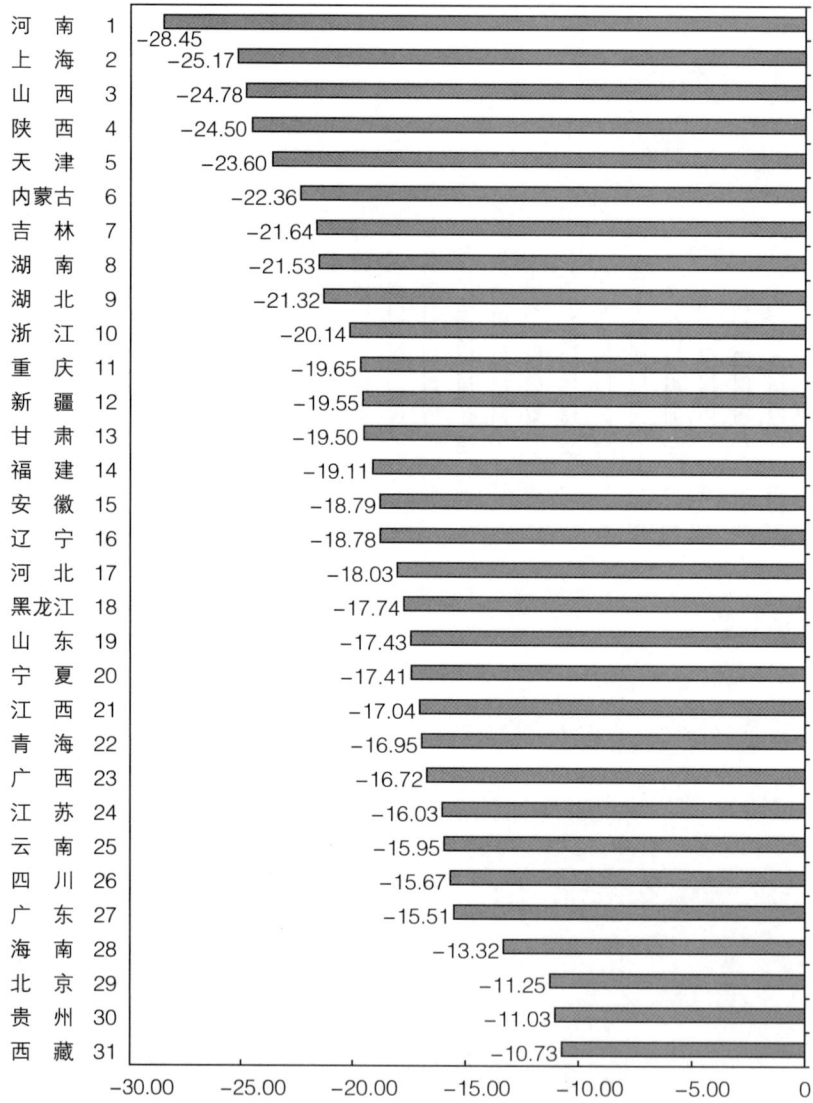

附图 B-138　55403 废气中主要污染物排放量增长率（%）